Andresen · Das zweite Schuljahr

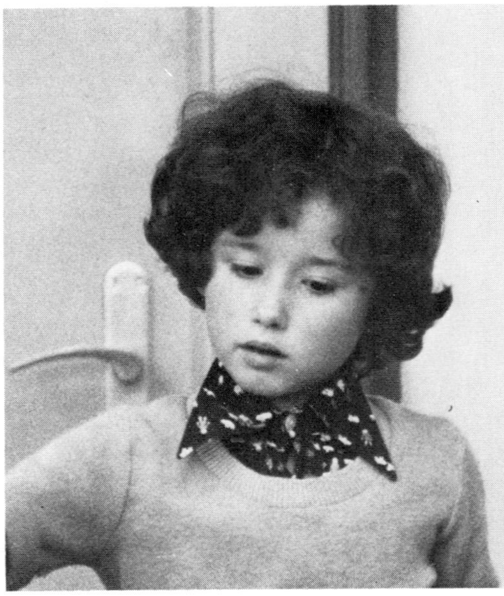

In der Schule leben –

n der Schule lernen

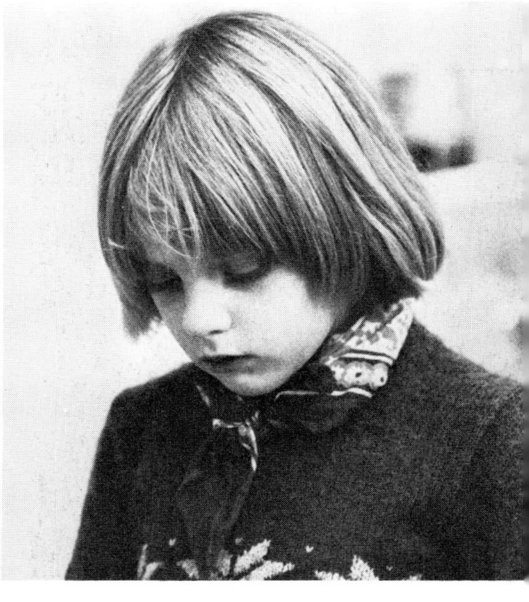

Ute Andresen

Das zweite Schuljahr

In der Schule leben
in der Schule lernen

Beltz Verlag
Weinheim und Basel

Anschrift der Autorin

Ute Andresen, Gieselastraße 11, 8000 München 40

CIP-Titelaufnahme der Deutschen Bibliothek

Andresen, Ute:
Das zweite Schuljahr : in der Schule leben, in der
Schule lernen / Ute Andresen. – 4., unveränd. Aufl. –
Weinheim ; Basel : Beltz 1990
(Beltz grüne Reihe)
ISBN 3-407-25000-2

Satz: Stahringer, Ebsdorfergrund. Lithographie: Knopp, Inning
Druck und Bindung: Druckhaus Beltz, 6944 Hemsbach

4., unveränderte Auflage 1990

ISBN 3-407-25000-2

Inhalt

Vorwort

Ich habe beim Schreiben dieses Buches immer wieder Zettel beiseite gelegt. *Das kommt ins Vorwort. Das gilt für den ganzen Unterricht. Das muß von vornherein klar sein!* habe ich mir gedacht. Oder auch: *Das sind grundsätzliche Überlegungen. Sie stören dort, wo ich zeigen will, was im Unterricht geschehen ist. Der Leser hat ja Herz und Kopf, um selbst zu spüren, was sich hier im Leben der Kinder bilden kann.* Dabei ist eine ganze Mappe voll geworden. Wenn ich das jetzt alles zusammenschreiben wollte, würde das Buch doppelt so dick. Es sind aber nur drei Seiten für das Vorwort frei.

Das zwingt mich, wieder auf Herz und Verstand meiner Leser zu bauen. Sie werden die Grundsätze meines Unterrichts zwischen den Zeilen der einzelnen Sachkapitel lesen können, wenn der beschriebene Unterricht wirklich in diesen Grundsätzen wurzelt. Tut er das nicht, kann ich ihn auch nicht im Nachhinein mit Bedeutung aufpumpen, indem ich große Absichten vor mir herschiebe. Und warum sollte ich Erwachsene zu belehren versuchen? Ich bin doch lange schon überzeugt davon, daß ich als Lehrer in der Schule niemanden belehren kann. Ich kann zum Lernen anregen, kann Lernhemmungen lösen, kann Raum und Zeit zum Lernen bereitstellen, kann Lernen verhindern, kann Lernfreude wecken oder ersticken, kann meine Freude und mein Interesse am Leben und auch meine Sorge und meine Trauer mit den Kindern teilen. Wenn wir Glück haben miteinander, werden wir Wichtiges dabei lernen. *Der Schüler soll . . .,* das mag ich nicht mehr lesen. Mir wird übel dabei.

In der Mappe mit all den Gedanken für das Vorwort habe ich auch ein paar Bilder aufgehoben, die mir besonders lieb sind. Dietmar mit seinem Teddy,

den er auf dem Tisch sitzen hatte und dann im Arm hielt, als wir über die Lieblingsspielsachen sprachen. Steffen und Nilgül, wie sie miteinander an einem Gespräch basteln, das sie uns später vorlesen werden. Tatjana, die der Claudia beim Rechnen hilft, daneben Roswitha und Christian ganz vertieft in ihre Aufgaben. Und die Gruppe von Kindern, die sich um irgend etwas versammelt hat; ein Beispiel für viele Augenblicke im Unterricht, in denen die Kinder miteinander ganz bei einer Sache waren und es nichts zu fotografieren gab als Beine, Rücken und Hinterköpfe.
Das Fotografieren war für mich immer auch ein wenig Psychotherapie. Wie jeder Lehrer sehe ich in meiner Klasse meistens zuerst das, was nicht so läuft, wie es sein sollte oder wie ich es haben will. Mit der Kamera sehe ich aber soviel Schönes, daß das Störende ganz in den Hintergrund tritt. Wenn ich die fertigen Fotos betrachte, bin ich jedesmal überrascht, wieviel Leben und Freude sich in einer Klasse sammelt, wieviel Ernst und Liebe die Kinder jeden Tag in die Schule mitbringen, und wie schutzlos sie sind.

Dies ist ein Buch von unterwegs. Vor sechs Jahren erschien *Das erste Schuljahr.* Bald danach begann ich mit der Arbeit an diesem Buch. Es hat lange gedauert, bis es fertig wurde. Als ich damit fast fertig war, bekam ich zum ersten Mal eine zweite Klasse, die ich nicht schon im ersten Schuljahr unterrichtet hatte, und auf einmal gab es Widrigkeiten, Hindernisse und Taubheit, wie ich sie vorher noch nicht kennengelernt hatte. Die Klasse war ein in sich zerfallener Haufen von enttäuschten Kindern. Nichts von dem, was ich im zweiten Schuljahr zu tun gewohnt war, war in dieser Klasse möglich! Ich fing an, zu verstehen, wie Lehrer ihre Schüler hassen können. Oder daß sie befriedigt sind, wenn sie folgsame kleine Rekruten vor sich haben. Damals war ich so verzweifelt, daß ich mich nicht getraut habe, *Das zweite Schuljahr* herauszubringen. Mit dieser Klasse ging nichts, gar nichts. Aber es blieb nicht dabei. Viele Beispiele in diesem Buch stammen aus der

Klasse. Übrigens hatten wir damals nicht einmal ein eigenes Klassenzimmer, wir mußten mit mehr als dreißig Kindern zwischen mehreren Räumen wandern. Das hat sehr viel Kraft gekostet, mich natürlich und vor allem die Kinder. Trotzdem ist die Klasse allmählich zusammengewachsen, trotzdem war es ein reiches Schuljahr. Eins nach dem andern haben sich die Kinder aus dem Untergrund gewagt, sind miteinander und mit mir und in der Schule warm geworden. Wir konnten schließlich doch miteinander reden und uns offen begegnen.
Dies Buch zeigt vor allem die glücklichen Augenblicke des Lebens in der Schule im zweiten Schuljahr. Das ist keine Schönfärberei. Das ist eine Art Korrekturbrille für uns Lehrer, die wir doch alle einen pädagogisch-didaktischen Knick in der Optik haben. Wer selbst Lehrer ist, riecht ohnehin auch bei schwärmerischen Berichten aus fremden Klassen, was dort nebenbei auch alles nicht so gut geklappt hat und was für Widerstände es geben wird, wenn er die fremden Ideen in seinen eigenen Unterricht überträgt. Ich hoffe, es geht ihm dann wie jenem Lehrer, der mir einmal erzählte: *Als ich das 'Erste Schuljahr' gelesen habe, habe ich mich sehr gefreut, weil ich so viele Dinge entdeckt habe, die auch in meinem Unterricht vorgekommen sind. Auf einmal habe ich gesehen, wie wichtig sie waren.*

Drei Geschichten will ich noch erzählen, die meinen Unterricht verändert haben.

In meiner allerersten Klasse hatte ich einmal das Märchen von Frau Holle vorgelesen und für die nachfolgende *Auswertung* fiel mir nichts Besseres ein, als zu fragen: *Möchtet ihr lieber schön und fleißig sein wie die Goldmarie oder häßlich und faul wie die Pechmarie?* Zuerst meldete sich niemand, dann hob Lisi den Finger: *Schön und faul!* sagte sie. Und ich wußte nicht weiter. So hat Lisi mich gelehrt, weniger überflüssige und dumme Fragen zu stellen und nicht so viel zu zerreden. Ich lese sehr viel vor, vielleicht ist das das Beste an meinem Unterricht. Aber niemand muß darüber reden, es darf einsinken, in uns wirken. Manchmal beziehen wir uns später auf das Vorgelesene wie auf gemeinsame Erfahrungen.

Als ich schon lange wußte, daß die Randgespräche der Kinder im Sachunterricht, wenn er sie fesselt, fast immer um das Unterrichtsthema kreisen, machten mich die Unruhe und die Redelust der Kinder doch immer noch kribbelig. Warum konnte ich nicht erreichen, daß die Klasse ein ruhiges Unterrichtsgespräch führte, wenn doch alle so sehr an dem Thema interessiert waren! Da zeigte mir jemand einen Film für Lehrer, Titel: *Im Unterricht kann nur einer reden!*. Ich erwartete eine Offenbarung. Jetzt würde ich lernen, wie man das macht, daß immer nur einer redet. Als der Film zu Ende war, war ich zerschmettert. Er hatte bewiesen, wie dieser Grundsatz, daß im Unterricht immer nur einer reden darf, dazu führt, daß sich immer weniger und weniger Kinder für das interessieren, über was geredet wird. Nur die sind noch dabei, die dann auch reden.

Der erste Schritt, das Interesse wachzuhalten, war dann für mich, daß ich mehr Gruppenarbeit zuließ. Wenn es schnell sein mußte, weil die Kinder schier platzten vor Redelust, heißt es schlicht: *Besprecht es in der Gruppe!*

Die dritte Geschichte ist ganz neu, ich fange gerade erst an, praktische Folgerungen daraus zu ziehen. Petra und Tina wollten mit meinem Hund spazierengehen, zwei zehnjährige, sehr vernünftige Mädchen. Ich gab ihnen die lange Hundeleine, sie ist mit Ringen und Schnapphaken zu verstellen. Nach einer Weile schaute ich aus dem Fenster. Der Hund schnüffelte allein irgendwo herum. Die Leine war hinten an Petras Gürtel festgezwickt, Tina hielt das andere Ende und ließ Petra als Pferd im Kreis traben. So kleine Kinder sind das! Sie müssen immer noch spielen, ihre Erfahrungen nicht nur mit dem Kopf verstehen und ordnen. Aber in der Schule dürfen sich meistens nur ihre Köpfe begegnen. Was Wunder, daß sie dagegen rebellieren oder der Schule ausweichen. Sie wollen ganz bleiben.

Einige Kapitel dieses Buches sind nicht geschrieben oder nicht gedruckt worden, über Mathematik, Rechtschreiben, Aufsatzschreiben, Lesen zum Beispiel. Manches dazu findet sich im Buch verstreut, wenn es in ein Sachunterrichtsthema verwoben ist. Aber für eigene Kapitel war kein Platz mehr. Zwei Dinge möchte ich aber dazu noch sagen: Wir haben immer eine Leseecke in der Klasse, mit sehr vielen Büchern. Dahin kann man sich in Arbeitspausen zurückziehen, man kann Bücher ausleihen, wir fangen auch viele Schultage mit einer stillen *Lesezeit* an. Die Kinder sind am Ende alle Leser, obwohl es kaum *Lesestunden* im üblichen Sinne gibt.

Das selbständige Schreiben fördere ich vor allem dadurch, daß alle Geschichten und Erlebnisberichte reihum vorgelesen werden. Außerdem tippe ich sie auf Matrizen und ziehe sie für alle Kinder ab. Jedes Kind hat eine Mappe mit allen Geschichten. Jedes Kind schreibt für seine Zuhörer und Leser. Alle Kinder schreiben am Ende sehr gerne und so persönlich, daß ich immer neugierig bin auf das, was ich zu lesen bekomme. Der Ausdruck wird stetig gewandter, Rechtschreibfehler immer seltener. Das Matrizenschreiben kostet mich sicher nicht mehr Zeit als die übliche Aufsatzkorrektur mit Abschriften und Verbesserungen. Es kostet mich viel weniger Ärger.

In diesem Buch sind sehr viele Arbeitsblätter abgebildet. Sie sind nicht unbedingt originell, manche sind recht schlicht. Aber alle sind brauchbar. Manchmal müßte man sie etwas ändern, um sie in der eigenen Klasse verwenden zu können.

Es gibt die Vorlagen in Originalgröße gedruckt, jeder Lehrer kann sich von den Blättern, die er braucht, Kopien machen oder mit dem Thermokopiergerät Folien oder Matrizen ziehen. Schreiben Sie mir, wenn Sie an einem Block mit allen Blättern in DIN A4 interessiert sind. Kommen genug Anfragen zusammen, können wir die Arbeitsblätter vervielfältigen und gegen eine Schutzgebühr verschicken.
Die Anschrift finden Sie auf Seite 6.

Gerüche in der Küche

Eine Hausaufgabe, die manche Kinder in der Klasse, die ich zum zweiten Schuljahr übernommen habe, zunächst befremdet: *Nimm Zettel und Stift und geh in die Küche daheim. Schnuppere herum und schreibe 10 Dinge auf, die einen deutlichen Geruch haben.* Am nächsten Tag liest ein Kind nach dem anderen seine Liste vor. Es gibt Überraschungen, fremdartige Gewürze werden genannt. Es gibt auch Gemeinsamkeiten zu entdecken: In den meisten Küchen kann man Pfeffer riechen und Käse und Zitronen.

Die Notizzettel werden eingesammelt. Ein paar Tage später bekommen die Kinder ein Blatt. Darauf stehen unter der Überschrift *Gerüche in der Küche* 45 Dinge, wie ich sie auf den Zetteln gefunden habe. Jeder überfliegt das Blatt, sucht die Wörter, die er selbst notiert hatte. Hausaufgabe: Daheim in der Küche suchen, was von den aufgeführten Dingen zu finden ist, daran riechen und das Wort unterstreichen.

Nicht nur Riechen wird geübt, nicht nur das Wahrnehmen, Unterscheiden, Erkennen verschiedener bekannter, halbvertrauter und fremder Gerüche. Das ist nebenbei auch eine Leseaufgabe und eine Übung im selbständigen Erkunden der eigenen Umwelt.

Dann bringe ich eine Schachtel mit. Darin braune Fläschchen, die ich gesammelt habe. Ursprünglich enthielten sie Haarwaschmittel. Jetzt ist in jedem ein Gewürz oder Kraut aus meiner Küche, das man durch das dunkle Glas nicht erkennen kann. Am Boden der Fläschchen kleben Zettel mit dem Namen des Inhalts. Zu zweit und zu dritt spielen die Kinder Gerücheraten. Das geht meistens nicht ohne Geschrei ab, lustvoll oder angeekelt.

Gerüche sprechen unser Gefühl oft direkt an und rufen Erinnerungen wach. Da braucht man ein Gegenüber und muß reden dürfen. Mit der Zeit lernen auch Zweitkläßler, selbst bei so aufregendem Tun zu flüstern. Und sie lernen, miteinander an etwas rumzuschnuppern und es auch so zu erforschen. Durch so ein paar Übungen mit Gerüchen wird die Nase zu einem auch im Unterricht nützlichen Sinnesorgan. Alles, was wir untersuchen, wir fortan berochen. Über das, was man beschnuppert, dann auch zu reden, ist selbstverständlich. Das fällt mir zum Beispiel auf, als wir ein paar Wochen später Kartoffeln betrachten.

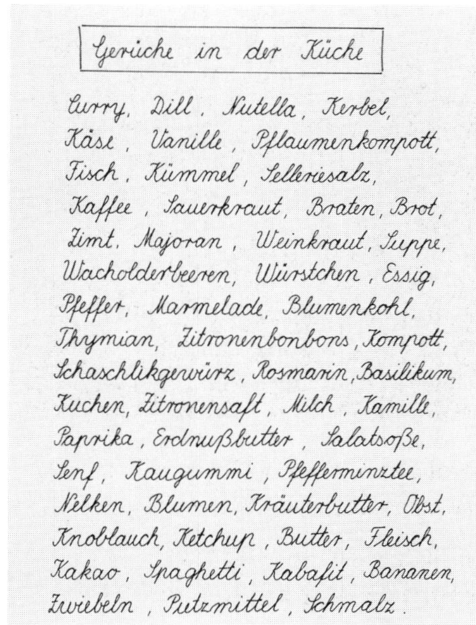
Gerüche in der Küche

Curry, Dill, Nutella, Kerbel, Käse, Vanille, Pflaumenkompott, Fisch, Kümmel, Selleriesalz, Kaffee, Sauerkraut, Braten, Brot, Zimt, Majoran, Weinkraut, Suppe, Wacholderbeeren, Würstchen, Essig, Pfeffer, Marmelade, Blumenkohl, Thymian, Zitronenbonbons, Kompott, Schaschlikgewürz, Rosmarin, Basilikum, Kuchen, Zitronensaft, Milch, Kamille, Paprika, Erdnußbutter, Salatsoße, Senf, Kaugummi, Pfefferminztee, Nelken, Blumen, Kräuterbutter, Obst, Knoblauch, Ketchup, Butter, Fleisch, Kakao, Spaghetti, Kabafit, Bananen, Zwiebeln, Putzmittel, Schmalz.

Mein Füller

Im zweiten Schuljahr soll man lernen, mit dem Füller zu schreiben. Schon lange vorher freuen sich die Kinder darauf. In der ersten Zeit versuchen sie dann, alles mit dem Füller zu schreiben. Erst allmählich wird er ein gewöhnlicher Gebrauchsgegenstand. Aber immer wieder gibt es Schwierigkeiten: Patronen klemmen sich fest. Die Tinte stockt. Die Finger werden fleckig. Es gibt Kleckse im Heft und unschöne Stellen, wo Fehler ausgebessert wurden.

Der Füller ist ein ideales Thema für den Unterricht im zweiten Schuljahr. Dies umso mehr, als er eine Geschichte hat, die das frühe historische Interesse der Kinder auch begreifen kann. Wir haben sehr alte Schultische. An der oberen Kante haben sie eine Öffnung, mit einem Klappdeckel verschlossen, die für uns sinnlos ist. Sie verführt nur dazu, Abfälle hineinzustecken, die dann unten rausfallen. Hausaufgabe: *Frage deine Eltern, ob sie sich an Tische mit solchen Öffnungen erinnern können. Vielleicht stammen sie noch aus ihrer Schulzeit.* Was einige Kinder schon ahnten, bestätigt sich: Die Eltern haben in der Schule noch mit dem Federhalter geschrieben. Die Öffnungen in unseren Tischen sind für Tintenfässer vorgesehen.

Am liebsten würden jetzt alle *Meine Eltern in der Schule* spielen und selbst mit Feder und Tinte schreiben, aber ich habe nicht genügend Federhalter auftreiben können. So können sie nur nach und nach im Laufe der nächsten Tage die drei Exemplare ausprobieren, die wir für die Ausstellung haben.

Das Biedermeiertintenfaß aus buntbemaltem Glas, das ich von daheim mitbringe, macht noch neugieriger. Ich erzähle den Kindern von früheren Schreibgeräten, zeige Bilder aus Lexika, gebe ihnen einen Lesetext, in dem von

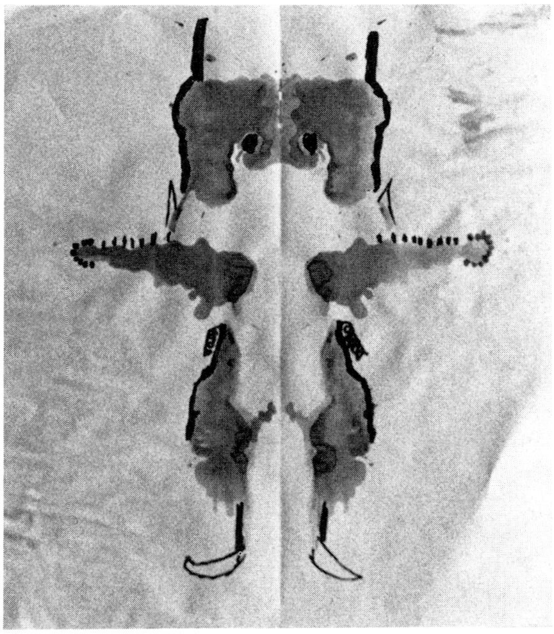

der Erfindung einer Füllfeder im 17. Jahrhundert berichtet wird. Den habe ich in einem Lexikon der Technik gefunden.

Am nächsten Tag bringt einer eine Rohrfeder mit, die er selbst gebastelt hat. Drei Kolbenfüller tauchen auf, die jetzt immer wieder gefüllt und geleert werden. Nachmittagsausflüge in den Englischen Garten werden geplant. Dort am See kann man Gänsefedern finden, mit denen man ja auch schreiben kann. Die Ausstellung füllt sich.

Allmählich klärt sich auch die Geschichte des Wortes *Füller,* das wir vorher gedankenlos benutzten: Feder, Schreibfeder, Federhalter, Füllfederhalter, Füller.

Einmal richtig klecksen! – Man leert eine ganze Tintenpatrone auf ein Schreibblatt, faltet es zusammen, streicht darüber, so daß sich die Tinte verteilt. Das Blatt wird geöffnet: Eine symmetrische Klecksfigur ist entstanden. Jeder sitzt vor seinem Blatt und denkt darüber nach, was die Figur bedeuten könnte, bis die Tinte trocken ist. Dann wird das Bild mit bunten Filzstiften ergänzt und verdeutlicht. *Siehst du jetzt auch, daß das ein Teufel ist?* Besonders den Kindern, die sich sonst kaum trauen, eigene Formen zu zeichnen, vom Gängigen abzuweichen, macht die Aufgabe Spaß. Die Verantwortung dafür, daß etwas Ungewöhnliches entsteht, ist ihnen hier abgenommen.

Als die Bilder schließlich an der Wand hängen, sind wir alle überrascht, wie vielfältig die Ergebnisse sind. Wir bewundern Ursulas Geschick, selbst in diesem Fall Pferdeköpfe zu entdecken und zu zeichnen.

Wir vergleichen die Patronen. Es gibt zwei Sorten, jede gehört zu einer Füllermarke. Ich verteile ein Arbeitsblatt mit zwei verschiedenen Anweisungen für das Auswechseln der Patronen. Die Kinder finden sehr schnell heraus, welche Anweisung für ihren eigenen Füller paßt. Mir ist wichtig, daß sie den Unterschied begreifen, so können wir spätere Pannen vermeiden. Kinder, die selten Funktionszusammenhänge

Wenn keine Tinte mehr fließt ...

Wenn dein Füller nicht schreibt, weil keine Tinte mehr fließt, ist meistens die angeschlossene Patrone leer. So wechselt man sie gegen eine frische Patrone aus:

Füller A

Du schraubst ihn auf und nimmst die leere Patrone aus dem Vorderteil heraus. Dann steckst du eine volle Patrone hinein, und zwar mit dem schmaleren Ende zur Feder. Im Füllerschaft muß eine zweite Patrone stecken, das schmale Ende voran. Wenn du den Füller jetzt fest zuschraubst, fließt wieder Tinte. – Aufpassen: Läßt der Füller sich nur schwer zuschrauben, steckt oft eine Patrone falsch drinnen.

Füller B

Du schraubst den Füller auf und nimmst die beiden Patronen heraus. Sie sind durch einen Metallring miteinander verbunden. Die Patrone aus dem Vorderteil wechselst du gegen eine volle aus. Du steckst beide Patronen wieder in den Füller, und zwar das breite Ende voran. Dann schraubst du ihn zu und kannst schreiben. – Aufpassen: Läßt der Füller sich nur schwer zuschrauben, steckt meistens eine Patrone falsch drinnen.

Der Füller

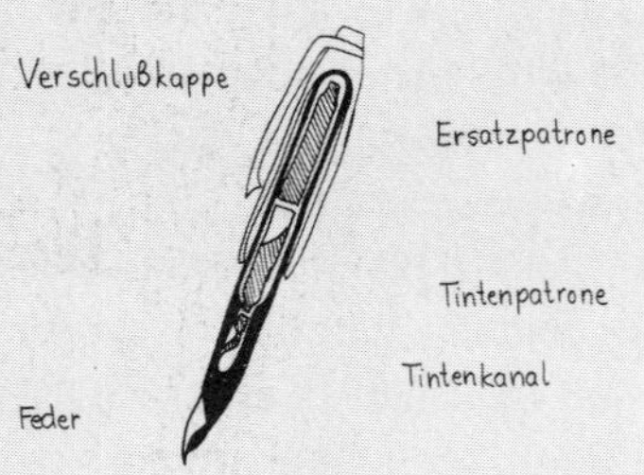

Dies ist ein Patronenfüller. Mit der Tinte aus einer Patrone kann man viele Seiten schreiben. Die Tinte fließt aus der Patrone durch den Tintenkanal zur Feder. Die obere Patrone drückt die untere gegen den Kanal.
Wenn die Patrone leer ist, wird sie gegen die Ersatzpatrone ausgetauscht.

Aus der Geschichte des Füllers

Im Jahre 1657, also vor 317 Jahren, reiste ein Mann aus Deutschland nach Paris und schrieb in sein Tagebuch:
„Wir sahen einen Menschen, der eine wunderbare Erfindung gemacht hatte, um bequem zu schreiben. Er macht Federn aus Silber, die er mit Tinte füllt, die nicht trocknet. Und ohne Tinte zu nehmen, kann man in einem Stück eine halbe Hand breit Papier beschreiben. Wenn seine Erfindung bekannt sein wird, wird sie ihn in kurzer Zeit reich machen, denn es wird niemand geben, der dies nicht haben möchte.
Wir haben ihm natürlich auch einige Stück bestellt. Er verkauft sie zu 10 Franks, und zu 12 Franks an solche, von denen er weiß, daß sie eine solche stark begehren."

Früher schrieb man mit Rohrfedern. In manchen Teilen der Welt tut man das heute noch.
Man schrieb auch mit Federn aus Gänsekiel oder mit Federn vom Pelikan. Später gab es Metallfedern im Federhalter.

Die Metallfeder, die Rohrfeder und die Gänsefeder mußte man ständig wieder in die Tinte tauchen.

haben entdecken dürfen, gehen ohne solche Aufklärung mit ihrem Füller um wie mit einem Wesen, dessen Tücken man nicht begreifen und beherrschen kann.

Sie nehmen die falschen Patronen, stecken sie verkehrt herum in den Schaft, vergessen die zweite Patrone und wundern sich dann, daß die Tinte nicht fließt. Haben sie aber einmal eine Patrone in den unteren Teil des offenen Füllers gedrückt und so die Tinte zum Fließen gebracht, dann die Patrone genau untersucht, gehen sie auch bei Pannen nicht blind vor.

Dann kommt die größte Überraschung: Eine Füllerfirma schickt uns eine Schautafel, auf der alle Einzelteile eines Patronenfüllers angeheftet sind und die Herstellung erläutert wird. Immer wieder versuchen Kinder, mir diese Tafel abzuhandeln. Sie fragen, wo man die kaufen kann und wollen sie wenigstens mal für einen Tag nach Hause nehmen.

Hausaufgabe: *Herausfinden, wie man einen Tintenfleck von den Fingern oder aus einem Kleidungsstück entfernen kann. Was kann man bei der Mutter, in einem Ratgeberbuch für die Hausfrau, in der Apotheke oder Drogerie erfahren?* Am nächsten Tag untersuchen wir, welches der empfohlenen Mittel am besten wirkt.

Für Kleckse im Heft gibt es ja heute besondere Stifte. Damit kann man auch Fehler tilgen. Nachdem wir mit Füller, Löschstift, Filzern, Kulis experimentiert haben, wissen wir: *Auf die gelöschte Stelle schreibt man am besten mit Kuli. Tinte verschwindet und Bleistift fällt zu sehr auf.*

Ich erkläre den Kindern, warum ich nicht möchte, daß sie einen Kuli im Federmäppchen haben: Die Versuchung, damit zu schreiben, wäre sehr groß. Und ich fürchte, daß das ihrer noch unausgebildeten Handschrift schaden könnte.

Wir kommen zu dem Schluß, daß man versuchen sollte, sich über die Schreibweise eines Wortes klarzuwerden, bevor man es schreibt. So kann man Fehler vermeiden und unschöne Stellen, die man ausbessern mußte. Für den Notfall werde ich immer Kulis bereithalten. Und wer meint, er sei bei einer Arbeit noch unsicher, soll besser mit Bleistift schreiben. Vor allem bei Diktaten gilt das. Wir wollen die Angst vor Rechtschreibfehlern nicht noch vermehren durch die Angst vor zuviel Löschstellen, die ja immer auch Zeit kosten. Wenn die Diktate mit Bleistift geschrieben sind, habe ich auch die Möglichkeit, unsicheren Kindern durch heimliches Ausbessern die Erfolge zuzuspielen, die sie brauchen, um eifrig und gelassen das Rechtschreiben üben zu können.

Ausflug zum Schrebergarten

Einmal waren wir in der Schrebergartensiedlung. An einem klaren, kalten Septembertag fahren wir mit der Straßenbahn hinaus. Utes Großmutter hat uns eingeladen.

Sie schenkt uns Möhren, Rotkohl und Weißkohl aus ihrem Garten, dazu Äpfel und Birnen. Von einem Nachbarn bekommen wir Salat und Sellerie. Bei ihm können wir auch Rosenkohlpflanzen sehen. Die kannte fast keines der Kinder.

Ein Stadtkind sieht von den Gemüsepflanzen ja meistens nur die Teile, die auf dem Markt angeboten werden, die eßbar sind. Jetzt, da wir ganze Pflanzen gesehen, sie selbst aus dem Boden gezogen und ins Klassenzimmer mitgebracht haben, beginnen die Kinder zu ahnen, was das heißt: Wir essen die Frucht, die Samen, den Stengel, die Blätter oder die Wurzeln. Und ich begreife allmählich, wie schwer das zu verstehen ist.

Die Kinder vergessen von einem Tag zum anderen, daß der weiße Blumenkohl die Blüte der Pflanze ist. Und als ich sie auffordere, eine Phantasiepflanze zu zeichnen und zu beschriften, setzen sie die Teile beliebig zusammen. Das bringt mich um meine Fassung. Mit allem Nachdruck versuche ich ihnen klarzumachen, daß Wurzel, Stengel usw. immer in ähnlicher Weise einander zugeordnet sind. Sie sagen: *Aber wir sollten doch eine Phantasiepflanze zeichnen.*

Ich wollte, daß sie aus der Vielzahl von Pflanzen, die wir gesehen hatten, ein Pflanzenmodell ableiten. Aber das war wohl keine sinnvolle Aufgabe. Kinder fragen nach dem Besonderen, nach der einzelnen Pflanze und nach deren Eigenart. Ordnungsgesichtspunkte, wie die Biologie sie kennt, sind ihnen wesensfremd, können ihnen die Sicht verbauen und ihre Wahrnehmungsfähigkeit einschränken.

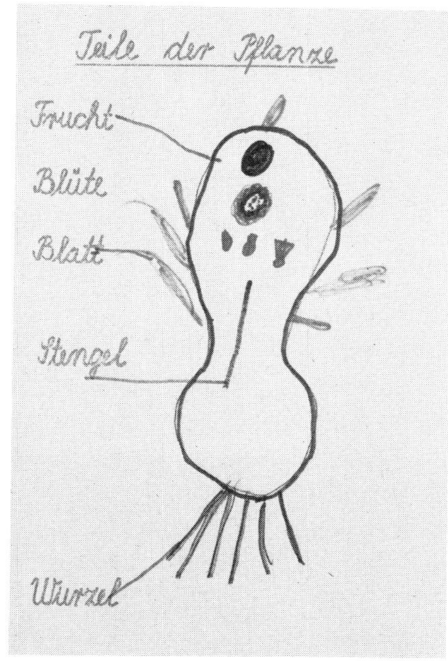

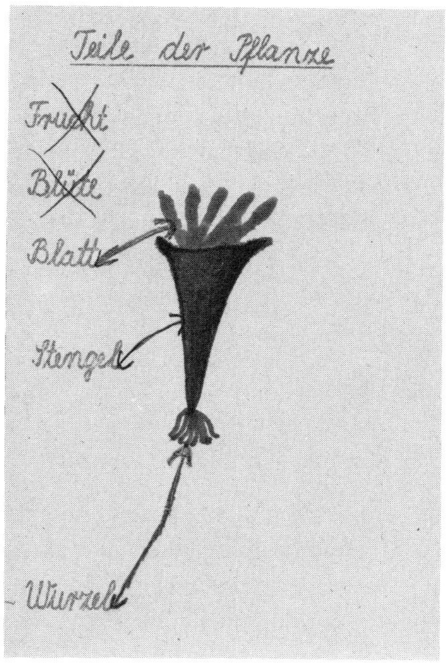

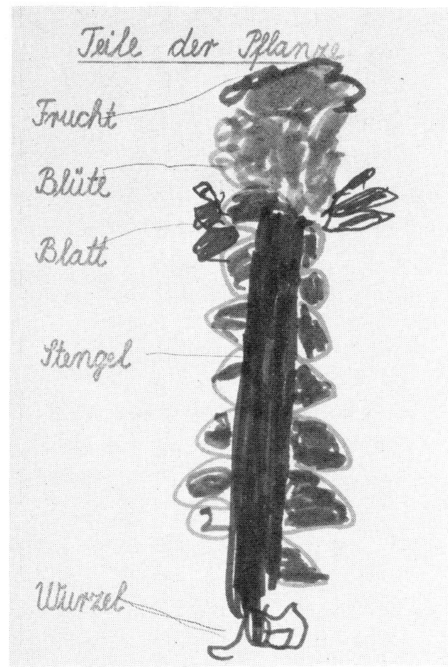

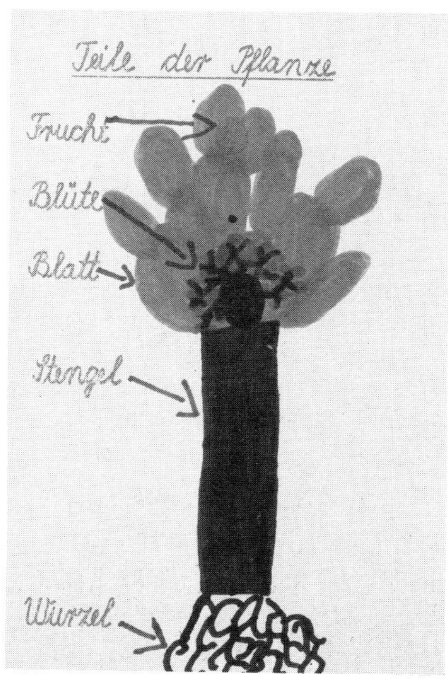

Mein Körper

Einmal im Laufe der ersten zwei Schuljahre sollte der eigene Körper im Mittelpunkt des Unterrichts stehen. Wenn man dieses Thema allgemein vor der Sexualerziehung behandelt, nimmt man die Kicheranlässe für später weg. Dann kann man unbefangener und ungestörter auch über emotionale Probleme sprechen; dazu sind die Kinder noch kaum in der Lage, wenn sie mit Scham und Befangenheit kämpfen, die oft genug hinter der Albernheit stecken.

Es geht nicht darum, in der Zwangsgemeinschaft der Klasse die Intimitätsgrenzen aufzuheben, sondern darum, zu lernen, wie man auch hier über Intimes reden kann, mit welchen Worten, in welchen Wendungen, ohne daß jemand verletzt wird. Und es geht darum, die eigenen Gefühle wahrzunehmen und vielleicht etwas besser zu verstehen in einer Situation, die gleichzeitig Aufrichtigkeit und Sachlichkeit verlangt, obwohl uns das, worüber geredet wird, nahegeht.

Die Pflege des Körpers, die Dinge, die man dazu benötigt, die Körperteile, die Körperfunktionen – bei diesem Themengeflecht können sich Lehrer und Kinder immer wieder aus intimen Fragen zurückziehen, wenn sie sie zu sehr bedrängen oder wenn die Haltung einzelner Kinder das Gespräch so verbiegt, daß man besser für eine Zeit auf verfängliche Themen verzichtet.

Hausaufgabe: *Schau nach, was es bei euch im Badezimmer für Dinge gibt.* Die Kinder bekommen einen Fragebogen mit einer Liste von Gegenständen. In der Schule füllen sie die erste Spalte aus, merken für jedes Ding an, ob es das daheim im Badezimmer gibt oder nicht.

Solange das nicht überprüft ist durch Augenschein, kann man nur vermuten, ob man sich richtig erinnert. Tatsächlich stellt sich heraus, daß viele Kinder durchaus nicht alles im Kopf haben, obwohl sie sich doch täglich einige Zeit im Badezimmer aufhalten. Eine Erfahrung, die sich jeder als Reinfall oder als Überraschung deuten kann.

Wir erzählen Badezimmergeschichten: vom Geschrei beim Haarewaschen, von der Seife in der Badewanne, vom Haareziepen beim Kämmen. Wenn Kinder in der Klasse sind, die kein Badezimmer daheim haben, erzähle ich besonders ausführlich aus meiner Kindheit: kein fließendes Wasser, Brunnen hinter dem Haus, Bad am Samstagabend in der Waschküche, wo wir einer nach dem anderen von der Großmutter in den Waschkessel gesteckt wurden.

Zeichne dich unter der Dusche! – Bald kommen Nachfragen: *Mit Badehose? – Duschst du denn mit der Badehose?*

In jeder Gruppe sind Kinder, die ganz unbefangen nackt sein können und sich ebenso unbefangen zeichnen. Andere sind befangen. Aber bald wird an allen Tischen nur noch diskutiert, wie man die Geschlechtsmerkmale am besten zeichnet. Die Mädchen beklagen, daß bei ihnen nicht viel darzustellen ist.

Bei diesen Gesprächen verwenden die Kinder die Ausdrücke, die sie von daheim gewöhnt sind, kichern auch hin und wieder, wenn ihnen ein Wort ungewohnt ist, das ein anderes Kind benützt. Aber es ist ein wohlwollendes, fast zärtliches Kichern.

Ich gehe ständig herum und sage, was mir gefällt an den Bildern, schalte mich auch hier und da ins Gespräch ein.

Als die Bilder an der Wand hängen, stellen wir uns davor und bereden, was gut daran ist und was man sich dabei denken kann. Die meiste Zeit rede ich.

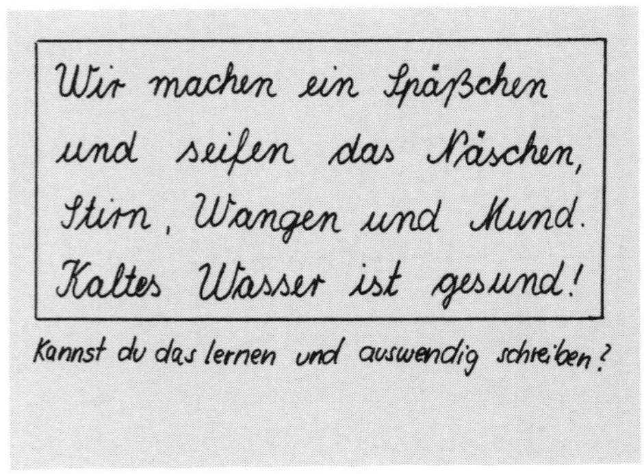
Wir machen ein Späßchen
und seifen das Näschen,
Stirn, Wangen und Mund.
Kaltes Wasser ist gesund!

Kannst du das lernen und auswendig schreiben?

Dies ist meine Gelegenheit, ein Maß zu setzen für die Sprache und den Ton, auch für Verständnis und gegenseitige Zuwendung, wie ich sie mir für die kommenden Gespräche wünsche.

Nebenbei werden die Begriffe geklärt, mit denen wir über die Körperteile sprechen werden. Glied und Scheide sind die Geschlechtsteile, die Mädchen und Jungen unterscheiden.

Einige Kinder haben sie doch unter Badehosen verborgen. Diese Kinder haben daheim gelernt, daß man sich vor fremden Augen nicht nackt zeigen sollte. Sie schämen sich, wenn sie das tun. Kinder, die daheim anders erzogen wurden, laufen gerne nackt herum und zeichnen sich auch so. Beide kann man verstehen, beide bekommen für sich recht.

Die ersten Gespräche beim Zeichnen und danach lockern die Fesseln. Man erfährt: *Was bei mir, bei uns daheim selbstverständlich ist, kann bei euch ganz anders sein.* Unterschiede im Lebensstil zu entdecken, ist aufregend, man muß lernen, sie gelten zu lassen.

Was man für die Körperpflege braucht, gibt es in der Drogerie. Da gibt es auch noch andere Sachen. Ich teile eine Liste aus. Wieder werden Vermutungen notiert: *Was davon gibt es in der Drogerie?* Hausaufgabe: *Geh in die nächste Drogerie und prüfe nach, ob du mit deinen Vermutungen rechtgehabt hast.*

Solche Exkursionen sind vordergründig eine Leseaufgabe im Deutsch- und ein Erkundungsauftrag im Sachunterricht. Vor allem aber sind sie eine Übung in Selbständigkeit, die manchem Kind nottut. *Schau dich erst einmal um, wenn die Verkäuferin beschäftigt ist. Was du selbst entdeckst, brauchst du nicht mehr zu fragen.* Das gebe ich ihnen noch mit auf den Weg, damit sie sich nicht gleich wieder mit flehenden Blicken an eine mitleidige Verkäuferin hängen.

Einige Kinder verabreden sich, zu zweit oder zu dritt in die Drogerie zu gehen. Dort treffen sie dann meistens auch andere Kinder der Klasse oder begegnen ihnen unterwegs. Es gibt ja nicht so viele Drogerien in der Nähe einer Schule.

Die Kinder bringen Waschlappen und Schwämme mit in die Schule, und wir machen Experimente: *Wieviel Wasser kann ein Waschlappen, wieviel ein Schwamm aufsaugen?* Man kann Hypothesen bilden und überprüfen. *Kommt alles Wasser wieder heraus, wenn man Schwamm oder Lappen drückt?* Auch das läßt sich untersuchen. Ernst und eifrig sind die Kinder bei der Sache. Und mit gleichem Eifer wenden sie sich dann der Aufgabe zu, einen Waschlappen zu entwerfen, ein buntes Muster.

Waschen, reinigen, abreiben, bürsten, putzen, abspülen, seifen, duschen, abtrocknen, schneiden, eincremen, kämmen – lauter Tunwörter. Man braucht sie, wenn man genau beschreiben will, was man im Badezimmer tut. Man kann Reihensätze bilden, mündlich oder schriftlich, in denen alle diese Tunwörter und die Namen der Körperteile und der Dinge vorkommen, die man für die Körperpflege braucht.

Hausaufgabe: *Bring in einer Tasche oder einem Beutel mit, was du für deine Körperpflege auf eine Reise mitnehmen würdest!* Manche Kinder nutzen die Gelegenheit: Sie überreden ihre Eltern, ihnen endlich eine eigene Kulturtasche zu kaufen. Manche bringen auch die Reiseausrüstung des Vaters mit. Etwa fünfzehn Minuten lang sehen die Kinder

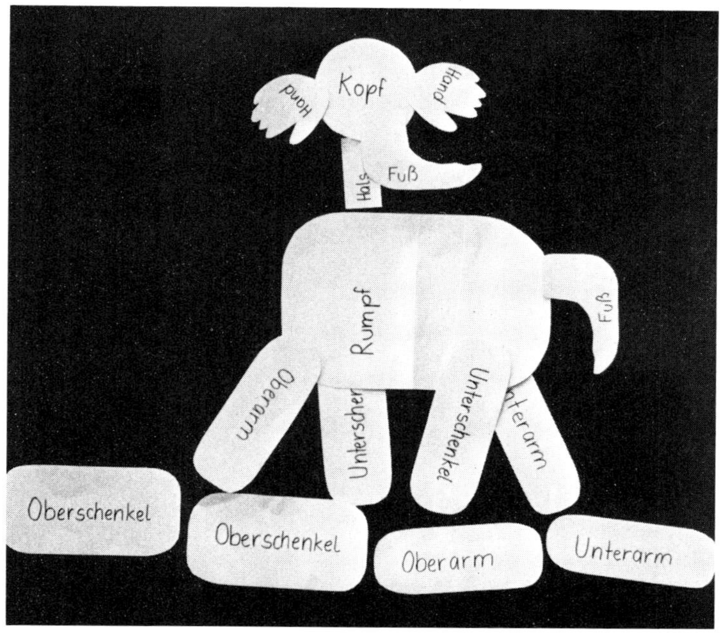

Mädchen und Jungen

Alle Kinder haben einen Kopf, einen Hals, Schultern, Arme, Hände, einen Rumpf, Beine, Füße.
Diese und die meisten anderen Körperteile sind bei Mädchen und Jungen gleich.

Aber es gibt einen Unterschied: Jungen haben ein Glied. Mädchen haben eine Scheide. Daran erkennt man ihr Geschlecht.

Und wenn sie angezogen sind?

Zeichne einen Jungen oder ein Mädchen! Erkennt man es?

Im Badezimmer

Ich ziehe mich aus.
Ich wasche mich
oder ich dusche mich
oder ich bade.
Ich seife mich ein
und spüle die Seife ab.
Ich trockne mich ab.
Ich bürste oder kämme
meine Haare.
Ich putze meine Zähne.
Ich schneide meine Nägel
an Händen und Füßen.
Ich creme meine Haut ein.
Ich kleide mich an.
Ein Blick in den Spiegel:
Das war aber mal gründlich!
Schreibe den Text ab.

Gibt es das in der Drogerie ?	Vermutung	Befund
Seife		
Milch		
Waschlappen		
Waschpulver		
Kerzen		
Radios		
Haarwaschmittel		
Scheuerpulver		
Watte		
Putzlappen		
Haarspangen		
Nägel		
Windeln		
Bücher		
Handtücher		
Zahnbürsten		
Schuhcreme		

Waschlappen

weich
saugfähig
trocken naß feucht
Frottierstoff
Aufhänger

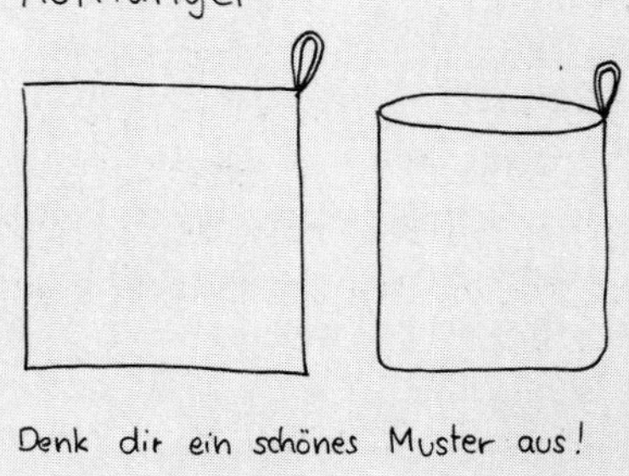

Denk dir ein schönes Muster aus!

sich dann ungelenkt in der Klasse um, führen sich gegenseitig vor, was sie mitgebracht haben, stellen einander Fragen: *Wozu braucht man so eine Zange?* Dann heißt es für alle: *Wer möchte etwas sagen, was für alle wichtig sein könnte? Wer möchte etwas fragen?*

1 Körperteile wie *Schulter* oder *Oberarm* können die meisten Kinder sofort zeigen. Sollen sie aber zum Körperteil den Namen wissen, werden manche unsicher. Die Wörter richtig zu schreiben, das muß auch erst geübt werden. Und wenn sie Menschen zeichnen, sind Beine und Arme meistens steif wie Stöcke, ohne Gelenke, in der Darstellung von Bewegungen eher gebogen als geknickt.

Jede Gruppe bekommt Streifen, auf die ich die Namen der Körperteile geschrieben habe, mit denen wir uns befassen wollen: Kopf, Hals, Rumpf, Schulter, Oberarm, Unterarm, Hand, Oberschenkel, Unterschenkel, Fuß.

Steckt einem Kind aus der Gruppe die Zettel mit Stecknadeln an. Alle helfen mit. Wenn ihr fertig seid, vergleicht mit dem Gliedermann an der Filztafel.

Die Kinder arbeiten sehr rasch und gesammelt. In allen Gruppen wird auch gelacht, warm und gelöst. Man arbeitet zusammen, berührt einander, ein Kind wird von allen liebevoll mit Zetteln behängt. Das Erlebnis von Nähe und Miteinander ist wohl wichtiger als zu wissen, wie die Körperteile heißen. Das lernt man nebenbei. Geschwind werden die Zettel wieder abgenommen und schnell noch einem anderen Kind angehängt. Am liebsten möchte jedes drankommen.

Eine Schreibübung: *Legt die Zettel in die Mitte der Gruppe. Jeder nimmt sich immer einen davon und schreibt das Wort auf den Block. Paßt auf, daß ihr alle Wörter erwischt.* Auch Kinder, die sonst beim Schreiben bummeln, arbeiten jetzt sehr schnell. Die Wörter sind eine Art Beute. Je mehr man schon geschrieben hat, desto schwerer wird es, ein Wort zu erwischen, das man noch nicht hat. Man muß auch sehr aufpassen.

In einer zweiten Klasse, die im ersten Schuljahr wohl vor allem frontal unterrichtet worden war, beobachte ich bei dieser Aufgabe zum erstenmal, daß Gruppen wirklich zusammenarbeiteten. Natürlich ist es laut dabei. Es geht nicht ohne Lärm ab, wenn in einer Gruppe festgestellt wird, daß wahrscheinlich alle Kinder alle Wörter haben, und man beschließt, das gemeinsam zu überprüfen. Gisela steht auf, nimmt alle Wortstreifen in die Hand, liest langsam einen nach dem anderen vor. Die fünf anderen Kinder der Gruppe kontrollieren jedes seinen Zettel und alle miteinander auch noch den von Gisela. Ein Beispiel von Zusammenarbeit, das ich anschließend für alle noch einmal beschreibe. Giselas Gruppe strahlt.

Ich strahle auch, als ich die Zettel nachsehe. Es gibt kaum Rechtschreibfehler auszubessern. Die Kinder haben mit Freude und Anteilnahme und ohne Druck geschrieben. Trotz der Eile haben sie nicht flüchtig gearbeitet, sondern versucht, ihre Sache in jeder Hinsicht gut zu machen.

Rumpf = Hauptmasse des Körpers (Brust, Bauch, Rücken)

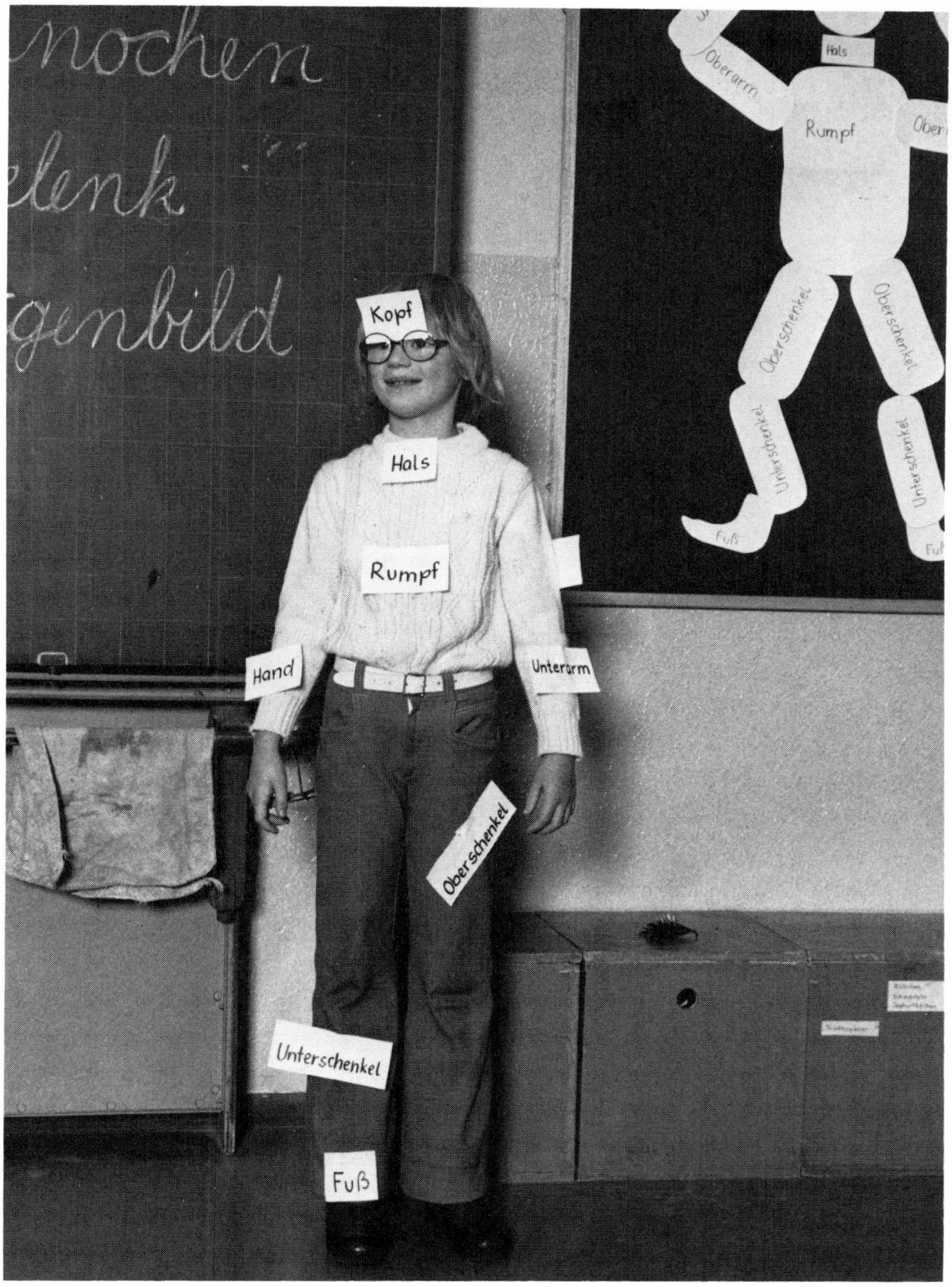

Wir schreiben die Namen der Körperteile. Das sind die Übungswörter für das nächste Diktat. Da häufen sich die Fehler dann bei *Glied* und *Scheide*. Die stehen mitten unter den anderen Begriffen und sind leichter zu schreiben als z. B. Ellbogen oder Oberschenkel. Warum werden sie trotzdem so oft falsch geschrieben? Ich habe nicht bedacht, daß es manchen Eltern schwerfallen könnte, ihren Kindern diese Wörter für die Schule zur Übung zu diktieren. Die Spannung, unter der die Eltern beim Diktieren gestanden haben, wird für die Kinder spürbar gewesen sein, wenn auch nicht recht greifbar. Als ich die beiden kritischen Wörter in der Schule diktierte, wird bei den Kindern die Spannung wach, die sich von den Eltern auf sie übertragen hat. Und diese Spannung stört die ungehemmte Wiedergabe des an sich bekannten Wortbildes. Ein Beweis dafür, daß Rechtschreibfehler nicht unbedingt darauf zurückgehen, daß ein Wort schwierig ist.

Im Badezimmer

die Wanne — der Schwamm
die Dusche — der Lappen
das Becken — das Handtuch
die Schüssel — die Bürste
das Wasser — der Kamm
die Seife — die Schere

baden — abspülen
duschen — abtrocknen
waschen — rubbeln
einlaufen — bürsten
ablaufen — kämmen
einseifen — ziepen
schäumen — schneiden

Diese Wörter solltest du üben, bis du sie alle richtig schreibst!

Gibt es das in eurem Badezimmer?

	Vermutung	Befund		Vermutung	Befund
Waschbecken			Waschmaschine		
Dusche			Zahnbürste		
Schüssel			Haarwaschmittel		
Badewanne			Handtücher		
Wimperntusche			Bademantel		
Handbürste			Lockenwickler		
Höhensonne			Watte		
Lippenstift			Badethermometer		
Waschlappen			Haarbürste		
Schwamm			Haarclips		
Rückenbürste			Abflußstopfen		
Toilette			Zahncreme		
Badeteppich			Rasierapparat		
Wattestäbchen			Rasierwasser		
Kamm			Parfüm		
Handcreme			Waschpulver		

1.a.

Körperteile haben Namen

der Kopf — der Hintern
der Hals — das Glied
das Ohr — die Scheide
die Schulter — das Bein
der Arm — der Oberschenkel
der Ellbogen — das Knie
die Hand — die Wade
die Finger — der Fuß
die Brust — die Ferse
der Bauch — die Zehe
der Rumpf
der Rücken

Schreibe 10 Sätze so:
Gründliche Reinigung
Ich wasche meinen Hals.
Ich wasche ...

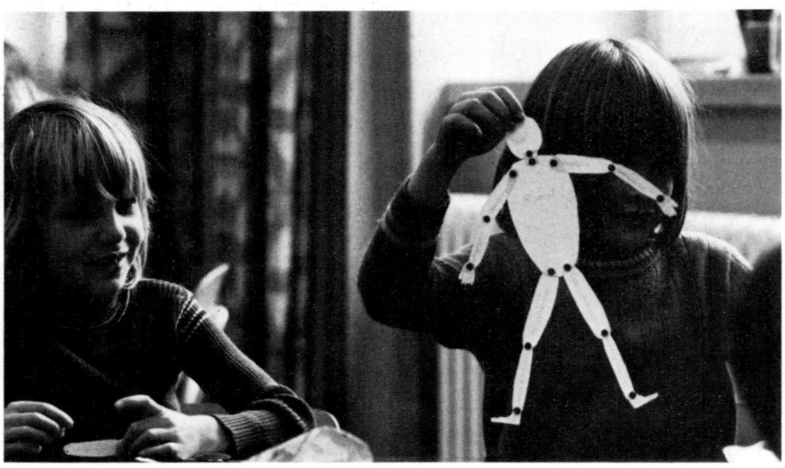

Gelenke	D	Sch
Schultergelenk	X	
Ellbogengelenk		X
Handgelenk	X	
Fingergelenk		X
Hüftgelenk	X	
Kniegelenk		X
Fußgelenk	X	
Zehengelenk		X

Kreuze an!

Scharniergelenk: knickt nur in eine Richtung ab

Drehgelenk: rundum beweglich

2. Jedes Kind bekommt ein Blatt Postkartenkarton, auf dem die Teile eines Gliedermannes abgezogen sind. Er ist von vorn gesehen abgebildet und wird mit Druckknöpfen zusammengesetzt. Jetzt kann er sich bewegen, ist fast schon lebendig. Aber als wir ihn mit unserem Körper vergleichen, wie der sich bewegen kann, wirkt der Gliedermann doch recht armselig. Seine Gelenke sind nur in eine Richtung zu bewegen wie ein Scharnier. An unserem Körper finden wir ebenfalls Scharniergelenke. Aber da sind auch andere Gelenke, die Bewegungen in alle Richtungen erlauben: Drehgelenke.

3. Gruppenarbeit: *Untersucht, wo Drehgelenke und wo Scharniergelenke an eurem Körper sind. Zählt, wieviel ihr von beiden Arten findet.* Nach etwa zehn Minuten berichten die Gruppen, was sie gefunden haben. Wir haben Schwierigkeiten, uns zu verständigen. Immer muß man zeigen, was man meint. Es ist also nötig, genaue Bezeichnungen für die einzelnen Gelenke zu lernen. Wir schreiben sie der Reihe nach auf. Daheim werden sie nochmals geübt.

Dann die Aufgabe: *Schreibe hinter jedes der Gelenke ein D oder ein S. D soll heißen Drehgelenk, S soll heißen Scharniergelenk.* Es wird sehr laut, weil man alle Gelenke ausprobieren muß und die Kinder sich gegenseitig zu beweisen versuchen, ob an einer Drehbewegung wirklich nur das eine Gelenk beteiligt ist, um das es gerade geht.

Wichtig ist, daß die Kinder das am eigenen Körper beobachten. Sie sollen ja nicht am Ende hersagen können, welche Drehgelenke und Scharniergelenke es an ihrem Körper gibt; das brauchten sie nur auswendig lernen.

Erfahren haben, daß und wie man so etwas herausfinden kann, ist mehr. Ein Beispiel für das, was man in der Schule immer wieder lernt: Selbsterfahrung zu verallgemeinern. Es kann eine aufregende Entdeckung für ein Kind sein, daß bei allen anderen Kindern die Gelenke, die an derselben Stelle des Körpers sitzen, sich auch in der gleichen Weise bewegen, wie bei ihm selbst.

Ein Student, der bei uns sein Praktikum macht, will den Kindern klarmachen, warum wir ein Knochengerüst brauchen und wozu die Gelenke gut sind. Die Frage danach würde sich eines Tages von allein regen. Um sie mit allen Kindern auf einmal abhandeln zu können, müssen wir sie künstlich wachrufen. Eine Kasperpuppe hilft dabei.

Der Kasper ist kreuzunglücklich. Er kann nicht sitzen, versucht es immer wieder vergeblich und jammert. Er fragt die Kinder, warum sie denn nicht so in sich zusammensacken, wie er, wenn sie sich auf einen Stuhl setzen oder hinstellen. *Wir haben doch Knochen!* Kasper verlangt auch Knochen. Er bekommt Stäbe in Arme und Beine gesteckt. Jetzt ist er schön steif. Aber er kann sich nicht bewegen. Im fehlen Gelenke. Die können wir ihm nicht geben. Nur Modelle für Gelenke können wir entwerfen, aus Plastilin formen.

Aufgabe: *Forme Knochen, die miteinander durch ein Gelenk verbunden sind. Einmal soll es ein Drehgelenk sein, einmal ein Scharniergelenk.* Manche Kinder formen zwei Würste, drücken sie an den Enden zusammen und bewegen sie gegeneinander. So sieht das von außen aus. Aber wie ist das innen, im Ellbogen oder Knie?

Wir haben vom Orthopäden große Röntgenbilder verschiedener Gelenke bekommen; die werden jetzt am Fenster aufgehängt. Der Metzger hat für uns die Knochen aus dem Hinterteil eines Schweines sorgfältig ausgelöst. Als wir die Sehnen durchtrennt haben, kann man erkennen, wie die Knochen ineinandergefügt sind. Allmählich begreifen alle Kinder, worauf es bei den beiden Gelenkarten ankommt, übertragen und erproben ihre Erkenntnisse in Plastilin.

Olliver, Michael und Nicki tun sich zusammen und fangen an, ein ganzes Gerippe zu formen. Nicki hat seine Rippen entdeckt, als er seinen Körper nach Gelenken abtastete. Die Rippen aus Plastilin geraten etwas weich und müssen abgestützt werden. Beckenknochen fehlen. Die Knie werden als Kugelgelenke dargestellt. Niemanden stört das, obwohl alle Kinder wissen, daß da ein Scharniergelenk sein müßte.

Knochen und Gelenke

In unserem Körper haben wir ein Gerüst aus Knochen, das Knochengerüst. Man nennt es auch Skelett.
Ohne Skelett könnten wir uns nicht aufrichten.
Das Skelett ist aus vielen einzelnen Knochen zusammengesetzt. Manche treffen in einem Gelenk zusammen. Durch das Gelenk sind die Knochen beweglich miteinander verbunden.
Ohne Gelenke wären wir steif.
Im Röntgenbild kann man die Knochen im Körper sehen.

Alle sind voller Bewunderung für das Gemeinschaftswerk, was da entsteht und im Laufe der nächsten Tage immer weiter vervollkommnet wird.

Ein zweiter Gliedermann, diesmal von der Seite gesehen, wird gebastelt. Die Löcher für die Druckknöpfe stechen wir mit einem spitzen Bleistift nicht zu nah am Rand in den Karton. Als weiche Unterlage dient ein Radiergummi. Mit diesem Gliedermann lassen sich viele Bewegungen und ganze Bewegungsabläufe darstellen. Wenn man versucht, den Mann so zu legen, daß er läuft, *wie in echt,* muß man auch bemerken, daß die Bewegung der Arme dabei eine Rolle spielt. Das war bislang keinem der Kinder aufgefallen.

Ich zeichne ein Strichmännchen, Max, in verschiedenen Bewegungen auf große Karten und hefte sie an die Tafel. Die passenden Tunwörter werden zugeordnet.

Wir äffen nach, was das Männchen tut, und verändern die Tunwörter je nach Person. Zuerst mündlich, dann schriftlich: *Ich hocke, du hockst, er hockt, wir hocken . . .* Ein Wort nach dem anderen wird durchgespielt, aufgeschrieben.

Wem ist etwas aufgefallen? – Bei ich ist immer ein e am Ende – Und bei du ein t. Das muß man so nicht behalten, aber jeder kann sehen, daß die Endung nicht beliebig ist, daß man da achtgeben muß, und ihm fällt vielleicht schon auf, daß der Wortstamm durch alle Beugungsformen gleichbleibt. Eine Hilfe beim Rechtschreiben.

An mehreren Tagen ist die Hausaufgabe, vier bis sechs Wörter schriftlich durchzuspielen. Dabei erfährt man immer wieder, daß die Wörter nicht beliebig geschrieben werden, daß es da Regeln gibt und daß man die in den Griff bekommen kann.

Die meisten Kinder machen solche Schreibübungen sehr gern in der zweiten Klasse, empfinden sie nicht als so stumpfsinnig, wie sie einem Erwachsenen erscheinen mögen. Kinder benutzen die verschiedenen Beugungsformen ja naiv, ohne sich dessen bewußt zu sein, für sie ist das wohl immer dasselbe Wort. Die Unterschiede, die sie jetzt entdecken, sind sehr raffiniert. Nur ein oder zwei Buchstaben sind anders und schon bewegt sich eine andere Person. Wenn Kinder solche Konjugationsreihen aufschreiben, nehmen sie Abstand vom naiven Sprachgebrauch und erleben, daß sie ihre Sprache beherrschen.

Als Florian von der Handarbeitslehrerin die Strafaufgabe bekommt, fünf Sätze zu schreiben, wischt er mir am nächsten Tag einen Zettel auf den Tisch. Unlust und Überdruß, Selbstbewußtsein und Ironie und eine großzügige Verachtung der Rechtschreibung zeigen sich da. Er hat den Satz *Ich bin plöt* viermal verwandelt.

Es kann einem schon schwerfallen, mit Zweitkläßlern über die körperlichen Geschlechtsunterschiede zu sprechen. Die Kinder sind anfangs leicht befangen und albern. Das gibt sich rasch, wenn der Lehrer unbefangen ist und sicher in dem, was er sagt. Wenn er es nicht ist, darf er das nicht unterschlagen, sondern muß seine Gefühle den Kindern erklären.

Auch das Verhalten und die Gefühle der Kinder sollten besprochen werden, die Schwierigkeiten mit der Wortwahl und Gefühle wie Peinlichkeit oder Angst vor Verletzung der Intimität.

Maxe bewegt sich – ich bewege mich

1. Maxe ______. Ich ______.
2. Maxe ______. Ich ______.
3. Maxe ______. Ich ______.
4. Maxe ______. Ich ______.
5. Maxe ______. Ich ______.
6. Maxe ______. Ich ______.
7. Maxe ______. Ich ______.

Tunwörter in der Grundform:
stehen, sitzen, krabbeln, hocken, hinken, laufen, knien

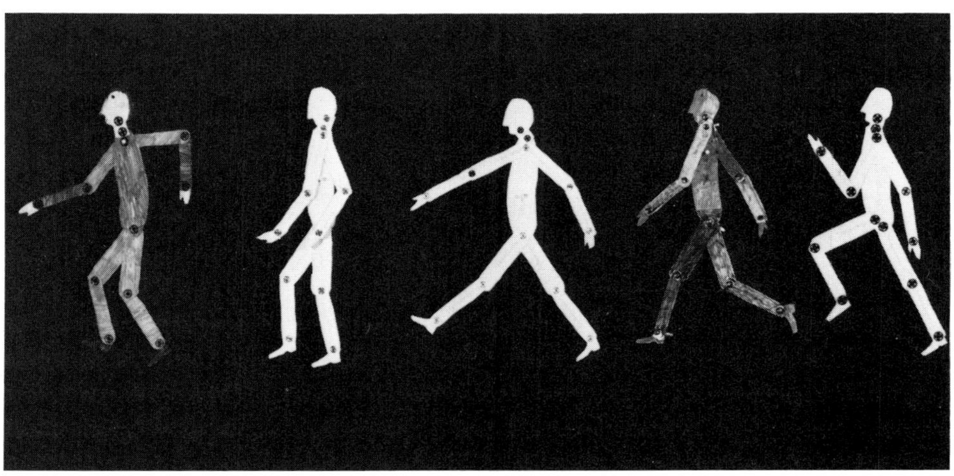

Daß die Kinder einer Klasse nicht alle die gleiche Scheu haben, wenn es um den eigenen Körper geht, kann Anlaß sein, miteinander über den Einfluß des Elternhauses auf solche Einstellungen nachzudenken.

Zweitkläßler sind nach meiner Erfahrung immer fasziniert von der Entdeckung, daß jedes Kind in einem anderen Rahmen von Selbstverständlichkeiten lebt. Sie lernen, sich gegenseitig zu tolerieren, wenn in der Schule nicht eine Möglichkeit als die normale, die richtige hingestellt wird, sondern wenn alle unkritisiert vorgestellt werden können. Sie tun dabei sicher einen kleinen Schritt auf dem Weg zur Toleranz und erfahren eine Stärkung ihrer Identität, wenn sie sich so, wie sie nun einmal sind, angenommen sehen.

Wie fest Vorurteile bei Zweitkläßlern verankert sein können, erfährt man, wenn von anderen als körperlichen Geschlechtsunterschieden die Rede ist.

Jungen in diesem Alter können sich benehmen wie Stammtischbrüder. Sie reden von *Weibern* und wissen ganz genau, was die können und tun und was nicht. Sie lachen laut und wegwerfend, wenn man mit ihnen darüber diskutieren will. Das eigene, labile Selbstbewußtsein wird gestützt durch den Dünkel gegenüber einer Gruppe, die deutlich anders ist.

Mädchen sind in den ersten Schuljahren allgemein besser angepaßt und tüchtiger als die Buben, was deren Vorurteile gegen die Mädchen wieder nährt. Als ich *Tiger und Ricki* vorlese und wir darüber reden, merke ich, daß die Kinder wohl alle schon erfahren haben, wie es ist, wenn eine Gruppe uns zwingt, ihre Vorurteile zu übernehmen und unsere Freunde zu verraten.

Solche Erfahrungen können nicht ein für allemal abgehandelt werden. Vorurteile können nicht durch vernünftige Gespräche und Gründe beseitigt werden, sie wachsen immer wieder nach, müssen immer wieder neu gestutzt werden, bis sich vielleicht über Jahre in einer Klasse ein Klima bilden kann, in dem sehr verschiedene Kinder einen Platz haben und anerkannt sind.

Messen mit Längenmaßen

Im zweiten Schuljahr soll man lernen, mit Maßband und Meterstab umzugehen und kleinere Strecken zu messen. Das heißt, daß man ein fertiges Meßinstrument anlegen und die Maßzahl ablesen kann. Dann wird mit verschiedenen Maßzahlen gerechnet.

Man kann aber bei dieser Gelegenheit auch zu verstehen beginnen, daß das Normalmeter auf eine Übereinkunft zurückgeht, die zur Verständigung eines Tages notwendig wurde. Und man kann erfahren, welchen Sinn die Einteilung des Meters in Dezimeter, Zentimeter und Millimeter hat. Will man das alles aber wirklich begreifen, muß man zurück zu dem Punkt, wo noch kein fertiges Metermaß zu Verfügung steht.

Irgend jemand hat uns einmal eine Rolle Lochstreifenkarton geschenkt. Jetzt können wir ihn gebrauchen, um Maße abzubilden oder herzustellen.

Als Hausaufgabe gibt es zunächst ein Leseblatt über Otto, der sich prügelt, weil er sich mit seinem Freund beim Abmessen des Fußballfeldes nicht einigen kann. Am nächsten Tag stelle ich fest, daß einige Kinder sich gar keine Gedanken darüber gemacht haben, wie dieser Streit entstehen konnte. Andere wollen gleich darüber reden. Ich verhindere das, weil ich möchte, daß möglichst alle Kinder selbst erkennen, warum die beiden sich uneins sind. Ich sehe gekränkte Gesichter. Sie hellen sich auf, als ich mit einem Augenzwinkern und *Psst, nichts verraten!* zeige, daß ich sie verstehe und ihre Leistung achte, auch wenn sie sie jetzt nicht vorzeigen dürfen.

Jedes Kind bekommt einen Streifen Lochkartenkarton, kürzt ihn auf die Länge seines Fußes und schreibt seinen Namen drauf. Wir kleben alle *Füße* nebeneinander auf einen großen Bogen.

Das wird so etwas wie ein Säulendiagramm. Die Kinder beginnen zu vergleichen.

Da wir die Maße nicht der Größe nach geordnet haben, ist die Frage, wer den längsten, wer den kürzesten Fuß hat, bald unwichtig. Jetzt heißt es: *Wessen Fuß ist so lang wie meiner?* Und dann auch gleich: *Wenn du genauso lange Füße hast wie ich, bist du dann auch genau so groß?* Stellen sie ähnliche Größen fest, sagen sie: *Wir sind verwandt* oder *Wir sind Zwillinge.*

Jetzt können wir im Kreisgespräch die Geschichte von Otto klären. Und mein anschließender Bericht über Naturmaße wie Elle, Daumen, Schritt, Handspanne wird aufmerksam gehört.

Otto prügelt sich

Otto hat sich mit Franz getroffen. Sie wollen trainieren. Franz hat sehr lange Beine und will auf jeden Fall Fußballer werden. „Wo ich schon Franz heiß! Fängt doch gut an," sagt er.

„Erstmal üben wir auf's Tor schießen. Aber nicht wieder von ganz nah. Wir ziehen einen Strich, da darf man nicht drüber." Alle nicken. Wenn dicht vor dem Tor so ein Gedrängel ist, kann niemand richtig zielen.

„Ich meß hier ab. Mach du das da drüben, Otto! Damit der Strich grade wird. Dreißigmal Tip-tap. Mach ich auch. Ich zieh dann den Strich zu dir rüber."

Tip-tap-tip-tap...
Otto setzt dreißigmal einen Fuß vor den anderen. Und Franz macht dasselbe auf seiner Seite. Dann zieht er einen Strich zu Otto. Und dann schreit er los: „Du Depp! Der Strich ist ganz schief! Kannst du nicht bis dreißig zählen?"

Otto ist kleiner als Franz. Aber jetzt haut er ihm eine rein. Anbrüllen läßt er sich nicht. Und einen Depp nennen schon gleich gar nicht. „Sag nicht nochmal Depp zu mir, du!"

Aus ist's mit dem Fußballtraining. Der Mannschaftskapitän und der Linksaußen prügeln sich. Und alles wegen eines schiefen Strichs!

Sofort kommt die Frage: *Was kann man machen, um Streit zu vermeiden, wenn ‚Fuß' die Maßeinheit ist?* Steffen meint: *Alle müßten gleichgroße Füße haben.* Michaela schlägt vor, man solle die Füße, Hände, Schritte von immer demselben Menschen als Maß nehmen und ihn rufen, wenn man etwas ausmessen will. *Und wenn er dann wächst, stimmt es wieder alles nicht!* wirft Tatjana ein.

Allmählich ergibt sich, daß es sinnvoll ist, das Maß, das für alle verbindlich sein soll, in einem unveränderlichen Material festzuhalten. Schließlich fertigen wir für jedes Kind ein *Zweibezel* an, die Maßeinheit, auf die sich unsere Klasse 2 B geeinigt hat. Die Kinder

Ich messe mit dem Zweibezel
Federmäppchen: 1 Zweibezel
Bett: 6 Zweibezel
Türe: 10 1/3 Zweibezel
Tierbuch: 2 1/4 Zweibezel
Schrank: 9 1/2 Zweibezel
Kühlschrank: 4 Zweibezel
Schulranzen: 1 1/4 Zweibezel
Schlafzimmer: 20 1/2 Zweibezel
Teppich: 7 Zweibezel
Fenster: 2 3/4 Zweibezel
Küchenboden: 12 Zweibezel
Teller: 1/2 Zweibezel
Stuhl: 2 1/2 Zweibezel

hatten dafür die Länge meines Fußes vorgeschlagen.

Wir benutzen es gleich. Wir messen Tische, Stühle, die Tafel usw. mit Handspannen – da unterscheiden sich die Ergebnisse – und mit dem Zweibezel – da sind die Ergebnisse gleich, unabhängig davon, wer mißt.

Jede Gruppe bespricht, welche Dinge zu Hause ausgemessen werden sollen. Einmal mit Handspannen, dann mit dem Zweibezel. Der Vergleich der Hausaufgaben am nächsten Tag zeigt noch einmal: Wenn zwei ihre Betten mit Handspannen ausmessen, wissen sie immer noch nicht, welches von beiden länger ist. Mit dem Klassennormalmaß werden die Längen vergleichbar.

Ein Problem war am Vortag schon aufgetaucht, aber ich hatte die Fragen dazu noch geflissentlich überhört. Es ist bei der Hausaufgabe wieder da und nun unser Thema: *Was tut man, wenn's mit dem Maß nicht aufgeht? Wenn das letzte Stück des Teppichs, den ich messe, kürzer ist als mein Zweibezel? – Dann komme ich zu Angaben wie neuneinhalb oder eindreiviertel Zweibezel.* Manche Kinder sind selbst auf die Lösung gekommen, andere haben sich beraten lassen, jedenfalls bei der Schreibweise. Brüche sind ja noch nicht geläufig.

Ich erzähle von der Einführung des Normalmeters. Wir haben ein Modell davon. Jedes Kind holt sich sein Maß, mißt einen Kartonstreifen an unserem *Urmeter* und schneidet ihn ab in Länge eines Meters. Damit kann man nun richtig messen! Aber sofort entsteht wieder die Frage: *Und wenn kürzere Sachen zu messen sind?* Dann muß man das Meter einteilen und sich am besten vorher einigen, wie man einteilen will. Hier kürze ich die Erörterungen ab und schlage vor: Teilt das Meter in 10 gleiche Teile ein!

Mit Knicken und Strichen gelingt das ungefähr. Also zehn gleiche Teile in einem Meter, eines davon ist ein Dezimeter. Ich erkläre die Herkunft dieses Wortes aus dem Lateinischen.

Für ganz kleine Dinge ist aber auch ein Dezimeter noch zu lang. Also teilen wir das Dezimeter in zehn gleiche Teile. Ein Teil heißt Zentimeter, weil 100 in einen Meter passen.

Bei der Einteilung in Millimeter geben

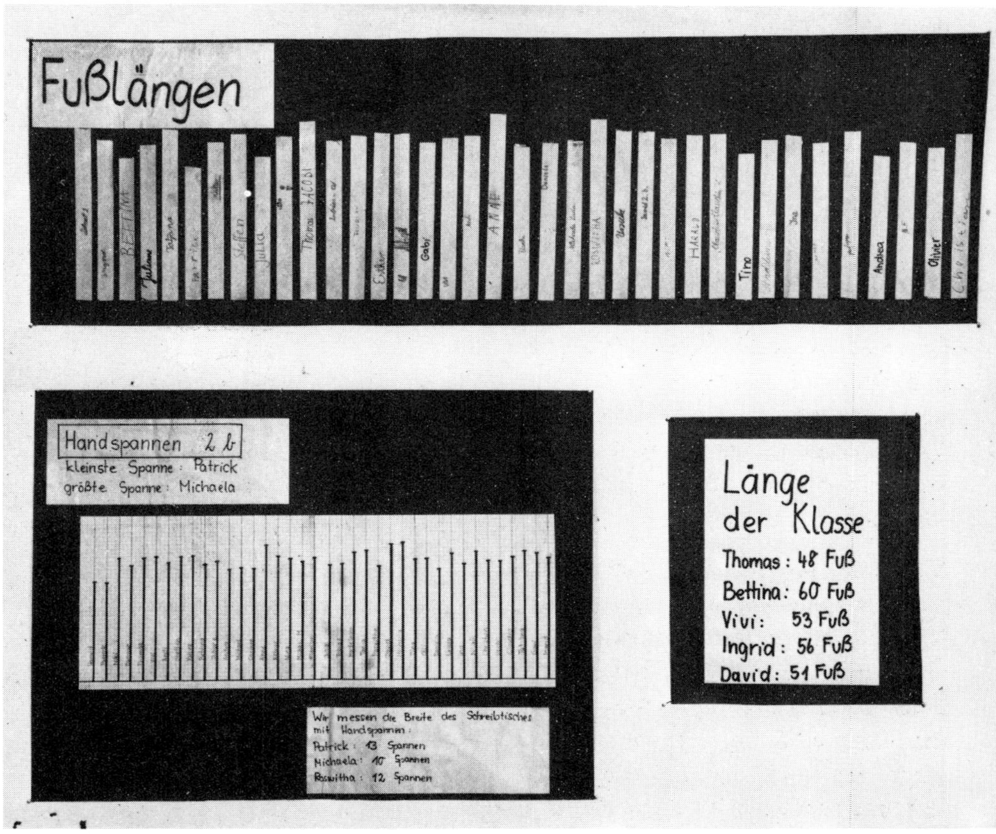

Füße, Fuß und Meter

Wir haben unser Klassenzimmer ausgemessen, mit Füßen. Thomas sagt: "Es ist so lang wie 48 Füße." Bettina sagt: "Es ist so lang wie 6o Füße." Ihre Füße sind nicht gleich groß.

Andere Kinder mit anderen Fußgrößen haben noch andere Ergebnisse ermittelt. Wessen Fuß soll als Maßeinheit gelten?

Früher wurde mit "Fuß" gemessen. Es war festgelegt, wie lang der sein sollte. Aber die Festlegung galt immer nur für ein Land oder nur den Teil eines Landes. So war in Dänemark ein "Fuß" etwa 31 cm lang, in England 3o cm und in Griechenland 33 cm. Selbst innerhalb eines Landes war man sich nicht immer einig, wie lang das sein sollte, ein "Fuß". Daraus ergaben sich Unklarheiten und Mißverständnisse.

1754 wurde in Potsdam das Nauensche Tor gebaut. Das hatte der König selbst entworfen. Er hatte auch festgelegt, wie groß es sein sollte. Als es fertig war, mußte es wieder abgerissen werden. Es war zu klein geraten, weil der Baumeister eine andere Maßeinheit benutzt hatte als der König.

1789, vor fast 2oo Jahren also, beschloß man in Frankreich, ein einheitliches Maßsystem einzuführen, das "Meter". Seit 18oo mißt man damit. Alle Meter sollen gleich lang sein.

Das Urmeter, das Muster für alle Metermaße, liegt in Paris. Weil es sehr praktisch ist, wenn alle Menschen mit demselben Maßsystem messen, haben nach und nach immer mehr Länder das Metermaß von Frankreich übernommen.

Schätzen und messen

	Schätzung	Messung
Wie hoch ist dein Tisch?		
Wie hoch ist dein Stuhl?		
Wie tief ist das Tischfach?		
Wie lang ist dein längster Stift?		
Wie lang ist dein kürzester Stift?		
Wie dick ist dein Radiergummi?		
Wie hoch ist dein Rechenheft?		
Wie breit ist dein Rechenheft?		
Wie dick ist die Kreide?		
Wie dick ist der Schwamm?		
Wie hoch ist dein Tisch daheim?		
Wie breit ist dein Bett?		
Wie lang ist ein Löffel?		
Wie breit ist ein Messer?		
Wie lang ist ein Streichholz?		
Wie lang ist dein Fuß?		
Wie breit ist dein Daumennagel?		

Mit welcher Maßeinheit würdest du das messen?

Entfernung München–Berlin: ______
Höhe eines Kirchturms: ______
Länge einer Blinddarmnarbe: ______
Höhe eines Berges: ______
Länge eines Flusses: ______
Tiefe eines Schrankes: ______
Breite und Länge eines Teppichs: ______
Dicke eines Fadens: ______
Tagesstrecke eines Radrennfahrers: ______
Entfernung zwischen zwei Staffelläufern: ______
Länge der Marathonstrecke: ______
Tiefe eines Sees: ______
Größe eines Knaben: ______
Kopfumfang eines Mädchens, das einen Hut bekommen soll: ______

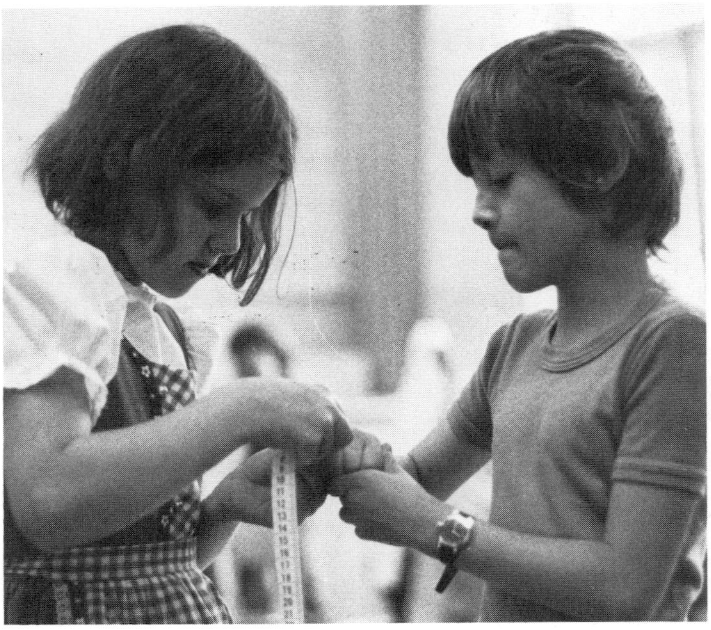

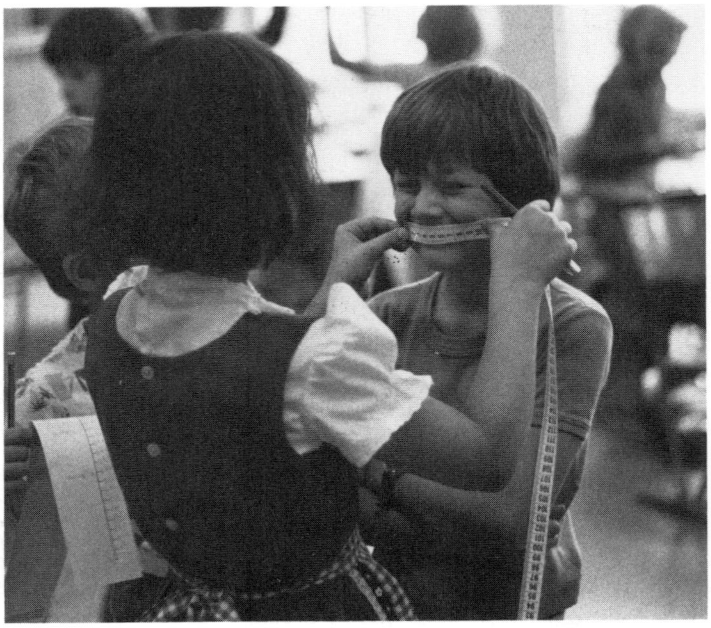

manche Kinder auf. Es wird doch nicht genau genug.

Die Maßbänder, die ich dann verteile, werden bestaunt wie Wunderwerke. Da ist tatsächlich jeder Dezimeter und Zentimeter gleichlang. Man kann auch die Genauigkeit der eigenen Einteilungen nachprüfen.

Mit dem Maßband – zwei Kinder haben eins zusammen – wird jetzt gemessen: Armlänge, Beinlänge, Kopfumfang, Breite des geschlossenen und des lachenden Mundes ... Man vermißt sich gegenseitig und trägt die Ergebnisse in das *Ich-Heft* ein.

Am nächsten Tag gebe ich Papierstreifen mit Zentimetereinteilung aus. Die Zahlen fehlen. Jedes Kind klebt sich einen Meßstreifen von 150 cm Länge, schreibt die Zahlen dazu. Bei Fehlern kann man eine Stelle herausschneiden und durch ein neues Stück ersetzen. Jeder trägt die Größe aller Kinder in der Klasse ein. Auch dieses Dokument bewahren wir im *Ich-Heft* auf. Es wird mit einer Büroklammer am Heftdeckel befestigt.

Wichtig ist, daß die Kinder alles ganz allein machen, sich gegenseitig messen und reihum die Größe erfragen. So wird nicht nur das Messen geübt. Man nimmt einander wichtig, lernt sich besser kennen, kommt sich nahe, erlebt eine große, quirlige, gemeinsame *Forscherei* und entdeckt Ähnlichkeiten und Unterschiede ringsum.

Von nun an sind Maßband, Zollstock und Lineal Instrumente, die man sicher benutzt, weil sie vertraut sind. Und wer später einmal nicht mehr weiß, wie er sie benutzen muß, wo z. B. der Nullpunkt angelegt wird, kann es selbst wieder herausfinden, ohne eingeschüchtert zu sein von einem Instrument, gegenüber dem man sich dumm fühlt, weil man es nie verstanden hat.

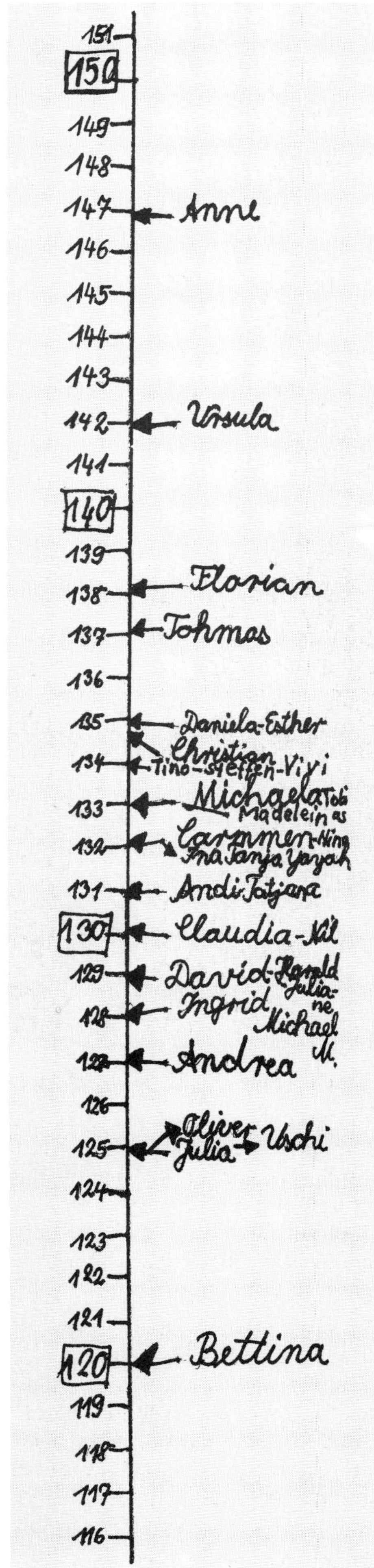
151
150
149
148
147 Anne
146
145
144
143
142 Ursula
141
140
139
138 Florian
137 Tohmas
136
135 Daniela-Esther
Christian
134 Tino-Steffen-Vivi
133 Michaela Tobias
Madelein
132 Carmen Nina
Ina Tanja Yayah
131 Andi Tatjana
130 Claudia-Nil
129 David Harald
Juliane
128 Ingrid
Michael M.
127 Andrea
126
125 Oliver Uschi
Julia
124
123
122
121
120 Bettina
119
118
117
116

Ich – du – wir

Das schönste und liebste Heft für die Kinder in meinen Klassen ist seit ein paar Jahren das *Ich-Heft,* das wichtigste Dokument dessen, was wir im Unterricht tun. Das meine ich selbst auch.

Im Laufe der Zeit habe ich immer wieder meine Gedanken zu diesem Heft aufgeschrieben, was es bedeutet, warum es wichtig für mich und die Kinder ist, warum wir das machen. Wenn ich das heute lese, wundere ich mich, wie schlicht der Anlaß für die erste Idee dazu war: Ich wollte, daß die Kinder ein Heft hätten, das besonders sorgfältig gestaltet würde, wo Schönschrift die Regel wäre und die Kinder Lust darauf bekämen, die Seiten einzuteilen und zu schmücken. Das alles sollte sich lohnen, nicht eine leere Übung sein.

Wenn ein Werk entsteht, das man vorzeigen und aufheben kann, ist es sinnvoll, lange stillzusitzen, sich zu zügeln, genau zu planen. Und das Thema dieses Werkes bin ich selbst, meine Person, meine Gefühle, die Menschen und Dinge, mit denen ich zu tun habe und verbunden bin und natürlich meine Sprache. Jede Aufgabe ist dann ein kleiner Schritt auf dem Weg, das Selbst zu erkennen, anzunehmen, zu stärken.

Aber so hätte ich das damals, als wir mit den Ich-Heften anfingen, noch gar nicht sagen können. Ich wollte die Kinder anspornen, diese Sache ernstzunehmen und schön zu schreiben: *Wenn du das Heft aufhebst und später deinen Kindern zeigst, können sie dich kennenlernen, wie du als Schulkind warst, wie du geschrieben und gezeichnet hast, was du gedacht und erlebt hast. Du hörst ja auch gerne, wenn die Eltern aus ihrer Kinderzeit erzählen.* Welche Bedeutung die Arbeit an diesem Heft für die Identitätsentwicklung der Kinder haben kann, ist mir erst nach und nach klargeworden.

Wir haben beim erstenmal mit einem normalen Schreibheft angefangen, manches reingeschrieben, manches reingeklebt. Als es voll war, wurde hinten ein zweites Heft eingeheftet. Bei der nächsten Klasse haben wir ein großes Heft genommen, da hatte man mehr Platz. Die Bilder konnten größer sein und wenn Aussagen von vielen oder allen Kindern der Klasse zusammengestellt wurden, langte oft eine Seite oder doch eine Doppelseite.

Inzwischen überlege ich, ob es nicht besser ist, die Blätter in einer Klemmschiene zu sammeln, das wirkt auch wie ein Buch. Und wenn der Packen zu dick wird, kann man ihn in einen Klemmhefter spannen und am Ende vielleicht binden lassen. Schnellhefter sind ungeeignet, weil gerade bei Kindern, die Mühe mit der Ordnung und darum nie etwas schönes Selbstgemachtes haben, die Löcher ausreißen und die Blätter ständig durcheinander geraten.

Diese Hefte machen mir manchmal viel Arbeit: Vieles muß ich selbst einkleben, wenn es so schön werden soll, wie das Eingeklebte wichtig ist. Das frißt Zeit, und nicht immer bringe ich es fertig, die Spannung auszuhalten, wenn ein Kind seine Arbeiten nicht rechtzeitig fertig hat oder sie überhaupt verschwunden sind und die nächste Aufgabe drängt. Immer wieder muß ich abwägen: *Ist es jetzt besser für das Kind, diese Sache auf sich beruhen zu lassen, oder sollte es erleben, daß der Lehrer nicht zuläßt, daß da etwas verschlampt wird? Und habe ich auch die Geduld, das dann durchzusetzen, ohne auf halber Strecke müde zu werden?*

Das Ich-Heft bekommt vorne ein Titelblatt: *Ich,* geklebt aus gerissenem Papier, vor allem Tapetenresten. Den Kopf habe ich für alle aus rosa Umdruckpapier geschnitten und aufgeklebt, so kann kein Bild zu klein geraten. Ich möchte nicht, daß die ängstlichen Kinder jedesmal einem zaghaften Ich begegnen, wenn sie dieses Heft in die Hand nehmen. Augen, Mund, Nase, Knöpfe und sonstige Verzierungen werden mit Filzstift auf das fertiggeklebte Bild gemalt. Unten an den Rand kommt der Name, auf die Rückseite kleben die Kinder daheim Bilder aus Zeitschriften, Postkarten, Katalogen: *Was ich gerne habe, was zu mir gehört.* Das ganze Heft bekommt einen Überzug aus durchsichtiger Klebefolie, der es fester macht und die Bilder schützt.

Das ist für mich eine mühsame Arbeit, aber sie lohnt sich. Das Heft bleibt immer schön, auch wenn es oft hin- und hergetragen und in die Hand genommen wird. Vielleicht sollte ich mir bei dieser Arbeit von Eltern helfen lassen.

Auf der ersten Seite steht ein Steckbrief des Besitzers: Name, Vorname, Geburtsdatum, Augen- und Haarfarbe, beste Freunde, Lieblingstier und -farbe . . . Einige Daten liegen fest; jeder kann sie für sich ergänzen. Auf der nächsten Seite dann ein Foto und daneben ein Selbstbildnis. Das wird im großen Heft besonders schön, wenn es wie vor einem Spiegel mit Filzstiften gemalt wird, nur muß genug *Hautfarbe* da sein. Das fertige Bild wird in einen aus festem Papier geschnittenen Rahmen geklebt und der Raum wie ein Spiegelrahmen noch einmal verziert. Die Muster nehmen die durch den Faltschnitt entstandenen symmetrischen Randformen auf.

Ein Kapitel heißt: *Ich vermesse mich.* Ein anderes enthält eine Tabelle mit Größe und Gewicht aller Kinder der Klasse, daneben ein Vergleich mit den

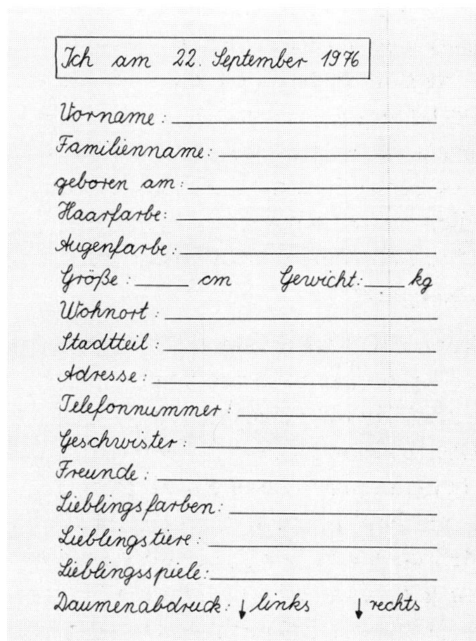
Ich am 22. September 1976

Vorname: ______
Familienname: ______
geboren am: ______
Haarfarbe: ______
Augenfarbe: ______
Größe: ____ cm Gewicht: ____ kg
Wohnort: ______
Stadtteil: ______
Adresse: ______
Telefonnummer: ______
Geschwister: ______
Freunde: ______
Lieblingsfarben: ______
Lieblingstiere: ______
Lieblingsspiele: ______
Daumenabdruck: ↓ links ↓ rechts

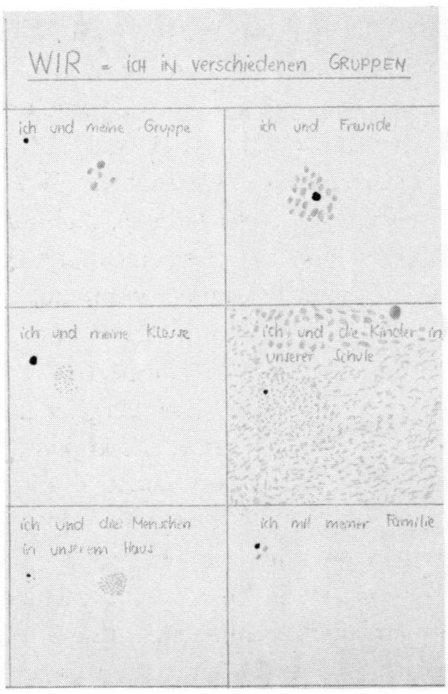

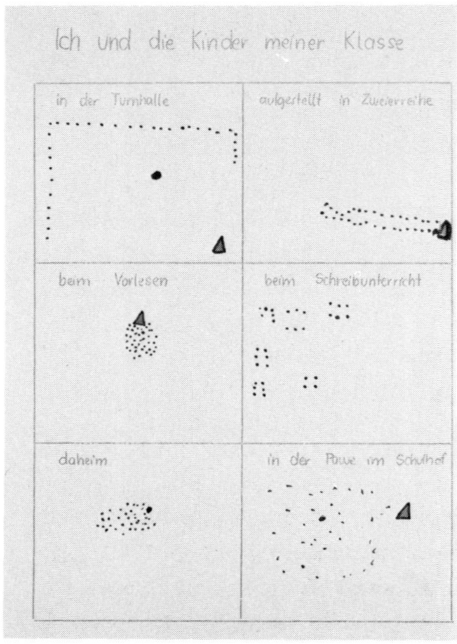

eigenen Daten. Im Jahr darauf am gleichen Tag messen und wiegen wir wieder und vergleichen nun: *Wieviel bin ich gewachsen? Wieviel du? Habe ich jemanden überholt, oder ist mir einer über den Kopf gewachsen, der damals kleiner war als ich?*
Unter der Überschrift *Wir: ich gehöre immer dazu* stellt jeder Gleichungen auf, die alle miteinander zeigen, daß dieses Fürwort immer wieder andere Personen umfassen kann. Die Kinder freuen sich, zu entdecken, zu wievielerlei Gruppen sie jeder gehören. Daraus entsteht der Gedanke, als Hausaufgabe *Mein liebstes Wir* zu zeichnen.
Jedes *Wir* meint das *Ich* in immer anderen Gruppen. Das kann man auch anschaulich machen. Auf einem Blatt mit sechs großen Kästchen, *Wir = ich in verschiedenen Gruppen,* zeichnet sich jeder in verschiedenen sozialen Zusammenhängen. Das Ich ist ein roter Punkt, alle anderen Menschen sind durch blaue Punkte vertreten. Ähnlich ein zweites Blatt... *Ich in der Schule,* da werde ich als Lehrerin durch ein Dreieck dargestellt.
Man muß sich wohl hüten, aus solchen Symbolisierungen zuviel herauslesen zu wollen. Aber schon auf den ersten Blick drängen sich Beobachtungen auf. Ich kann sie für mich behalten und nur stillschweigend in mein Bild von diesem einen Kind einfügen, es besser verstehen. Ich kann sie auch dem Kind, das sich und seine Beziehungen darstellt, zu vermitteln versuchen. *Schau mal, bei allen Bildern bist du vorn, der Erste. Die andern stehen alle hinter dir.* Wenn ich vermute, daß hinter diesem *Erster sein wollen* Angst steckt, versuche ich immer wieder, das Kind zu bewegen, sich auch einmal woanders hinzustellen, um zu erleben, wie das ist, ob das eigentlich schlimm ist. *Nein, auch nicht ganz hinten, das ist ja wie Erster, nur umgekehrt. Stell dich mal mittenrein. Wenn du es nicht aushältst, kannst du ja wieder rausgehen.*

Das Folgende gehört auch in den Sprachlehreunterricht: Wir sammeln an der Tafel alle Eigenschaften, die ein Kind nur irgend haben kann. Jeder sucht sich aus der Liste heraus, was ihm zu sich selbst zu passen scheint. Das wird aufgeschrieben: *Ich finde, ich bin . . .* Dann stellen sich immer zwei Kinder, die nicht nebeneinander sitzen, in der Klasse zusammen. Die Aufgabe: *Jeder von euch schreibt jetzt für den anderen auf, wie er ist, welche Eigenschaften zu ihm passen.*

Als die Zettel getauscht werden, beobachte ich etwas, was ich nicht erwartet habe: Die meisten Kinder betrachten die Eigenschaften, die der andere ihnen zuschreibt, wie den Versuch, ein Rätsel zu lösen. Was mit dem Selbstbild übereinstimmt, gilt als richtig, Abweichungen sind Fehler. Ich muß erst erklären, daß Selbst- und Fremdbild sich meistens unterscheiden: *Niemand weiß so genau über dich Bescheid wie du selbst. Es kann ja niemand in dich hineinsehen. Und wie du nach außen hin bist, das ist ja nicht immer so, wie du dich fühlst. Am deutlichsten merken wir das, wenn wir uns gegenseitig nicht verstehen.*

Und dann erinnern wir uns, wie es böses Blut oder Kummer in der Klasse gegeben hat und sich später herausstellte, daß man einander mißverstanden hatte. Die Hausaufgabe: *Laß deinen Vater oder deine Mutter sagen, welche Eigenschaften du in ihren Augen hast, und schreibe sie auf.* Das ist für manche Eltern leichter, wenn die Kinder eine Eigenschaftsliste vorlegen können, aus denen die Großen nur noch etwas heraussuchen müssen. Am nächsten Tag wird vorgelesen, und jeder sagt, was er bei dieser Beschreibung seiner selbst gefühlt und gedacht hat. Ein Mädchen empört sich: *Als ich das gelesen hab, hab ich meiner Mama auch aufgeschrieben, wie sie aber ist!*

Oberflächlich betrachtet, haben wir Eigenschaftswörter gesammelt und rechtschriftlich geübt. Wichtiger waren die Wirkungen im Hintergrund, die Ansätze für grundlegende Erkenntnisse: *So wie ich mich sehe, sehen die anderen mich nicht unbedingt auch. Ich habe viele verschiedene Eigenschaften, auch gegensätzliche, ich bin mal so und mal so. Und mit all meinen Eigenschaften ist es möglich, daß ich mich annehme, wie ich nun einmal bin und auch von anderen angenommen werde.* Wie es bei Andi steht: *Mutter findet, ich bin lustig, freundlich, hilfsbereit, gutherzig, bockig, zornig, rauflustig, schlau, humorvoll, zappelig, manchmal faul und im Ganzen in Ordnung.*

Über zwei Wochen verteilt, lese ich *Karlsson vom Dach* von Astrid Lindgren vor. Alle Kinder lieben ihn, möchten sein wie er. Als die Kinder dann jeder für sich aufschreiben, *Wie Karlsson ist,* versammelt sich eine bunte Mischung von Eigenschaften auf dem Papier, manches gut und angenehm, anderes eigentlich eher schlecht, zumindest lästig für die anderen. Und jeder weiß doch, wie sehr Karlsson sich selbst bewundert und spürt, wie sehr er ihn selbst mag und beneidet. Es ist fast mit Händen zu greifen, wieviel Spaß den Kindern diese Schreibübung macht und wie sie ihr Selbstvertrauen, ihren Mut zu sich selbst mit allen ihren Eigenschaften stärkt. Sie wissen, daß man großzügig sein soll. Aber dieser Karlsson genießt es, ganz fröhlich geizig zu sein, und wird doch geliebt.

Der altbewährte Merksatz *Dinge haben Namen, Namenwörter schreibt man groß* schließt an eine Hausaufgabe an. Da sollte im Ich-Heft aufgeschrieben werden, was für Dinge es im Kinderzimmer daheim gibt. In der Schule hat dann jeder noch sein Kinderzimmer gezeichnet. Aus der Erinnerung ist das leichter, als wenn man das daheim im

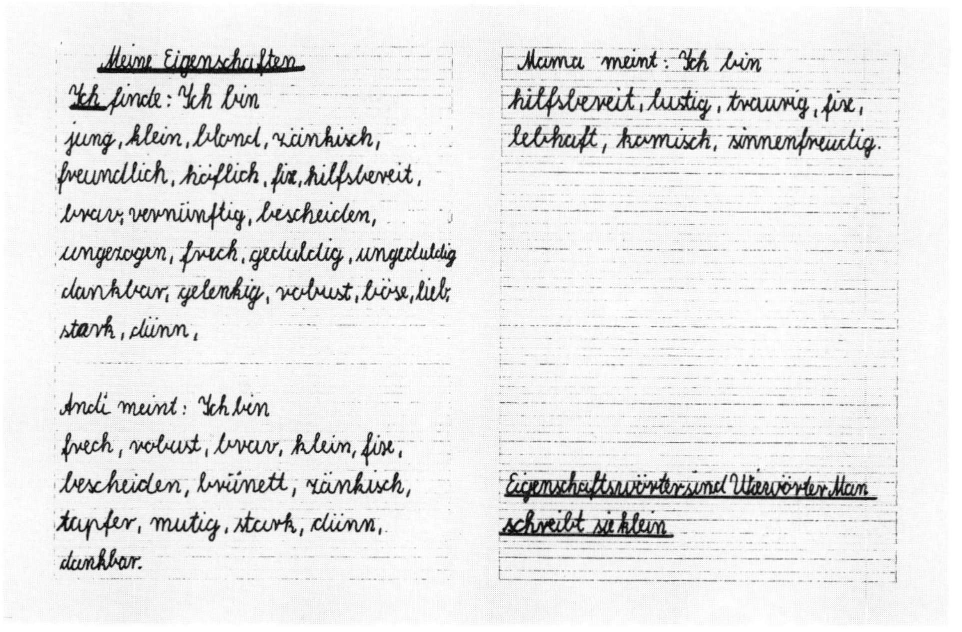
Meine Eigenschaften
Ich finde: Ich bin
jung, klein, blond, zänkisch,
freundlich, höflich, fix, hilfsbereit,
brav, vernünftig, bescheiden,
ungezogen, frech, geduldig, ungeduldig
dankbar, gelenkig, robust, böse, lieb,
stark, dünn,

Andi meint: Ich bin
frech, robust, brav, klein, fix,
bescheiden, brünett, zänkisch,
tapfer, mutig, stark, dünn,
dankbar.

Mama meint: Ich bin
hilfsbereit, lustig, traurig, fix,
lebhaft, komisch, sinnenfreudig.

Eigenschaftswörter sind Wiewörter. Man schreibt sie klein

Angesicht des Zimmers versucht. Bei dieser Aufgabe zeigen sich natürlich die Unterschiede zwischen den Elternhäusern sehr deutlich: Die einen haben viel, die anderen wenig Spielzeug, manche haben auch kein eigenes Zimmer.
Ich meine, daß es gut ist, die Unterschiede im Lebensstil in der Schule zu zeigen. Verschweigen und verleugnen wir sie, um niemandem wehzutun, werden sie zu Tabus. Der Schmerz über Benachteiligungen bleibt nicht aus, er wird nur diffus. Man kann ihn nicht mehr erkennen, nicht annehmen, nicht überwinden. Man darf sich nicht einmal empören gegen die Ungerechtigkeit. Im bösesten Fall bleibt eine schwärende seelische Wunde zurück, aus der Haß quellen kann. Für den Benachteiligten bedeutet das Übergehen der Lebensumstände ja nicht nur, daß man ihm nicht das neiderregende Bild eines besseren Lebens zeigt. Schlimmer ist, daß sein eigenes Leben einen Geruch von Peinlichkeit bekommt. Wenn der Lehrer dafür sorgt, daß in der Klasse alle Lebensstile und -umstände als gleichberechtigt nebeneinander gestellt werden, und Angeberei verständnisvoll, aber entschieden dämpft, wiegt für die Benachteiligten der Gewinn an Selbstachtung sicher schwerer als die Last des Neides auf die Bessergestellten, der gewiß auch nicht ausbleiben wird.
Jeder schreibt im Ich-Heft auf, was er

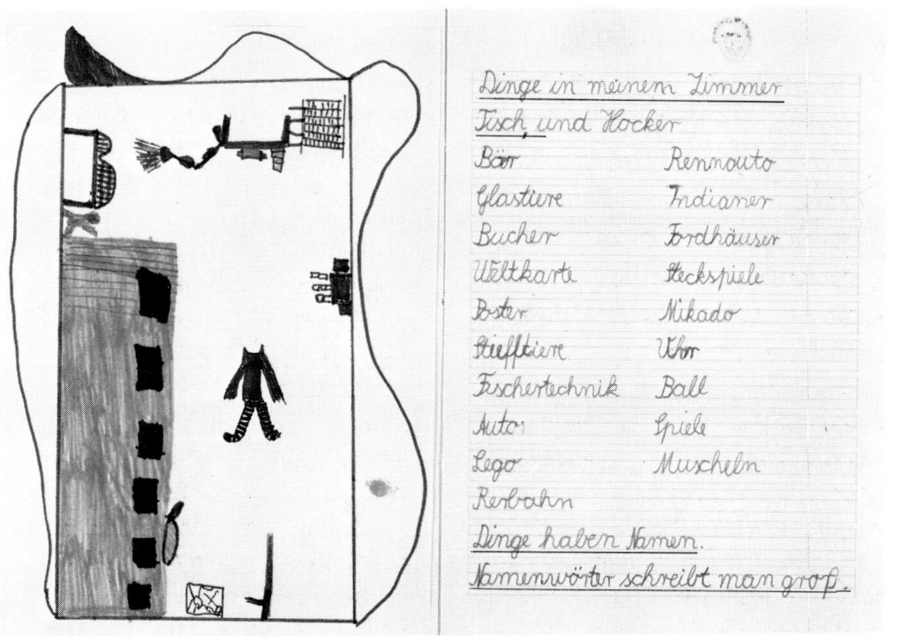

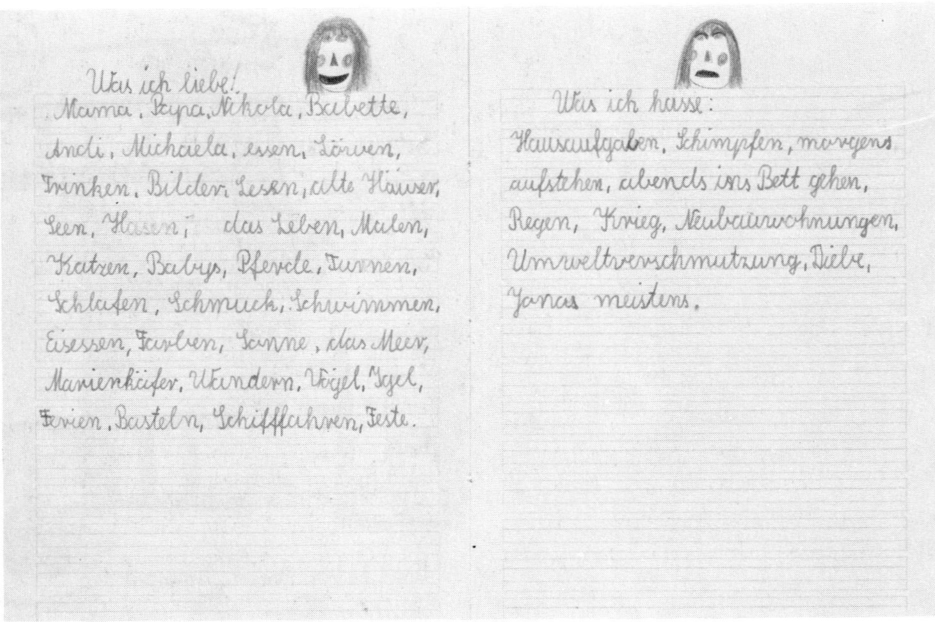

liebt, und in einem nächsten Kapitel, was er haßt. Mir fällt auf, daß die Kinder sich sehr dafür interessieren, was die anderen aufgeschrieben haben und auch von mir gerne wissen möchten, was ich denn da sagen würde. Darum tippe ich all die Aufzählungen auf Matrizen und ziehe sie ab. Jetzt kann man untersuchen, wer dieselben Abneigungen und Vorlieben hat wie man selbst. Hausaufgabe: *Schreibe auf, mit wem du Vorlieben und mit wem du Abneigungen gemeinsam hast.* Ich ahne nicht, was ich den Kindern da zumute. Aber ihr Stöhnen am nächsten Tag enthält auch Lust: *Ich mußte alle aufschreiben, weil ich mit jedem etwas gemeinsam habe.* Es ist ganz deutlich geworden, daß wir uns alle ähnlich und einander auch darin verbunden sind.

Klassische Soziogramme mag ich nicht. Sie nageln menschliche Beziehungen fest in Aussagen, die so entschieden gar nicht formuliert würden, spannte man nicht Menschen auf eine Art Folter. Lege ich die Ergebnisse offen, kann das für abgelehnte Kinder sehr kränkend, wohl auch vernichtend sein. Behalte ich sie für mich, verletze ich die Menschenwürde der Ausgehorchten, die sich meiner Manipulation nicht haben entziehen können. Wahrscheinlich löse ich damit auch mißtrauische gegenseitige Belauerung aus.

Aber es ist doch gut, sich darüber klarzuwerden, daß in der Klasse manche Kinder einem näher stehen und andere ferner. Natürlich mag man die einen lieber als die anderen. Aber es gibt einen Zusammenhang zwischen empfundener Nähe und Sympathie, den auch Kinder verstehen: *Wer mir ferne steht, den kenne ich nicht recht, weil ich ja kaum mit ihm zusammenkomme. Wie kann ich ihn dann mögen? Wie kann ich wissen, ob ich ihn mag? Könnte er ein Freund werden, wenn wir uns nur erst einmal nähergerückt wären?*

Ich meine, daß es besser ist, die gegenseitigen Beziehungen mit Worten wie *fernstehen* und *nahestehen* zu beschreiben, anstatt scheinbar kindgerechter zu fragen: *Mit wem möchtest du Ferien machen?* oder *Neben wem möchtest du sitzen?* Mit solchen Sätzen werden, fürchte ich, Vorurteile und Ablehnungen so deutlich herausgestellt, daß sie später nurmehr schwer zu überwinden, zu löschen sind. *Fernstehen* und *Nahestehen,* da wird weder der andere bewertet noch die Beziehung zu ihm; es beschreibt eine innere Wirklichkeit nur so genau, wie sie tatsächlich empfunden wird.

Was diese *unkindlichen* Worte bedeuten, kann ein Kind begreifen, wenn es mit ihnen umgeht. Jeder stellt seinen Kasten mit Cuisenaire-Stäbchen zurecht. *Nimm ein rotes Stäbchen, stelle es vor dich auf den Tisch. Das bist du. Und jetzt rufe ich nacheinander alle Kinder aus der Klasse auf. Du nimmst für jedes Kind ein weißes Klötzchen und stellst es nah zu dir, zu deinem roten Klötzchen oder weiter weg hin, je nachdem, ob dir das Kind nahesteht oder fernsteht.* Natürlich sind viele zunächst unsicher. Aber sie müssen sich schnell entscheiden, weil gleich wieder der Nächste aufgerufen wird. Das hilft ihnen, die Entscheidungsangst zu überspringen. Es rührt mich, daß fast jedes Kind etwas verwirrt ist, wenn es selbst gerufen wird, aufstehen muß, angeschaut und angelächelt wird und selbst für den Augenblick nichts tun kann, weil – *Ach so!* – es ja selbst dran ist und schon als das rote Klötzchen auf dem eigenen Tisch dasteht.

Als wir fertig sind und auf jedem Platz für jedes Kind der Klasse ein Klötzchen steht, dürfen alle herumgehen und ansehen, wie die anderen Kinder die Aufgabe gelöst haben. Ich bin selbst überrascht, wie viele verschiedene Bilder da entstanden sind. Freunde zeigen sich *Da stehst du bei mir. Wo bin ich bei dir?* und fühlen sich geschmeichelt oder enttäuscht. Wir sprechen noch kurz über die Erfahrungen der Kinder während der Übung: *Ist dir etwas aufgefallen, hast du etwas gedacht oder gespürt, was du uns allen erzählen möchtest? Oder möchtest du etwas fragen?* Dies ist eine der Situationen, wo ich Kinder nicht als Gruppe, sondern mit dem *du* alle auf einmal doch einzeln anspreche. Sie berichten vor allem davon, wie ihnen allmählich klarwurde, was das heißt: *Der steht mir nahe. Der steht mir fern.* Bei fast allen Kindern hat sich während der Übung ein Bedürfnis gemeldet, genauer zu unterscheiden, einzelne Klötzchen zwischen *nah* und *fern* zu setzen.

Am nächsten Tag wiederholen wir das Ganze in anderer Form. Ich habe Blätter mit den Namen aller Kinder abgezogen. *Daraus sollst du später ein Bild legen, aus dem man ablesen kann, wer dir nahesteht und wer nicht.* Während die Kinder die Namenstreifen ausschneiden, überlegen und bereden sie, wie sie das machen werden.

Ich teile große Blätter aus. *Schreibe auf das Blatt ‚ich' und dann ordne die Namen der anderen Kinder so an, wie*

es für dein Gefühl stimmt. Wer fertig ist, schaut sich auf den anderen Tischen um. Später heißt es: *Ich hab mich gefreut, weil ich bei Tanja so dicht bei ihr bin.* Es heißt aber auch: *Bei vielen ist der Sascha ganz außen.* Sascha sieht traurig aus. Er ist noch nicht lange bei uns und spricht erst wenig deutsch und versteht von der ganzen Aufgabe wohl vor allem, daß er in mancherlei herzliche Beziehungen nicht eingeschlossen wird. Er tut vielen leid, aber sie können nichts an ihrem Gefühl ändern, das ihn nur am Rand wahrnimmt und wohl auch als zu fremd wegschiebt. Gökhan, ein türkischer Junge, ist von Anfang an in der Klasse, aber er steht auch bei vielen am Rande. Er weiß deutlicher als Sascha, was das bedeutet.

Die Hausaufgabe: *Pack jetzt die Namenstreifen ein und klebe sie daheim auf ein Blatt. Morgen werden wir weiter darüber reden.* Da ist jeder erst einmal allein mit *Sascha* und *Gökhan* und seinen Gefühlen für die beiden.

Am nächsten Tag schlage ich vor, daß man doch in der nächsten Zeit versuchen könnte, die Kinder, die man jetzt als fernstehend erlebt, besser kennenzulernen. David ist gleich dafür: *Ich hab mir schon gedacht, daß ich mal mit anderen Kindern spielen will. Die können ja auch ganz gut sein, wenn man sie kennt. Das weiß ich ja noch nicht.* Für Gökhan und Sascha muß ich selbst sorgen, damit die anderen ihnen nicht ausweichen, weil sie nicht wissen, wie sich soviel Fremdheit überbrücken läßt.

Jedes Kind knetet sich selbst aus Plastilin. Und alle Figuren werden auf dem breiten Fensterbrett aufgebaut. Ein paar Wochen lang stehen, liegen, sitzen sie da, werden immer mal wieder anders angeordnet, zusammengeschoben, auseinandergerückt. Im Spiel mit den Figuren können die Kinder einander näherkommen.
Im Turnunterricht machen wir Berührungsspiele. Im raschen Wechsel muß man versuchen, möglichst viele Kinder zu umarmen, anzustupsen, zu kitzeln, auf mancherlei Weise zu begrüßen . . . Fröhlichkeit hilft, die Schwelle der Berührungsangst zu überspringen. Es ist ja auch nur für einen Augenblick, dann kann man sich wieder zurückziehen.

Wenn ich sehe, daß ein Kind umgangen wird oder selbst ausweicht, um nicht abgewiesen zu werden, rufe ich alle zusammen und erzähle, was ich gesehen habe. Meistens ist das für einige Kinder Aufforderung genug, sich der Außen-

seiter anzunehmen. Sie schauen sich nach ihnen um und ziehen sie ins Spiel. Wenn beide Seiten dabei erleben, daß sie einander nahekommen können, ohne daß etwas Schlimmes geschieht, tun sie einen Schritt ins Miteinander. Das ist so, auch wenn sie sich auf dieses Abenteuer nur einlassen, um mir zu gefallen.

Ein anderes Spiel heißt *heiß-kalt.* Alles rennt durcheinander durch die Halle. Ich rufe *heiß!* und jeder sieht zu, daß er sich vom *heißen* Boden weg irgendwo hinauf rettet. Mit Geschrei natürlich. Ich klatsche in die Hände und das Ganze geht weiter, bis ich wieder *heiß!* rufe oder auch *kalt!*. Dann muß man sich umarmen und so gegenseitig wärmen, zu zweit oder zu dritt.

Als wir nach ein paar Monaten wieder so ein Klebebild machen, hat sich mancherlei geändert. Man hat neue Freunde gewonnen, alte sind etwas abgerückt, mit manchem hat man sich verkracht. Die alten Bilder waren die letzte Zeit in meinem Schreibtisch verborgen. Jetzt werden sie herausgeholt und neben die neue Anordnung gehalten; Erinnerungen werden wach. *Ihr habt jetzt Zeit, euch miteinander über die beiden Bilder zu unterhalten, vielleicht findet ihr auch heraus, warum sich etwas geändert hat oder gleich geblieben ist. Wenn du mir etwas sagen willst, komm zu mir. Wenn du etwas für alle sagen möchtest, kannst du es nachher tun. Dann setzen wir uns zusammen.*

Ein Kollege, dem ich davon erzähle, hat sofort den Gedanken, ich solle als Lehrer auch selbst diese Übung machen, daheim und für mich. Da könne ich sehen, welche Kinder mir nahe- und welche mir fernstehen. Dieser Gedanke begeistert und erschreckt mich, und immer wieder erinnere ich mich daran, aber ich kann mich nie dazu aufraffen. Mir fehlt wohl der Mut, noch deutlicher, als ich es schon weiß, sehen zu müssen, daß manche von Haus aus benachteiligte Kinder mir trotz all der Mühe, die ich mir mit ihnen gebe, nicht so nahestehen wie die sonnigen, offenen, denen viele Herzen zufliegen. Das scharf zu sehen und nicht zu wissen, wie ich es ändern kann, ist schwer zu ertragen. Aber vielleicht finde ich einen Weg, wenn ich es wage, der Wirklichkeit ins Auge zu sehen.

Wenn ich mein Bild auf einer Stecktafel anordne, kann ich mich belohnen und ermutigen: Es wird ein Fest sein, wenn ich den Namen eines bisher außenstehenden Kindes näher zu mir herrücken kann. An diesen Augenblick muß ich denken, nicht an die Ratlosigkeit vorher, wenn ich den Mut finden will, den ich hier brauche.

Ich mache ein Foto von der ganzen Klasse, lasse Abzüge für alle machen und bringe sie mit meinem eigenen Klassenfoto mit in die Schule. Das lege ich unters Episkop und erzähle den Kindern, an wen ich mich noch erinnern kann, wie der hieß und wie er war. Sie fragen auch nach anderen Kindern, und ich kann nicht antworten, weil ich nicht einmal mehr ihren Namen weiß. *Meint ihr, daß ihr später noch wißt, wer das ist auf unserem Foto? Bei jedem einzelnen Kind?*

Ich teile die Fotos aus, und zu zweit schauen sie es sich Kind für Kind an und überlegen: *Was wird mir einfallen, wenn ich mich später an Nina erinnern werde? Oder an Tino?*

Am Abend vorher hatte ich versucht, eine Matrize zu zeichnen, auf der die Umrisse der Kinderköpfe vom Klassenfoto so numeriert werden sollten, daß danach jeder auf dem Foto wiederzufinden wäre. Das war sehr umständlich. Ich war faul genug, das Vorhaben aufzugeben, statt dessen festes Transparentzeichenpapier in Größe des Fotos zuzuschneiden für alle Kinder und dies am nächsten Tag mitzubringen. *Lege dies Papier auf dein Foto und umfahre mit einem weichen Bleistift jeden Kopf, so daß du ihn dann auf dem Foto wiederfinden kannst, wenn du dieses Umrißbild danebenlegst.*

Im nächsten Moment ist mir klar, daß ich den Kindern eine Freude genommen hätte, wenn ich die Matrize fertiggemacht und ihnen diese Arbeit erspart hätte.

Die Nummern setzen wir dann gemeinsam ein. Für jedes Kind, das seine Nummer bekommen hat, wird sofort ein Satz an die Tafel und in die Hefte

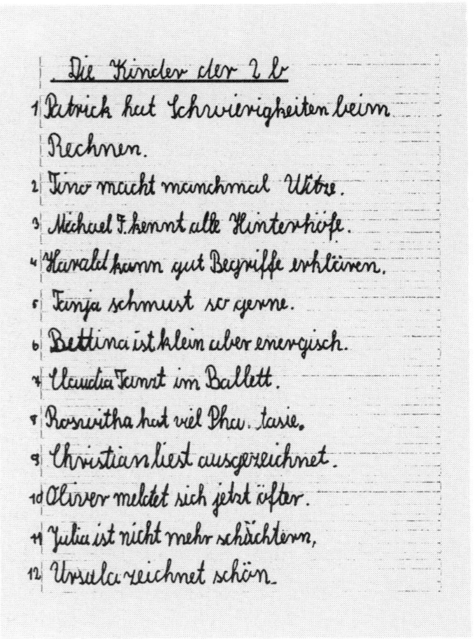
Die Kinder der 2 b

1 Patrick hat Schwierigkeiten beim Rechnen.
2 Tino macht manchmal Ultre.
3 Michael F. kennt alle Hinterhöfe.
4 Harald kann gut Begriffe erklären.
5 Tanja schmust so gerne.
6 Bettina ist klein aber energisch.
7 Claudia Tanzt im Ballett.
8 Roswitha hat viel Pha. tasie.
9 Christian liest ausgezeichnet.
10 Oliver meldet sich jetzt öfter.
11 Julia ist nicht mehr schächtern,
12 Ursula zeichnet schön.

13 Gabi ist stark.
14 Andrea rechnet schnell.
15 David hat viele Freundinnen.
16 Tomas bastelt gerne.
17 Carmen ist sehr sportlich.
18 Florian arbeitet besonders schnell.
19 Andi lacht so freundlich.
20 Steffen kann gut Handarbeiten.
21 Vivi kann gut klettern.
22 Ulgül spricht sehr gut Deutsch.
23 Nina ist raufluistig.
24 Michaela ist fast zu brav.
25 Anne hat Kontaktlinsen.
26 Madeleine hat die schönste Schrift.

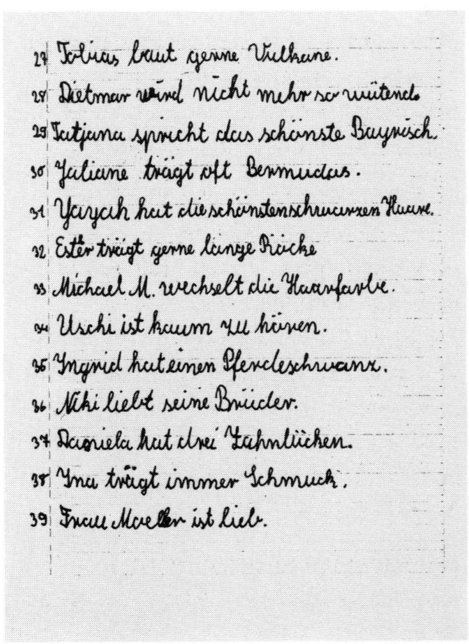
27 Tobias baut gerne Vulkane.
28 Dietmar wird nicht mehr so wütend.
29 Tatjana spricht das schönste Bayrisch.
30 Juliane trägt oft Bermudas.
31 Yaych hat die schönsten schwarzen Haare.
32 Ester trägt gerne lange Röcke
33 Michael M. wechselt die Haarfarbe.
34 Uschi ist kaum zu hören.
35 Ingrid hat einen Pferdeschwanz.
36 Niki liebt seine Brüder.
37 Daniela hat drei Zahnlücken.
38 Ina trägt immer Schmuck.
39 Frau Moeller ist lieb.

geschrieben. Es soll ein Satz sein, der etwas Bezeichnendes über dieses besondere Kind enthält. Etwas, was uns später helfen wird, uns zu erinnern. Jeder kann etwas vorschlagen, und der Betroffene entscheidet, was aufgeschrieben werden darf. Manchmal steuere ich vorsichtig. Kinder mit schwachem Selbstbewußtsein sollen mit einer Stärke gekennzeichnet werden, auf die sie sich wirklich stützen können. Bei anderen ist es wichtig, daß eine verleugnete Seite ihres Wesens auch einmal betont wird. *Patrick hat Schwierigkeiten beim Rechnen.* Auch das ist ein positiver Satz, weil Patrick nämlich gerade begonnen hat, sich diesen Schwierigkeiten zu stellen und erleben kann, wie sehr sich das für ihn selbst lohnt.

Diese neununddreißig Sätze werden von der Tafel gleich ins Heft geschrieben, nur verteilen wir das auf zwei Tage, weil es sehr ermüdend ist, alles so gut abzuwägen und dann auch noch schön und richtig zu schreiben. Das Foto wird auch eingeklebt und daneben zum Ausklappen das Blatt mit den Nummern.

Ein andermal fotografiere ich jedes Kind der Klasse mit seinen Freunden, jeden einmal als Hauptperson mittendrin und alle, die er sich ausgesucht hat, drumherum. Weil es billiger ist, bekommt jeder davon nur einen Kontaktabzug, klebt ihn in das Ich-Heft auf die Seite *Meine Freunde in der 2 b* und läßt alle, die mit auf dem Foto sind und vielleicht noch ein paar fernere Freunde unterschreiben. Die eigene Unterschrift hat für Kinder in diesem Alter noch eine magische Bedeutung, die erst später mehr in den Hintergrund rückt.

Irgend jemand erzählt davon, daß seine Mutter bei einem Klassentreffen war. Wir malen uns aus, wie das wäre, wenn wir uns im Jahr 2000 wiedertreffen würden. Jeder schreibt auf, wer er dann wäre. Ich schreibe alles auf Matrizen ab, vervielfältige es, und jeder bekommt die Blätter in sein Heft geklebt. Dazu malt er noch ein Bild von sich im Jahr 2000, so wie er es sich erträumt oder erwartet.

Auch Aufsätze wandern immer mal wieder ins Ich-Heft, wenn sie etwas Persönliches erzählen, über Ängste etwa oder ungerechte Beschuldigungen. Ich lerne, gemeinsame Themen immer besser so zu formulieren, daß solche persönlichen Erinnerungen und Überlegungen aufgeschrieben werden können. Eine Vorform sind Reihensätze wie zum Beispiel die unter der Überschrift *Schade!* oder *Laß mich in Ruhe!* Wenn sie reihum vorgelesen werden, erkennen die Kinder den anderen und sich selbst in ihm. Sie hören bald gerne und ausdauernd zu.

Ins Ich-Heft kommen noch mehr Dinge. Für mich wird es von Klasse zu Klasse mehr zu einem Mittelpunkt des Unterrichts. *Gibt es bei diesem Thema eine Möglichkeit, ‚ich' zu sagen oder ‚wir'?* Das zu überlegen wird mir allmählich zur Gewohnheit. Und alles was aus dieser Frage entsteht, ist wert, aufgehoben zu werden, mit anderen Spuren des eigenen Lebens versammelt im Ich-Heft. Darum schwillt es von Klasse zu Klasse mehr an, und langsam ist das Heft nicht mehr die ideale Form.

Brausepulver schäumt

Brausepulver gibt es beim Kaufmann in kleinen Tüten. Es ist rosa, hellgrün oder gelb und beißt und schäumt auf der Zunge. Das weiß bei uns jedes Kind. Aber warum schäumt es?

Wir schauen uns Brausepulver mit der Lupe an, jede Gruppe hat drei Tütchen bekommen. Man kann die Pulver auch ohne Lupe betrachten, aber mit der Lupe sieht man alles etwas deutlicher! Vor allem läßt sich damit die Aufmerksamkeit leichter und entschiedener auf eins der Häufchen richten. Und so zu arbeiten macht einfach mehr Spaß. Sogar eine Als-ob-Lupe aus Pappe dürfte Ernst, Sammlung und Lust bei den Untersuchungen vertiefen.

Jeder kann selbst etwas entdecken: Das rosa Pulver schmeckt nach Himbeeren, das gelbe nach Zitrone, das grüne ganz anders. Auf dem Tütchen steht *Waldmeister,* es schmeckt also danach. Jede Sorte riecht anders. In allen kann man kleine Farbkörnchen erkennen, vermischt mit weißem Pulver und kleinen und größeren Kristallkörnchen. Wenn man einzelne Körnchen mit der Fingerspitze erwischt, schmecken sie süß oder sehr sauer. Nach einer Zeit selbständigen Arbeitens setzen wir uns im Kreis und die Kinder berichten all dies.

Dann ergänze ich ihre Beobachtungen mit dem, was man nicht sehen kann, sondern von jemandem erfahren muß, der es weiß: Die farbigen Körnchen geben jeder der Brausesorten ihren besonderen Geschmack, *Aroma* schreibe ich an die Tafel. Das weiße Pulver ist *Natron,* die Kristallkörnchen sind *Zucker* bzw. *Zitronensäure.* Ich erzähle auch, wie es im Mai im Wald an manchen Stellen nach Waldmeister duftet und daß das Aroma im Brausepulver künstlich ist und einen natürlichen Geschmack nachahmt.

Dann ein Spiel zu zweit: *Du machst die Augen zu, dann gebe ich dir etwas Brausepulver auf die Hand. Du leckst es auf und versuchst zu raten, welcher Geschmack das ist.* Endlich können alle nach Herzenslust schlecken!
Und jetzt die große Frage: Im Tütchen oder auf der trockenen Hand schäumt das Brausepulver nicht, wohl aber im Mund. Und wenn man draufspuckt oder Wassertropfen darauf fallen läßt, schäumt es auch auf der Handfläche. Warum nur? Wie kommt das? Schauen wir uns die einzelnen Bestandteile einmal näher an!

Jede Gruppe bekommt drei kleine Kästchen, die ich vorbereitet habe: ein gelbes mit Zitronensäure, ein weißes mit Natron, ein rotes mit Zucker. Natron schmeckt nicht gut und schäumt auch nicht im Mund. Zitronensäure schäumt auch nicht, beißt aber die Zunge. Die meisten Kinder nehmen davon zuviel auf einmal in den Mund, weil sie die größeren Kristalle für Zucker halten. Der Zucker schäumt auch nicht.

Es wäre gut, wenn wir nun auch die Aroma- und Farbstoffe da hätten, unser Experiment wäre einem wirklichen Forschungsvorhaben ähnlicher. Aber vielleicht ist das auch unerheblich. Für die forschenden Kinder steht wohl ohnehin fest, daß ich bereits vorher sagen könnte, was bei ihren Untersuchungen herauskommen wird, weil ich Bescheid weiß über das, was ich mit ihnen in der Schule mache. Darum erkläre ich jetzt, die bunten Aromakörnchen hätte ich nicht so leicht auftreiben können wie Zucker oder Zitronensäure und Natron, die es in jeder Apotheke gibt. Ich wüßte aber, daß das Aroma nichts mit dem Schäumen zu tun habe. Die Frage, ob aus den drei vorhandenen Stoffen schäumende Brause werden kann, ist auch ohne Aroma und Farbstoff spannend genug.
Keiner der Stoffe schäumt allein, es muß an der Mischung im Brausepulver liegen. *Vielleicht Zucker und Zitronensäure? – Oder Natron und Zucker? – Oder alle drei?* Auf jeden Fall muß Wasser dazukommen.

Wir sammeln an der Tafel alle Möglichkeiten, die wir untersuchen wollen:

Zi + W
Zu + W
Na + W
Zi + Zu + W
Zi + Na + W
Na + Zu + W
Na + Zu + Zi + W

Jedes Kind bekommt ein Blatt. Das ist schon in Kästchen unterteilt, um den Kindern eine große und hier überflüssige Mühe zu sparen. Sie tragen in jedes Kästchen eine der an der Tafel festgehaltenen Möglichkeiten ein. Ein Kästchen bleibt leer und manche Kinder beunruhigt das, damit hatte ich nicht gerechnet. Ich beruhige sie: *Da kannst du später etwas nochmal machen, was du willst.*

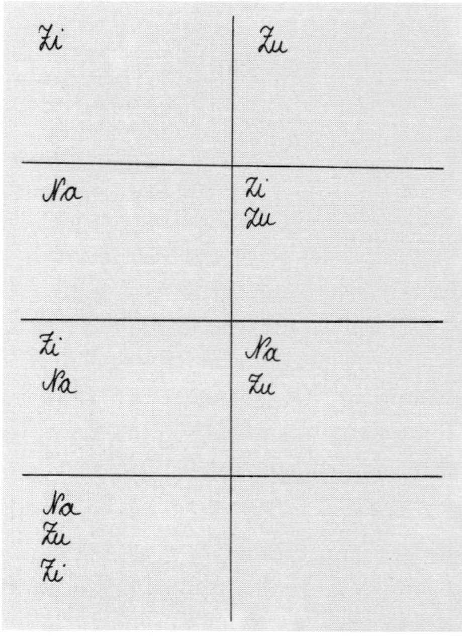

Wir richten für jeden der Stoffe einen eigenen Pappstreifen her, damit man Natron, Zucker und Zitronensäure aus der Schachtel auf's Papier bringen kann, ohne daß sich versehentlich etwas mischt. Dann tut jedes Kind in die Kästchen auf seinem Blatt, was hineingehört: Zi, Zu, Na, Zi + Zu usw. Man muß sehr sorgfältig und behutsam arbeiten bei so einem Experiment. Das macht alles noch ernster und aufregender.

Gläser mit Wasser stehen bereit und werden verteilt. Leider haben wir keine Pipetten, mit denen man leicht dosieren könnte. Von nassen Fingern Wasser tropfen zu lassen, erweist sich als sehr umständlich. Die Kinder erinnern sich, daß in einer Schublade meines Schreibtisches Strohhalme liegen müssen.

Jetzt versuchen sie, Wasser in den Strohhalm zu saugen und so, den Mund am Halm, über das Papier zu heben. Das gelingt auch nicht so recht. Ich zeige ihnen, wie man Wasser im Strohhalm festhalten und es langsam herauslassen kann, wenn man ihn in ein Glas tunkt, mit Finger oder Daumen oben verschließt und über dem Papier, gerade über dem richtigen Kästchen, wieder vorsichtig öffnet. Das gelingt allen.

Welche Mischung schäumt?

	schäumt	schäumt nicht
Natron + Zucker		
Zucker + Wasser		
Zitronensäure + Wasser		
Natron + Zitronensäure + Wasser		
Natron + Wasser		
Wasser + Zitronensäure		
Wasser + Natron + Zitronensäure		
Zucker + Zitronensäure		
Zitronensäure + Zucker + Natron + Wass.		
Zucker + Zitronensäure + Wasser		
Natron + Aroma + Wasser + Zitronens.		
Zitronensäure + Zucker		
Zucker + Aroma		
Wasser + Zitronensäure		
Natron + Wasser + Zitronensäure		

Brausepulver

Wir haben Brausepulver untersucht. Es enthält:
Zucker
Zitronensäure
Natron
Farbstoff
Aroma
Wenn wir Spucke oder Wasser hinzufügen, schäumt das Pulver. Wie kommt das? Farbstoff und Aroma sind bei jeder Sorte anders. Sie sind wahrscheinlich unwichtig für unsere Frage.
Schäumt das Natron?
Oder die Zitronensäure?
Oder der Zucker?
Oder eine Mischung?

Experiment

Na	Zi	Zu	Na + Zi
Na + Zu	Zi + Zu	Na + Zi + Zu	

Wenn man Wasser hinzufügt,
schäumt → X
schäumt nicht O

Ein Mund voll Schaum

Murkl ist mit der Mutter beim Einkaufen. Es ist heiß und Murkl hat Durst. Er möchte gerne eine Flasche Limo haben, aber er darf beim Einkaufen nicht betteln. Darum sagt er nichts und schaut immer nur zur Limo hin, damit die Mami vielleicht merkt, daß sie ihm eine Freude macht, wenn sie Limo kauft. Aber sie merkt es nicht.
Sie steht an der Kasse und ratscht mit der Frau Gruber über die Hitze und über den Durst.
Da sieht sie neben der Kasse eine Schachtel mit kleinen Tütchen stehen. Sie sind orange, grün, rot oder gelb bedruckt.
„Schau mal, Murkl!" ruft sie. „Brausepulver! Das hatte ich als Kind so gerne. Ich hab immer meine Mutter angebettelt, sie soll mir eins kaufen. Möchtest du ein Brausepulver haben?"
„O ja," sagt Murkl. Aber Limo wäre ihm lieber.
Auf dem Heimweg schlecken sie das ganze Pulver aus der Hand auf. „Scheußlich schön schmeckt das," sagt die Mutter, „richtig künstlich."
Daheim reißt sie den Kühlschrank auf.
„Jetzt hab ich richtig Durst. Was, keine Limo mehr da? Ach, Murkl, warum hast du mich nicht im Laden daran erinnert?"

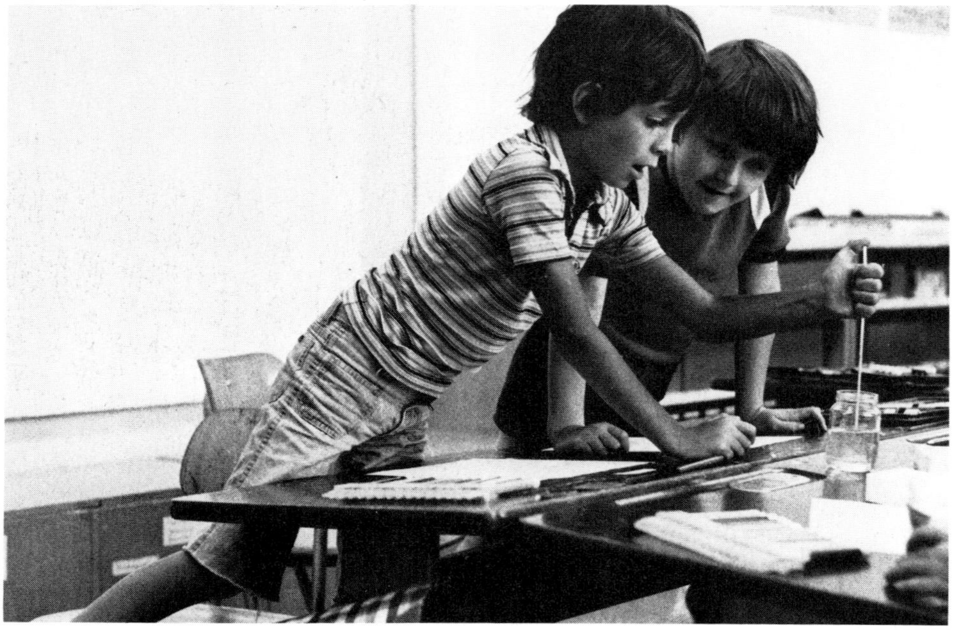

Nach und nach beginnt es bei jedem Kind in zwei Fächern zu schäumen. An allen Tischen das gleiche Staunen: *Das schäumt ja wirklich! Und wenn ich dieselbe Mischung noch einmal herstelle, geschieht wieder dasselbe. Bei mir genauso und bei allen in der Klasse.* Die Zuverlässigkeit der chemischen Reaktion verwandelt sich in eine gemeinsam erlebte Freude. Und die Wiederholung desselben Versuchs auf allen Plätzen mit immer dem gleichen Ergebnis macht die Gesetzmäßigkeit der Reaktion sinnfällig.

Daß die Mischung von Natron und Zitronensäure in Verbindung mit Wasser schäumt und der Zucker im zweiten schäumenden Kästchen weiter keinen Einfluß auf die Reaktion hat, scheint allen Kindern in diesem Augenblick selbstverständlich klar zu sein.

Aus diesem Versuch mit dem Brausepulver und seinen Bestandteilen können Kinder das Prinzip der Variation von Bedingungen ableiten und auf andere Fragen übertragen. Ich habe ihn wiederholt mit Zweitklässern gemacht und auch schon einmal am Ende des ersten Schuljahres. Immer wußten die Kinder von da an, wie man einen Versuch aufbauen muß, wenn man herausfinden will, welche von verschiedenen möglichen Bedingungen eine bestimmte Wirkung hervorbringt.

Daß sie das nun wußten, heißt nicht etwa, daß jeder von ihnen von da an sofort planen und womöglich gar sagen konnte, was zu tun sei, wenn eine ähnlich verborgene Bedingung wie die für das Schäumen des Brausepulvers zu suchen war. Das nicht. Bis dahin muß Zeit vergehen, damit man darüber nachdenken und diese eine Erfahrung an einem Tag in der Schule mit ähnlichen an anderen Orten verknüpfen kann. Aber bei der Untersuchung des Brausepulvers können alle Kinder einer Klasse einmal grundlegend erleben, daß es sinnvoll ist, die Bedingungen zu variieren, wenn man herausfinden will, was dazugehört, damit etwas Bestimmtes geschehen kann.

Aus vielen Gründen ist gerade Brausepulver dafür geeignet: Es kommt bei uns fast in jedem Kinderleben vor. Sein Schäumen ist geheimnisvoll und dramatisch. Die Zahl seiner Bestandteile ist überschaubar und ergibt genügend, aber nicht zu viele Variationen. Und sie sind so billig und leicht zu beschaffen, daß Kinder, die noch nicht satt sind, daheim weiter experimentieren können.

Sorgfalt bei der Durchführung des Versuchs versteht sich von selbst, ist nicht wie sonst oft etwas, was ein Erwachsener will aus Gründen, die das Kind nicht kennt. Und die *Wiederholung* ergibt sich beiläufig jeden Sommer, wenn die Kinder an heißen Tagen wieder einmal Brausepulver kaufen und sich mit Schaum im Mund fragen: *Warum?*

Irgendwann einmal wird ihnen unsere Antwort nicht mehr genügen, denn eigentlich haben wir ja nicht gefunden, warum es so ist, sondern was dazugehört, damit es schäumen kann. Aber anders ist die Frage im Grundschulalter wohl kaum zu beantworten, und auf jeden Fall befriedigt die Antwort die Kinder.

Dieser Versuch hat einen großen Vorteil für den Lehrer: Es ist auch für ihn überschaubar. Selbst wenn er, was sehr wichtig und eigentlich unverzichtbar ist, den Kindern sehr viel Zeit läßt für ihre *Spielerei,* braucht er keine Angst vor dem Druck des Stundenplans zu haben. Sechzig Minuten vor der großen Pause sind reichlich Zeit, und jedes Kind kann in der Pause aufhören, wenn es genug hat.

Eine Warnung zum Schluß: Wer Brausepulver sieht, will schlecken, besonders wenn er sieben oder acht Jahre alt ist. Sagen Sie Ihren Kindern, daß Sie das verstehen, bevor Sie ihnen die verführerischen Tütchen geben. Und schimpfen Sie dann auch verständnisvoll und nicht empört, wenn einer nicht abwarten kann.

Kleidung

Kleider schützen, wärmen, schmücken, vor allem aber sind sie ein Teil unserer selbst. Das gilt ganz sicher für Kinder. Jedenfalls dann, wenn sie anziehen dürfen, was sie möchten.

Ich sage: *Zieht doch bitte, wenn ihr das dürft, morgen eure Lieblingskleidung an. Wenn es damit zu kalt ist, könnt ihr euch ja hier umziehen.* Einer will gleich wissen: *Kann ich auch meinen Pyjama anziehen?* Er darf, aber er tut es dann doch nicht.

Ich hoffe, die Kinder können begründen, warum sie etwas gerne tragen. Daraus sollte sich ableiten lassen, was uns an Kleidung gefällt und wie sie sein muß, um behaglich und zweckmäßig zu sein.

Als ich am nächsten Tag zur zweiten Stunde ins Klassenzimmer komme, sitzt Andi in Turnhose und -hemd auf seinem Stuhl. Barbara trägt ein langes dunkelgrünes Samtkleid mit Spitzen. Mirko hat einen himmelblauen Dreispitz mit Schwanenpelz auf dem Kopf und eine passende Uniformjacke dazu an. Andreas trägt abgeschnittene Sommerhosen und ein in Fransen geschnittenes T-Shirt über dem bemalten Bauch . . . Fast alle Kinder, die ihre *Lieblingskleidung* mitgebracht haben, haben sich schon vor der Handarbeitsstunde umgezogen. Offensichtlich genießen sie es, so im Unterricht zu hocken. Das ist keine Maskerade, sondern wohl doch Selbstdarstellung und den Kindern sehr ernst.

Als die Pause anfängt, muß ich aufpassen, daß niemand in allzu leichtem Gewand hinausgeht, ohne etwas überzuziehen. Später dann stellen sich immer zwei Kinder miteinander auf einen Tisch und erklären uns, was denn nun so schön ist an ihrer Lieblingskleidung. Manch einer wird plötzlich scheu und leise dabei, aber zu zweit stellt man sich doch leichter aus und dar.

Daniel erklärt uns, in seinen Moonboots käme er sich wie ein starker Roboter vor, so als hätte er eine Maschine in sich. Andreas legt sich ein Tuch übers Fransenhemd, springt durch die Klasse, daß es weht; so fühle er sich wie ein Supermann, ganz stark und gut. Barbara liebt ihr Samtkleid, weil es so weich ist und mit Spitzen verziert; mit Krone und Stern kann sie sich auch in eine Fee oder Prinzessin verwandeln. Beatrix und Gisela lieben die hellen Farben ihrer Sommerkleider und genießen es, daß die Röcke etwas länger, wenn auch nicht ganz lang sind, und jedenfalls die Beine bedecken, wenn sie knien.

Ich schreibe mir auf, was die Kinder an Gründen, Überlegungen, Träumen vortragen. In den nächsten Tagen kommen nach und nach alle mit ihrer Lieblingskleidung in die Schule, auch die, die es zuerst vergessen hatten oder nicht mochten. Die Blätter, auf denen ich abziehe, was die Kinder sagen, werden gelesen und in der Mappe mit *Geschichten über uns* aufgehoben.

Manuela hat ein Nachthemd mitgebracht, das sie von ihrer Mutter geerbt hat, hellblauer Batist mit Spitzen am Ausschnitt. Sie wollte es eigentlich über Hose und Pulli ziehen und so vorführen. Jetzt ist ihr das peinlich. Ich rede ihr zu. Das sei so hübsch, das wollten wir doch sehen. Sie zieht es dann an, stellt sich vor, hält aber beide Arme vor die Brust. Schließlich läßt sie sich erweichen, zeigt sich und erklärt: *Ich find das so schön, weil der Stoff so weich ist und die schönen Spitzen und es ist fast wie ein langes Kleid, wenn ich so mache.* Sie macht einen Knicks und das Nachthemd bauscht sich um ihre Knie. Jetzt strahlt sie, weil alle sie bewundern.

Als der Unterricht zu Ende ist, behält Manuela kurzentschlossen das Nachthemd an, zieht den Anorak drüber, schwingt den Ranzen auf den Rücken und macht sich so auf den Heimweg. Vorhin hatte sie noch Angst, sich vor uns in ihrem Lieblingsgewand zu zeigen. Sie hat sich hinausgewagt und ist angenommen worden und nun so stark, daß sie sich traut, mit dem Nachthemd sogar auf die Straße zu gehen. Sie weiß sicher, daß sie dort von fremden Kindern verspottet werden könnte. Aber das kümmert sie jetzt nicht, sie will sich weiter wohlfühlen in ihrer eigenen Haut und Pelle.

Michael hatte angekündigt, er würde im dunklen Anzug mit Fliege kommen, aber tagelang macht er gar nicht mit. Dann zeigt er uns seinen liebsten Regenmantel, die Jeans und die Gummistiefel: *Der Mantel riecht so gut, und ich hab das so gern, wenn es regnet und ich werd nicht naß, weil der Mantel so lang ist und mit den Füßen kann ich in die Pfützen und die Jeans laß ich über die Gummistiefel hängen, dann saugen sie sich mit Wasser voll. Das steigt dann hoch.* Michael strahlt, als er uns das

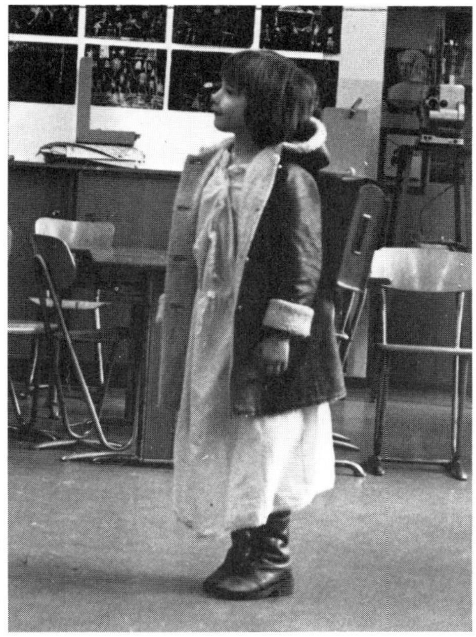

erklärt. Strahlt in Erinnerung an sein Regenvergnügen und weil er spürt, daß es uns interessiert, was er empfindet und über sich selbst zu sagen weiß.

Wir sprechen nur kurz über Sommer- und Winterkleidung. Die Kinder wissen längst, warum man sich einmal wärmer, einmal luftiger anzieht. Ich will sie nicht damit langweilen, daß ich sie zwinge, mir etwas vorzukauen, was sie ganz selbstverständlich täglich anwenden und auch bei den Gesprächen über die Lieblingskleider benutzt haben.

Hausaufgabe: Den eigenen Kleiderschrank durchmustern und jeweils zehn Kleidungsstücke für den Sommer, zehn für den Winter aufschreiben. *Achte darauf, woraus sie gemacht sind, aus welchem Material!* Als am nächsten Tag die Hausaufgabenzettel auf den Tisch kommen, fangen die Kinder sofort an, ihre Notizen zu vergleichen, und ich überlasse die Auswertung dem informellen Gruppengespräch. Nach zehn Minuten die Frage an die Klasse: *Wem ist etwas aufgefallen, was er uns allen sagen möchte?* Sommersachen sind vor allem aus hellem, dünnem, leichtem Material. Wintersachen sind dick, wollig, wattiert. Das ist nun schnell gesagt.

Auf Karton zeichnet jeder eine Anziehpuppe, sich selbst in Unterwäsche. In den Gesprächen nebenbei wird alles heraufgeholt und zusammengetragen,

Lieblingskleidung

CAROLYN hat ein Kleid aus Persien, das ihre Oma von einer Reise mitgebracht hat.Es ist bestickt und wird an der Seite mit einer Nadel geschlossen.

DAVID hat eine schicke graue Hose und einen weichen Nicky.Darüber trägt er eine Weste zum Zubinden.Die Weste ist sehr bequem.David mag nicht so fest eingepackt sein.

ANJA hat ein indisches Hemdchen.Es ist bestickt und sie kann es über einen Pulli ziehen. Am liebsten trägt sie dazu die Hose mit dem Apfel auf dem Knie.

DANIEL hat Moonboots. Er fühlt sich wie ein Roboter, wenn er sie anhat. Er meint dann, er sei ganz stark,weil er in sich eine Maschine hat.

GISELA UND BEATRIX hätten so gerne lange Kleider, haben aber keine. Sie haben nur beide ein Sommerkleid mit einem Rock, der etwas länger ist als bei anderen Kleidern.Wenn man sich hinkniet, verdeckt er die Beine.

ANDREAS hat ein aufgeschlitztes grünes Hemd. Wenn er sein Tuch um die Schulter legt und läuft und das Tuch so hinter ihm her weht, fühlt er sich wie Superman. Er fühlt sich gut und stark.

BARBARA S. liebt die Jeans, bei denen sie die Hände in die Taschen stecken kann, die hinten draufgenäht sind.

MICHAEL liebt seine Gummistiefel, weil er damit in Pfützen herumlaufen kann.Dann wird die Hose von unten naß, aber er steckt sie nicht in die Stiefel.Sein Regenmantel ist sehr lang und riecht so gut.

Wenn Murkl noch müde ist

Er zieht den linken Socken an.
Er zieht die Unterhose an.
Er zieht den Pullover an.
Er zieht den rechten Schuh an.
Er zieht die lange Hose an.
Er zieht das Unterhemd an.
Er bindet sich den Schal um.
Er schnallt den Gürtel fest zu.
Er steckt das Hemd in die Hose.
Er zieht den Mantel an.
Er zieht den rechten Socken an.
Er zieht den linken Schuh an.
Er zieht beide Fäustlinge an.
Er bindet sich die Schuhbänder.
Er stolpert zum Frühstückstisch.

Wenn du morgens gut ausgeschlafen bist, machst du es anders. Wie? Schreibe es auf!

Drei alte Tanten

Die erste alte Tante sprach:
„Wir müssen jetzt dran denken,
was wir zu ihrem Namenstag
dem guten Sophiechen schenken."

Die zweite Tante sagte kühn:
„Ich glaube, wir entscheiden
uns für ein Kleid in erbsengrün,
das mag Sophiechen nicht leiden."

Der dritten Tante war das recht.
„O ja, und mit gelben Ranken!
Ich weiß, sie ärgert sich nicht schlecht,
und muß sich auch noch bedanken."

Wilhelm Busch

Bitte lesen üben!
Wer mag, kann es auch auswendig lernen.

was die Kinder über Unterwäsche wissen. Da braucht es kein Klassengespräch. Schwierig ist es aber, die Figur so hinzubekommen, daß man später Kleider dazuzeichnen kann. Einige Kinder möchten verzagen, weil sie einfach keine zwei gleichlangen Arme hinbekommen. Ich fertige Schablonen an, mit denen man einen wohlproportionierten Umriß zeichnen kann. Diesmal kommt es ja darauf an, daß man die Figur auch bekleiden kann, bei der Puppe kann ich wohl guten Gewissens helfen, damit der Mut heilbleibt für das Entwerfen der Kleidung.

Hausaufgabe: *Zeichne für deine Puppe etwas zum Anziehen, eine Ausrüstung für den Winter und eine für den Sommer.*

Ich teile festes Papier dafür aus, und wir fangen schon in der Schule mit der Aufgabe an, damit sich Schwierigkeiten hier zeigen und mit gegenseitiger Hilfe gelöst werden können:

Umriß des Teils der Puppe zeichnen, der bekleidet werden soll; Kleidungsstück etwas größer zeichnen, ausmalen; ausschneiden, dabei kleine Laschen zum Umbiegen stehen lassen. – Einen solchen Arbeitsgang von vornherein so klar darzustellen, daß alle Kinder ihn verstehen und behalten, ist wohl unmöglich. Man kann das einmal beschreiben und vorführen und dann als Aufgabe an die Klasse geben. *Versucht, das miteinander zu machen und euch gegenseitig zu helfen.* Das klärt sich dann nach und nach, und mit der Zeit wissen alle Kinder, wie sie es zu machen haben. Sie folgen nicht gedankendumpf einer Anweisung und tappen unsicher und leicht ablenkbar herum. Sie haben die Aufgabe als ihr Problem. Man kann gar nicht damit anfangen, ohne nachzudenken. Die kurze und sehr rasch vorgetragene Anweisung verweist nur auf die Lösungen, die selbst gefunden oder wiedergefunden werden müssen.

Wir sammeln Namen für Kleidungsstücke. Das fängt mit Pullover, Hose, Mantel an und endet bei Cape, Melone und Toga. Zwei große Bogen voller Namen vervielfältige ich. Sie werden gelesen, zerschnitten, sortiert: *Bilde zwei Gruppen, Kleidungsstücke, die du kennst, und solche, die du nicht kennst.*

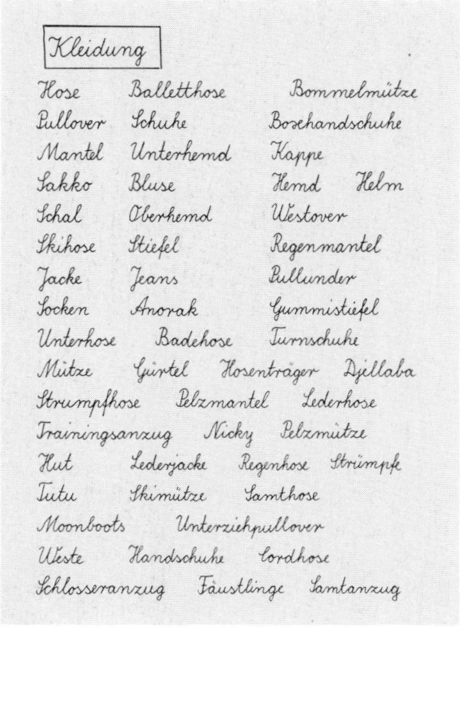

Kleidung

Hose Ballетthose Bommelmütze
Pullover Schuhe Boxhandschuhe
Mantel Unterhemd Kappe
Sakko Bluse Hemd Helm
Schal Oberhemd Westover
Skihose Stiefel Regenmantel
Jacke Jeans Pullunder
Socken Anorak Gummistiefel
Unterhose Badehose Turnschuhe
Mütze Gürtel Hosenträger Djellaba
Strumpfhose Pelzmantel Lederhose
Trainingsanzug Nicky Pelzmütze
Hut Lederjacke Regenhose Strümpfe
Tutu Skimütze Samthose
Moonboots Unterziehpullover
Weste Handschuhe Cordhose
Schlosseranzug Fäustlinge Samtanzug

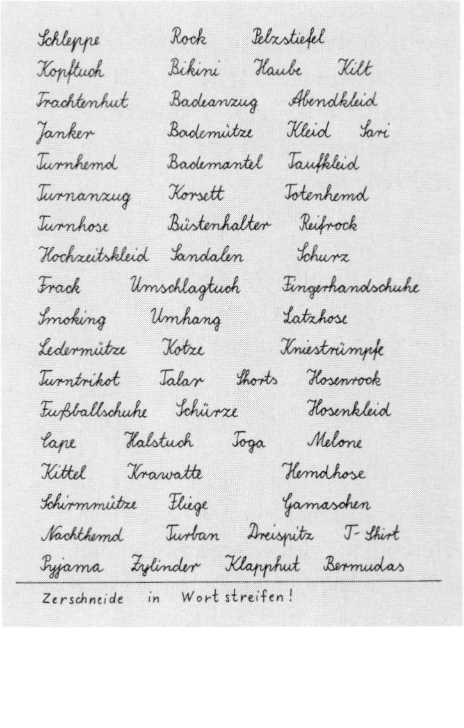

Schleppe Rock Pelzstiefel
Kopftuch Bikini Haube Kilt
Trachtenhut Badeanzug Abendkleid
Janker Bademütze Kleid Sari
Turnhemd Bademantel Taufkleid
Turnanzug Korsett Totenhemd
Turnhose Büstenhalter Reifrock
Hochzeitskleid Sandalen Schurz
Frack Umschlagtuch Fingerhandschuhe
Smoking Umhang Latzhose
Ledermütze Kotze Kniestrümpfe
Turntrikot Talar Shorts Hosenrock
Fußballschuhe Schürze Hosenkleid
Cape Halstuch Toga Melone
Kittel Krawatte Hemdhose
Schirmmütze Fliege Gamaschen
Nachthemd Turban Dreispitz T-Shirt
Pyjama Zylinder Klapphut Bermudas

Zerschneide in Wortstreifen!

Wir sprechen über die unbekannten Sachen, beschreiben sie, erinnern uns. Was klar geworden ist, kommt in die andere Abteilung.

Eine neue Aufgabe: *Sortiere und klebe die Wortstreifen in das große Ich-Heft auf zwei Seiten. Über die eine schreibe ‚Kleidungsstücke, die ich habe' und über die andere ‚Kleidungsstücke, die ich nicht habe'.*

Durch beide Gruppen beschreibt man sich selbst. Und an den neuen Wörtern erfährt man: Was eben noch fremd war und nur einmal erklärt wurde, kann im nächsten Moment schon wieder ins Unbekannte gerutscht sein, wenn man es nicht auch hat sehen und anfassen können. Aber im Gespräch miteinander kommt man doch meistens wieder drauf, was da gemeint war, was eine Toga ist oder eine Melone.

Ich richte für einen Tag, an dem Studenten bei uns im Unterricht sind, vierzig verschiedene Stoffstücke her, groß genug, daß man sie richtig anfassen kann. Immer vier arbeiten mit zwei Studenten, tragen Eigenschaftswörter zusammen, die zu den Stoffen passen, und schreiben sie auf, für jeden Stoff einen Zettel. Wo Zeit übrig ist, wird noch überlegt, was man aus dem Stoff machen könnte. Dann kommen alle Stoffstücke mit den Eigenschaftswörtern an die Wand als ‚Stoffmuseum'.

Jedes Kind hat zwei selbstklebende Kreise und schreibt seinen Namen hinein. Ein Kreis auf einen der Stoffe geklebt bedeutet: Den mag ich besonders gern. Am beliebtesten sind der dunkle Jersey mit dem weißen Pferd und der lila Samt.

Ich klebe auf jeden Stoff eine Nummer. *Schreib immer drei Kleidungsstücke auf, verschiedene Kleidungsstücke. Und dann schreibe dahinter die Nummer des Stoffes, den du dafür verarbeiten würdest, wenn du Schneider wärst.* Das ist eine Schreibübung und ein Spiel, in dem man sich für das entscheiden kann, was schön ist, ohne Rücksicht auf den Geschmack oder die Ängste der Erwachsenen, die meistens bestimmen, was Kinder tragen dürfen.

Ein Museum für Knöpfe: Jeder bringt mindestens einen Knopf mit, einen möglichst ausgefallenen. Er wird auf Silberfolie in eine Streichholzschachtel gebettet. Die Schachtelhülle wird beklebt, bemalt und beschriftet: Wofür der Knopf gedacht sein soll und wer ihn dafür bestimmt hat. Die kleine Sammlung sieht kostbar aus.

Und dann wird noch geübt, wie man einen Knopf annäht: Man braucht eine Nähnadel mit Öhr und Spitze. Ein Faden muß eingefädelt werden und dann muß man so durch Stoff und Knopf stechen, daß am Ende der Knopf befestigt ist. Es gibt Schlaufen und Knoten dabei, aber jeder Knopf sitzt schließlich fest am Stoff. Ein kleiner Sieg. Und eine nahe Begegnung mit diesen Knöpfen, die man jeden Tag in die Finger nimmt und in der nächsten Zeit deutlicher wahrnehmen wird.
Menschen in anderen Ländern tragen andere Kleidung als wir, und unsere Vorfahren haben sich anders gekleidet als wir heute. Männer trugen Seidenanzüge und Perücken. Frauen hatten Schnürtaillen und lange Kleider an. Und die Kinder waren ähnlich wie Erwachsene gekleidet. So jedenfalls sieht man es auf den Bildern, die wir in der Klasse aufhängen.

Zeichne dich selbst in einem Kostüm, wie man es vor langer Zeit getragen hat, so als hättest du damals gelebt. Das wird von allen Kindern begeistert aufgegriffen. Sie arbeiten mit Jaxon-Kreiden auf weichem Papier. Für jede Gruppe haben wir einen Kasten mit 50 verschiedenen Farben. Die Farben leuchten und decken gut. Allerdings schmieren sie auch. Um die Figur wird das Blatt schmutzig.

Wer sein Bild fertig hat, schneidet es aus. Es wird auf ein frisches Blatt geklebt und bekommt einen ovalen oder runden Rahmen aus hellbraunem Tonpapier. Jedes einzelne Bild wird so zu einem abgeschlossenen Werk.
Gisela muß dreimal neu anfangen, weil ich ihre Arbeit immer wieder zurückweise. Sie haut einfach etwas in fünf Minuten aufs Papier und zeigt es mir halb lässig, halb trotzig. Aber dafür gebe ich keinen Rahmen her, ich täte

ihr keinen Gefallen damit. Wie viele Kinder flüchtet sie sich in großzügigen Pfusch, weil sie Angst hat, sie könnte nicht malen und weil sie meint, die wahre Kunst sei, etwas ganz schnell ganz toll zu können. Mit dem Ergebnis ist sie natürlich dann selbst nicht zufrieden, und der Zirkel von Angst und Enttäuschung dreht sich weiter. Ich spreche ihr Mut zu, rate ihr, sich zu zügeln. Und schließlich hat sie ein wunderschönes Bild fertig, auf das sie mit Recht stolz ist. Vielleicht waren die ersten ungestümen Versuche für sie nötig, um sich zu entspannen und zu beruhigen. Das letzte Bild malt sie schnell, aber mit ruhigen, sicheren Bewegungen.

Der Knopf war ab

Murkl hat mit Tino gerauft. Ein Knopf ist abgerissen. Mami wird gleich merken, daß Murkl sich wieder nicht an das gehalten hat, was sie versprochen hatte. Nie mehr wollte sie mit der guten Jacke raufen. Aber wenn man gerade wütend ist, kann man sich doch nicht erst umziehen, bevor man anfängt zu streiten!

„Komm mit mir nach Hause", sagt Tino. „Ich gebe dir Nadel und Faden, und du kannst deinen Knopf wieder annähen."

„Das hab ich doch noch nie gemacht!" sagt Murkl.

„Dann mach ich es für dich!" Tino hat schon oft Knöpfe angenäht. Und er näht auch den abgerissenen Knopf von Murkls roter Jacke wieder an.

Er nimmt eine Nadel und schwarzes Garn und macht sich an die Arbeit. Murkl schaut zu, wie er näht.

„So", sagt er, als er fertig ist und den Faden abgebissen hat, „zieh sie wieder an. Man sieht gar nichts mehr."

„Aber hinten ist so ein Gewurschtel," meint Murkl und rümpft die Nase.

„Ach, knöpf die Jacke einfach zu!" Tino weiß immer einen Rat.

Murkl knöpft die Jacke zu, sagt Ade und geht nach Hause. Unterwegs trifft sie einen kleinen Hund, mit dem spielt sie ein bißchen.

„Du raufst wohl gerne," sagt Murkl zu dem Hund, als sie an seinem Ohr eine Wunde entdeckt. „Sei lieber nicht so wild!"

Als Mami ihr die Türe aufmacht, gibt Murkl ihr einen Kuß und will die Jacke ausziehen.

„Ach, Murkl!" seufzt Mami. „Hast du doch gerauft?"

„Woher weißt du das?" fragt Murkl.

„Der Knopf war ab!" Mami lacht fast.

„Aber er ist doch wieder dran!" verteidigt sich Murkl. Kann Mami hellsehen?

„Wie kannst du sehen, daß er ab war?"

„Rate mal, Schlaumeier!" sagt Mami und gibt Murkl einen Kuß.

„Das Gewurschtel kannst du doch noch gar nicht sehen!" Murkl zieht die Jacke aus. „Da, das muß man abschneiden."

Muß man das? Und woher weiß die Mami, daß der Knopf ab war?

Kartoffeln

Seit Jahren träume ich davon, mit meinen Stadtkindern im Herbst zur Zeit der Kartoffelernte hinauszufahren. Ein Nest Kartoffeln auszubuddeln, das ist für mich selbt der Inbegriff von *Ernte.* Und ich meine, jedes Kind sollte das einmal erlebt haben. Nur ist es mir bisher nicht gelungen, meinen Schülern dieses Erlebnis auch zu verschaffen.

Aber die Kartoffeln selbst können wir uns im Unterricht ansehen. Der Vergleich zwischen rohen und gekochten Kartoffeln zeigt, was Eigenschaften ausmachen und Eigenschaftswörter sagen können. Man kann dies Thema getrost im Sprachunterricht ansiedeln, wenn der Lehrplan Sachunterricht keinen Raum mehr für Kartoffeln läßt.

Eine Portion Kartoffeln stellen wir auf unsere Kochplatte. Sie werden gekocht. Die anderen, rohen Kartoffeln werden ausgeteilt und halbiert. *Was fällt dir auf? Die Kartoffel ist kalt. Sie ist hart. Sie ist feucht.*

Ich notiere an der Tafel: kalt, hart, feucht, gelblich, fest. Wir erkennen: Nur mühsam kann man die Schale mit den Fingernägeln abkratzen. Und die Kartoffel hat einen schwachen eigenen Geruch und Geschmack.

Bis die Kartoffeln gar sind, nützen wir die Zeit und üben, die Eigenschaftswörter von der Tafel auswendig zu schreiben.

Dann werden die heißen Kartoffen ausgeteilt, halbiert und mit den rohen verglichen. Alle Eigenschaften haben sich verändert. Jetzt sind sie heiß, warm, weich, trocken, weißlich, krümelig. Gerochen und geschmeckt: Die gekochte Kartoffel riecht und schmeckt stärker. *Wenn man von beiden gleichzeitig abbeißt, schmeckt man nur die gekochte.* Das muß jedes Kind nachprüfen. Und das große Wunder: Auf

einmal läßt sich die Schale mit den Fingern abziehen, ist wirklich faßbare Schale.

Die Hausaufgabe an diesem Tag: *Übe die Eigenschaftswörter zu schreiben.* Am nächsten Tag machen wir einen kleinen Zuordnungstest, der gleichzeitig eine Rechtschreibübung ist: Ich zeige kurz große Streifen mit den Eigenschaftswörtern. Die Kinder schreiben sie unter *rohe Kartoffel* oder *gekochte Kartoffel* auf.

Dann wird der Kartoffelsalat für das Laternenfest zubereitet. Ich habe zehn Kilo gekochte Kartoffeln mitgebracht. Jedes Kind hat Messer und Brettchen dabei, manche auch noch Kartoffeln, weil sie mich nicht verstanden haben. Es wird gepellt, geschnitten, gewürzt, gemischt, abgeschmeckt mit Öl, Essig, Zwiebeln, Salz und Pfeffer. Auch dies wieder eine Übung zur Erweiterung des Sprachschatzes.

Unser Kartoffelsalat schmeckt, wenn er auch etwas scharf geraten ist und für manche Kinder auf ungewohnte Weise zubereitet. Hausaufgabe: Das in der eigenen Familie übliche Rezept für Kartoffelsalat aufschreiben.

Die Fülle der Möglichkeiten, die da am nächsten Tag vorgetragen wird, erstaunt uns alle. Bei manchem Rezept läuft uns das Wasser im Munde zusammen. Dazu möchte man mal eingeladen sein oder es daheim selbst einmal ausprobieren.

Jetzt ist der richtige Augenblick, den Kindern Tomi Ungerers *Zeraldas Riese* vorzulesen und zu zeigen. Wir beschließen, daß die Salatrezepte vervielfältigt werden und den Grundstock für unser Klassenkochbuch bilden sollen. Manche sind so formuliert, wie es in richtigen Kochbüchern steht. Anlaß für eine Sprachbetrachtung. In dieses Kochbuch kommen dann nach und nach auch andere Rezepte, z. B. die der Lieblingsgerichte von uns allen. Vielleicht entdeckt man da etwas, was neugierig macht und kann darum bitten, zum Essen mitkommen zu dürfen.

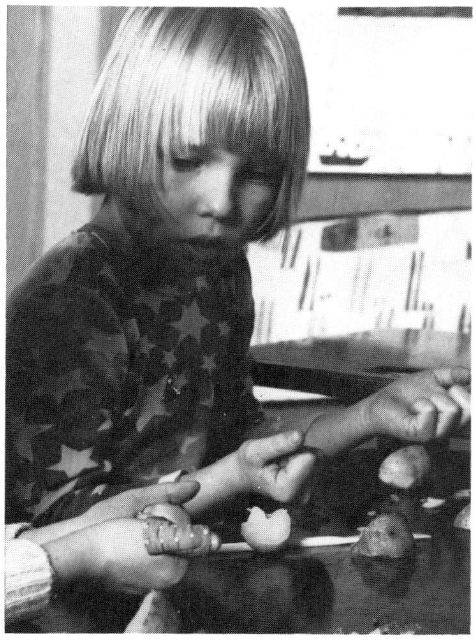

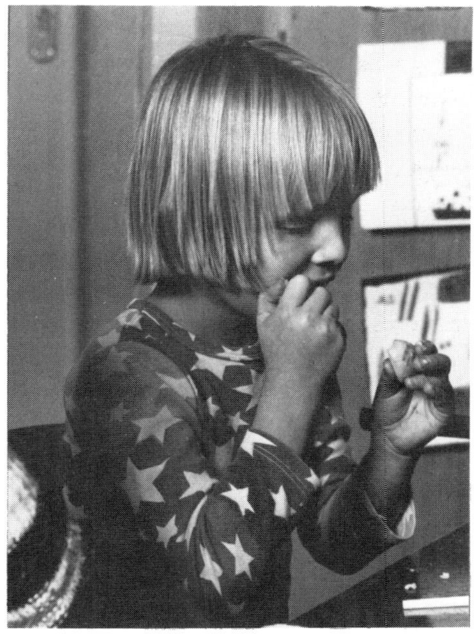

Wie Kartoffeln sind

roh	gekocht
gelblich	heiß
feucht	trocken
fest	warm
hart	krümelig
saftig	weißlich
kalt	weich
	mehlig

Dieters Kartoffelsalat

Nicht zu mehlige Pellkartoffeln in Scheiben schneiden, mit einer feingehackten Zwiebel, Salz und etwas Pfeffer würzen.
Dann mit heißer Fleischbrühe,Essig und zum Schluß reichlich goldgelb angebratenen Speckwürfelchen übergießen.
Vorsichtig mischen und vor dem Anrichten mit gehackten frischen Kräutern bestreuen.

Gabi Römer's Kartoffelsalat

1 kg Kartoffeln kochen, schälen und kleinschneiden.
Mit Essig,Öl, Salz, Pfeffer, Sauerrahm, wenig Senf und kleingehackten Zwiebeln vermischen.
Mindestens eine Stunde stehenlassen!

Diktat

Kartoffeln

Wir haben uns die Kartoffeln genau angeschaut. Die rohen Kartoffeln waren fest, saftig und feucht. Die gekochten Kartoffeln waren weich, trocken und krümelig. Man konnte die Schale leicht abziehen. Mit Öl, Essig, Salz und Pfeffer haben wir Kartoffelsalat zubereitet.

Übungen: Schreibe sorgfältig heraus
a) alle Namenwörter, mit Begleiter
b) alle Wörter mit h
c) alle Wörter mit k
d) die Reimwörter zu gelocht, froh, reich, Rest, aufgebaut, Socken, sonnte, Raben

Zusammengesetzte Namenwörter:

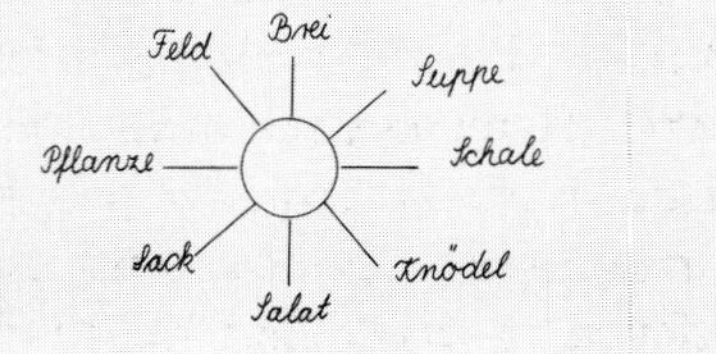

Feste feiern

Wenn man mit anderen zusammen arbeitet, sollte man manchmal zusammen Feste feiern, auch in den Räumen, in denen sonst gearbeitet wird.

Trennt man Arbeit von Lernen, Vergnügen von Feiern, so trägt das bei zur Entfremdung des Menschen von sich selbst und von der Gemeinschaft, in der er die meiste wache Zeit verbringt. Das gilt auch für die Schule. Wenn wir dort feiern, dann feiern wir unsere Zusammengehörigkeit, unsere Freundschaft, unser gemeinsames Tun, unser Miteinander und Füreinander.

Zu manchen Festen können wir die Eltern und Geschwister einladen. Sie können uns miteinander und sich gegenseitig kennenlernen, und wir können ihnen auch etwas von dem vorstellen, was wir uns erarbeitet haben.

Mir widerstrebt es, Aufführungen zu inszenieren. Haupt- und Nebenrollen gibt es ohnedies genug, das möchte ich nicht noch festlich herausstellen. Außerdem fehlt mir die Geduld, mit einer ganzen Klasse ein Theaterstück einzuüben. Vielleicht finde ich aber einmal einen Weg, Rollenspielen in meinem Unterricht den Platz zu geben, den sie eigentlich haben sollten. Denn für Kinder im Grundschulalter sind Rollenspiele eine natürliche Art, nachzudenken, zu verstehen und sich in fremde Welten einzufühlen, um so zu lernen, was man mit Reden allein gar nicht lernen kann. Und dann ergibt sich sicher auch eine Möglichkeit, das vorzuführen.

Vorläufig gibt es andere Möglichkeiten, mit den Eltern zu feiern. Wir haben ihnen zum Beispiel bei einer Dichterlesung in der Autorenbuchhandlung unsere Geschichten vorgetragen. Jedes Kind hatte sich eine von seinen Geschichten ausgesucht und geübt, sie

medium
Filmkritik
Filmkritik
Filmkritik
CINEMA CINEMA CINEMA CINEMA
PRAXIS
das pult

verständlich vorzulesen. Auf dem Dichterstuhl blieb manchem dann doch die Stimme im Halse stecken. Aber die Eltern freuten sich so herzlich über ihre Kinder, daß die gar nicht mehr aufhören mochten und immer noch eine und noch eine Geschichte vortragen wollten. Dabei wurden die Stimmen auch sicherer und waren besser zu verstehen.

Ein andermal haben wir die Eltern abends in unser Klassenzimmer eingeladen und ihnen alles gezeigt und vorgetragen, was wir über die Uhr gelernt hatten. Gedichte wurden aufgesagt, Lieder gesungen, kleine Vorträge vorgelesen, Bilder waren zu besichtigen. (Man findet das alles im Kapitel *Zeit.*)

Für Eltern ist es wichtig und oft erschütternd, ihr Kind in der Schule unter anderen Kindern bei der Arbeit zu sehen. Sie sehen es da mit ganz anderen Augen. Kinder sind auch in der Schule oft gänzlich anders als daheim, meistens viel reifer. Eltern sehen die Schule nur zu leicht als Leistungsrennbahn, auf die sie ihr Kind möglichst wohlausgerüstet schicken möchten. Man muß ihnen hin und wieder zeigen, wie so eine Klasse, die miteinander lernt und etwas erlebt, aussehen kann.

Eigentlich sollte ich solche Feste, bei denen die Eltern sehen können, wie Unterricht heute sein kann und wie sich ihr Kind in der größeren Gruppe verhält, häufiger machen, am besten regelmäßig. Den Kindern und Eltern macht es sehr viel Spaß, mir natürlich nicht minder, wenn es auch sehr anstrengend ist.

Ich gewinne aber noch mehr: Das selbstverständliche Vertrauen derer, die sich eingeweiht sehen in das, was in der Schule mit ihren Kindern geschieht und die mit mir die Freude über die Kinder teilen.

Früher habe ich in meinen Klassen immer die Geburtstage der Kinder gefeiert. Aber das hat nie so recht geklappt. Wenn mehrere Kinder gleichzeitig Geburtstag haben, kommen einzelne zu kurz. Wenn die Geburtstage zu dicht beieinander sind, wird man der Feierei schnell müde. Niemals bin ich mit dem Nachfeiern der Geburtstage zurechtgekommen, die in die Ferien gefallen waren. Die Stillen, die sich nicht trauten, mich zu mahnen, wurden dann oft genug nicht gefeiert, und gerade denen hätte ich es gegönnt.

Bevor man mit Geburtstagsfeiern in einer Klasse anfängt, muß man sich überlegen, ob man das für alle durchhalten kann.

Am leichtesten ist das mit Ritualen, die man ein für allemal vorbereiten kann. Von anderen Lehrern habe ich gehört, daß sie etwa Kronen haben, die das Geburtstagskind einen Tag lang in der Schule trägt und dann mit heimnehmen kann. Oder auch einen Kasten mit kleinen Päckchen, aus denen man sich eins aussuchen kann.

Es ist für Kinder schön, einmal einen Tag lang gefeiert zu werden. *Alle freuen sich, daß es mich gibt und ich da bin* heißt das wohl. Aber muß das an den Geburtstag gebunden sein? Der Unterschied zwischen Kindern mit Feriengeburtstag und denen, die während der Schulzeit dran sind, ist nicht aus der Welt zu schaffen. Und die Fragen nach den Geschenken und danach, wer eingeladen ist, rücken zu weit vor. Das muß immer einige Kinder insgeheim kränken.

Vielleicht wäre es besser, an einem Tag der Woche jeweils ein Kind zu feiern wie ein Geburtstagskind. Das ist dann *Mein Tag,* für den sich eine eigene kleine Zermonie einbürgern kann, eine Tradition in der Klasse. Auch dafür kann es einen Kalender geben, für den man die Plätze am besten verlost. Die einen werden glücklich sein, bald dranzukommen, und die anderen werden froh sein, sich lange vorher darauf freuen zu können.

Die Feste, von denen ich nun ausführlicher berichte, fallen alle in das Vierteljahr vor Weihnachten. Wir haben sie nicht in einem Jahr alle in einer Klasse gefeiert, das wäre zuviel des Guten gewesen. Das, was für uns an das Oktoberfest im Herbst anschloß, kann man genausogut zu einer anderen Jahreszeit machen, wenn gerade Jahrmarkt ist.

Laternenfest

Alle Kinder geistern gern im Dunkeln herum. Und alle lieben Laternen, auch wenn sie mit sieben Jahren manchmal so tun, als sei das nur etwas für Kindergartenkinder. Wenn wir ein Laternenfest machen, können wir kaum die größeren Brüder fernhalten.

Wir haben Glück und einen Park in der Nähe der Schule. Dort sind die

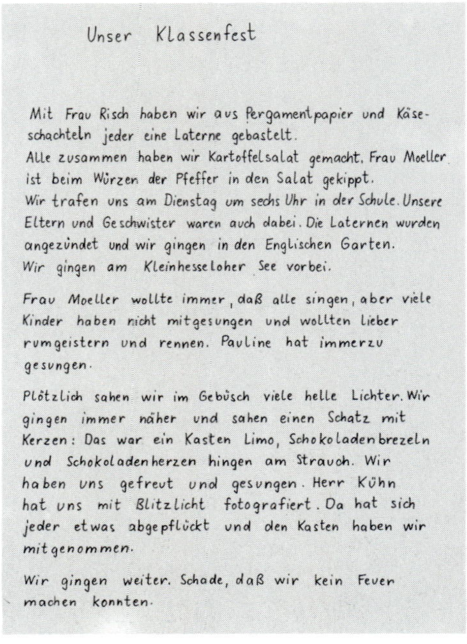

Unser Klassenfest

Mit Frau Risch haben wir aus Pergamentpapier und Käseschachteln jeder eine Laterne gebastelt.
Alle zusammen haben wir Kartoffelsalat gemacht. Frau Moeller ist beim Würzen der Pfeffer in den Salat gekippt.
Wir trafen uns am Dienstag um sechs Uhr in der Schule. Unsere Eltern und Geschwister waren auch dabei. Die Laternen wurden angezündet und wir gingen in den Englischen Garten.
Wir gingen am Kleinhesseloher See vorbei.

Frau Moeller wollte immer, daß alle singen, aber viele Kinder haben nicht mitgesungen und wollten lieber rumgeistern und rennen. Pauline hat immerzu gesungen.

Plötzlich sahen wir im Gebüsch viele helle Lichter. Wir gingen immer näher und sahen einen Schatz mit Kerzen: Das war ein Kasten Limo, Schokoladenbrezeln und Schokoladenherzen hingen am Strauch. Wir haben uns gefreut und gesungen. Herr Kühn hat uns mit Blitzlicht fotografiert. Da hat sich jeder etwas abgepflückt und den Kasten haben wir mitgenommen.

Wir gingen weiter. Schade, daß wir kein Feuer machen konnten.

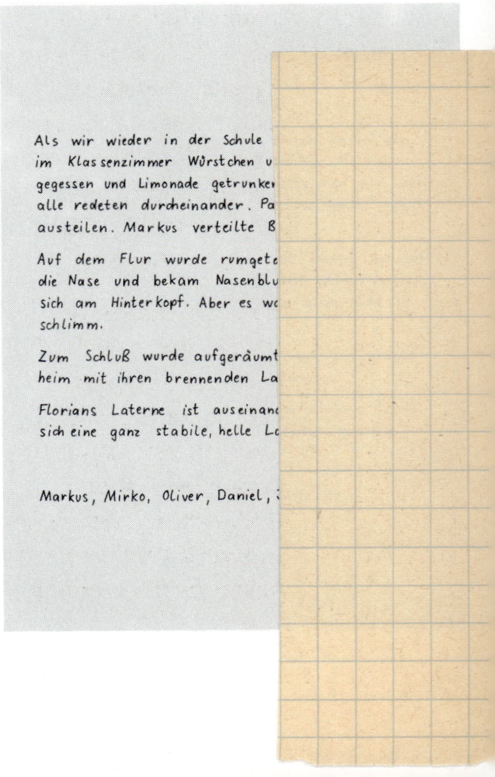

Als wir wieder in der Schule
im Klassenzimmer Würstchen u
gegessen und Limonade getrunke
alle redeten durcheinander. Pa
austeilen. Markus verteilte B

Auf dem Flur wurde rumgete
die Nase und bekam Nasenblu
sich am Hinterkopf. Aber es w
schlimm.

Zum Schluß wurde aufgeräumt
heim mit ihren brennenden La

Florians Laterne ist auseinan
sich eine ganz stabile, helle L

Markus, Mirko, Oliver, Daniel,

Wege einigermaßen dunkel. In den neonbeleuchteten Straßen verblassen die Laternen zu leicht, besonders die selbstgemachten, zartfarbigen.

Man kann abends nicht mit Kindern allein in einen dunklen Park gehen und sie ohne Begleitung heimschicken. Auch darum ist ein Laternenfest ein Fest für die Eltern und Geschwister mit.

Einmal im Oktober haben wir vereinbart: Wir treffen uns alle um 6 Uhr abends am Biergarten vor dem Park, gehen mit den Laternen um den See und dann alle in den Biergarten Abendbrot essen. Die Kinder haben ihr Essen schon vormittags in der Schule ausgewählt, ich habe die Bestellung im Biergarten abgegeben.

Als wir vom Umzug durch den dunklen Park zurückkommen, drängt alles in die Wirtsstube. Die Kinder bekommen ihr Essen sofort und dürfen dann hinaus. Hin und wieder kommen sie heiß und verschwitzt von den Blätterschlachten herein, um etwas zu trinken. Die Eltern lernen sich über Bier und Wurstsalat kennen.

In einem anderen Jahr haben die Kinder die Laternen im Handarbeitsunterricht selbst gebastelt. Wir haben im Unterricht Kartoffelsalat gemacht und dann die Eltern eingeladen, nach dem Umzug zu uns in die Klasse zum Essen zu kommen.

Manche Kinder kommen mit Bruder, Schwester, Vater und Mutter. Es ist nicht möglich, daß beim Laternengehen alle miteinander singen. Nur kleine Grüppchen versuchen *Laterne, Laterne* ... und *Ich gehe mit meiner Laterne* ... Die anderen unterhalten sich oder gehen schweigend mit. Und die größeren Kinder geistern herum.

Unter den Büschen auf einer Bodenerhebung leuchten Kerzen. Alle Kinder drängen hinauf. Wir finden einen Schatz: Ein Kasten Limonade steht da, mit brennenden Kerzen besteckt. Im Busch darüber hängen an bunten Bändern Schokoladenkuchen. Für jedes Kind ist einer da, auch für unsere Gäste. Diese Überraschung haben ein paar Eltern vorbereitet.

Im Klassenzimmer ist es dann warm. Drei Väter warten mit den heißen Würstchen. Als die Kinder sich selbst vollgestopft haben mit Kartoffelsalat und Würstchen, denken sie auch daran, Vater oder Mutter zu versorgen. Und natürlich sammeln wir, um das Essen davon bezahlen zu können.

Da stellt sich heraus: Die Würstchen bekommen wir geschenkt von dem Vater, der sie uns besorgt hat. Mit dem Geld können wir die Bastelmaterialien in den nächsten Monaten bezahlen.

Nach drei Stunden löst sich die Gesellschaft auf. Die Laternen werden für den Heimweg wieder angezündet. In wenigen Minuten ist die Klasse aufgeräumt. Helfer gibt's genug. Tina schleppt eine große Schüssel heim mit den Tellern und dem Plastikbesteck. Sie wird alles in der Badewanne abwaschen. Anka kommt helfen. Geschirr und Besteck aus Plastik haben wir für diesmal neu angeschafft, aber es bleibt uns auch für weitere Mahlzeiten im Unterricht oder für weitere Feste.

Zwei Tage später setze ich mich in der Gruppenstunde mit Markus, Mirko, Oliver, Daniel und Jörg zusammen, und wir entwerfen einen Text über das Laternenfest, den dann alle zum Lesen bekommen.

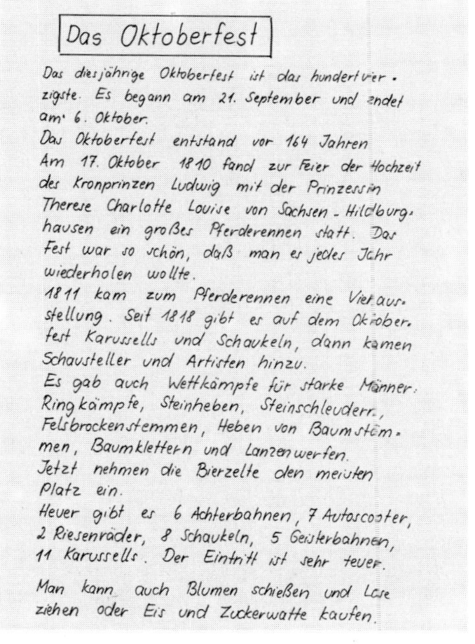

Das Oktoberfest

Das diesjährige Oktoberfest ist das hundertvierzigste. Es begann am 21. September und endet am 6. Oktober.
Das Oktoberfest entstand vor 164 Jahren
Am 17. Oktober 1810 fand zur Feier der Hochzeit des Kronprinzen Ludwig mit der Prinzessin Therese Charlotte Louise von Sachsen-Hildburghausen ein großes Pferderennen statt. Das Fest war so schön, daß man es jedes Jahr wiederholen wollte.
1811 kam zum Pferderennen eine Vierausstellung. Seit 1818 gibt es auf dem Oktoberfest Karussells und Schaukeln, dann kamen Schausteller und Artisten hinzu.
Es gab auch Wettkämpfe für starke Männer: Ringkämpfe, Steinheben, Steinschleudern, Felsbrockenstemmen, Heben von Baumstämmen, Baumklettern und Lanzenwerfen.
Jetzt nehmen die Bierzelte den meisten Platz ein.
Heuer gibt es 6 Achterbahnen, 7 Autoscooter, 2 Riesenräder, 8 Schaukeln, 5 Geisterbahnen, 11 Karussells. Der Eintritt ist sehr teuer.
Man kann auch Blumen schießen und Lose ziehen oder Eis und Zuckerwatte kaufen.

Oktoberfest

Als ein Kind vorschlägt, wir sollten an einem Nachmittag miteinander auf das Oktoberfest gehen, sind alle begeistert. Und weil wir in der Schule sind, wird das Fest gleich zum Unterrichtsthema.

Wir sprechen über die verschiedenen Attraktionen, z. B. wie ein Kettenkarussell funktioniert und warum manche Kinder Angst haben, da einzusteigen. Es stellt sich heraus, daß die Kinder viel weniger ängstlich sind als die Erwachsenen, die sie auf den Rummel begleiten. Ich gebe zu, daß ich auch nicht gerne mitfahre. Lernt man diese Angst erst im Laufe der Jahre?

Als wir erfahren, wie teuer die Eintrittspreise in diesem Jahr sind, schwindet die Lust zu einem gemeinsamen Wies'nbummel. Wir planen statt dessen ein eigenes Fest, eine Tier- und Gespensterschau für uns und die Eltern.

Aus Zeitungspapier und Tapetenkleister, den wir in unseren Schüsseln anrühren, machen wir große Tiere. Das dauert an drei Tagen jeweils etwa zwei Stunden und ist am Anfang etwas schwierig. Manche Kinder mögen nicht in den Leim fassen. Unsere beiden Praktikantinnen Christa und Maria und ich, wir krempeln eigenhändig vielen Kindern die Ärmel auf und stecken ihre Arme bis zu den Ellenbogen in den Leim.

Die Angst vor dem Schmierzeug weicht allmählich der Lust am Matschen und Formen. Ein kleiner Pedant steht ganz vertieft da und quetscht nur immer wieder den dicken Leim zwischen den Fingern seiner Faust durch. Wenn wir helfen und zeigen, wie man formt und glättet, mögen wir gar nicht wieder aufhören. Auch wir schmieren wohlig.

Die ganze Arbeit dauert so lange, weil jedes Kind zunächst erfahren muß, wie man geknülltes und geschichtetes Papier überhaupt formen kann. Wenn man daran gewöhnt ist, mit Plastilin Einzelteile einfach aneinanderzudrücken, ist es sehr schwer, für dieses Material solide Verbindungen zu finden. Es spielt nicht so mit, wie man erwartet. Manches Tier bricht auseinander, verliert Kopf oder Schwanz, wenn man es hochheben will. Aber das verdrießt offenbar niemanden ernstlich. Man tut etwas und macht dabei Erfahrungen. Wenn man genügend Zeit hat, um in einem neuen Versuch mit vielleicht etwas realistischeren Absichten doch noch etwas zustande zu bringen, sind Mißerfolge gleich Abenteuer.

Als wir anfangen, die Tiere zu formen, wollen die meisten ein Tier nachbilden, wie sie es sich in der Wirklichkeit wünschen und nie bekommen haben. Das geht mit dem Werkstoff aber nicht. Ich schlage vor, Monster zu formen und löse wilden Jubel aus. Aber unter streichelnden Händen entstehen nicht schreckliche Ungeheuer, sondern merkwürdige liebe Tierchen mit zärtlichen Namen: *Schocko, Snufi, Lali, Schnuffel, Malwine, Tufi und Tafi, Keulenstupsi, Nigi, Punkti, Hilchen, Walaria, Rosalinde, Wileminchen, Tomi, Luli, Herr Franz, Klari, Schwarzer Teufel, Snopifant, Schnafi, Sancho, Buschi, Gitta.*

Eigenartig ist, wie die Kinder sich eins nach dem anderen in ihre Tiere regelrecht verlieben. Sie geben ihnen Namen und sprechen über sie, als wären sie lebendig. Als die Geschöpfe schließlich fertig und getrocknet sind, werden sie angemalt, manche einfarbig, manche recht bunt.

Wir sprechen über den Zoo, den wir demnächst besuchen wollen. An jedem Käfig oder Gehege steht auf einem Schild etwas über das jeweilige Tier: wo es herkommt, wie es heißt, wovon es sich ernährt. Wir beschließen, für unsere Tiere auch solche Schilder zu erfinden. Außerdem soll da zu lesen sein, ob das Tier einzeln, paarweise oder in Rudeln lebt und wie es seine Jungen bekommt und aufzieht.

Was die Kinder sich dazu ausgedacht haben, schreibe ich für die Ausstellung mit der Machine auf Schilder. Das verfremdet es für den, der es sich ausgedacht hat, macht es wichtiger.

Alle wollen sehr gerne Geschichten über ihre Tiere schreiben; auch Kinder, die sonst lange zögern, fangen gleich an mit dem Schreiben. Es ist ihr eigenes Tier, sie haben es erschaffen, ihm einen Namen gegeben, jetzt geben sie ihm eine Geschichte. In vielen Geschichten kommt der Schöpfer als Fänger oder Entdecker des Tieres vor.

Steffen läßt in seiner Geschichte sein Tier neben seiner Frau im Bett liegen und sagt mir dazu strahlend: *Das ist die Ina!* Ina hat ein ähnliches Tier wie Steffen gemacht und Steffen liebt Ina. Er gibt das gerne zu.

Immer wieder fragen mich die Kinder vor der Ausstellung, ob sie ihr Tier nicht doch schon mit heimnehmen dürfen. Sie haben wohl alle Sehnsucht

In der Geisterbahn

Der Drachen ______.
Das Gerippe ______.
Die Hexe ______.
Der Wolf ______.
Die Türe ______.
Die Kette ______.
Das Gespenst ______.
Der Teufel ______.
Der Mann ohne Kopf ______.
Die traurige Frau ______.
Die fette Ratte ______.

Welches Tunwort paßt am besten?

klappert, lacht, stöhnt, pfeift, kichert, ächzt, klirrt, knarrt, faucht, schluchzt, jault, heult

Unheimliche Geräusche

Schlurfen	Pfeifen
Stöhnen	Lachen
Knarren	Kreischen
Poltern	Knirschen
Heulen	Kichern
Klappern	Klopfen
Jaulen	Ächzen
Schluchzen	Scharren
Fauchen	Klirren
Quietschen	Schreien
Rumpeln	Schmatzen

1. Überlegt in der Gruppe: Woher könnten diese Geräusche in einem Spukschloß kommen?
2. Versucht, diese Geräusche selbst zu machen.
3. Sucht noch mehr unheimliche Geräusche.

Diktat

Wir machen eine Ausstellung

Wir haben aus Papier und Kleister große Tiere geformt. Wir haben sie angemalt und ihnen Namen gegeben. Am Montag stellen wir sie aus. Nebenan werden die Gespenster stöhnen. Vielleicht kommen Christa und Maria auch.

Schreibe sorgfältig auf:

1. alle Wörter mit r
2. alle Wörter mit m
3. alle Wörter mit st
4. alle Wörter mit ie

Malwine

Männchen, geb.1971
Es lebt in Russland.
Es lebt paarweise in der Steppe.
Es frißt Grünzeug.
Das Weibchen legt seine Eier in den Sand.
Sie brüten sich selber aus.
Dann holt das Weibchen seine Kinder.
Es gibt noch viele Tiere dieser Art.
Dieses Exemplar wurde von Tatjana gefangen.

Susi Schnugi

Weibchen, geb.14.3.192o
Es lebt in Tanata.
Es lebt alleine im Nest.
Es bekommt lebende Junge.
Es frißt Gras und säuft Süßwasser.
Es kann balancieren und fliegen.
Es wurde gefangen von Claudia.

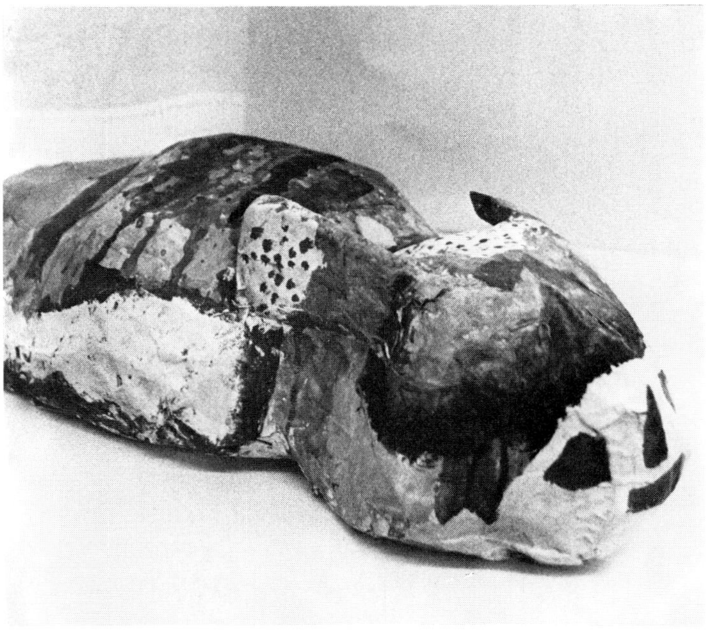

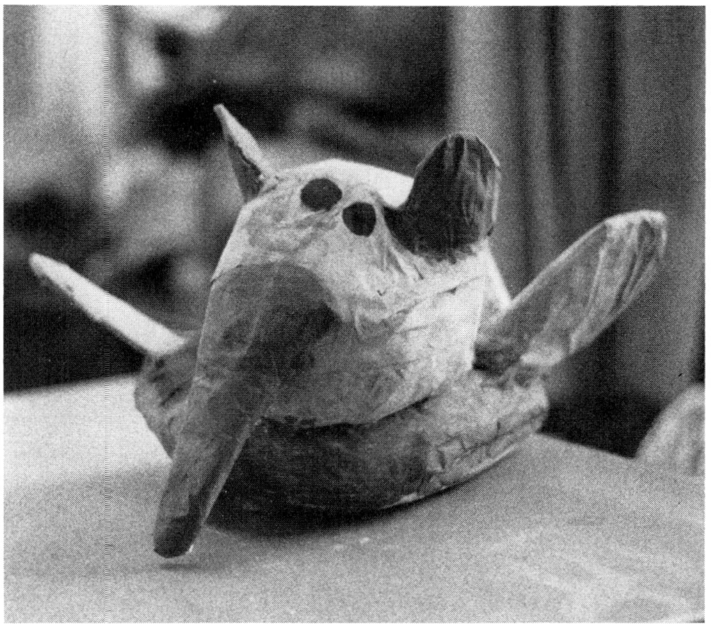

Was Malwine alles erlebte
Es war einmal eine glückliche Malwine. Sie lebte in der Steppe. Sie fraß manchmal ein bißchen Gras. Dann ruhte sie sich unter einem Busch aus. Als sie auf=wachte, ging sie wieder weiter. Und dann geschah etwas: Ich kam und nahm die glückliche Malwine mit. Seitdem ist sie bei uns in der Schule.

Susi Schnugi
Einmal war Susi um den Felsen rum geschwommen. Und sie beggnete einem Männchen und sie heirateten. Dann schwom=men sie in die Kirche und sie luden ihre Freunde ein. Und sie flogen in das Vogelrestaurant. Sie feierten bis 6 Uhr früh. Sie Spielten „Fang mich nicht" und sie tanzten Walzer. Susis Männchen heißt Schnip. Sie warn nach drausten gegangen und sie küssten sich. Susi Feier ist aus. Morgen muß sie ins Krankenhaus, weil sie zehn Kinder bekommt.

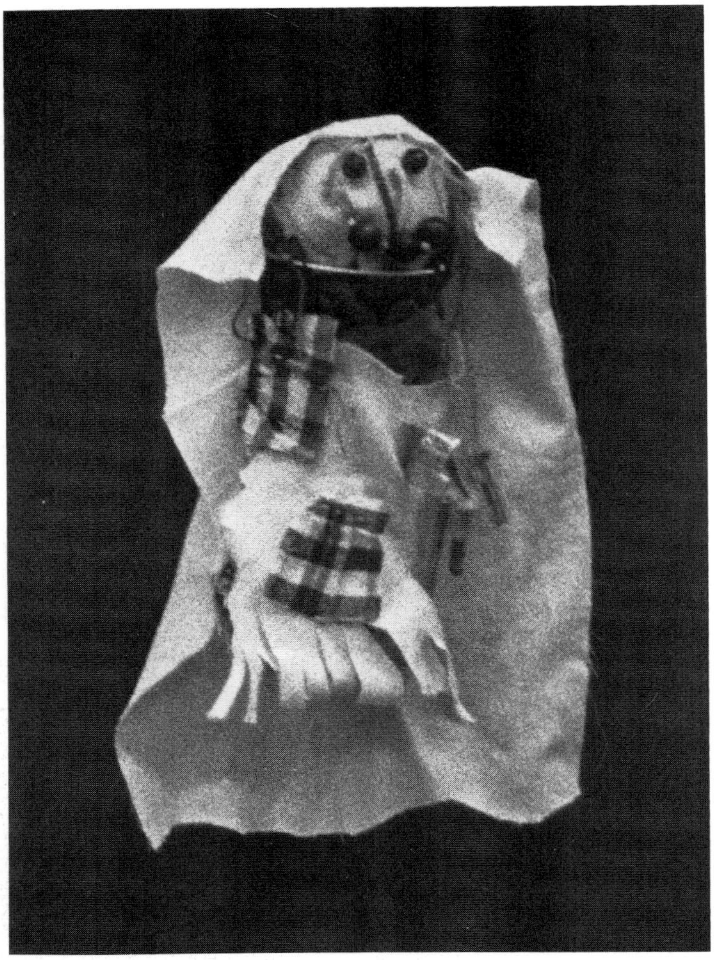

nach einem eigenen Tier, da soll wenigstens dies liebe Geschöpf aus Papier und Kleister in der Nähe sein.

Aus allerhand Resten und Materialabfällen basteln wir Gespenster für eine Geisterbahn. In der Mitte der Klasse liegt auf einem großen Haufen alles, was die Kinder mitgebracht haben. Jeder sucht sich heraus, was er brauchen kann, und versucht, es zusammenzunähen oder zu kleben. Alle gehen sehr selbstverständlich mit Nadel und Faden um, auch die Buben. Die Kinder müssen herausfinden, was sich von den eigenen Vorstellungen mit dem vorhandenen Material verwirklichen läßt, wie man Einzelteile zusammenfügt, wie das dann wirkt.

Ganz von allein ergibt sich dabei, daß die Kinder zusammenarbeiten, sich gegenseitig etwas halten und beratschlagen, was man tun kann.

Wir horchen im Musikunterricht auf die verschiedenen Geräusche um uns her und versuchen, unheimliche Geräusche zu finden und selbst zu erzeugen, mit Stimmen oder Instrumenten.

Schließlich füllen wir ein ganzes Tonband mit Geschrei, Stöhnen, Klirren usw., um es in unserer Gespensterschau ablaufen zu lassen.

Im Deutschunterricht ergibt sich daraus eine Wortsammlung und eine kleine Sprachbetrachtung: Namen- und entsprechende Tunwörter für Geräusche werden einander gegenübergestellt. Am Freitag schreiben wir noch ein Diktat darüber.

Am Montag darauf ist die Ausstellung. Im Klassenzimmer sind die Tiere mit ihren Schildern aufgebaut. An der Tafel hängen die Tiergeschichten. Und in einem kleinen Raum gegenüber haben wir am Nachmittag während der Turnstunde die Gespenster aufgehängt. Jetzt baumeln sie im Dunkeln wie die Geister von Verstorbenen, jedes von einer Taschenlampe magisch beleuchtet. Und mit voller Lautstärke läuft das Tonband ab. Es ist schon recht unheimlich und fast so schön schrecklich wie in der Geisterbahn.

In den Zimmern und auf dem Gang drängen sich die Kinder und ihre Geschwister, Eltern, Omas. Es ist wirklich eine Stimmung wie auf dem Oktoberfest. Zwei Kinder gehen mit einer Schachtel herum, und in kurzer Zeit haben wir genug Geld beisammen, um Leim und Farben für dieses und weitere Bastelabenteuer zu bezahlen. Das erspart mir, ständig die kleinen Ausgaben umzulegen und von jedem Kind Groschen einzusammeln.

Als wir am nächsten Tag nachzählen, freuen sich die Kinder: *Du hattest recht, soviel Geld hätten wir nicht bekommen, wenn die Eltern eine Mark Eintritt bezahlt hätten. – Aber es war auch sooo schön!*

Als ich einige Zeit später *Pu, der Bär* vorlese und wir zu der Geschichte vom Heffalump kommen, erinnern die Kinder sich an ihre Phantasietiere und wollen diesmal wenigstens noch so ein Heffalump zeichnen.

Niemand weiß, wie es aussieht. Jeder kann es so zeichnen, wie er mag.

Advent und Nikolaus

In der Adventszeit stehe ich immer wieder vor dem gleichen Dilemma: Manche Kinder werden daheim mit Geschenken überhäuft, besuchen mehrere Weihnachtsfeiern und begegnen gleich mehrfach gebefreudigen Nikoläusen. Sollen wir in der Schule den Überfluß bis zum Überdruß vermehren?

Aber da sind auch andere Kinder, die bei solchen Anlässen immer zu kurz kommen, mit lieblos gekauften Nikolausstiefeln abgefunden werden. Kinder, deren Eltern der Sinn oder die Initiative für die Freuden, die Traditionen und die besondere Intimität der Vorweihnachtszeit fehlt. Es gibt auch Kinder, die gar nicht beschenkt werden.

Und fast alle Kinder sind viel mehr darauf bedacht, selbst Geschenke zu kassieren, als von sich aus etwas zu tun, um andere zu erfreuen.

Also versuche ich, in der Klasse eigene Traditionen zu schaffen und besonders Erfahrungen von Miteinander und Gegenseitigkeit möglich zu machen.

Schon vom letzten Jahr her haben wir das Weihnachtsheft mit den Liedern, Gedichten und Bastelanleitungen, die uns in der ersten Klasse im Advent beschäftigt haben. Jetzt wird es wieder herausgeholt, dient als Liederbuch bei kleinen Feiern und wird weiter mit eingeklebten Zetteln gefüllt.

Unser Adventskalender trägt das Motto: *Wir für euch.* An jedem Schultag bis zu den Weihnachtsferien dürfen – oder müssen, wie man es nimmt – zwei oder drei Kinder eine Überraschung für die ganze Klasse vorbereiten. Manchmal schaffen sie es allein. Oft muß ich helfen. Es ist auch schwer, sich etwas einfallen zu lassen, was man mit den eigenen begrenzten Mitteln verwirklichen kann und das möglichst viele Kinder freut.

Tino, Michael und Olli verzieren Streichholzschachteln mit Glanzbildengelchen. Claudia, Uschi und Tatjana bekleben unser altes Knusperhaus neu

mit Keksen. Julia und Dietmar bereiten eine Verlosung vor: An einen Strauß aus Zweigen haben sie lauter winzige numerierte Päckchen in lila und rosa Seidenpapier gehängt. Flötenlieder werden vorgetragen, Gedichte aufgesagt, ein Tanz im Dunkeln mit Wunderkerzen vorgeführt.

Immer wieder sind die, die überrascht werden, gespannt: *Werde ich mich freuen können?* Und die, die die Überraschung vorbereitet haben, hoffen: *Daß nur keiner enttäuscht ist. Wenigstens sollte er es nicht laut sagen.*

Viele Kinder sind daran gewöhnt, daß taktvolle Erwachsene auch hingeschluderte Zeichnungen als reizendes Geschenk annehmen, weil sie das Kind nicht kränken wollen. Als Erwachsener ist man auch oft unsicher gegenüber Kinderarbeiten, weil man nicht recht weiß , wieviel Mühe und Liebe in einer Zeichnung oder Bastelei steckt.

Vielleicht ist es diese Unsicherheit der Großen, die sich auf die Kleinen überträgt und mit dazu führt, daß sie am Ende gegenüber den Erwachsenen maßlos werden und taktlos gegenüber Kindern, die ihnen etwas schenken.

Es ist deutlich zu spüren, wie unser *Adventskalender* mit der Zeit die Haltung in der Klasse verändert. Da kann niemand egoistisch Kasse machen, die Gaben sind zu gering. Mancher fängt erst an, ihren Wert zu begreifen, wenn er selbst mit seiner Überraschung vor der Klasse gestanden und erfahren hat, wie weh es tut, wenn auch nur jemand die Mundwinkel herunterzieht.

Das ist ja gar nicht bös gemeint, eher unüberlegt, ohne Einfühlung in die, die da vorne stehen und sich wünschen, die anderen möchten sich freuen. Einige der Beschenkten verstehen das und zeigen sich dankbar ohne die Herablassung der Erwachsenen. Im Laufe der Adventswochen werden es immer mehr, die sich einfühlsam und offen freuen können über die Kleinigkeiten.

Der Nikolaustag ist in der zweiten Klasse noch sehr wichtig. Jahrelang hieß das für mich: Hetze und Rückenschmerzen, wenn ich für jedes Kind ein kleines Päckchen packen wollte. Diesmal bereite ich nur einen Sack mit einigen Pfund Erd- und Walnüssen, mit Mandarinen und Pfefferkuchenplätzchen vor. Vormittags poltert es plötzlich an der Tür. Ich rufe *Herein!* Die Kinder unterstützen mich, als niemand hereinschaut. Dann sieht einer nach, was da los ist und findet den Sack. Er wird mitten in der Klasse auf den Boden geleert.

Statt vieler kleiner Einzelpäckchen ein großer Naschberg für alle. Allerdings: Voll Gier und Übermut wollen sich alle auf einmal auf den Berg stürzen, und ich brauche meine ganze Autorität, bis Gelassenheit einkehrt. Eine Stunde lang sitzen wir im Kreis zusammen und knacken Nüsse. Manche Kinder fangen zu hamstern an, als der Vorrat zu Ende geht. Sie verteilen ihre Schätze aber dann unaufgefordert an diejenigen, die gar nichts mehr zwischen den Schalen finden können. Wie die kleinen Päckchen Vereinzelung üben und Egoismus wachrufen, löst das gemeinsam genossene Geschenk gegenseitige Fürsorge aus.

Übrigens war schon in der ersten Klasse zur Sprache gekommen, daß nicht der eine Nikolaus persönlich jedes einzelne Kind beschenkt. Diese Aufklärung besorgt auch der Religionsunterricht. Aber wir sind uns einig: Schöner als daran zu denken, daß die Mutter den Stiefel mit Süßigkeiten vom Kauf-

mann gefüllt hat, ist es, sich vorzustellen, daß der Nikolaus heimlich gekommen ist.

Im Unterricht ist zu wenig Zeit, um in Ruhe zu basteln. Da muß ich – auch weil ich allein mit den Kindern bin – zuviel vorbereiten, gängeln und aufräumen. Alle müssen etwas Ähnliches basteln. Mich strengt das sehr, an und die rechte Ruhe finden wir so fast nie.

Wir setzen zwei Bastelnachmittage im Klassenzimmer an, zu denen auch die Eltern eingeladen sind. Ich richte für mehrere Gruppen jeweils anderes Material her. Die Kinder suchen sich aus, was sie machen wollen und tauschen die Plätze, sobald sie mit einer Sache fertig sind. Überall sitzen auch Mütter, die helfen. Und nebenbei können sie ihre Kinder einmal im Vergleich mit den Klassenkameraden beobachten.

Die sonst wilden Kinder überraschen mich: Sie arbeiten still und konzentriert, fangen eine Arbeit nach der anderen an und machen alles sorgfältig fertig. Warum stören sie so oft den Unterricht mit ihrer Unruhe, wenn sie hier doch konzentriert arbeiten können?

Am Ende ist alles in zehn Minuten aufgeräumt. Die gebastelten Geschenke und den Christbaumschmuck bewahrt jedes Kind bis zum letzten Schultag in einem Schuhkarton auf. So kann nichts in der Hektik der letzten Tage verloren gehen, und es hängt dann am Ende wirklich daheim am Christbaum.

Das Knusperhaus wird am Tag vor den Ferien geplündert. Als es zuviel Gerangel gibt, stellen die Kinder sich freiwillig an. Das abgeklaubte Plätzchen reicht gerade so weit, daß man frischen Appetit hat, wenn man wieder vorgerückt und abermals an der Reihe ist.

Zeit, Kalender und Uhr

Kalender

In den letzten Tagen vor Weihnachten taucht die Frage auf, warum es eigentlich einen Kalender gibt. Das Jahr hat 365 Tage, das wissen die meisten Kinder. Als wir dann gemeinsam 365 mal auf den Tisch klopfen, um uns die Menge der Tage anschaulich zu machen, staunen sie, wie oft man da klopfen muß.

Ich gebe ihnen ein Blatt mit Kästchen, die von 1 bis 365 durchnumeriert sind. Wie soll man sich da für einen bestimmten Tag im Jahr verabreden? Wie kann man in diesem Meer von Tagen den eigenen Geburtstag finden?

Wir sprechen über den Mondwechsel und die Monatsnamen und darüber, wie viele Tage ein Monat hat. Monate teilen das Jahr in zwölf Teile, die leichter zu überblicken sind.

Auf dem Fußboden setzen wir miteinander einen großen Jahreskreis aus zwölf Pappsegmenten zusammen; auf jedem steht der Name eines Monats. Dann teile ich ein Blatt mit einem ebensolchen Jahreskreis aus und sage: *Male jeden Monat mit der Farbe an, die so ist, wie sich der Monat für dich anfühlt.* Mancher tut das still für sich, andere erörtern ihre Gedanken dazu mit ihren Nachbarn. Die Aufgabe wird ernstgenommen und freut die Kinder.

Dann unterteilen wir die 365 Tage auf dem Kästchenblatt in Monate ein. Wir zählen laut bis 30 oder 31, tippen bei jeder Zahl in ein Kästchen und beenden den Monat mit einem dicken Querstrich.

Auf einem zweiten Blatt wird die Einteilung wiederholt: In jedes Januarkästchen kommt ein J, in jedes Februarkästchen ein F usw. Eine mühsame und langwierige Arbeit. Die Kinder widmen sich ihr mit Sorgfalt und Ausdauer, als hätten sie wirklich für Ordnung und Übersichtlichkeit im Jahr zu sorgen.

Und wann ist Sonntag? Eben noch schien alles klar zu sein. Mit dieser Frage wird wieder alles unsicher. Über die Ordnung der Monate muß noch die der Wochentage gelegt werden. Die Monate sind unterschiedlich lang, die Wochen alle gleichlang. Wir werden nach den Ferien weiter darüber sprechen.

Am ersten Schultag nach den Weihnachtsferien blicken wir zurück. Kinder, die etwas Besonderes erlebt haben, brennen darauf, es zu erzählen. Zuerst sprechen wir über das, was für alle gleich war in diesen Ferien: Für alle gab es die Weihnachtsfeiertage, Sylvester und Neujahr.

Dann unterhalten die Kinder sich in ihren Gruppen über ihre Erlebnisse. Wer mag, geht zu Carmen. Die sitzt am Tonbandgerät, hält dem, der erzählt, ein Mikrofon vor und fragt interessiert nach Einzelheiten, wenn der Bericht stockt. Später hören wir uns zusammen das Band an.

Ich erzähle, daß ich selbst am letzten Ferientag keine Lust auf die Schule hatte und frage die Kinder: *Was meint ihr, wieviel Schultage gibt es in einem Jahr?* Fünf schätzen, es müßten 300 sein. Einer meint, es seien 280. Elf

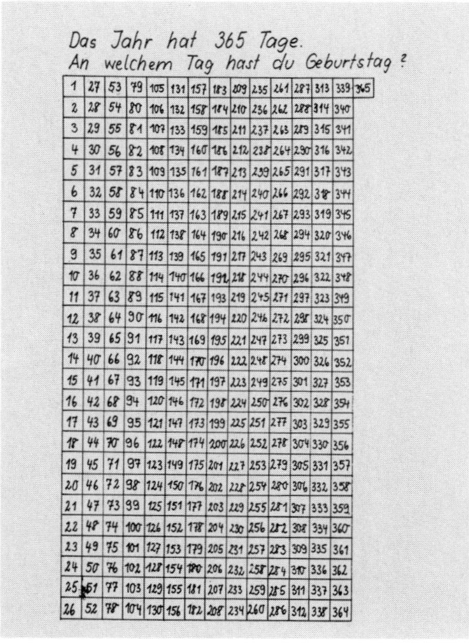

1	27	53	79	105	131	157	183	209	235	261	287	313	339	365
2	28	54	80	106	132	158	184	210	236	262	288	314	340	
3	29	55	81	107	133	159	185	211	237	263	289	315	341	
4	30	56	82	108	134	160	186	212	238	264	290	316	342	
5	31	57	83	109	135	161	187	213	239	265	291	317	343	
6	32	58	84	110	136	162	188	214	240	266	292	318	344	
7	33	59	85	111	137	163	189	215	241	267	293	319	345	
8	34	60	86	112	138	164	190	216	242	268	294	320	346	
9	35	61	87	113	139	165	191	217	243	269	295	321	347	
10	36	62	88	114	140	166	192	218	244	270	296	322	348	
11	37	63	89	115	141	167	193	219	245	271	297	323	349	
12	38	64	90	116	142	168	194	220	246	272	298	324	350	
13	39	65	91	117	143	169	195	221	247	273	299	325	351	
14	40	66	92	118	144	170	196	222	248	274	300	326	352	
15	41	67	93	119	145	171	197	223	249	275	301	327	353	
16	42	68	94	120	146	172	198	224	250	276	302	328	354	
17	43	69	95	121	147	173	199	225	251	277	303	329	355	
18	44	70	96	122	148	174	200	226	252	278	304	330	356	
19	45	71	97	123	149	175	201	227	253	279	305	331	357	
20	46	72	98	124	150	176	202	228	254	280	306	332	358	
21	47	73	99	125	151	177	203	229	255	281	307	333	359	
22	48	74	100	126	152	178	204	230	256	282	308	334	360	
23	49	75	101	127	153	179	205	231	257	283	309	335	361	
24	50	76	102	128	154	180	206	232	258	284	310	336	362	
25	51	77	103	129	155	181	207	233	259	285	311	337	363	
26	52	78	104	130	156	182	208	234	260	286	312	338	364	

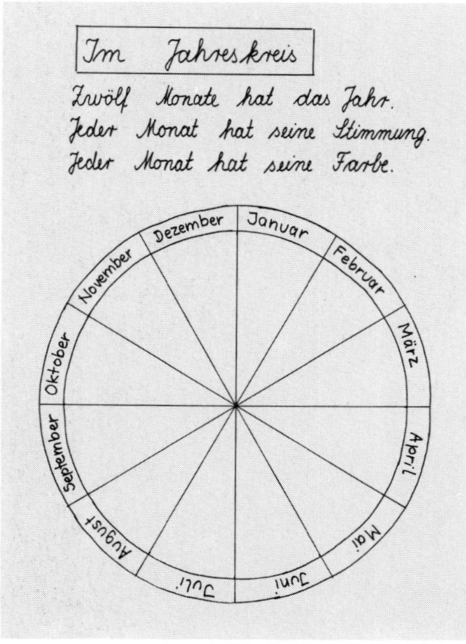

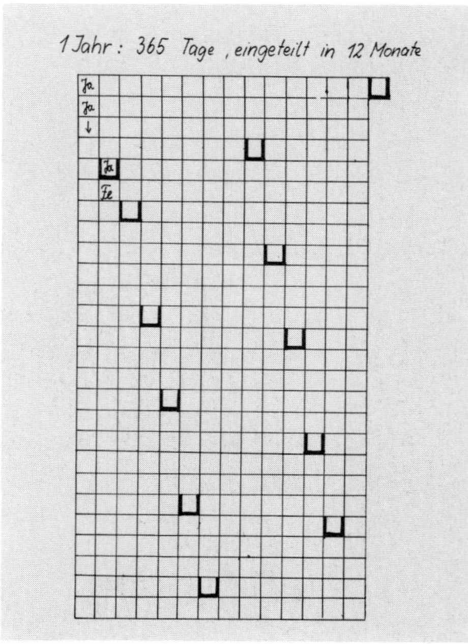

Kinder sind für 200 Schultage. Manche Schätzungen sind natürlich blinde Versuche, mit Glück ungefähr das Richtige zu treffen.

Ich kann mir denken, daß ihr das so empfindet: Die Ferien sind ganz schnell vorbeigegangen. Eigentlich ist immer Schule, nur manchmal nicht. Die Kinder nicken. Dann nehmen wir uns einen Übersichtskalender vom verflossenen Jahr und streichen alle Tage aus, an denen kein Unterricht war. Die Begriffe Schultag, Ferientag, Feiertag, Sonntag werden beiläufig geklärt.

Wir zählen zusammen: Von den 365 Tagen des Jahres waren 187 Tage Schultage, an 178 Tagen war kein Unterricht.

Warum hat man das Gefühl, daß *normale Tage* Schultage sind? Nur wegen der neun Tage Unterschied? Der Seufzer *Schon wieder Schule!* scheint doch etwas ungerecht zu sein. Hausaufgabe: *Übe die Wörter: Jahr, Kalender, Tag, Schultag, Ferientag, Sonntag, Feiertag, Woche, Wochentag, Monat. Dazu die Wochentage und Monatsnamen.*

Am nächsten Tag gibt es ein Blatt mit allen Tagen des Jahres, eingeteilt in Monate. Der sechste Januar wird als Sonntag rot markiert. Fortlaufend soll jeder siebte Tag als Sonntag ein rotes Feld bekommen.

Viele Kinder versuchen eine unverstandene Ordnung zu wiederholen: Sie erinnern sich an fertige Kalender, bei

denen die Sonntage immer nebeneinander stehen, alles Rot ist dort in einer Reihe versammelt. Kurzschlüssig machen sie jetzt alle Tage neben dem 6. Januar rot, ebenso neben dem 13. usw. Allmählich wird es laut in der Klasse. Ein Kind nach dem anderen merkt, was ihm da unterlaufen ist. Aber wie soll man das verbessern? Da braucht man ein neues Blatt. Ich habe diese Panne nicht vorausgesehen, zum Glück. Sonst hätte ich womöglich versucht, ihr durch längere gründliche Erklärungen vorzubeugen. Damit aber hätte ich bei vielen Kindern verhindert, daß sie etwas lernen. Sie hätten sich den Lösungsweg gemerkt, sich womöglich immer noch einmal beim Nachbarn versichert, daß sie es richtig machen, aber gar nicht darüber nachgedacht, wie sich zwei Einteilungen der Zeit hier überlappen.

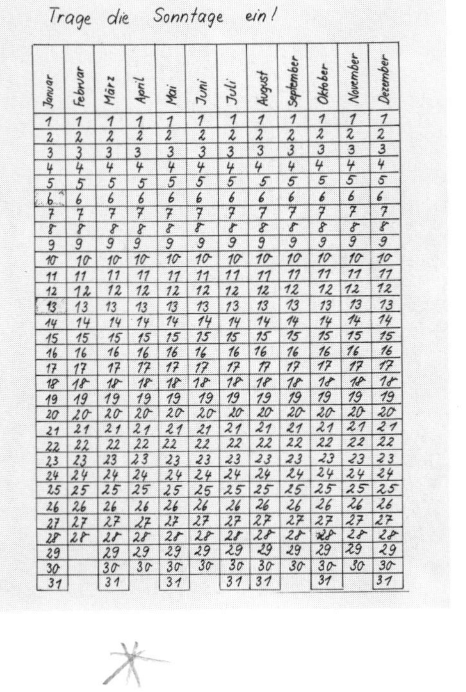

Trage die Sonntage ein!

Januar	Februar	März	April	Mai	Juni	Juli	August	September	Oktober	November	Dezember
1	1	1	1	1	1	1	1	1	1	1	1
2	2	2	2	2	2	2	2	2	2	2	2
3	3	3	3	3	3	3	3	3	3	3	3
4	4	4	4	4	4	4	4	4	4	4	4
5	5	5	5	5	5	5	5	5	5	5	5
6	6	6	6	6	6	6	6	6	6	6	6
7	7	7	7	7	7	7	7	7	7	7	7
8	8	8	8	8	8	8	8	8	8	8	8
9	9	9	9	9	9	9	9	9	9	9	9
10	10	10	10	10	10	10	10	10	10	10	10
11	11	11	11	11	11	11	11	11	11	11	11
12	12	12	12	12	12	12	12	12	12	12	12
13	13	13	13	13	13	13	13	13	13	13	13
14	14	14	14	14	14	14	14	14	14	14	14
15	15	15	15	15	15	15	15	15	15	15	15
16	16	16	16	16	16	16	16	16	16	16	16
17	17	17	17	17	17	17	17	17	17	17	17
18	18	18	18	18	18	18	18	18	18	18	18
19	19	19	19	19	19	19	19	19	19	19	19
20	20	20	20	20	20	20	20	20	20	20	20
21	21	21	21	21	21	21	21	21	21	21	21
22	22	22	22	22	22	22	22	22	22	22	22
23	23	23	23	23	23	23	23	23	23	23	23
24	24	24	24	24	24	24	24	24	24	24	24
25	25	25	25	25	25	25	25	25	25	25	25
26	26	26	26	26	26	26	26	26	26	26	26
27	27	27	27	27	27	27	27	27	27	27	27
28	28	28	28	28	28	28	28	28	28	28	28
29		29	29	29	29	29	29	29	29	29	29
30		30	30	30	30	30	30	30	30	30	30
31		31		31		31	31		31		31

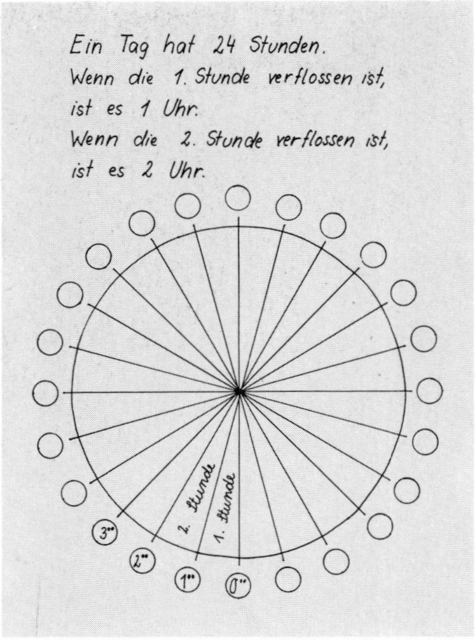

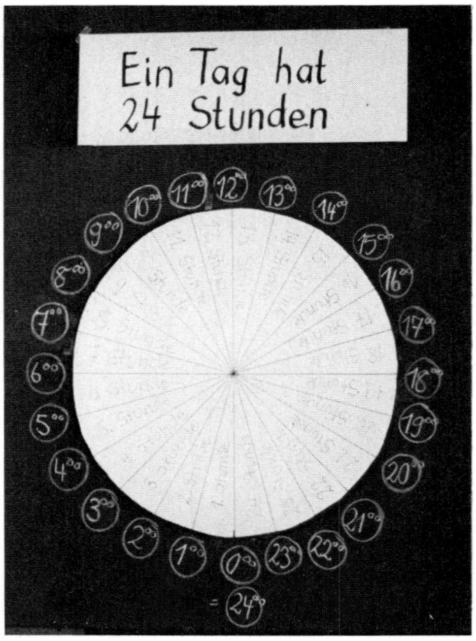

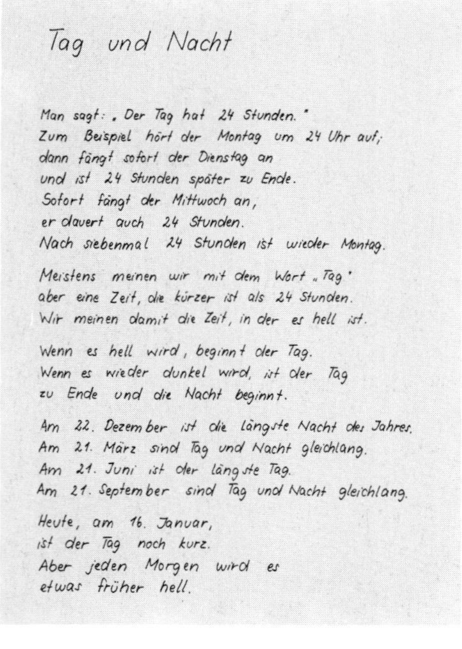
Tag und Nacht

Man sagt: „Der Tag hat 24 Stunden."
Zum Beispiel hört der Montag um 24 Uhr auf;
dann fängt sofort der Dienstag an
und ist 24 Stunden später zu Ende.
Sofort fängt der Mittwoch an,
er dauert auch 24 Stunden.
Nach siebenmal 24 Stunden ist wieder Montag.

Meistens meinen wir mit dem Wort „Tag"
aber eine Zeit, die kürzer ist als 24 Stunden.
Wir meinen damit die Zeit, in der es hell ist.

Wenn es hell wird, beginnt der Tag.
Wenn es wieder dunkel wird, ist der Tag
zu Ende und die Nacht beginnt.

Am 22. Dezember ist die längste Nacht des Jahres.
Am 21. März sind Tag und Nacht gleichlang.
Am 21. Juni ist der längste Tag.
Am 21. September sind Tag und Nacht gleichlang.

Heute, am 16. Januar,
ist der Tag noch kurz.
Aber jeden Morgen wird es
etwas früher hell.

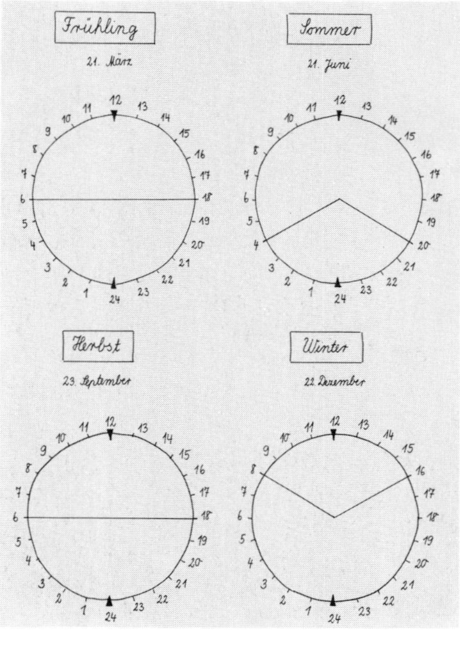

Die Zeit fließt. Kinder teilen sich längere Zeiträume oft damit ein, daß sie sich sagen lassen, wie oft man noch schlafen muß. *Wenn ich schlafen gehe, ist Montag. Und wenn ich aufstehe, ist Dienstag. Und was ist dazwischen?*

Die meisten Kinder haben stolz berichtet, daß sie diesmal an Sylvester aufbleiben durften, viele zum erstenmal.

Da haben sie erlebt, wie das alte Jahr auf einmal zu Ende ist, das neue im selben Augenblick beginnt. Begriffen haben sie das sicher nicht. Wir sprechen darüber und über Sekt und Feuerwerk. Und ich erkläre, daß in jeder Nacht, wenn sie schlafen, der eine Tag zu Ende geht und der neue beginnt.

Manche Kinder scheinen zu argwöhnen, da finde jede Nacht ein Fest ohne sie statt. Alle möchten gerne einmal an einem ganz gewöhnlichen Tag so lange aufbleiben, bis der Tag wechselt.

Ein Tag hat 24 Stunden. Wir kleben einen Kreis mit vierundzwanzig Segmenten an die Tafel. Jedes Segment eine Stunde. Wir schreiben an die Grenze von der einen zur anderen Stunde die Uhrzeit.

Die Sprechreihe *Wenn die erste Stunde des Tages vorbei ist, ist es ein Uhr. Wenn die zweite Stunde des Tages vorbei ist, ist es zwei Uhr. Wenn die dritte . . .* wird den Kindern nicht langweilig. Ein Kind spricht, ein anderes zeigt an der Tafel, wieviel Zeit bis dahin vergangen ist.

Dann füllt jeder für sich ein Blatt aus: Die Stunden werden numeriert und an den Grenzen zwischen die vollen Stunden eingetragen. An der Tafel hatten wir die Uhrzeiten nur bis 6 Uhr eingetragen. Als die Kinder nun ihren eigenen Zeitkreis fertigmachen, wird es plötzlich unruhig: *Sie haben was falsch gemacht! – Mir fehlt eine Stunde.*

Die vierundzwanzigste Stunde ist zwar da, aber der Platz, wo 24.00 Uhr stehen müßte, ist schon besetzt von 0.00 Uhr. Die Kinder entdecken das nach und nach, belehren sich gegenseitig: 24.00 Uhr ist dasselbe wie 0.00 Uhr vom nächsten Tag. Sie scheinen das alle schon vorher vage gewußt zu haben, aber offenbar nicht so sicher, daß sie sich nicht hätten verwirren lassen.

Wir erinnern uns an das letzte Schuljahr. Es gab Zeiten, da ging man morgens bei strahlendem Sonnenschein zur Schule. Und jetzt ist es morgens dunkel, wenn auch schon nicht mehr so sehr wie vor ein paar Wochen im Dezember. Die Kinder sagen: *Die Nacht wächst. Und dann wächst wieder der Tag.*

Wir konstruieren ein Modell mit dem Tageskreis an der Tafel, wo man die Nacht, symbolisiert durch dunkelblaue Kreissegmente aus Tonpapier, sich ausdehnen und über den Tag schieben lassen kann.

Was wir bis dahin über Tag und Nacht besprochen haben, fasse ich in einem Leseblatt zusammen. Dann überlegen wir: *Wie ist es mit Tag und Nacht im Frühling, Sommer, Herbst und Winter?*

Wir suchen uns aus dem Kalender heraus, wann die Jahreszeiten beginnen, und stellen fest: Der Tag mit der längsten Nacht fällt in den Winter, der mit der kürzesten in den Sommer. Im Frühling und Herbst gibt es die Tag-und-Nacht-Gleiche.

In vier Gruppen zeichnen die Kinder ein Bild für jede Jahreszeit: Auf vier großen Blättern mit einem Tageskreis ist immer ein Segment für die Nacht mit blauem Papier ausgeklebt, je nach Jahreszeit eine lange oder kürzere Nacht. In die Nacht zeichnen sie den Mond, Sterne, Betten. In den Tag das, was man im Frühling, Herbst, Sommer oder Winter tun oder sehen kann.

Wer dabei nicht mitmacht, zeichnet Bilder für den 24-Stunden-Kreis. Unten auf dem Blatt steht die Zeit. Oben soll man sehen, was dann getan wird. Von 2.00 bis 3.00 Uhr schläft man auf jeden Fall. Zwischen 7.00 und 8.00 Uhr geht man als Kind zur Schule. Diese vierundzwanzig Blätter hängen wir in einen Kreis geordnet auf.

Die großen Bilder für die Jahreszeiten gefallen den Kindern so gut, daß sie sich von mir Arbeitsblätter wünschen, auf denen sie dasselbe jeder für sich zeichnen können.

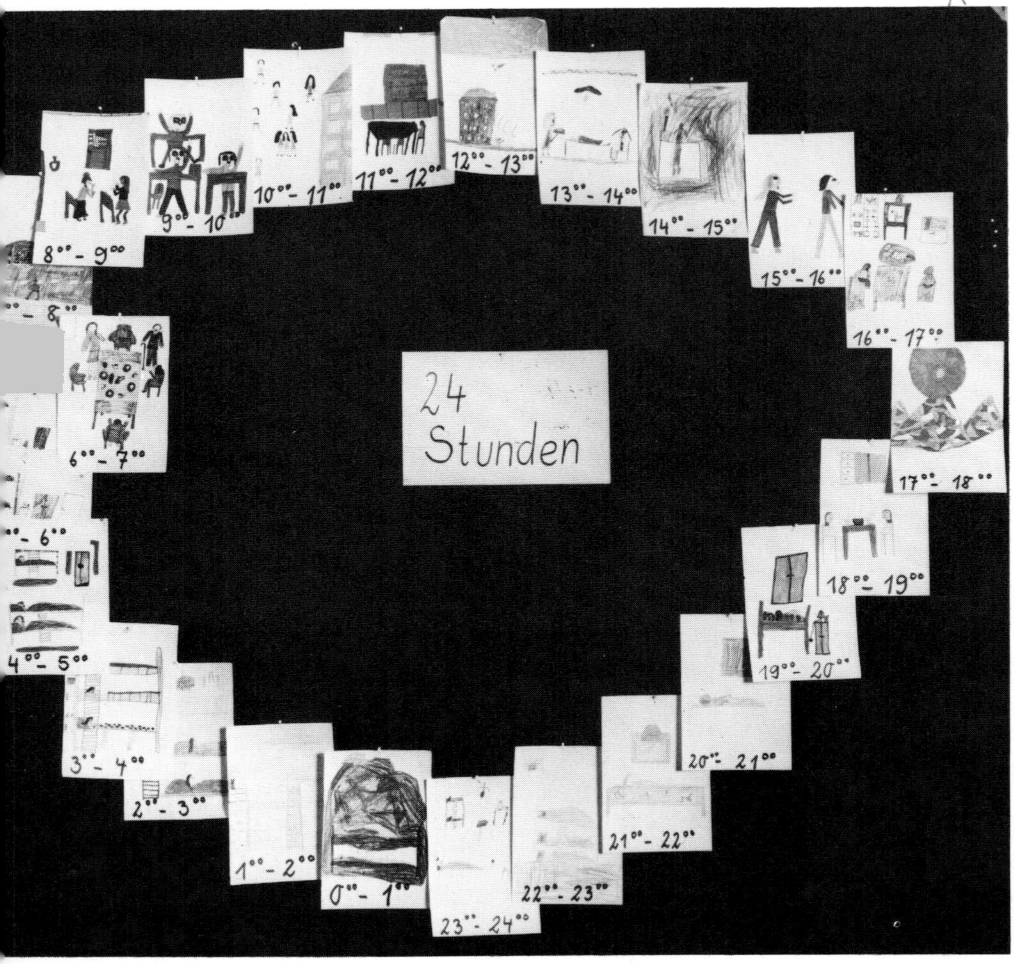

Ich lese wieder einmal *Frederick* von Lionni vor. Und weil sie sich das wünschen, gebe ich den Kindern Fredericks Jahreszeitengedicht zum Abschreiben.

Daß die Mäuse sich vorstellen, im Himmel säßen Mäuse ähnlich wie sie, die ihnen das Wetter und die Jahreszeiten schicken, finden die Kinder gleichzeitig rührend, belustigend und verständlich.

Bei der Beschäftigung mit dem Tageskreis hatte immer mal wieder ein Kind gesagt: *Das sieht aus wie eine Uhr.* Nachdem wir uns so ausführlich mit dem Vierundzwanzig-Stunden-Tag befaßt haben, ist es jetzt leichter zu begreifen, daß die Uhr mit allen Stunden nur einen halben Tag umfaßt, daß in vierundzwanzig Stunden zwei volle Umläufe nötig sind. Das ist sicher leichter zu begreifen als andersherum: wenn die Uhr als das Gegebene zunächst einmal hingenommen und dann die Wirklichkeit des Tages mit zweimal zwölf Stunden damit vermittelt werden soll.

An der Tafel hängt jetzt ein Kreis mit zwölf Stunden, im Innenkreis die Stunden von 12 bis 24 Uhr. Die Kinder stellen sich gegenseitig Fragen: *Was machst du in der 16. Stunde?* oder *Was tust du normalerweise um 9 Uhr?* Fehler sind wieder einmal wichtig: Sie zeigen, wie kompliziert der Zusammenhang zwischen Tagesstunden und Uhr ist und daß man nicht so schnell aufhören darf, darüber nachzudenken.

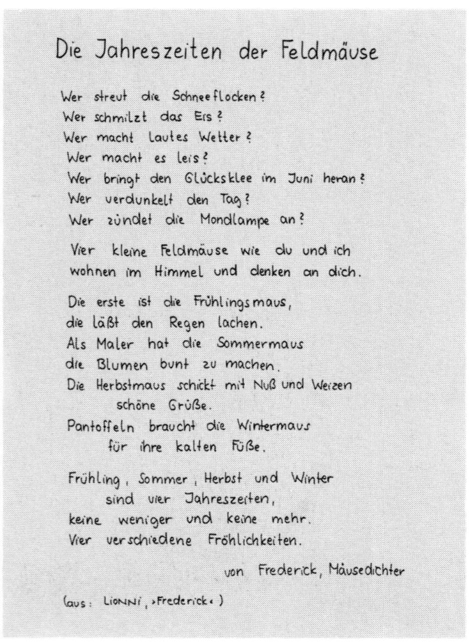

Die Jahreszeiten der Feldmäuse

Wer streut die Schneeflocken?
Wer schmilzt das Eis?
Wer macht lautes Wetter?
Wer macht es leis?
Wer bringt den Glücksklee im Juni heran?
Wer verdunkelt den Tag?
Wer zündet die Mondlampe an?

Vier kleine Feldmäuse wie du und ich
wohnen im Himmel und denken an dich.

Die erste ist die Frühlingsmaus,
die läßt den Regen lachen.
Als Maler hat die Sommermaus
die Blumen bunt zu machen.
Die Herbstmaus schickt mit Nuß und Weizen
schöne Grüße.
Pantoffeln braucht die Wintermaus
für ihre kalten Füße.

Frühling, Sommer, Herbst und Winter
sind vier Jahreszeiten,
keine weniger und keine mehr.
Vier verschiedene Fröhlichkeiten.

von Frederick, Mäusedichter

(aus: LIONNI, »Frederick«)

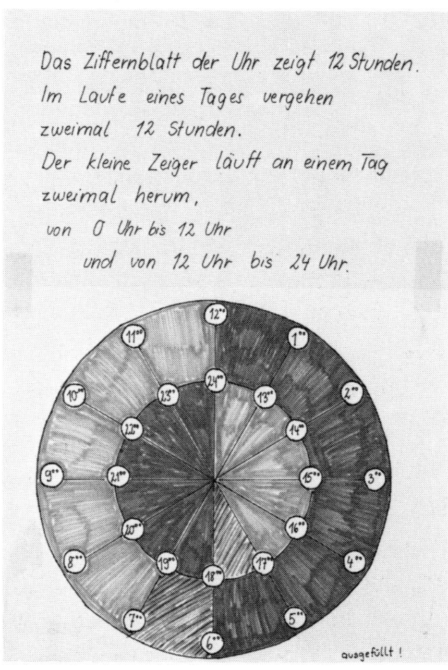

Das Zifferblatt der Uhr zeigt 12 Stunden.
Im Laufe eines Tages vergehen
zweimal 12 Stunden.
Der kleine Zeiger läuft an einem Tag
zweimal herum,
von 0 Uhr bis 12 Uhr
und von 12 Uhr bis 24 Uhr.

Wir sammeln, was Kinder so im Laufe eines Tages tun. Ein großes Leseblatt wird voll. Hausaufgabe: *Unterstreiche, was du besonders gern und oft tust! Streiche aus, was du so gut wie nie tust!*

Dann gebe ich jedem eine Zeitleiste mit Stundeneinteilung von 7.00 bis 20.00 Uhr. Das ist die Zeit, in der die Kinder meistens wach sind. Jedes Kind teilt sich nun seinen Tag ein, schreibt oder zeichnet in den Streifen, was es gerne tun möchte. Gemessen an dem, was man unternehmen und spielen könnte, ist in einem Tag wenig unterzubringen.

Es tut mir weh, die Kinder darauf aufmerksam machen zu müssen, daß sie in Wirklichkeit noch weniger Zeit für sich haben. In ihrem Tageslauf gibt es Zeiträume, die schon besetzt sind durch Pflichten und feste Termine wie die Mahlzeiten.

Hausaufgabe: *Trage diese Zeiten auf einem neuen Streifen ein! Die freien Räume fülle mit eigenen Plänen!* Damit man besser einschätzen kann, wie lange zum Beispiel eine Mahlzeit dauert, machen wir einen Versuch: Bevor wir unser Pausebrot essen, schätzen wir, wie lange das wohl dauern wird. Dann wird gegessen und die Zeit gemessen.

Nach 7 Minuten sind alle fertig, schneller, als wir dachten. Sonst kauen aber auch manche Kinder noch am Ende der Pause an ihrem Brot, weil sie vor allem spielen und reden wollen.

Am nächsten Tag besprechen wir die Tagesstreifen. Die Kinder beklagen sich darüber, wie wenig Zeit ihnen zum Spielen bleibt. Ich kann es nicht lassen zu bemerken: *Und diese kostbare Zeit verplempert ihr dann noch mit Fernsehen.* Wenn man sieht, wie wenig Zeit zwischen all den Terminen bleibt, und weiß, wie sehr Kinder Muße brauchen und Langeweile, um sich gesund entwickeln zu können, möchte man das Fernsehen am liebsten abschaffen.

Hausaufgabe: *Vater und Mutter sollen angeben, womit ihr Tag ausgefüllt ist; trage das in einen Tagesstreifen ein.* Am nächsten Tag trägt Anne vor, was ihr Vater und ihre Mutter machen. Bei beiden gibt es den Beruf und feste Pflichten im Haushalt. Wir sprechen darüber, warum sich Annes Eltern die Hausarbeit teilen und ihr Vater das Einkaufen und Abwaschen übernommen hat. Allen Kindern ist wohl klar, daß hier die Lasten gerecht verteilt sind. Sie vergleichen das ohne Aufforderung mit der eigenen Familie. Das merke ich, als ein Kind ganz versonnen vor sich hinspricht: *Mein Vater hilft nicht zu Hause.* In seiner Familie ist die Mutter aber auch berufstätig.

Unterschiede zwischen berufstätigen Müttern und solchen, die nur den Haushalt zu versorgen haben, fallen allen Kindern auf, als einige Tagesläufe vorgetragen sind. Sie verstehen, warum manche Mutter mehr Zeit hat, auch einmal mit den Kindern zu spielen.

Uschi meldet sich strahlend: *Ich hab gemerkt, daß mein Papa in der Fabrik zur selben Zeit Mittag ißt, wie wir alle zu Hause.* Ninas Vater kommt sehr unregelmäßig heim, weil er Arzt ist und operiert. Michael sagt, sein Vater müsse oft die ganze Nacht arbeiten und spiele dann in kurzen Pausen Tischtennis. Michaelas Vater arbeitet in einer Molkerei und steht auf, wenn alle noch schlafen, um Milch auszufahren. Andreas Vater ist Bäcker und schläft, wenn die Kinder nachmittags spielen; dann müssen sie leise sein.

Es gibt keine zwei Eltern mit gleichem oder ähnlichem Tageslauf. Alle haben sehr viel weniger Freizeit als ihre Kinder. Und diese Kinder jammern, wenn sie mal helfen sollen. Es scheint ihnen furchtbar viel Zeit zu fressen. *Verschätzt ihr euch da nicht?* Sie können es sich nicht vorstellen.

Daraus ergibt sich eine Hausaufgabe. In der Schule schätzt jeder für elf Tätigkeiten, wieviel Zeit sie kosten. Er tut es auch daheim und mißt, wie lange es tatsächlich dauert. Da gibt es eine Menge Überraschungen. Wer hätte zum Beispiel gedacht, daß es so schnell geht, ein Bett zu machen!

Wir lernen gerade verschiedene Einmaleinsreihen; die von 2, 3 und 4 können fast alle Kinder schon recht gut. Jetzt wollen wir sehen, wieviel Zeit sie brauchen, die drei Reihen auswendig aufzuschreiben. Wer fertig ist, bringt

Was Kinder im Laufe eines Tages tun

Sie waschen sich, ziehen sich an, frühstücken, gehen in die Schule, lernen, gehen in die Pause, spielen Fußball, spielen mit Autos, essen, spielen Krieg, geistern als Gespenst herum, machen Quatsch, sehen fern, machen Hausaufgaben, gehen ins Bett, baden, gehen auf die Toilette, sitzen rum, schlafen, putzen sich die Zähne, lesen Bücher, raufen, malen, atmen, singen, trinken, basteln, schlafen, machen ihr Bett, weinen, lachen, sind glücklich, sind traurig, spielen mit Autos, spielen mit Lego, spielen Karten, spielen mit Soldaten, reden, spielen Flohhüpfer, laufen Rollschuh, spielen mit ihren Freunden, fahren Fahrrad, spielen mit Puppen, gehen spazieren, essen Abendbrot, gehen schlafen, helfen der Mutter, sind böse, blödeln, häkeln, gehen zum Spielplatz, ziehen ihre Puppen an, räumen auf, schmusen, spielen Klavier, meckern, schauen alte Schulhefte an, sehen sich etwas durch das Mikroskop an, machen Experimente, gehen in den Zirkus, langweilen sich, gehen ins Kino, sind im Hort, rechnen, bürsten ihre Haare, kremen sich das Gesicht ein, beten, füttern ihren Hamster, spielen mit der Katze, führen den Hund Gassi, schaukeln, füttern die Fische, hören Kinderfunk, gehorchen, kratzen sich, hopsen auf dem Bett herum, sind lieb, sind frech, sagen „Gute Nacht!"

Zeitaufwand geschätzt und gemessen

	geschätzt	gemessen
Heimweg		
Hände waschen		
zu Mittag essen		
Zähne putzen		
Hausaufgaben machen		
das Bett machen		
Schulranzen aufräumen		
30 vorbeifahrende Autos zählen		
ein Paar Schuhe putzen		
Kinderstunde ansehen		
von meinem Zimmer zur Haustüre gehen		

Statistik

Wieviel Zeit braucht man, um das Einmaleins mit 2,3 und 4 aufzuschreiben?

Steffen	XXXX	Andrea	XXXXX
Florian	XXXXXX	Daniela	XXXXXXXX
Olivier	XXXXXX	Anne	XXXXX
Michael F.	XXXXX	Carmen	XXXXXXXXXXXX
Niki	XXXXXXX	Madeleine	XXXXXXXX
Patrick	XXXXXXX	Vivi	XXXXXXXXX
Thomas	XXXXXXXX	Michaela	XXXXX
Andi	XXXXX	Nina	XXXXXX
Tobias	XXXX	Tanja	XXXXXXXX
Tino	XXXXXX	Ingrid	XXXXXX
Yahya		Gabi	XXXXXXX
Harald	XXXXXXX	Ursula	XXXX
Michael M.	XXXXXX	Tatjana	XXXXX
David	XXXXXXXXXX	Roswitha	XXXXXXXXXXXX
Christian	XXXXXX	Claudia	XXXXXX
Dietmar	XXXXX	Bettina	XXXXX
Julia	XXXXXXXX	Juliane	XXXXXXXX
Ina	XXXXX	Uschi	XXXXXX
Esther	XXXXXXXXX		
Nilgül			

1 Kreuz = 1 Minute

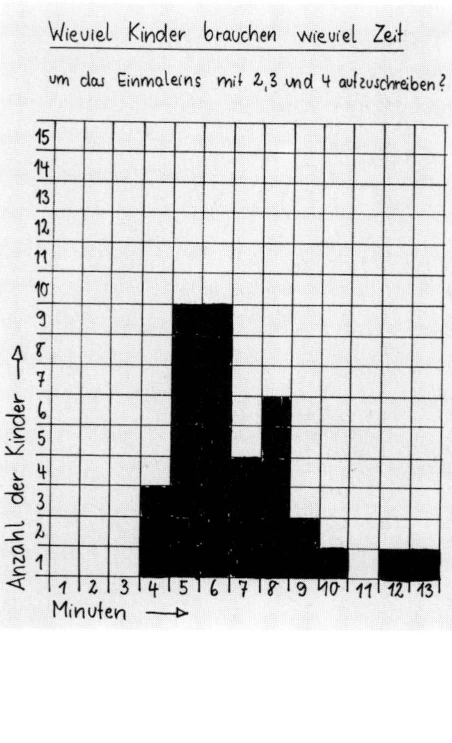

hier ist einspitzer

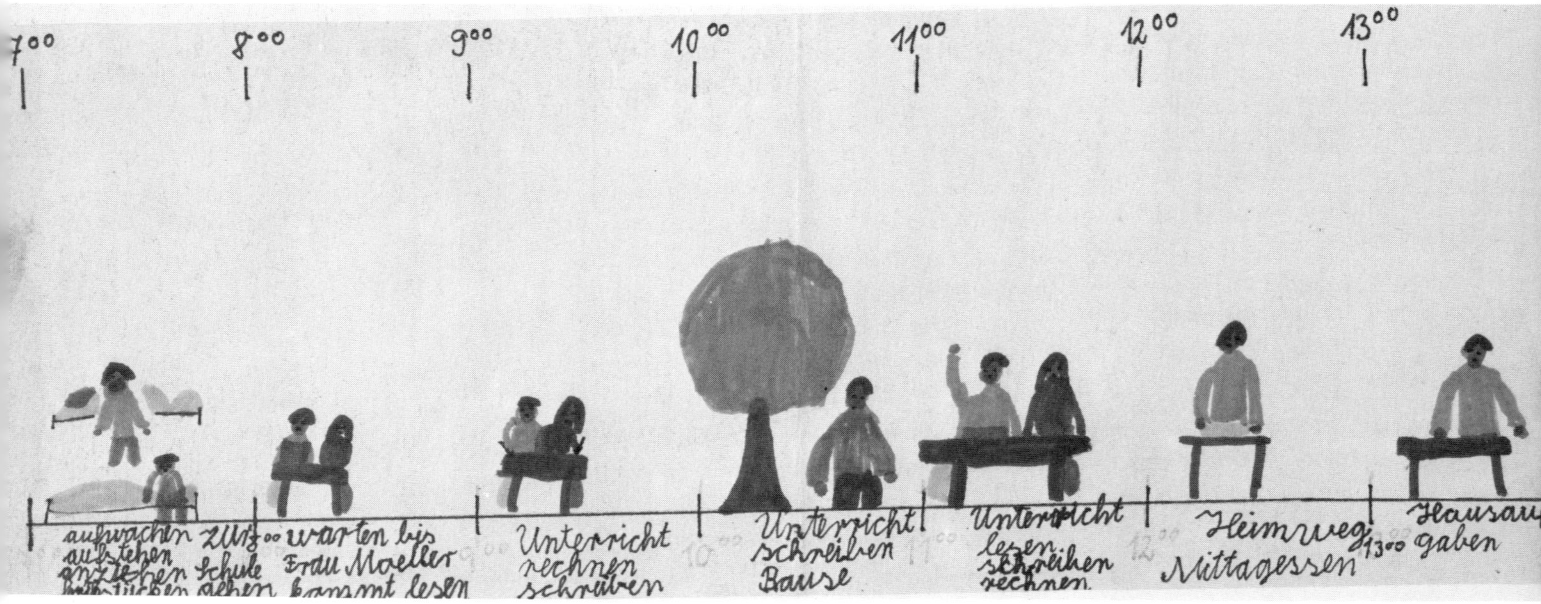
aufwachen aufstehen anziehen
zur Schule gehen
warten bis Frau Moeller kommt lesen
Unterricht rechnen schraiben
Unterricht schreiben Bause
Unterricht lesen schreiben rechnen
Heimweg Mittagessen
Hausaufgaben

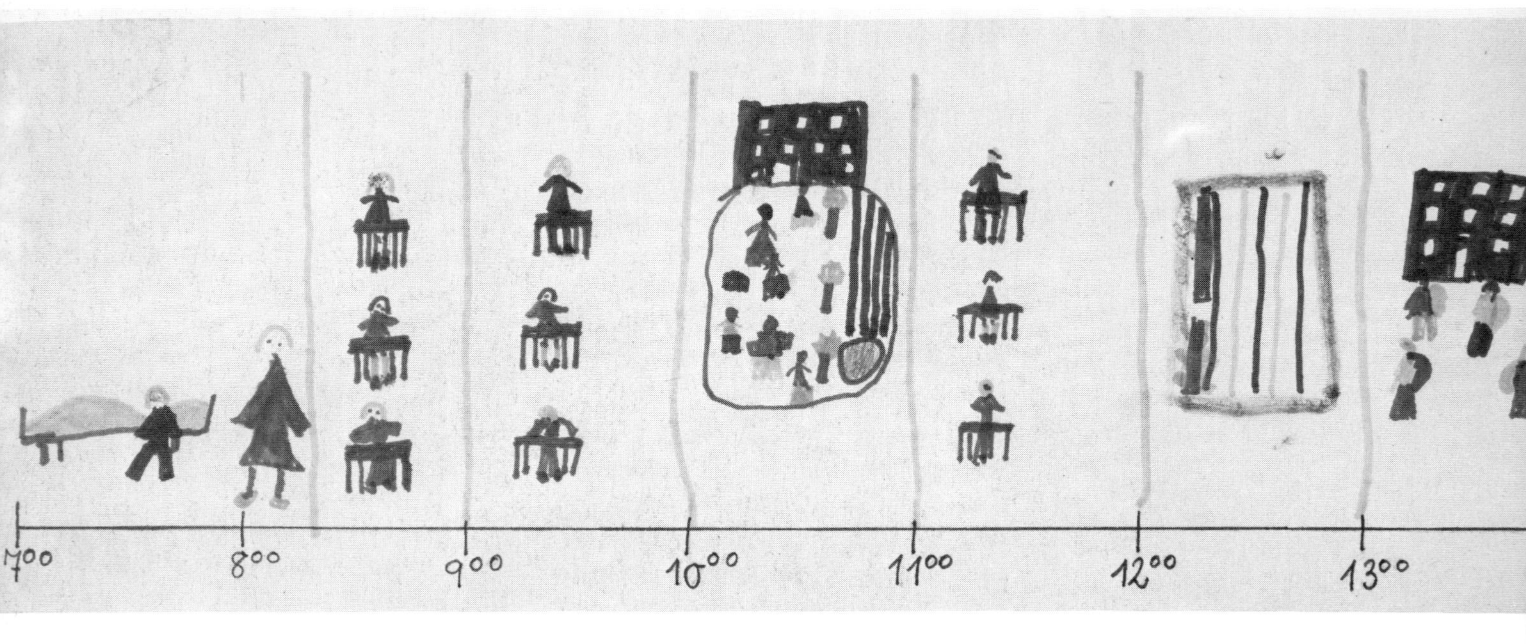

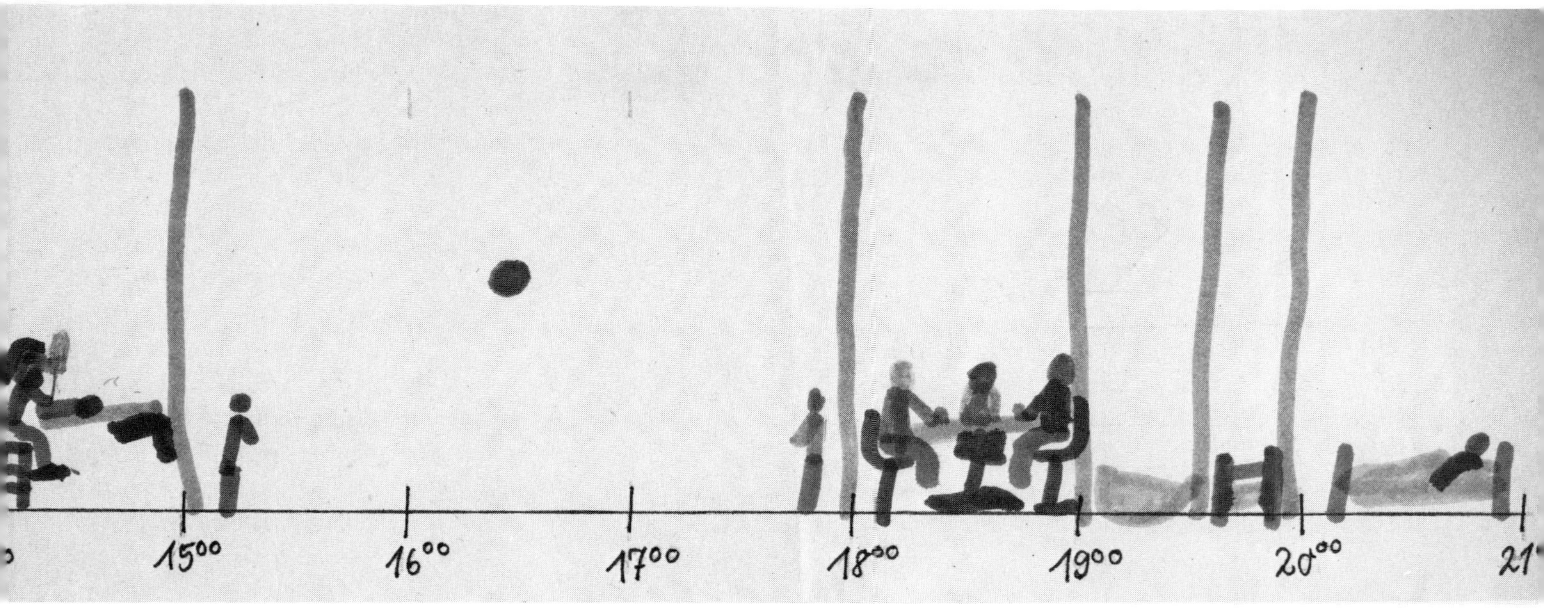
15⁰⁰
16⁰⁰
17⁰⁰
18⁰⁰
19⁰⁰
20⁰⁰

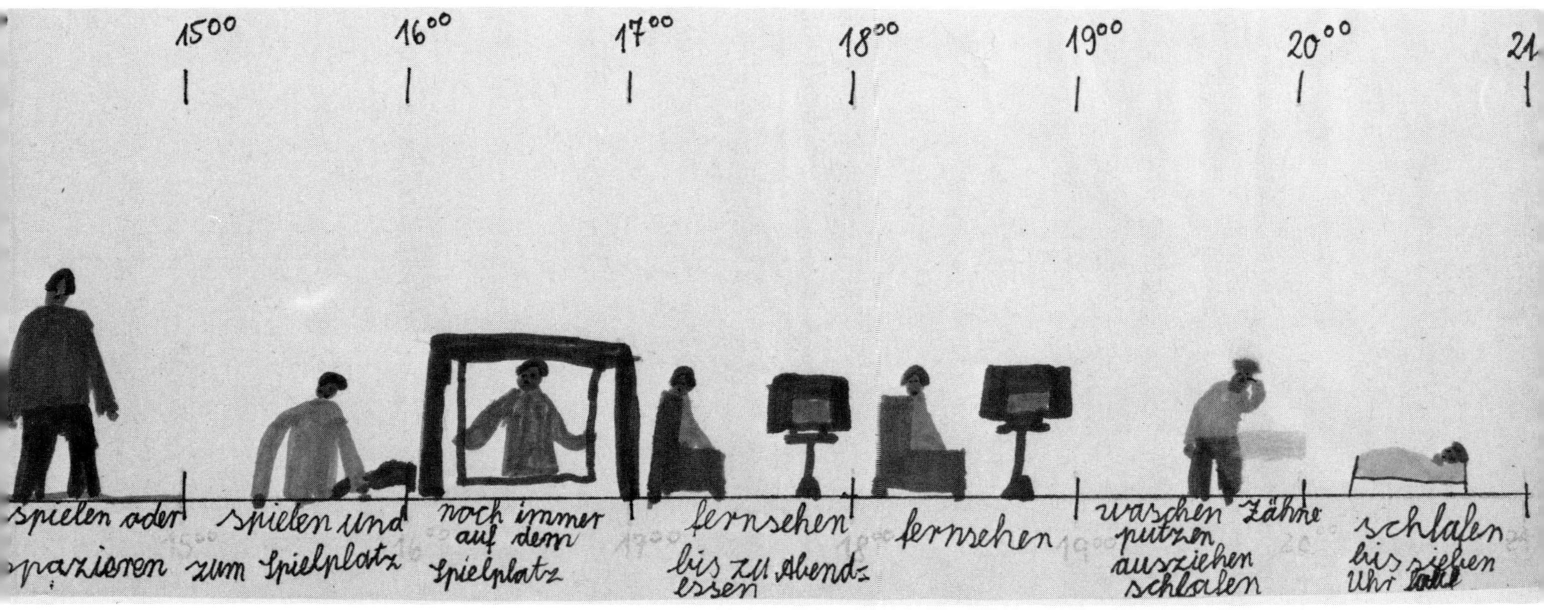
15⁰⁰
16⁰⁰
17⁰⁰
18⁰⁰
19⁰⁰
20⁰⁰
spielen oder spazieren
spielen und zum Spielplatz
noch immer auf dem Spielplatz
fernsehen bis zu Abend-essen
fernsehen
waschen Zähne putzen ausziehen schlafen
schlafen bis sieben Uhr

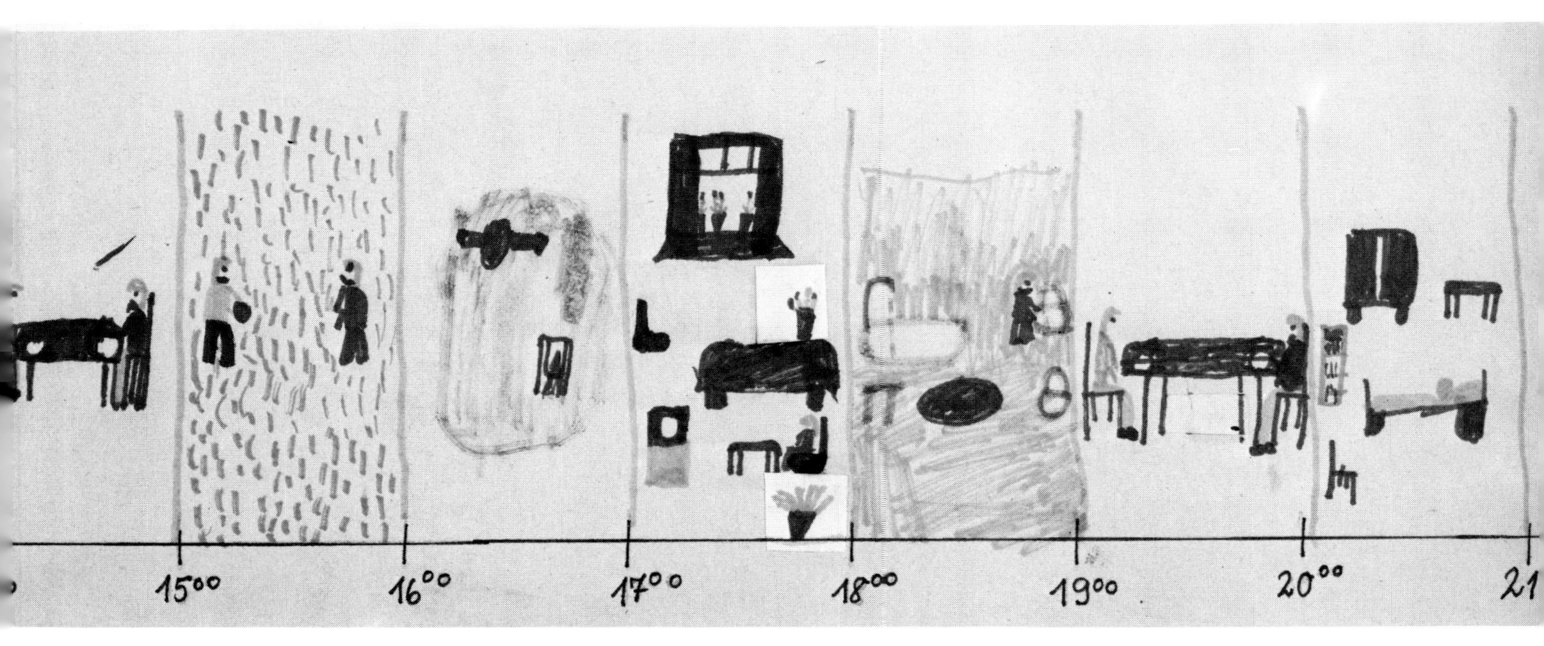
15⁰⁰
16⁰⁰
17⁰⁰
18⁰⁰
19⁰⁰
20⁰⁰

sein Blatt zu mir, und ich schreibe die Zeit auf. Später tragen wir alle Zeiten in eine Tabelle ein, für jede Minute gibt es ein Kreuz.

Man sieht deutlich, wie Leistungsunterschiede eigentlich darin bestehen, daß die Kinder für die gleiche Aufgabe unterschiedlich lange brauchen. Ein Ergebnis, das mir Gelegenheit gibt, den Langsamen wieder einmal zu erklären, wie sie sich verbessern können. Sie können sich ihren Erfolg auch daheim holen, wenn sie eine Uhr neben sich stellen und nach einiger Übung feststellen, daß sie weniger Zeit brauchen.

Wir tragen die Ergebnisse der Statistik dann noch in ein Säulendiagramm ein. Die Kinder haben von Anfang an erlebt, wie es entstanden ist, und verstehen es nun auch. Das Diagramm zeigt die Klassenleistung. Wenn tüchtig geübt wird, wird sich dieses Bild sichtbar verändern: Die Säulen links werden höher werden, die rechts werden verschwinden. Aber links gibt es auch eine Grenze.

Über viele Wochen befassen wir uns neben anderen Themen weiter mit der Zeit, dem Kalender, der Uhr. Was dazu zu sagen und zu bedenken ist, was man sich vorstellt und erzählen läßt über die Zeit und die Art, sie zu erleben und zu messen, ist reichlich abstrakt für Kinder im zweiten Schuljahr. Worte, Sätze und Bilder bleiben sinnleer, wenn sie nicht mit eigenen Erfahrungen gesättigt werden. Das aber braucht Zeit, Muße für lange Gespräche, wie wir sie in der Schule selten haben. Oder Zeit für Gespräche und Erfahrungen neben der Schule.

Wir reden zu oft von Minuten, Sekunden, Stunden und geben Uhrzeiten an, bevor wir mit den Kindern gründlich geübt haben, die Uhrzeit abzulesen. Viele Kinder können das noch nicht. Wenn sie ihren Tagesablauf in die Stundenleiste zeichnen oder etwas mit der Stoppuhr messen, benutzen sie ihr ungeklärtes Alltagswissen von der Zeitmessung. Das rettet ein wenig naive Sicherheit in die Schule hinüber. So läßt die Uhr sich dann leichter begreifen.

Man könnte es auch umgekehrt machen: Zuerst üben die Kinder im Unterricht, die Uhr zu lesen, dann wenden sie diese Fähigkeit in allerlei Aufgaben an. Nur: Es sind immer auch viele Kinder in der Klasse, die die Uhr schon lesen können. Die drängen dann und entmutigen die anderen, die auch in den wenigen Stunden die Uhr nicht begreifen können und dann doch gezwungen werden, ‚anzuwenden', was sie sich gar nicht angeeignet haben.

24 Stunden hat der Tag. Auf der Uhr sind zwölf Stunden verzeichnet. Der Weg des kleinen Zeigers und der des großen – das alles ist so verflochten, daß man es sich nur in Gemütsruhe auseinanderdröseln und klarmachen kann. Jeder muß das für sich selbst tun, und Hilfestellung ist nur sinnvoll, wenn sie verlangt wird. Dazu noch die Verwirrung durch zweierlei Zeitangaben:

12.15 Uhr und *Viertel nach 12,*
12.45 Uhr und *Viertel vor 1.* Und dann einmal *2 Uhr* und einmal *14 Uhr* für dieselbe Zeigerstellung.

Auch Kinder, die noch keine Lust hatten, die Uhr zu lesen, versuchen es, wenn in der Schule davon die Rede ist. Man muß ihnen Zeit lassen, sich erst einmal allein damit zu befassen. Ins Uhrenlesen als systematisch zu lernende Aufgabe für alle pirschen wir uns allmählich. Jedes Kind soll sich zuständig fühlen und keines von vornherein verzagen.

Wir beginnen mit eindeutigen Angaben, mit den vollen Stunden bis 12.00 Uhr. Die soll jeder ablesen und in zeigerlose Zifferblätter einzeichnen können, bevor die vollen Stunden zwischen 12.00 und 24.00 Uhr an die Reihe kommen. Allmählich arbeiten wir uns in einen Zusammenhang hinein, der im Bewußtsein der meisten Kinder noch verschwommen ist. Wir lichten ihn Schritt für Schritt. Nach den vollen Stunden kommt die Minuteneinteilung, nicht die Grobteilung in Halbe- und Viertelstunden, die dann feiner zu gliedern wäre.

Der Tag und die Uhr

Ein Tag hat 24 Stunden.
Er beginnt um 0 Uhr. Das ist mitten in der Nacht. Dann schlafen wir.

Ungefähr sieben Stunden später stehen wir auf, so gegen 7 Uhr früh.
13 Stunden später, um 20 Uhr, liegen wir wieder im Bett.
Wenn der nächste Tag beginnt, schlafen wir.

Auf dem Zifferblatt der Uhr sind nicht 24, sondern 12 Stunden angegeben. Im Laufe eines Tages läuft der kleine Zeiger zweimal herum. Er mißt zweimal 24 Stunden ab.
Der große Zeiger läuft an einem Tag 24 mal herum. Er mißt 24 mal 60 Minuten ab, 24 mal eine Stunde.

Für den Weg von einer Zahl zur nächsten braucht der kleine Zeiger eine Stunde. Der große Zeiger braucht für denselben Weg nur 5 Minuten.

Diktat

Wir messen die Zeit

Ein Tag hat 24 Stunden.
Jede Stunde hat 60 Minuten.
Und jede Minute ist noch einmal in 60 Sekunden eingeteilt. Eine Sekunde ist nur ein Augenblick.
Die meisten Armbanduhren zeigen die Stunden und die Minuten an. Manche haben auch einen Sekundenzeiger.
Er bewegt sich sehr schnell.

Übe besonders gut:

		Armbanduhren
messen	Sekunden	Sekundenzeiger
Stunden	eingeteilt	bewegt
einmal	Augenblick	sehr schnell

Mit der Stoppuhr gemessen

Viele Kinder stehen in einer Reihe und geben etwas weiter.
Wie lange dauert der Weg durch die Reihe?

- Händedruck (12 Kinder): 1. 8 Sekunden
  2. 5 Sekunden
  3. 6½ Sekunden
  4. 4 Sekunden
- Händedruck (alle Kinder): 22 Sekunden
- Backenkuß (alle Kinder): 62 Sekunden
- Backenkuß (14 Kinder): 11½ Sekunden
- Nasenzupfen (alle Kinder): 48 Sekunden
- Nasenkneifen (14 Kinder): 13½ Sekunden
- Ohrenblasen (alle Kinder): 35 Sekunden
- Ohrenblasen (14 Kinder): 12 Sekunden
- Klaps auf den Po (14 Kinder): 9½ Sekunden
- Namen sagen (14 Kinder): 13½ Sekunden

Was wir nun tun, wirkt auf einen Fremden womöglich stumpfsinnig: Wir beobachten die Zeitangabe auf einem großen Digitalwecker, den ich Minute um Minute weiterstelle. Wir zählen im Chor die Anzeige durch: *0.01, 0.02, 0.03 .... 0.58, 0.59, 1.00, 1.01 ... Uhr* – über mehr als eine Stunde. Der Stolperstein, auf den es ankommt, ist der Sprung von der 59sten Minute auf die volle nächste Stunde. Jedes Kind schreibt dann diese Angaben auf, für fünf Stunden. Ein sehr einfacher Weg, sinnlich und unvergeßbar zu erfahren, daß eine Stunde 60 Minuten hat und mit dem Ende der sechzigsten die neue Stunde beginnt. Den meisten Kindern macht das soviel Spaß, daß sie weiterschreiben wollen, in Unterrichtspausen ihren Block aufschlagen und die Reihe noch über mehrere Stunden fortführen.

Ein Kind bringt eine Stoppuhr mit, jetzt können wir messen, wie lang eine Sekunde dauert und herausfinden, was man in wenigen Sekunden alles machen kann.

Ina, Vivi, Florian, Nilgül, Andi, David, Tatjana, Ingrid, Andrea und Gabi, stellt euch mal in einer Reihe auf! Ina flüstert Vivi ein Wort ins Ohr, Vivi flüstert es weiter, und so immer ins Ohr durch die ganze Reihe durch. Ich stoppe, wie lange es dauert, bis das Wort am Ende angekommen ist.

Natürlich kommt da was ganz anderes raus, als Ina sich ausgedacht hatte. Und es ging auch viel schneller, als wir erwartet hatten. Wir spielen das weiter mit Nasezupfen, Klapsen, Streicheln, Ohrenblasen durch die ganze Reihe. Immer wieder drängen sich Kinder nach vorn: *Nochmal! Nochmal dasselbe! Nochmal was andres!*

Nur zwanzig Minuten für soviel gemeinsamen Spaß! Am nächsten Tag kosten wir ihn in der Erinnerung noch einmal durch, als wir das Blatt lesen, das ich darüber geschrieben habe.

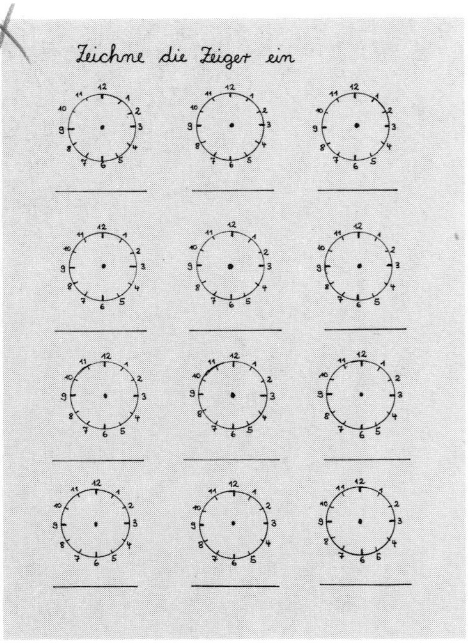

Für den nächsten Schritt brauche ich für jedes Kind mindestens zehn Blätter mit Zifferblättern. Von einer Matrize bekäme ich bestenfalls hundert gute Abzüge. Also zeichne ich keine Matrize, sondern mit einem weichen Bleistift auf Papier zwölf Zifferblätter ohne Zeiger. Von diesem Blatt kann ich über das Thermokopiergerät unbegrenzt viele Kopien herstellen. Und wir können unbeschwert jeden Tag üben, jedes Kind kann Erfolge hamstern, weil wir in winzigen Schritten vorgehen und jede Aufgabe auf den Bögen festgehalten wird.

Noch einfacher und sicher kaum teurer wäre es, einen großen Stapel solcher Blätter im Offsetverfahren drucken zu lassen, einen Vorrat für mehrere Jahre vielleicht oder für die ganze Schule. So gedruckt sind die Striche deutlicher und die Ziffern klarer zu erkennen. Das legt den Kindern nahe, auch sorgfältig zu arbeiten, während ein schwacher Umdruck zum Schmieren verleitet.

Ich gebe zwölf Uhrzeiten an. Die Kinder schreiben die Angaben neben die Zifferblätter, zeichnen die Zeiger entsprechend ein, kontrollieren sich gegenseitig und mit Hilfe von Uhren, die sie mit der Hand stellen.

Nach den vollen Stunden kommen Angaben wie 8.05 Uhr, 9.05 Uhr, 4.05 Uhr. Dann 19.05 Uhr, 23.05 Uhr. Für den kleinen Zeiger, der rot gezeichnet wird, heißt es zunächst nur:

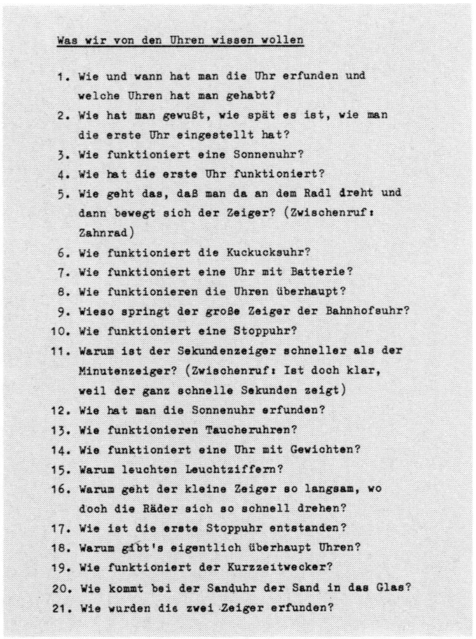

Was wir von den Uhren wissen wollen

1. Wie und wann hat man die Uhr erfunden und welche Uhren hat man gehabt?
2. Wie hat man gewußt, wie spät es ist, wie man die erste Uhr eingestellt hat?
3. Wie funktioniert eine Sonnenuhr?
4. Wie hat die erste Uhr funktioniert?
5. Wie geht das, daß man da an dem Radl dreht und dann bewegt sich der Zeiger? (Zwischenruf: Zahnrad)
6. Wie funktioniert die Kuckucksuhr?
7. Wie funktioniert eine Uhr mit Batterie?
8. Wie funktionieren die Uhren überhaupt?
9. Wieso springt der große Zeiger der Bahnhofsuhr?
10. Wie funktioniert eine Stoppuhr?
11. Warum ist der Sekundenzeiger schneller als der Minutenzeiger? (Zwischenruf: Ist doch klar, weil der ganz schnelle Sekunden zeigt)
12. Wie hat man die Sonnenuhr erfunden?
13. Wie funktionieren Taucheruhren?
14. Wie funktioniert eine Uhr mit Gewichten?
15. Warum leuchten Leuchtziffern?
16. Warum geht der kleine Zeiger so langsam, wo doch die Räder sich so schnell drehen?
17. Wie ist die erste Stoppuhr entstanden?
18. Warum gibt's eigentlich überhaupt Uhren?
19. Wie funktioniert der Kurzzeitwecker?
20. Wie kommt bei der Sanduhr der Sand in das Glas?
21. Wie wurden die zwei Zeiger erfunden?

Denke daran, daß der kleine Zeiger im Laufe einer Stunde von einer Ziffer bis zur nächsten wandert. Wenn ein Teil der Stunde vergangen ist, muß er auch einen Teil seines Weges schon zurückgelegt haben.

Ich frage die Kinder, was sie über Uhren wissen wollen. Um ihre Fragen mit ihnen aufhellen oder beantworten zu können, muß ich mich selbst in Büchern, beim Uhrmacher und im Museum umsehen. Ich entdecke, daß ich nichts begriffen hatte über das Funktionieren von Uhren. Sanduhr, Sonnenuhr, Kerzenuhr, Wasseruhr – wie sie arbeiten, kann man schnell klären, wenn man die Frage der Eichung ausläßt. Ich bin froh, daß die Kinder nicht danach fragen.

Ich kaufe eine durchsichtige Lernuhr aus Plastik. Wenn man sie aufzieht und das Pendel nicht eingehängt hat, dann schnurrt die Feder in einem Zug ab, und die Zeiger rasen herum. *Damit die Uhr geht und die Zeit anzeigt, müssen die Zeiger sich bewegen, irgendetwas muß sie antreiben. Aber so schnell dürften sie nicht rasen.*

Irgendwie muß die Bewegung der Zeiger gehemmt werden. Wer richtig hinschaut, entdeckt, wie der Anker oben am Pendel genau das tut. Man kann den Anker auch mit der Hand führen und beobachten, wie schnell die Zeiger sich bewegen, wenn man das Zahnrad, das er hemmt, langsam oder schnell Zahn um Zahn freigibt. Leider ist diese Uhr so zerbrechlich, daß man sie Kindern eigentlich gar nicht in die Hand geben dürfte. Unsere Uhr, die jeder mal selbst anfassen und untersuchen möchte, ist denn auch nach zwei Tagen kaputt. Aber es hat sich gelohnt:

Alle Kinder haben gesehen, ganz nah, wie die Zahnräder ineinander greifen und die Zeiger sich bewegen. Und sie haben zumindest ungefähr begriffen, daß jede Räderuhr einen Antrieb braucht und eine Hemmung.

Die Feder, der Antrieb unserer Plastikuhr, ist leider in einer Kapsel verborgen. In alten Weckern, wie sie die Kinder mitbringen, damit wir sie auseinandernehmen können, ist die Feder meistens gut zu sehen, und man sieht sogar, wie sie aufgezogen wird.

Ein Experiment: *Baue aus einem Papierstreifen und einem Streichholz das Modell einer Uhrfeder.* Hartes Schreibmaschinenpapier ist so elastisch, daß es beim *Aufziehen* tatsächlich Spannung sammelt. Wenn man das Hölzchen losläßt, wirbelt es herum, als könnte es ein Zahnrad treiben.

Ob die Kinder diesen Schluß ziehen oder ihn mitdenken, weiß ich nicht. Für sie scheint die Entdeckung wichtig, daß die Papierfeder sich nur aufziehen läßt, wenn sie an dem Hölzchen befestigt ist und man dieses dann um sich selbst dreht und nicht etwa damit im Kreis herumrührt. Sie haben auch alle schon einmal eine Uhr aufgezogen und erfahren jetzt, was im Uhrgehäuse geschieht, wenn man hinten an der Flügelschraube dreht.

Über diese Entdeckung hinausdenken können sie wohl erst, wenn sie sie mehrfach wiederholt haben und das Bewußtsein sich über der neuen Erfahrung beruhigt hat. Drängt man ihnen vorschnell Sprachformen für ihre Erfahrungen auf, quält man ihnen gar Sätze ab, beraubt man sie ihrer Nachdenklichkeit und nimmt ihnen die Möglichkeit, ihre Erfahrungen auch zu behalten.

Im Museum werden wir an mehreren Uhren, besonders an den Turmuhrwerken, beobachten können, wie der

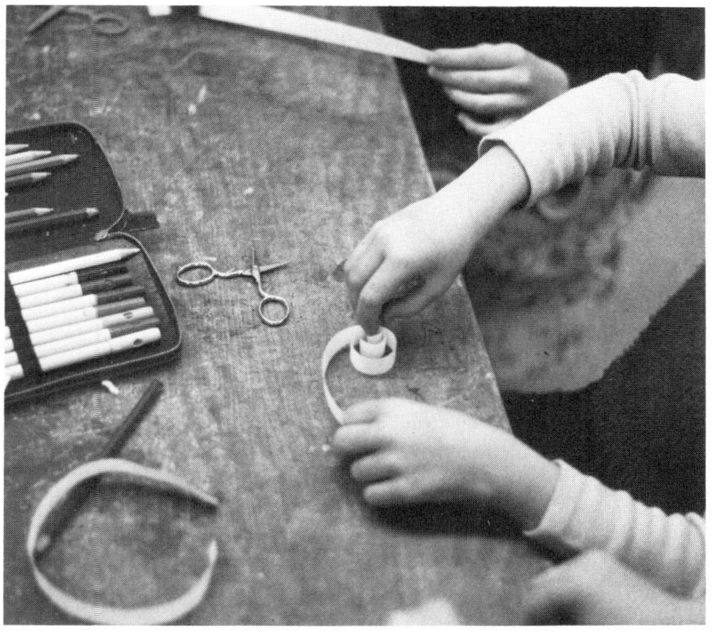

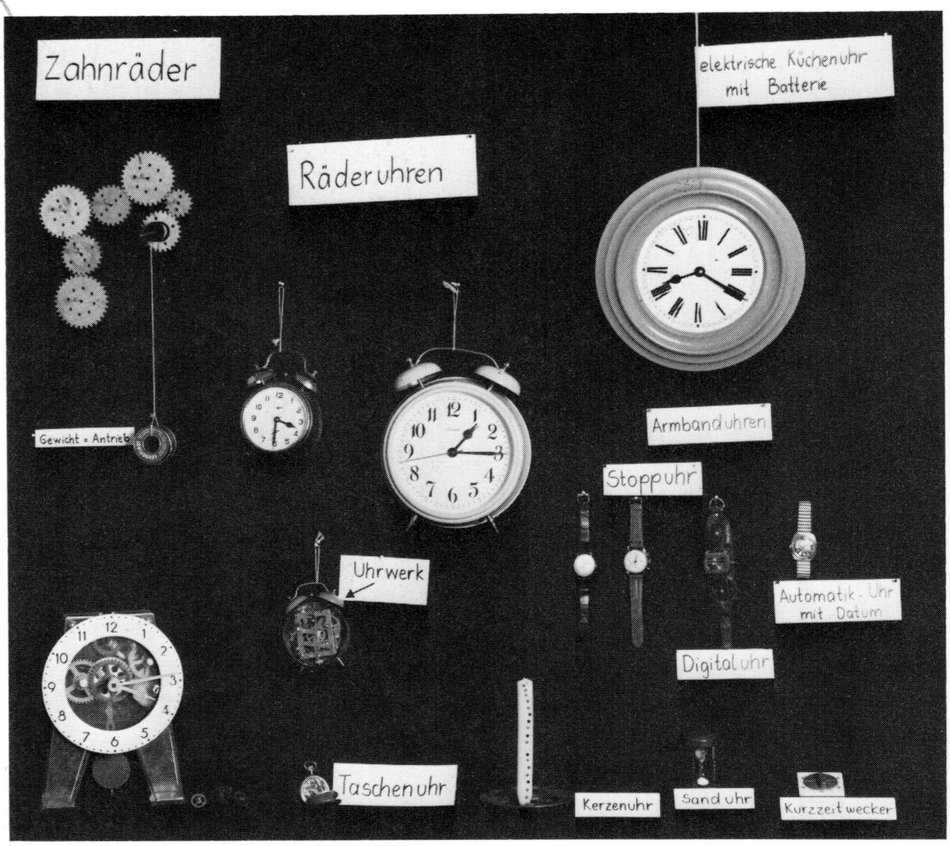

allzu rasche Lauf der Zahnräder durch ein Pendel gehemmt wird. Dort können wir auch sehen, wie Gewichte als Antrieb in einem Uhrwerk wirken.

Vorerst bauen wir an der Pinwand mit hölzernen Zahnrädern aus der Spielkiste eines Kindes und mit einer Leukoplastrolle am Faden das Modell eines Antriebs durch ein Gewicht. Das hängt da tagelang an der Wand, und immer mal wieder geht ein Kind hin und spielt damit, zieht das Gewicht auf, läßt es hinuntersausen und beobachtet, wie die Zahnräder sich drehen.

Hausaufgabe: *Schreibe auf, was für Uhren es bei Euch daheim gibt. Und wenn du darfst, bring eine Uhr mit in die Schule.* Wir schauen dann die mitgebrachten Uhren an. Die Kinder beziehen sich in dem Gespräch auch auf Uhren, die sie daheim gefunden, zum Teil zum erstenmal bemerkt haben.

Wir richten zwei Ausstellungen her: eine mit echten Uhren, eine mit Abbildungen von Uhren. Vom Uhrmacher bekommen wir einen Uhrenkatalog für die Klassenbibliothek.

Unser Wecker ging falsch. Darum haben wir verschlafen. Was heißt das eigentlich: *Die Uhr geht zu spät?* Wann geht eine Uhr richtig? Radio und Zeitansage geben die richtige Uhrzeit an; danach kann man die eigene Uhr stellen. Die großen Uhren in der Stadt, an den U-Bahn-Stationen, geben *Normalzeit* an. Normal – das ist *richtig.* Kindern dieses Alters ist das nur zu selbstverständlich.

Wir hängen drei Uhren auf, stellen sie alle auf 8.10 Uhr. So spät ist es gerade nach Auskunft eines Kindes, das morgens seine Uhr nach der Zeitangabe im Radio gestellt hat. Einige Tage lang hängen die drei Uhren dort nebeneinander und ich schreibe mehrmals auf, welche Zeit sie zeigen. Einmal auch am Nachmittag und einmal abends, als ich zufällig in der Schule bin. Die Angaben der drei Uhren ziehen sich immer weiter auseinander.

Bei allen dreien laufen die Zeiger herum. Wir haben sie aufgezogen. Aber sie laufen verschieden schnell. Da stimmt etwas mit der Hemmung nicht, sie ist nicht richtig eingestellt. Das muß der Uhrmacher richten.

Wir lernen Lieder: Die Ammenuhr, den Nachtwächterruf, den Kanon von den großen und kleinen Uhren. Gedichte werden geübt: *Morgens früh um sechs, In dieser Minute* ... von Eva Rechlin und *Sekundenzeiger* von Hans Arp. Ich erzähle von Pole Poppenspäler und wie der Kasper sich als Nachtwächter aufführt. Geschichten vom Zuspätkommen werden geschrieben.

Wir gehen ins Deutsche Museum in die Abteilung für Zeitmessung und ärgern den Wächter durch Unruhe und Lärm, die notwendig entstehen müssen, wenn mehr als dreißig Kinder sich in einer Abteilung wirklich umsehen. Bevor wir losgingen, haben wir die Aufgaben besprochen. Jeder hat sich seine Frage

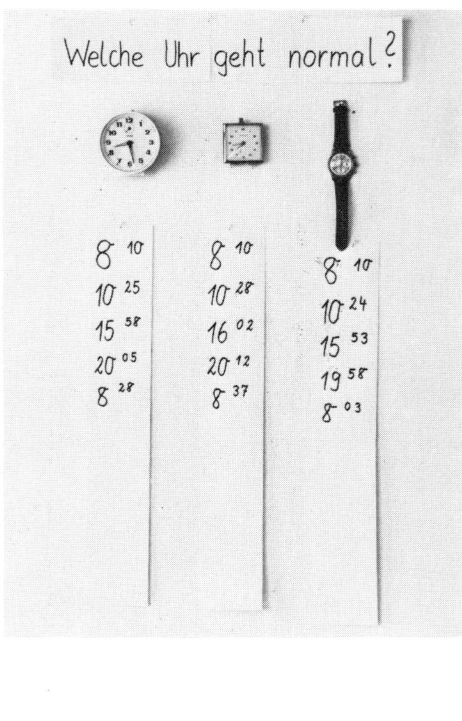

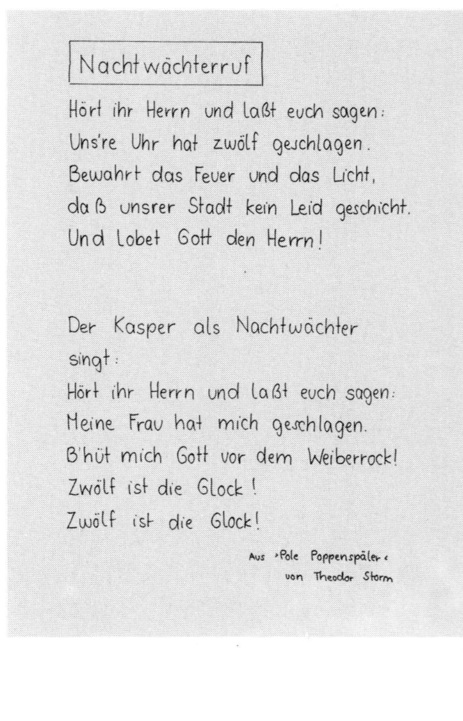
Nachtwächterruf

Hört ihr Herrn und laßt euch sagen:
Uns're Uhr hat zwölf geschlagen.
Bewahrt das Feuer und das Licht,
daß unsrer Stadt kein Leid geschicht.
Und lobet Gott den Herrn!

Der Kasper als Nachtwächter singt:
Hört ihr Herrn und laßt euch sagen:
Meine Frau hat mich geschlagen.
B'hüt mich Gott vor dem Weiberrock!
Zwölf ist die Glock!
Zwölf ist die Glock!

Aus »Pole Poppenspäler« von Theodor Storm

ausgesucht. Wir haben auch besprochen und aufgeschrieben, was man alles tun und beachten muß bei einem Museumsbesuch. Und alles klappt einigermaßen reibungslos.

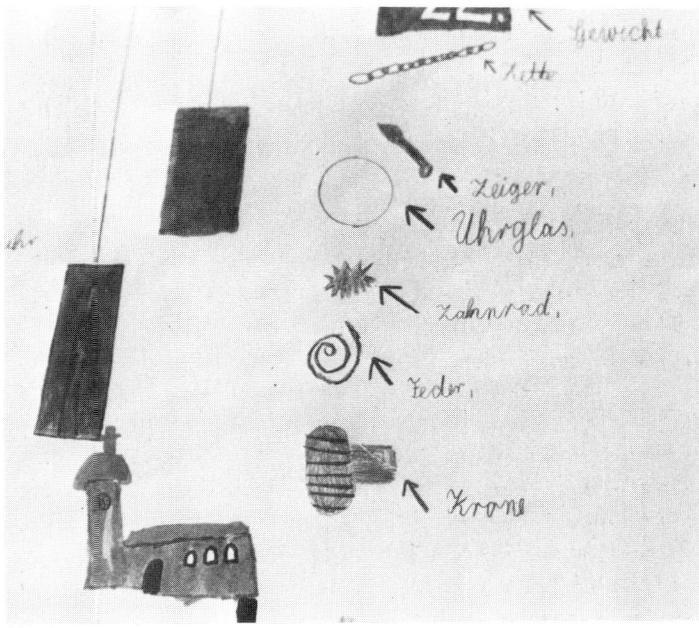

Als ich mit einer anderen zweiten Klasse denselben Ausflug mache, ohne vorher mit den Kindern besprochen zu haben, wie man sich verhalten sollte, erweist sich, wie nötig solche Vorbesprechungen sind. Hat man die Verhaltensregeln vorher geklärt, fällt es den Kindern leichter, sich wie ein Museumsbesucher zu benehmen. Sie fühlen sich dann wohl auch mehr am Platze, nicht nur irgendwo hingeführt und ausgesetzt.

Warum in der Nacht der Nachtwächter wacht

Früher gab es in den Städten Nachtwächter, die alle Stunde die Zeit ausgesungen haben. So wußten auch die Leute, die keine Uhr hatten, wie spät es war.

Der Nachtwächter achtete darauf, ob etwa irgendwo Feuer ausgebrochen war. Dann weckte er die Stadt mit seinem Horn, damit die Leute das Feuer löschten. Weil viel mit Holz gebaut wurde, war ein Feuer noch gefährlicher als heute. Es griff rascher um sich.
Und weil auf offenem Feuer gekocht und mit Feuer geheizt wurde, brach auch leichter als heute einmal ein Feuer aus.

Darum mahnte der Nachtwächter: „Bewahrt das Feuer und das Licht!" Das hieß, man sollte das Feuer im Haus hüten, damit kein Brand entstünde und womöglich die Stadt in Flammen setzte.

Hans Arp

Sekundenzeiger

daß ich als ich
eins und zwei ist
daß ich als ich
drei und vier ist
daß ich als ich
wieviel zeigt sie
daß ich als ich
tikt und takt sie
daß ich als ich
fünf und sechs ist
daß ich als ich
sieben acht ist
daß ich als ich
wenn sie steht sie
daß ich als ich
wenn sie geht sie
daß ich als ich
neun und zehn ist
daß ich als ich
elf und zwölf ist

Lies das Gedicht so, daß es sich wie das Ticken einer Uhr anhört!

Die Zeit vergeht

Sekunde
Minute
Stunde
Tag
Woche
Monat
Jahr
Jahrzehnt
Jahrhundert
Jahrtausend

Schreibe so: Die Sekunden vergehen.

Wir planen einen Elternabend. Die Eltern sollen sehen und hören, was wir über die Uhr gelernt haben. Jedes Kind dokumentiert auf einem Plakat, was es daran bemerkenswert fand. Da wird gezeichnet, geschrieben, Bilder aus Zeitschriften und Katalogen werden aufgeklebt, auch echte Zahnräder und Zeiger. Und ehe ich es verhindern kann, haften einige der Lernuhren aus Pappe, die ich irgendwann einmal bei der Sparkasse aufgetrieben habe und gerne für spätere Schülerjahrgänge aufheben wollte, auf den Plakaten der Kinder.

Beim Elternabend hängen alle Plakate auf dem Schulhausgang und werden dort besichtigt. Das Klassenzimmer ist gesteckt voll. Die Kinder sitzen auf ihren Plätzen, die Eltern auf Kisten und Stühlen ringsum an den Wänden.

Wir singen unsere Lieder, lesen Berichte aus dem Unterricht vor, die Gedichte werden aufgesagt. David erntet Gelächter, als er vorliest, wieviel Zeitaufwand er fürs Schuheputzen und Bettenmachen geschätzt und wieviel er dafür tatsächlich gebraucht hatte. An der Wand hängen die Wasserfarbenbilder von der *kleinen Hex.*

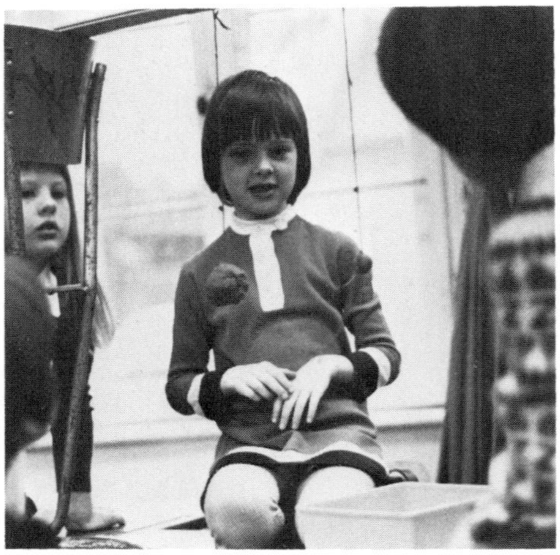

Und dann tun wir so, als sei Unterricht. Ich gebe den Kindern ein Experiment als Aufgabe, zu dem mich das Materialbuch *Zeit* von H. Schwedes angeregt hat: *Richtet zwei Pendel ein, die gleichschnell schwingen! Bindfäden, Plastilin und Bretter mit Schraubhaken liegen bereit.* Die kann man über zwei Stuhllehnen legen und die Fäden in die Haken hängen. Die Stühle muß man auf den Tisch stellen.

Der Tumult, der losbricht, muß auf die Eltern überwältigend wirken. Bald lösen sich einige Eltern von ihren Plätzen und machen bei den Versuchen mit. Nach einer Viertelstunde brechen wir ab, am nächsten Vormittag werden wir weitermachen. Ich wollte den Eltern ja nur zeigen, wie beherzt und überlegt ihre Kinder an so eine Aufgabe herangehen. Jetzt gehen sie erhitzt und strahlend heim, jedes mit seinem Plakat unter dem Arm.

Nina

Ausflug ins Museum

Wir fassen uns an. Wir gehen los. Wir bleiben zusammen. Wir warten am Bordstein. Wir steigen zusammen ein. Wir halten uns fest. Wir setzen uns hin, wenn ein Platz frei ist. Wir steigen um. Wir steigen aus. Wir lassen uns zählen. Wir schauen uns alles an. Wir beobachten die Sachen, die sich bewegen. Wir schreiben alles auf.

Unser Besuch im Deutschen Museum

In der letzten Woche waren wir im Deutschen Museum. Es heißt eigentlich „Deutsches Museum von Meisterwerken der Naturwissenschaft und Technik". Das Museum wurde 1903 gegründet und steht auf der Museumsinsel in der Isar.

Wir waren lange in der Abteilung für Zeitmessung und haben uns die Uhren genau angeschaut. Wir hatten jeder einen Zettel mit 12 Fragen und Aufgaben. Jeder sollte sich vier Aufgaben auswählen und in der Uhrensammlung versuchen, sie zu lösen.

Manche Kinder wollten mehr als vier Aufgaben bearbeiten. Zwei Kinder hatten ihre Zettel in der Schule vergessen.

Im Museum wimmelte es in der Abteilung für Zeitmessung auf einmal von Kindern, die etwas beobachteten, suchten, nachschauten, besprachen oder aufschrieben. Dem Wächter paßte das nicht. „Sie sind mir im Weg!" sagte er.

Diktat

Im Deutschen Museum

In der letzten Woche waren wir im Deutschen Museum. Es heißt eigentlich „Deutsches Museum von Meisterwerken der Naturwissenschaft und Technik". Das Museum wurde 1903 gegründet. Es steht auf der Museumsinsel in der Isar.

Wir waren lange in der Abteilung für Zeitmessung und haben uns die Uhren genau angeschaut. Dann haben wir uns noch bei der Landtechnik umgesehen und das große Pendel beobachtet.

Schau dich um in der Uhrensammlung im Deutschen Museum

(Schreib unter die Aufgabe, was du herausgefunden hast.)

1. Suche die älteste Räderuhr und schreibe auf, was auf dem Schild steht.
2. Suche das größte Uhrwerk und schreibe auf, was auf dem Schild steht.
3. Suche die kleinste Uhr und schreibe auf, was auf dem Schild steht.
4. Aus welcher Zeit stammt die älteste Taschenuhr?
5. Beobachte am Uhrwerk einer Turmuhr, wie das Gewicht die Zahnräder antreibt.
6. Schau nach, ob bei allen Uhren die Zahnräder aus Metall sind.
7. Wieviele Armbanduhren und Uhrwerke von Taschenuhren gibt es in der Sammlung?
8. In einem Kasten hängt eine Synchron-Wanduhr mit Stundenzeiger, Minutenzeiger und Sekundenzeiger. Beobachte, ob der Minutenzeiger genau auf dem nächsten Minutenstrich angelangt ist, wenn der Sekundenzeiger bei der 12 ankommt.
9. Es gibt in der Sammlung noch andere Pendel als die, die wir kennen. Wie heißen sie? Schreibe es auf!
10. Beobachte an der Ato-Transistoruhr, wie das Pendel das Zahnrad anstößt.
11. Aus welcher Zeit stammt die Auslaufwasseruhr?
12. Aus welcher Zeit stammt die Einlaufwasseruhr?

Aus der Geschichte der Uhr I

Bevor man Räderuhren kannte, hat man die Zeit mit anderen Uhren gemessen.

Eine Sonnenuhr bekommt man so:
Man steckt einen Stab in die Erde. Wenn die Sonne scheint, wirft der Stab einen Schatten, der mit der Sonne weiterwandert. Je mehr Zeit vergangen ist, desto weiter ist der Schatten herumgewandert.

Eine Wasseruhr bekommt man so:
Man macht unten in ein Gefäß ein Loch und gießt Wasser hinein. Je mehr Zeit vergangen ist, desto mehr Wasser ist heraus. So ist das bei der Auslaufwasseruhr. Bei der Einlaufwasseruhr geht es andersherum: Langsam tropft Wasser hinein. Je mehr Zeit vergeht, desto voller wird das Gefäß.

Bei der Sanduhr rieselt feiner Sand von einem Glaskolben in einen anderen. Wenn aller Sand durchgelaufen ist, dreht man die Sanduhr um.
Im 16. Jahrhundert war es bei den jungen Leuten in Augsburg Mode, eine Sanduhr am Knie zu tragen.

Aus der Geschichte der Uhr II

Früher gab es keine Räderuhren, das heißt Uhren mit Zahnrädern und Zifferblatt. Aber die Menschen früherer Zeiten wollten auch wissen, wieviel von der Zeit eines Tages bereits vergangen war.
Vor den Räderuhren gab es Sonnenuhren, Wassereinlaufuhren, Wasserauslaufuhren, Sanduhren, Kerzenuhren und Öluhren.
Die ersten Räderuhren waren aus Holz. Später machte man sie aus Eisen.
Die großen Uhren an Türmen und Rathäusern wurden oft kunstvoll verziert und mit Glockenspielen ausgestattet.
Im 16. Jahrhundert wurde die Sackuhr erfunden. Sie war eiförmig und wurde im Hosensack getragen.
1779 erfand jemand in Trient eine Uhr mit Wecker, der die Vorhänge zurückzog, das Fenster öffnete, Feuer schlug und Licht anzündete.
Um 1800 kommen besonders verzierte Taschenuhren auf, mit Perlen besetzt und in der Form von Mandolinen, Harfen, Muscheln, Blumen und Luftballons.

Uhren messen die Zeit

Sonnenuhr
Sanduhr
Kerzenuhr
Einlaufwasseruhr
Auslaufwasseruhr
Turmuhr
Taschenuhr
Standuhr
Tischuhr
Wanduhr
Küchenuhr
Armbanduhr
Stoppuhr
Wecker
Digitaluhr
Quarzuhr

Schreibe so: Die Sonnenuhr mißt die Zeit.

Meine Familie – deine Familie

Die Familie ist eines der Themen, die sich beliebig ausdehnen und in vielen anderen wiederfinden lassen. Immer wieder heißt es insgeheim oder offen: *Was hat das, was ich in der Schule lerne, mit daheim zu tun?* Und auf vielfache Weise wirkt die Schule in die Familien, machen sich Einflüsse der Familien in der Schule bemerkbar.

Kinder aus unvollständigen Familien oder solchen mit einer wechselhaften Geschichte werden in der Schule oft verletzt, wenn sie spüren, daß sie nicht *normal* sind. *Normal* ist bei uns ein Kind wie aus der Werbefernsehfamilie, mit Vater, Mutter, Bruder oder Schwester, auf jeden Fall mit beiden Eltern. Sie spüren eine Benachteiligung, wenn der Lehrer immer wieder unbedacht sagt: *Bestellt euren Eltern ...*, und da ist nur eine Mutter oder Oma daheim, oder *Frage deine Mutter!* und daheim ist nur der Vater, die Mutter ist gestorben oder hat sich vom Vater getrennt. Kränkend wirkt auch das Beispiel der Kinder, die aus einer heilen Familie kommen. Und es tut weh, wenn in den Schulbüchern immer nur von normalen Familien die Rede ist und andere Beziehungsmuster höchstens als Unglücksfälle behandelt werden. Da wird zu Mitleid mit den armen Kindern aufgerufen, die doch ein Recht darauf hätten, daß man ihre Geborgenheit daheim genauso gelten läßt wie jede andere.

Wie kann ich Achtung gegenüber dem, der anders lebt, vermitteln in diesem Alter? Die Kinder vergleichen sich so gerne, sehen mit Staunen die eigene Lebenswirklichkeit durch eine ganz andere in Frage gestellt und möchten am liebsten ganz *normal* sein. Die Schule darf da nicht trösten, vertuschen, ausgleichen wollen. Sie muß ihren Kindern bei der Realitätsbewältigung helfen. Das Leid und die Belastungen im eigenen Familienmuster anzunehmen, im fremden zu verstehen, die Möglichkeit von Menschlichkeit und Miteinander in ganz verschiedenen Familien gelten zu lassen, das Eigene im Guten wie im Bösen nicht krampfhaft verbergen müssen – wo anders als in der Schule könnte man das heute lernen. In der Klasse stützt und wärmt die Geborgenheit in der großen Gruppe und den kleinen Freundeskreisen. Da gibt es die Fürsorge der Lehrer. Da gibt es eine Gleichheit von der Institution her, die uns erlaubt, jedem Kind die gleiche Würde zuzugestehen. Und diese Achtung vor der Würde des anderen können die Kinder von uns übernehmen. Weder sie noch ihre Eltern sollten ihre familiären Verhältnisse verbergen müssen, weil sie Angst haben, damit schlecht dazustehen.

Tabus erzeugen Zwielicht. Der darin lebt, hat Angst vor der Aufhellung, aber nur sie kann die Trennung von den anderen, die in der Helligkeit des sozial Geachteten leben, aufheben. Zwei Beispiele dafür, wie bei uns Tabus aufgehoben wurden, Einsamkeit und Verlassensein sich aufzulösen begannen, will ich erzählen.

Vielen Kindern, sogar vielen Erwachsenen, sind Verwandtschaftsbeziehungen außerhalb des Kreises von Vater-Mutter-Kind-Großeltern unklar. Wir müssen zunächst Begriffe klären. An der Tafel werden alle Verwandtschaftsbezeichnungen gesammelt, die den Kindern einfallen. Jeder schreibt sie dann so ungeordnet ab, wie sie dastehen. Hausaufgabe: *Schreibe auf, mit wem du verwandt bist und wie die Menschen heißen. Flori könnte etwa schreiben ‚Ich bin verwandt mit Nina Bschorr, sie ist meine Schwester.' Wer sagt noch ein Beispiel?* Das geht nur zögernd, die Aufgabe ist schwieriger, als ich dachte. Manche Kinder stutzen, wenn ihnen plötzlich auffällt, daß die eine Tante den gleichen Familiennamen, die zweite einen anderen trägt. Wir fangen schon in der Schule mit der Aufgabe an, denn manche Kinder scheinen Hilfe zu brauchen.

Lisa sitzt ganz verzweifelt da, kann nichts hinschreiben. Als ich zu ihr komme, sagt sie, den Tränen nahe: *Ich weiß nicht, was ich schreiben soll. Meine Mama ist in Amerika und heißt doch anders als ich und meine Oma ... – Es gibt Familien, da leben alle zusammen, und alle haben den gleichen Namen. Bei manchen Familien ist das anders. Schreib es so auf, wie es bei dir ist.* Sie schnieft noch und fängt an. Ich bin froh, daß ich nicht versucht habe, sie zu trösten. Sie brauchte keinen Trost, nur die Bestätigung: *Ja, so ist das. Das ist in Ordnung so, schreib es auf.*

Am nächsten Tag meldet sie sich eifrig, lächelt etwas unsicher, als ich sie aufrufe, liest dann aber vor, so wie alle anderen auch. Vielleicht hat sie ein Stück Angst überwunden, weil die Hausaufgabe ihr Gelegenheit gab, sich daheim einmal gründlich und sachlich durchzufragen, wo bisher Unklarheit war und darum Angst nistete. Manche, die zuhören, scheinen etwas verwirrt zu sein durch die Fülle von Familiennamen in Lisas Sätzen. Das muß ich erklären: *Bei Lisa ist das so, daß ihr Vater mit ihrer Mutter nie verheiratet war, sich aber immer um sie gekümmert hat. Als die Mutter sie nicht mehr versorgen konnte, zog Lisa zum Vater. Weil der oft nicht da ist, wird sie die meiste Zeit von der Großmutter versorgt. Das ist zwar die Mutter ihres Vaters, aber sie hat wieder noch einen anderen Namen, den Namen ihres zweiten Mannes. Lisas Mutter hat früher denselben Namen gehabt wie sie, aber*

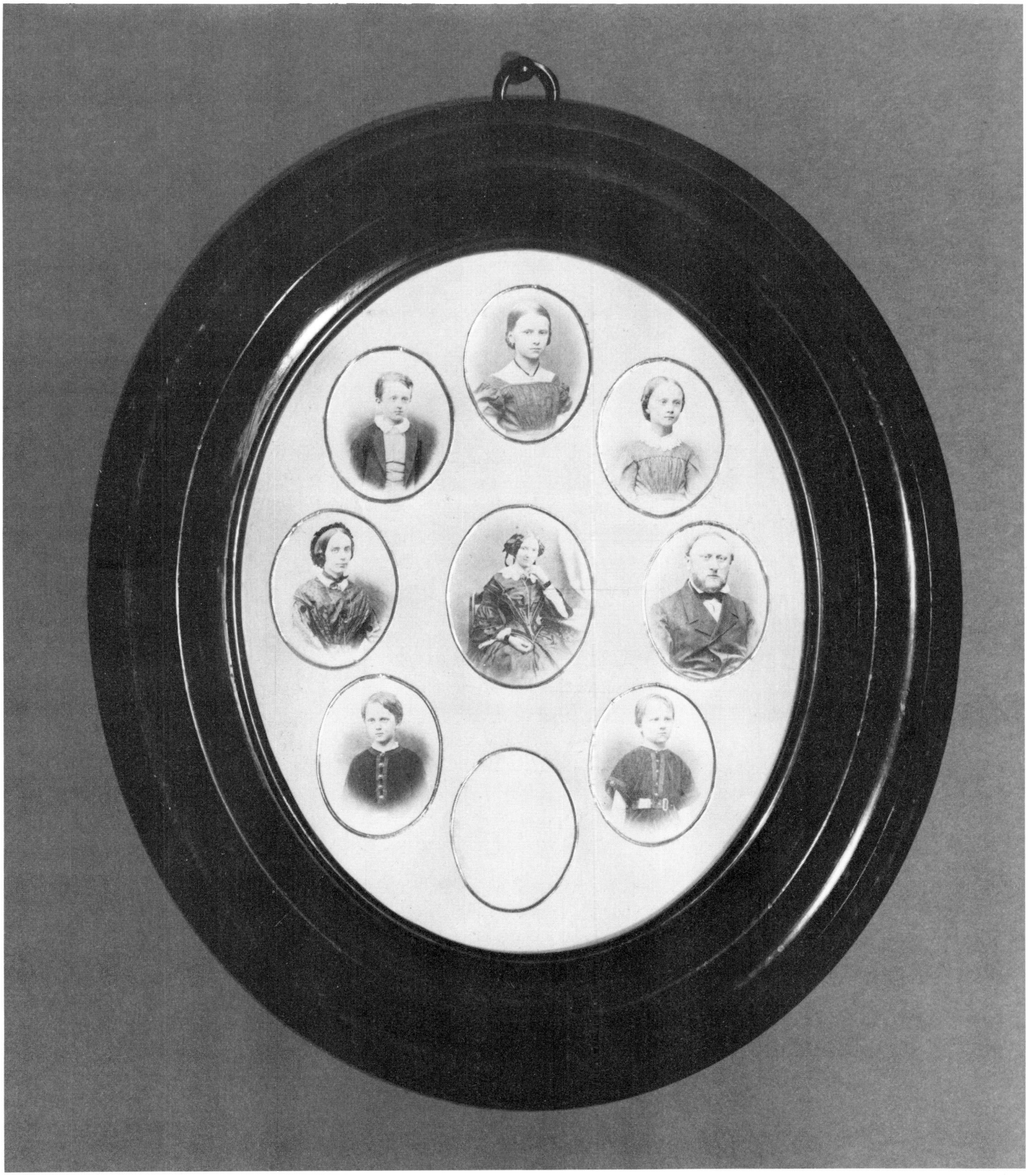

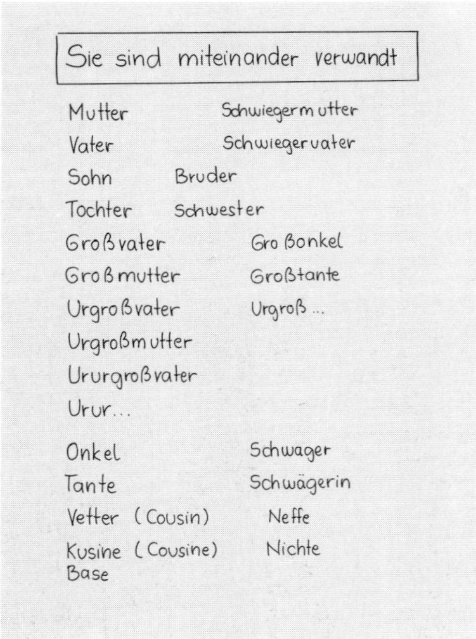

Sie sind miteinander verwandt

Mutter Schwiegermutter
Vater Schwiegervater
Sohn Bruder
Tochter Schwester
Großvater Großonkel
Großmutter Großtante
Urgroßvater Urgroß ...
Urgroßmutter
Ururgroßvater
Urur...

Onkel Schwager
Tante Schwägerin
Vetter (Cousin) Neffe
Kusine (Cousine) Nichte
Base

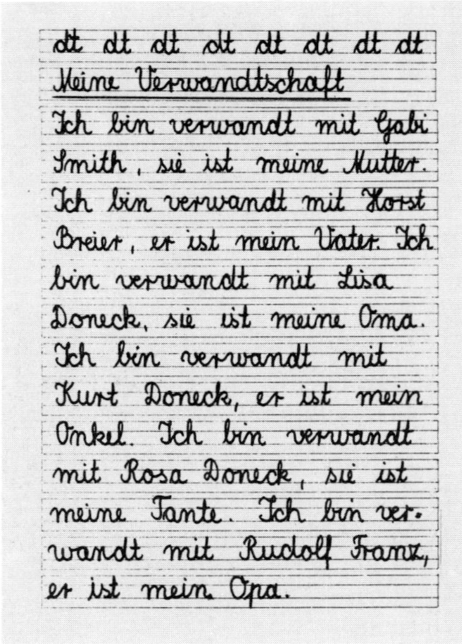

dt dt dt dt dt dt dt dt
Meine Verwandtschaft
Ich bin verwandt mit Gabi Smith, sie ist meine Mutter. Ich bin verwandt mit Horst Breier, er ist mein Vater. Ich bin verwandt mit Lisa Doneck, sie ist meine Oma. Ich bin verwandt mit Kurt Doneck, er ist mein Onkel. Ich bin verwandt mit Rosa Doneck, sie ist meine Tante. Ich bin verwandt mit Rudolf Franz, er ist mein Opa.

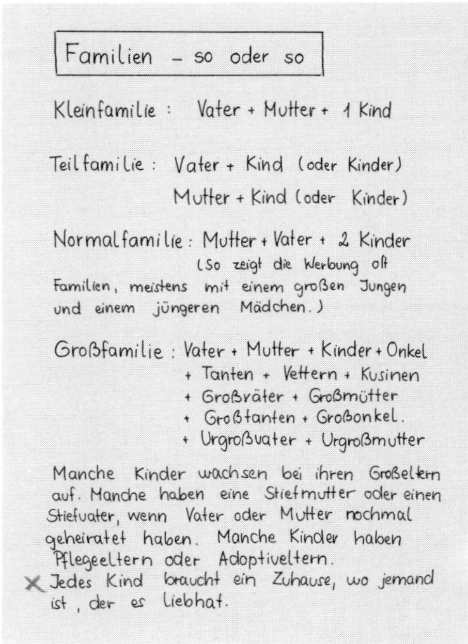

Familien – so oder so

Kleinfamilie: Vater + Mutter + 1 Kind

Teilfamilie: Vater + Kind (oder Kinder)
Mutter + Kind (oder Kinder)

Normalfamilie: Mutter + Vater + 2 Kinder
(So zeigt die Werbung oft Familien, meistens mit einem großen Jungen und einem jüngeren Mädchen.)

Großfamilie: Vater + Mutter + Kinder + Onkel
+ Tanten + Vettern + Kusinen
+ Großväter + Großmütter
+ Großtanten + Großonkel.
+ Urgroßvater + Urgroßmutter

Manche Kinder wachsen bei ihren Großeltern auf. Manche haben eine Stiefmutter oder einen Stiefvater, wenn Vater oder Mutter nochmal geheiratet haben. Manche Kinder haben Pflegeeltern oder Adoptiveltern.
Jedes Kind braucht ein Zuhause, wo jemand ist, der es liebhat.

inzwischen hat sie geheiratet und trägt den Namen ihres Mannes. Für Lisa ist das nicht schwierig, für sie ist das immer so gewesen. Aber wenn jemand, der die Familie nicht kennt, sich über die vielen Namen wundert, weiß sie nicht, ob sie ihm das nun alles erklären soll, oder ob ihn das gar nichts angeht. Lisa nickt und wirkt erleichtert. Wir wenden uns dem Nächsten zu, der sich schon meldet und seine Verwandtschaft neben die von Lisa stellt.

Ein andermal gibt es Kummer mit Thomas. Die Eltern sind seit Monaten damit beschäftigt, sich darüber klarzuwerden, ob sie sich trennen wollen oder nicht. Ich habe es zufällig erfahren, als ich die Mutter traf und sie fragte, warum sie so elend aussähe. Thomas ist seit Monaten in der Schule immer schwieriger geworden, unordentlich und vergeßlich und sehr unduldsam mit den anderen Kindern. Es ist, als suche er ständig Auseinandersetzungen. Als er sich wieder einmal gestritten hat und nun allein und verbittert dahockt, versuche ich, ihm zu helfen. *Ich hab mich in der letzten Zeit manchmal über dich aufgeregt und bin ungeduldig geworden. Du weißt ja selbst, warum. Und ich seh immer wieder, daß du dich zu den anderen Kindern so verhältst, daß sie böse auf dich werden müssen. Du hast es jetzt wohl schwer zu Haus, bist traurig und denkst darüber nach, auch wenn du hier bist. Vielleicht kannst du versuchen, den Unfrieden von daheim nicht noch hierher zu tragen. Ruh dich doch hier aus davon. Hier sind so viele Menschen, die dich gern haben. Aber du mußt es uns auch nicht so schwer machen, freundlich zu dir zu sein, wenn wir wohl auch geduldiger sein könnten. Ich will mir Mühe geben und die anderen auch, denke ich.*

Thomas schluckt, wirkt jetzt aber gelöster und offener. Ich erkläre den Kindern, wie es bei ihm daheim ausschaut zur Zeit, wieviel Unsicherheit und Angst er aushalten muß, weil die Eltern sich streiten. Es tut ihm offenbar wohl, daß ich zu ihm vor allen anderen darüber spreche.

Ich sage: *Ihr müßt euch das nicht so zu Herzen nehmen, wenn die Erwachsenen sich streiten. Ihr streitet euch ja auch oft, und es ist so schlimm, als könnte man sich nie wieder vertragen. Wenn die Eltern mal spinnen, dann denkt daran: Die hören auch wieder auf damit!* Und da bricht ein Sturm los.

Keiner kann mehr zuhören. Sie recken sich über die Tische und schreien dem Gegenüber zu, wie die eigenen Eltern sich manchmal aufführen.

Ein Mädchen stürzt nach vorn zu mir: *Meine Eltern wollen immer, daß wir sagen, wer recht hat. Aber wir machen das nicht, wir halten uns raus!* Ein Junge sagt: *Meine Mutter schläft nicht mehr bei uns. Sie geht abends weg und kommt morgens und macht uns Frühstück.* Er saß seit Wochen stumm und in sich gekehrt auf seinem Platz, ohne das alte strahlende Lächeln. Jetzt weiß ich endlich, was ihn bedrückt.

Ich frage mich, ob ich mich getraut hätte, diese Bemerkung über *Eltern, die manchmal spinnen* zu machen, wenn ich gewußt hätte, welche Lawine ich damit lostrete. Aber jetzt, wo sie den Hang hinuntergepoltert ist und die Aufregung sich langsam wieder legt, bin ich froh, daß es geschehen ist. Eine große Erleichterung breitet sich aus. Offenbar bedrückt es die Kinder sehr, wenn sie verleugnen müssen, daß die eigenen Eltern sich manchmal streiten. Vielleicht meinen sie, die der anderen Kinder täten das nicht.

Wir schreiben zusammen, was für Familien es gibt: Kleinfamilie, Teilfamilie, Normalfamilie, Großfamilie. *Wenn du es dir aussuchen könntest, was für eine Familie wäre dir dann am liebsten?* Nachdem eine Weile ganz verschiedene Meinungen zu Wort kamen, schlage ich vor: *Stellt auch mal zusammen! Hier eine Teilfamilie mit Vater, da eine mit Mutter, hier eine Normalfamilie, alle übrigen bilden die Großfamilie. Jetzt einigt euch, wer was sein soll, Vater und Mutter und Kinder und Onkel und Tanten und Großeltern ...* Das geht recht schnell, nur in der Großfamilie dauert es lange, ist aber auch lustiger.

So jetzt zeichnet sich jeder als das, was er in seiner Spielfamilie ist, und daraus kleben wir dann Familienbilder. Diese

Bilder bleiben für einige Zeit an der Wand, und immer wieder sehe ich, daß Kinder davorstehen und besonders bei der Großfamilie die Rollen zu klären versuchen.

Einmal schnappe ich aus einem Gespräch auf dem Gang beim Umziehen auf: . . . *hat keinen Vater.* Ich erzähle das in der Klasse. *Das geht nicht, jedes Kind hat einen Vater, nur bei manchen lebt er woanders, und manche kennen ihn auch nicht, weil die Eltern sich schon vor seiner Geburt getrennt haben.* Ich zeichne ein Strichmännchen unten an den Rand der Tafel und zwei Pfeile nach oben: *Vater, Mutter.* Von jedem wieder zwei Pfeile aufwärts: *Großvater, Großmutter.* In dieser Ebene sind es vier. Die haben wieder Eltern: *Urgroßvater, Urgroßmutter.* Das sind jetzt schon acht Vorfahren. Die hatten wieder Eltern . . . In der Klasse breitet sich Fröhlichkeit aus. Wir müssen ohnehin üben, Vater und Mutter und Groß- richtig zu schreiben, also los! Jeder bekommt ein großes Computerblatt, fängt unten mit sich selbst an und läßt nach oben hin die Elternpaare wachsen. Da muß man sich den Platz natürlich einteilen. Mancher fängt ein zweites mal an, weil er zu groß geschrieben oder die Striche zu lang gemacht hat.

Als alle satt zu sein scheinen, rufe ich sie vor die Tafel. *Jetzt wollen wir mal sehen, wie das mit den Namen ist. Unser Kind heißt Rita Ott. Der Vater heißt Hans Ott, die Mutter Gabi Ott, geborene Müller. Wie heißen die Großeltern?* Mühsam und lachend wurschteln wir uns da durch. Als wir endlich bei den Ururgroßeltern angelangt sind, ist klar, was das heißt, daß die Frau immer ihren Namen verliert und den des Mannes annimmt. Jetzt aber: *Manchmal sind die Eltern eines Kindes aber nicht verheiratet, haben jeder seinen eigenen Namen, und das Kind bekommt den seiner Mutter.* Wir suchen uns ein Elternpaar aus, bei dem das so sein soll und verfolgen die Weitergabe der Namen in den folgenden Generationen.

Ich denke mir eine Familie von Strichmännchen aus, Hans und Frauke Meier mit Kindern und Enkelkindern. Dazu ein Blatt mit fünfzehn Fragen, die man beantworten kann, wenn man sich in den Familienbeziehungen der Meiers zurechtfindet, wenn man auch weiß, was etwa eine Kusine ist. Das ist für die meisten Kinder viel zu schwer. Wir schaffen es nur alle miteinander, und da weiß man nie, wer wirklich alle Schritte hat mittun können. Ich nehme mir vor, diese Meiers nach ein paar Monaten noch einmal vorzuholen. Wenn sich dann das Wissen über die Familienbeziehungen gefestigt und mit Alltagserfahrungen angereichert hat, haben die Kinder vielleicht den nötigen Abstand, um sich in dieser abstrakten Familie zurechtzufinden.

Wozu diese Aufgabe? Jeder kann sehen, ob er geläufig über sein Wissen verfügt. Gerade solche Erfahrungen, die mit alltäglichen Selbstverständlichkeiten zu tun haben, kann man offenbar nur mühsam in abstraktes Wissen übersetzen. Eine Aufgabe wie diese sagt: *Überschätz dich nicht, Klarheit an einzelnen Punkten heißt noch nicht, das Geflecht zu verstehen, in dem sie aufgehoben sind.* Es heißt aber auch: *Wenn du dich nicht zurechtfindest im Geflecht der Familienbeziehungen, tröste dich! Hier siehst du ja, wie schwierig das zu überschauen ist.*

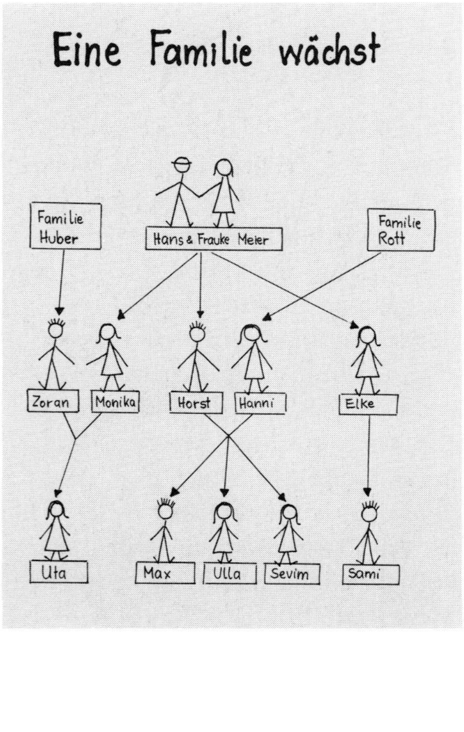

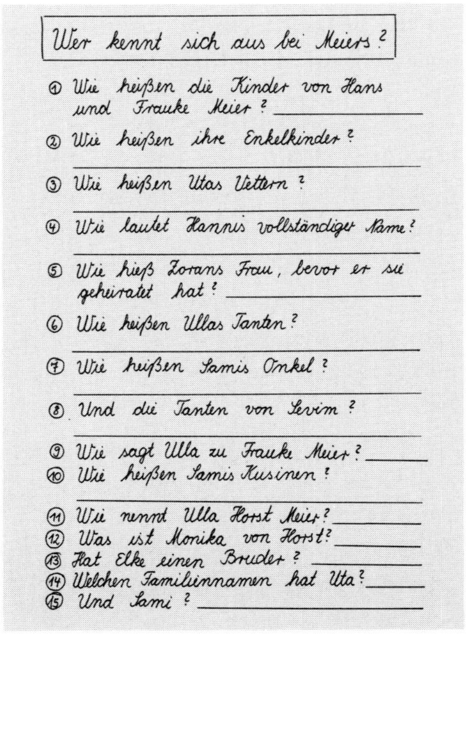

Wer kennt sich aus bei Meiers?

① Wie heißen die Kinder von Hans und Frauke Meier? ____
② Wie heißen ihre Enkelkinder? ____
③ Wie heißen Utas Vettern? ____
④ Wie lautet Hannis vollständiger Name? ____
⑤ Wie hieß Zorans Frau, bevor er sie geheiratet hat? ____
⑥ Wie heißen Ullas Tanten? ____
⑦ Wie heißen Samis Onkel? ____
⑧ Und die Tanten von Sevim? ____
⑨ Wie sagt Ulla zu Frauke Meier? ____
⑩ Wie heißen Samis Kusinen? ____
⑪ Wie nennt Ulla Horst Meier? ____
⑫ Was ist Monika von Horst? ____
⑬ Hat Elke einen Bruder? ____
⑭ Welchen Familiennamen hat Uta? ____
⑮ Und Sami? ____

Eines Tages bringen alle Kinder, die das dürfen, einen Kasten mit Familienfotos oder ein Album mit, betrachten sie in der Gruppe. Dann sprechen wir noch einmal im Kreis darüber. Als die Kinder einmal aufschreiben, was geschehen ist, bevor sie selbst geboren waren, schreibt eines: *Bevor ich geboren wurde, wohnten wir in Berlin.* Die eigene Geschichte reicht in der Familie über die Geburt hinaus in die Vergangenheit.

Das bringt mich auf eine Idee für eine Hausaufgabe: *Bring etwas von daheim mit, was es in eurer Familie schon gab, bevor du selbst geboren wurdest.* Am nächsten Tag haben wir ein kleines Museum beisammen: silberne Löffel, mit denen heute noch gegessen wird; ein Holzkästchen, das immer schon auf dem Regal stand; Bücher, manche in Fraktur gedruckt; Babykleidung, die früher schon ein anderes Kind getragen hat . . . Die meisten Kinder können auch eine Geschichte dazu erzählen, manche kennen sie erst seit dieser Hausaufgabe.

Daheim habe ich ein altes Bild, das ich einmal geschenkt bekommen habe. In einem ovalen Rahmen sind acht kleine Bilder zu sehen, ein Mann, zwei Frauen und fünf Kinder. Wir schauen es uns miteinander an: die Buben in Kitteln mit Samtbändern, die Mädchen in gerüschten Kleidern, alle brav frisiert. Spitzenkragen, die eine der Frauen mit Schnürtaille . . . Es ist eine ganz andere Welt, in der diese Menschen lebten, die wohl nun alle schon tot sein mögen. *Was mag das für eine Familie gewesen sein? Ist die zweite Frau eine unverheiratete Tante, die mit zur Familie gehörte, wie das früher oft der Fall war? Ist sie die zweite Frau, weil die erste gestorben ist? Welche der beiden ist dann die erste, die in der Mitte oder die andere?*

Wo andere Menschen beisammen wohnen, gibt es Gegensätze, die zu Streit führen oder dazu, daß einer sich unterordnet und zurückstellt, was er selbst möchte, entweder gezwungen oder weil er es so gewöhnt ist oder weil es ihm richtig erscheint. Es kann sein, daß alle dabei das Gefühl haben, sie kämen zu kurz. Vielleicht kann es helfen, wenn wir die Zusammenhänge ein wenig aufklären. Dann versteht man die anderen besser, sich selbst aber auch, und kann sagen, was man braucht, und hören, was die anderen wollen.

Die Kinder sind meistens die Unterlegenen, die Machtlosen, die sich unterordnen müssen. Da ich aber gerade von ihnen verlangen möchte, großzügig und verständnisvoll zu sein, komme ich ihnen weit entgegen. Das Gedicht von Susanne Kilian, in dem sich ein ganzes Gewitter von Zurechtweisungen und Nörgeleien sammelt, ist da gerade recht. Jedes Kind fühlt sich verstanden in Stimmungen, die nicht sein ganzes Leben ausmachen, aber doch oft genug vorherrschen, und die man nie so deftig zu äußern wagt wie es hier der Fall ist.

Wir machen daraus eine Sprachlehrestunde, Thema: *Ausrufezeichen.* Im Text lasse ich sie weg. Ich lese den Text vor, alle lesen mit. Dann lesen wir jeden Satz miteinander, schön ausdrucksvoll, und setzen die Ausrufezeichen. Das ist noch wie ein wütender Faustschlag auf den Tisch hinterher. Den Kindern macht das solchen Spaß, jeder will vorlesen, da sollen auch alle drankommen. *Immer drei aus der Gruppe sind Vater und Mutter und Kind, oder andere Erwachsene und ein Kind. Und die Erwachsenen schimpfen abwechselnd auf das arme Kind ein!* Das Geschrei wird ohrenbetäubend und endet erst, als jeder einmal Kind gewesen ist und zweimal mit aller Wut und Selbstgerechtigkeit ein Erwachsener. Wenn Kinder so ihre eigenen Gefühle und die Gefühle der mächtigen Erwachsenen haben dramatisieren können, werden sie aufgeschlossener; sie hören, was ich ihnen über die Gedanken und Absichten der anderen Seite zu erklären versuche. Wenn ein Kind, über das ein Erwachsener ungerecht herfällt, denken kann *Du hast wohl schlechte Nerven heute* statt *Ich weiß ja, ich bin schlecht,* dann ist ihm schon etwas geholfen.

Hausaufgabe: *Schreibe die Sätze ab, die du auch häufig zu hören bekommst.* Ich möchte gerne wissen, was in den Kindern vorgeht, wenn sie das machen.

Soll man sowas etwa schön schreiben? Und nur wenige Sätze, weil das wenig Arbeit ist? Aber dann ist der Vorwurf gegen die schimpfenden Erwachsenen nicht groß genug! Auf jeden Fall mekkert keiner über diese Aufgabe und am nächsten Tag melden sich alle sehr vergnügt, um vorzuführen, welches Kreuz sie zu tragen haben.

Ich weiß, daß manche Eltern mit Eifersucht zu kämpfen haben, wenn sie sehen, welche Freiheiten die eigenen Kinder haben verglichen mit den Einschränkungen, die sie selbst hinnehmen mußten, als sie klein waren. Das kann einen schon ungeduldig machen, das verstehen auch die Kinder, als ich ihnen erzähle, wie es mir selbst manchmal da geht. Sie erinnern sich auch fast alle, schon einmal sowas wie *Als ich so klein war wie du, da durften wir aber nicht . . .* gehört zu haben, meistens als unverständlichen Vorwurf. Ich versuche, das etwas anders zu drehen. Hausaufgabe: *Fragt doch mal eure Eltern, was sie früher nicht durften. Die hatten es bestimmt schwerer als ihr.* Am nächsten Tag hören wir mitleidsvolle Berichte über die armen Eltern, als die klein waren. Tauschen möchte da keiner. Aber es soll auch kein Grund sein, sich nun als Kind von heute klein zu machen. Manche Eltern haben uns Kindheitserinnerungen aufgeschrieben, sie werden als Lesestoff vervielfältigt.

Kindsein ist süß?

Tu dies! Tu das!
Und dies laß
Beeil dich doch
Heb die Füße hoch
Sitz nicht so krumm
Mein Gott, bist du dumm
Stopf's nicht in dich rein
Laß das Singen sein
Du kannst dich nur mopsen
Hör auf zu hopsen
Du machst mich verrückt
Nie wird sich gebückt
Schon wieder 'ne Vier
Hol doch endlich Bier
Sau dich nicht so ein
Das schaffst du doch allein
Mach dich nicht so breit
Hab jetzt keine Zeit
Laß das Geklecker
Fall mir nicht auf den Wecker
Mach die Türe leise zu
Laß mich in Ruh

Kindsein ist süß?
Kindsein ist mies!

Susanne Kilian

Als unsere Eltern so alt wie wir waren

1947 ging meine Mami in die zweite Klasse in die Mariahilfschule. Damals gab es für die Kinder in der Stadt nicht genügend zu essen. Darum bekamen sie in der Schule Kakao, Erbsensuppe oder Trockenmilch. Obwohl die Schulspeisung nicht sehr gut war, haben sich die Kinder darauf gefreut.

Andi

Meine Mami ist in eine Dorfschule gegangen. Das war sehr schön. Sie durften bei dem Lehrer auf dem Feld Kartoffelkäfer suchen, sie mussten nicht in die Schule gehen. Sie ist erst mit 10 Jahren Rolltreppe gefahren, das war ein Erlebnis.

Andreas

Meine Mami ist mit dem Zug von der Schule heimgefahren. Da sass ein kleines Mädchen drin, das ein gelbes längliches Ding abschälte und gegessen hat. Zu Hause hat meine Mami die Omi gefragt, was das gelbe Ding gewesen ist. Die Omi hat gesagt: "Das ist eine Banane".

Evi

Julia bekommt einen Bruder oder eine Schwester

Julias Mutter, Frau Bach, ist schwanger. Sie erwartet ein Baby.

Seit 9 Monaten ist sie immer dicker geworden. 9 Monate lang ist das Baby in ihrem Bauch gewachsen und hat mit der Zeit immer mehr Platz gebraucht.
Die Bauchdecke hat sich mehr und mehr nach außen gewölbt.

Jetzt ist Frau Bach so dick, daß Julia nicht mehr um sie herumreichen kann.

Manchmal kann Julia sehen, wie das Baby sich bewegt. Es strampelt und boxt. Dann beult sich die Bauchdecke aus.

In ein paar Tagen ist Frau Bachs Schwangerschaft vorüber. Dann wird das Baby geboren. Julia ist traurig, weil sie dabei nicht zuschauen darf.

Schwangerschaft

Wenn eine Frau ein Kind erwartet, sagt man: Sie ist schwanger. Neun Monate braucht das Baby, um sich in ihrem Bauch zu entwickeln. Zuerst ist es ganz winzig und hat viel Platz im Bauch der Mutter. Wenn es dann immer größer wird, wird schließlich der Bauch zu eng. Er wölbt sich vor. Dann kann man sehen, daß die Frau schwanger ist. Schwangere Frauen brauchen Hilfe und Rücksicht. Sie dürfen nichts schweres tragen. Sie werden schnell müde. Sei rücksichtsvoll und hilf ihnen, wo du kannst.

Wir haben einen Brief bekommen. Auf dem Umschlag steht:

Frau Ute Moeller - Andresen
und ihre Klasse

In dem Umschlag steckt eine Klappkarte.

So sieht die Karte außen aus. Innen steht:

Julia hat ein Brüderchen bekommen.
In Dankbarkeit und Freude
Manfred und Reinhild Bach

Was ein Baby braucht

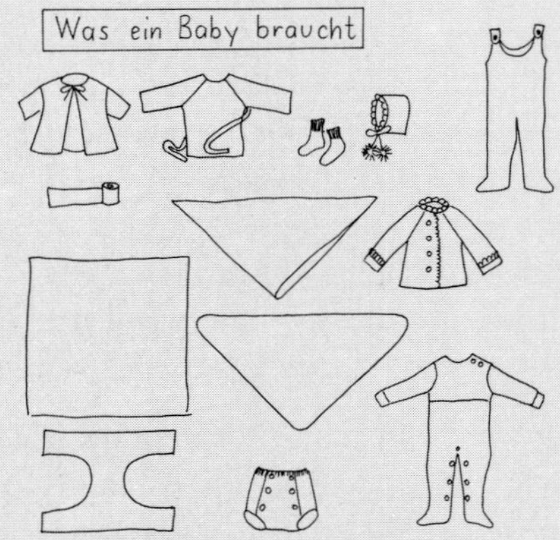

Baumwollhemdchen	Windelhöschen
Baumwolljäckchen	Söckchen
Nabelbinde	Wollmützchen
Mullwindel	Wolljäckchen
Moltonwindel	Strampelhöschen
Trockenwindel	Strampelanzug
Wickelfolie	

Ein lieber großer Bruder

Einmal, als Pauline noch sehr klein war, habe ich mich in der Stadt verspätet. Es hatte so stark geschneit, daß der Verkehr zusammengebrochen war.

Felix war mit Pauline allein zu Hause und ich hatte versprochen, nach einer Stunde, um vier Uhr, zurück zu sein. Um vier mußte Pauline ihr Fläschchen bekommen.

Als ich um halb sechs in unsere Straße einbog, meinte ich, ich müßte die Mine schon von weitem schreien hören vor lauter Hunger. Aber selbst im Hausflur war es ganz still. Kein Babygeschrei war zu hören, gar nichts. Es war fast unheimlich.

Ich ging ins Kinderzimmer. Da saß Felix mit der Mine auf dem Schoß und gab ihr die Flasche. Sie hatte sie schon fast ausgetrunken.

Felix erklärte mir: „Sie hat geweint. Da hab ich mit ihr gespielt. Und als nichts mehr geholfen hat, ist mir eingefallen, daß ich dich so lange nicht mehr mit einer Flasche gesehen habe. Da hab ich eine Flasche aus dem Kühlschrank geholt und warmgemacht."

Ich habe den Felix sehr gelobt und der Mine gesagt, daß sie sich freuen kann, so einen Bruder zu haben.

Viele süße Worte sagen Mütter, welche Kinder tragen.

Julias Mutter ist schwanger. Kurz vor dem Entbindungstermin kommt sie zu uns in die Klasse, setzt sich in die Mitte und läßt sich von den Kindern ausfragen. Sie möchten ihren Bauch anfassen, die Bewegungen des Babys spüren. Ich bewundere die Geduld und Ruhe, mit der Frau Bach mit den Kindern umgeht. Ein paar Tage später schon bekommen wir die Geburtsanzeige von Tobias.

Vorher haben wir überlegt, ob es wohl ein Junge oder ein Mädchen wird und haben uns Namen zurechtgelegt. Ich habe sie den Kindern abgezogen und jeder hat sich Namen ausgesucht, für sich und für seine Kinder.

Frau Bach hatte uns den Koffer gezeigt, in dem sie all die Sachen hatte, die das Baby gleich am Anfang brauchen würde. Die waren alle so winzig und niedlich, jeder wollte sie in die Hand nehmen: *Ich muß halt alles noch einmal waschen und bügeln, damit es keimfrei ist.* Auch das wurde erklärt.

Den Kindern, aber auch mir zuliebe, habe ich die ganze Ausstattung aufgezeichnet und die Bezeichnungen dazugeschrieben, die dann zur Übung abgeschrieben wurden. *Darf man die Sachen anmalen, wenn man fertig ist mit Schreiben?* Dieses Anmalen ist nicht nur ein Schmücken und Verschönern, das ist wohl so, als nähme man die gezeichneten Dinge in Besitz.

Aus einem Geschäft bringe ich eine Handvoll Prospekte mit, in denen Babyfotos sind. Am Schluß der Schreibübung *Babys können überall einschlafen* bekommt jedes Kind so ein Bildchen, um es sich dazuzukleben.

Viele schöne Worte sagen Mütter, welche Kinder tragen. Das wird auswendig gelernt und in Schönschrift auf ein Blatt geschrieben, auf das dann noch ein Bild von einer Mutter mit einem Baby auf dem Arm gezeichnet wird.

Was für Worte sagen Mütter da eigentlich? Manche Kinder werden albern, manche können vor Verlegenheit nicht sprechen. Dieses Bild der Zärtlichkeit rührt Gefühle auf, die manche Kinder nicht zeigen mögen.

Julia wird immer wieder gefragt, wie es dem Tobias denn geht. *Er schreit halt. Oder er schläft.* Und Julia kann noch gar nichts Rechtes mit ihm machen, er ist noch zu klein. Aber wenn er etwas größer ist, dann, das hat die Mutter versprochen, wird Julia auch für ihn sorgen dürfen. Mir fällt eine Geschichte aus meiner Familie ein. Ich schreibe sie auf, wir lesen sie miteinander, und alle sind sich einig, daß Felix das großartig gemacht hat und zu beneiden ist. Man müßte sich halt auskennen mit der Babypflege!

Wie wäre es, wenn ihr in der Schule lernt, was man können muß, um auf ein Baby aufzupassen und es zu betreuen, wenn die Mutter weg ist? Da sind alle Feuer und Flamme, und die nächsten Tage gibt es kein anderes Thema.

Wie macht man ein Fläschchen? Ich führe es vor, die Kinder schauen mir zu und versuchen dann, den Vorgang genau zu beschreiben, mündlich nur, sonst würde es zu lange dauern. Jeder erzählt seinem Nachbarn, was er gesehen hat. Dann lese ich die Anleitung von der Packung mit Babynahrung vor, die Julia uns mitgebracht hat. Später bei der *Prüfung für Babysitter* wird jeder aus vier Texten die richtige Beschreibung heraussuchen müssen.

Wir üben mit Plastikfolie und Zellstoff an Puppen, wie man ein Baby wickelt. Das ist leicht. Schwierig könnte es sein, dem Baby eine Schmutzwindel abzunehmen. Davor graulen sich manche Kinder ganz entsetzlich. *Komischerweise macht einem das als Mutter meistens gar nichts aus. Es ist fast, als ob die Nase zugeklemmt wäre. Wenn man für ein Baby sorgen muß, kann man das auch. Väter haben Schwierigkeiten damit, wenn sie es nur selten tun, sonst sind sie genauso daran gewöhnt, wie die Mütter.*

Gleich gibt es ein paar Geschichten von Vätern mit schlechten Nerven beim Babyversorgen zu erzählen.

Ich zeige den Kindern, wie man das Liedchen *Wie ein Fähnchen auf dem Turme . . .* singen und spielen kann. Wir üben, bis jeder es kann. Hausaufgabe: *Such dir ein kleines Kind und sing und spiel ihm das Lied vor. Dann*

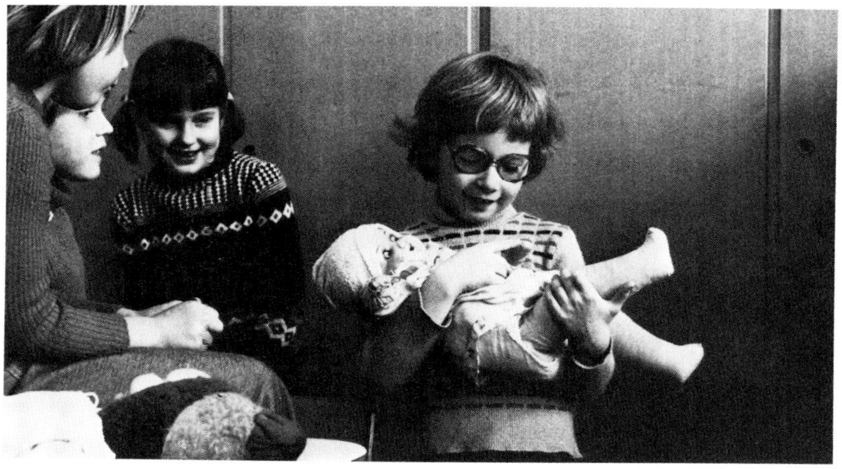

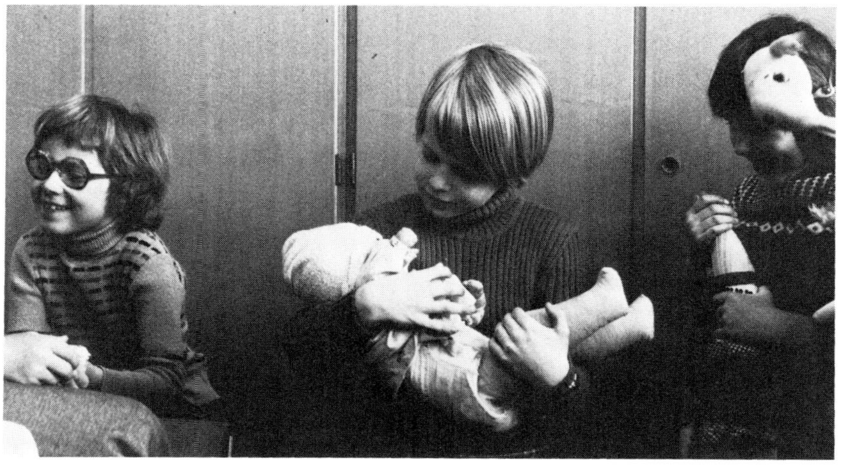

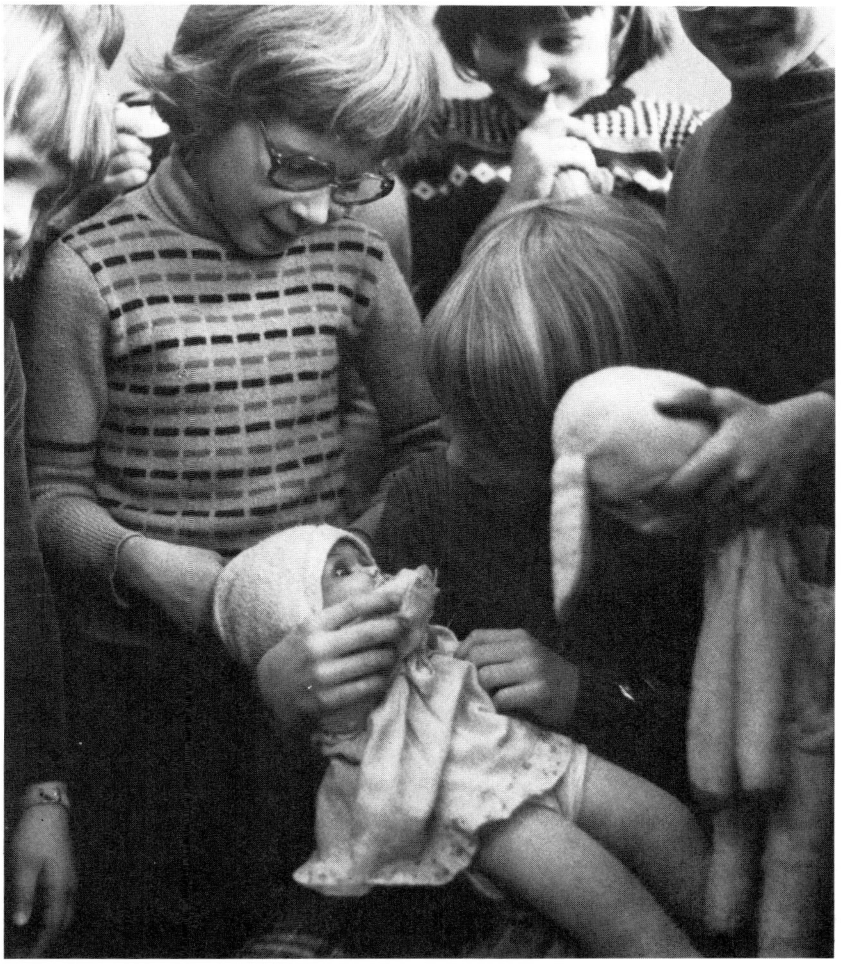

kannst du sehen, ob es sich darüber freut und damit abzulenken und zu trösten wäre. Wer kein kleines Kind in der Familie oder Bekanntschaft hat, geht nachmittags auf den Spielplatz und sucht sich da eins. Das macht man am besten zu zweit oder dritt. Am nächsten Tag gibt es viele Erfolgsgeschichten anzuhören.

Kniereiter- und Fingerspielverschen habe ich als Lese- und Schreibübung vorgesehen, aber die Kinder wollen nicht müde werden, sie auch miteinander zu spielen. So etwas zu kennen und sich einfallen zu lassen, ist für einen Babysitter sehr wichtig und wird auch bei der Prüfung abgefragt.

Natürlich gibt es auch einmal Übungen zum Diminutiv. Die Erinnerung an all die kleinen Sachen in Frau Bachs Koffer rührt uns immer noch, manche Kinder haben sich inzwischen auch Julias Bruder angeschaut. Für die Schreibübung braucht es da keine Motivation, die ist schon da.

Kinder sind sicher die ersten, denen es auffällt, wenn rings um ein Babybettchen zuviel Süßholz geraspelt wird. Das finden sie, bei aller Rührung über das kleine Wesen, sehr schnell doof. Als ich ihnen den Text über Tante Gertrud und Claudia gebe, den ich abgeschrieben habe, weil wir ihn in keinem Lesebuch haben, wissen alle in der Klasse offenbar sofort, wie diese Tante ausschaut und sich benimmt und freuen sich über Claudias Frechheit. *So frech muß man sich erstmal sein trauen. Aber die hat ja auch sone Mutter . . .*

Immer wieder während der Gespräche über Babys zeigt sich: Frauen, Mütter gelten als die eigentlichen Versorger für das Baby; Kinder und Männer sind doch nur geduldete Aushilfen, die auch weit überfordert wären, wollten sie alles machen. Dieses Stereotyp gefällt mir nicht. Wie es in Frage stellen?

Beim Baby ist alles klein

Arm	Arm	Ärmchen
Bein	______	______
Kopf	______	______
Hand	______	______
Fuß	______	______
Hand	______	______
Jacke	______	______
Hose	______	______
Mütze	______	______
Flasche	______	______
Socken	______	______
Bett	______	______

Tante Gertrud findet Claudia süß.
„Ein süßes Gesichtchen hat die Claudia! Und so ein niedliches Kleidchen hat sie an! Und so zierliche Füßchen hat sie!"
Tante Gertrud strahlt.
Claudia grinst.
„Was für ein süßes Täschchen du hast, Tantchen! Und so ein niedliches Schirmchen! Bitte setz dich doch auf das Stühlchen! Ich hole Mamachen!"
„Meine liebe Ilse," sagt Tante Gertrud zur Mutter, „deine Claudia ist ganz schön frech."
„Das hat sie von mir," sagt Ilse.

aus: »Claudia und Frank«, CVK

-chen -chen -chen -chen -chen

Kann man die auch noch anhängen?

Damit kann man ein Baby trösten

Da hast'n Taler.
Geh' auf den Markt.
Kauf dir 'ne Kuh,
Kälbchen dazu.
Kälbchen hat ein Schwänzchen –
Dideldideldänzchen!
(Bei jeder Zeile dem Kind in die Hand klatschen, zuletzt kitzeln.)

Wie das Fähnchen auf dem Turme
sich kann drehn bei Wind
und Sturme,
so kann sich mein Händchen drehn,
das ist lustig anzusehn.
(Singen und eine Hand als Fähnchen sich drehen lassen.)

Wie bereitet man ein Fläschchen vor?

① Gieße kochendes Wasser in die Flasche. Schütte drei Löffel Mehl hinein und einen Löffel Salz. Schüttel gut! – Fertig!

② Fülle die Flasche zur Hälfte mit Milch von einer braunen Kuh. Füge zwei Löffel Zucker hinzu und eine zerdrückte Erbse. Schüttel gut! – Fertig!

③ Nimm abgekochtes Wasser von 40 Grad. Fülle die Hälfte der für das Alter des Kindes angegebenen Menge in die Flasche. Schütte das Pulver dazu. Schüttle, bis das Pulver aufgelöst ist. Dann gieße den Rest Wasser nach. Schütteln! – Fertig!

④ Fülle das Fläschchen mit Wasser. Lasse es drei Stunden neben dem Radio stehen. Dann horche an der Flasche. Wenn sie singt, gieße sie aus und lies noch einmal, was auf der Packung steht.

Das muß man mit dem Baby tun

wickeln	☐ ○	verbinden	☐ ○
tragen	☐ ○	liebhaben	☐ ○
waschen	☐ ○	hochheben	☐ ○
trösten	☐ ○	ausziehen	☐ ○
füttern	☐ ○	zudecken	☐ ○
stillen	☐ ○	umarmen	☐ ○
baden	☐ ○	erzählen	☐ ○
kitzeln	☐ ○	spielen	☐ ○
zuhören	☐ ○	verwöhnen	☐ ○
loben	☐ ○	etwas erklären	☐ ○
scherzen	☐ ○	knuddeln	☐ ○
hinlegen	☐ ○	küssen	☐ ○
abtrocknen	☐ ○	pusten	☐ ○
eincremen	☐ ○	ausfahren	☐ ○
pudern	☐ ○	anziehen	☐ ○
anlächeln	☐ ○	lachen	☐ ○
wiegen	☐ ○	schaukeln	☐ ○
streicheln	☐ ○	singen	☐ ○
vorlesen	☐ ○	beschützen	☐ ○
turnen	☐ ○	helfen	☐ ○

☒ heißt: Das kann ein Mann tun.
⊗ heißt: Das kann ich auch tun.

Kniereiter

So fahren die Damen.
So fahren die Damen.
So reiten die Herren.
So reiten die Herren.
So zockelt der Bauer.
So zockelt der Bauer.

Hoppe, hoppe Reiter,
wenn er fällt, dann schreit er.
Fällt er in den Graben,
fressen ihn die Raben.
Fällt er in das grüne Gras,
macht er sich die Höschen naß.
Fällt er in den Sumpf,
macht der Reiter – plumps!

Ich bin zwar kein Baby mehr, aber ...

	... das brauche ich auch.	Davon bekomme ich zu wenig.		... das brauche ich auch.	Davon bekomme ich zu wenig.
tragen			liebhaben		
trösten			hochheben		
füttern			zudecken		
kitzeln			umarmen		
zuhören			erzählen		
loben			spielen		
scherzen			verwöhnen		
abtrocknen			erklären		
anlächeln			knuddeln		
streicheln			küssen		
vorlesen			pusten		
turnen			lachen		
singen			beschützen		
helfen					

Familienspiele

Als ich so alt war, wie ihr jetzt seid, wohnten wir in einem Haus mit Bäumen ringsum. Im Herbst fielen die Blätter von den Bäumen und wir bauten uns Häuser daraus. Keine richtigen Häuser natürlich, sie bestanden nur aus einem Grundriß. Die Linien waren zusammengeschobene Blätter. Die Mauern und das Dach haben wir uns dazugedacht.

Wenn das Haus fertig war, konnten wir einziehen. Alle Kinder spielten mit: Ein Kind war die Mutter, eines der Vater, alle andern Kinder waren Kinder.

Die Mutter versorgte den Haushalt. Die Kinder gingen zur Schule. Die Kinder zankten sich. Die Mutter schimpfte. Der Vater ging immer zur Arbeit fort. Und wenn er heimkam, wollte er bedient werden.

Niemals war Sonntag. Niemals blieb der Vater daheim. Nie spielte er mit seinen Kindern.

Wir sammeln, was alles für das Baby getan werden muß. Da steht es nun auf einem Blatt fein säuberlich Punkt für Punkt beisammen. Und jetzt: *Überlege bei jedem ganz genau, ob ein Mann das auch tun kann für ein Baby.* Am Ende bleibt nur das Stillen übrig, das kann er wirklich nicht als Mann.

Wir nehmen uns dieselbe Liste noch einmal vor: *Was davon könntest du auch tun? Was traust du dir zu?* Das sieht dann von Kind zu Kind anders aus. Einige scheinen übermäßig ängstlich zu sein, sich gar nichts zuzutrauen. Ich vermute auch so etwas wie eine Berührungsangst gegenüber etwas Fremdem, was ein Baby ja ist für ein Kind, das keines länger kennt. Ich will solche Kinder ermuntern, aber das übernehmen schon die Nachbarn: *Das kannst du wirklich! Bestimmt! Kann ich doch auch! Hab ich schon gemacht!* Das weckt Mut, wenigstens genug für ein weiteres Kreuzchen.

Ich benutze manchmal eine Redensart, die inzwischen alle Kinder kennen und verstehen: *Zurück in die Windeln kann man nicht.* Das sage ich meistens, wenn einer sich dumm stellt oder aufgibt, weil ihm etwas zu schwierig oder unbequem erscheint, und wenn ich meine, daß er das eigentlich ohne besondere Hilfe schaffen könnte. Wir sind uns ja einig, daß jeder manchmal am liebsten wieder in die Windeln zurückmöchte, auch als Erwachsener, daß man nicht nur etwas dabei gewinnt, wenn man wächst und tüchtiger wird, sondern immer auch etwas verliert, auf Wohltaten und Entgegenkommen verzichten muß, die einem jüngeren Kind selbstverständlich gewährt werden.

Diese Liste, die wir nun schon zweimal durchgesehen haben, bringt mich auf eine Idee: *Wenn man all das für ein Baby tut, dann spürt und weiß es, daß es versorgt und beschützt wird und daß man es liebhat. Du bist ja jetzt schon groß, aber manches davon hast du wohl auch noch gerne. Such das mal raus.* Wir haben jetzt schon soviel über Gefühle, über Zärtlichkeit und Liebe gesprochen, so daß die Befangenheit bei allen Kindern verflogen ist. Sie können nun auch darüber sprechen, daß sie manchmal so spröde und steif sind, daß es so aussehen muß, als wollten sie gar nicht mehr in den Arm genommen werden. Zurück in die Windeln, das geht nicht. Aber manches von dem, was ein Baby braucht, kann auch ein größeres Kind noch bekommen, wenn seine Eltern nur wissen, daß es das braucht und haben möchte. Hausaufgabe: *Zeig daheim diesen Zettel, auf dem du angekreuzt hast, was du dir selbst noch wünschst.*

Während der Wochen, in denen wir uns so mit dem Leben in der Familie befassen, ist immer wieder nebenbei auch von Fragen die Rede, die in den Bereich der Sexualerziehung gehören.

An der Wand haben sich viele Bilder angesammelt, auf denen Mütter, Kinder, Väter, Geschwister zu sehen sind und auch die verschiedenen Stadien der vorgeburtlichen Entwicklung.

So können wir immer wieder darauf zurückkommen, wenn wieder so eine Frage auftaucht und die Stimmung gut dafür ist. In Albernheit mag ich nicht über diese Dinge reden. Albernheit regt sich aber leicht in der Nähe eines Tabus.

Bevor ich mit Frau Bach verabredet hatte, daß sie uns in der Schule besuchen sollte, habe ich einen Elternabend zum Thema *Sexualerziehung* abgehalten. Das gehört zu den Pflichten des Lehrers, und ich halte das auch selbst für gut. Ich will die Eltern darauf vorbereiten, daß Fragen über Geschlechtsunterschiede und Sexualität sich auch daheim offen oder verdeckt melden werden, und daß sie wissen, in welchem Sinne ich mit den Kindern darüber spreche. So können sie mich ergänzen oder ein Gegengewicht schaffen, wenn sie diesen Einfluß auf ihr Kind nicht gerne haben wollen. Ich will auch von den Eltern die Erlaubnis haben, mit den Kindern über den Anteil des Vaters an einer Schwangerschaft zu sprechen. Das ist in den Richtlinien erst für den Unterricht in den nächsten Schuljahren vorgesehen, läßt sich aber von den anderen Fragen nur gewaltsam trennen. Ziehe ich da willkürlich eine Grenze, wird das jenseits der Grenze falsch, geheimnisvoll und überwertig. Außerdem beginnt die Unzuständigkeit der Väter doch auch schon damit, daß Buben so lange nicht klar und offen erfahren, was sie mit einer Schwangerschaft zu tun haben werden. Der weibliche Anteil wird dann verklärt, die kleinen Mädchen laufen rum, schier als wären sie schon schwanger. Die Buben sind ausgeschlossen. Sie ahnen oder wissen zwar, daß es da einen männlichen Anteil gibt, der verschwiegen, auf jeden Fall aber nicht so gefeiert wird wie der weibliche. Dafür muß es doch einen Grund geben! Weiß man ihn nicht, sucht man sich einen. Ob man nun meint, der männliche Anteil sei anrüchig oder unwichtig – beides ist verhängnisvoll.

Um die Eltern vorzubereiten und uns allen das Gespräch zu erleichtern, frage ich die Kinder, was sie über die Schwangerschaft erfahren möchten. Sie sagen das auch offen, dafür braucht es keine anonymen Zettel. Diese Fragensammlung verschicke ich mit der Einladung zum Gespräch an die Eltern. Alle, die irgend können, kommen auch. Am Ende sind wir uns einig: Jede Frage soll eine Antwort bekommen, die realistische Antwort. Ich sage den Eltern, sie könnten mich anrufen, wenn sie wissen wollen, was an bestimmten Tagen ganz genau in der Schule geschehen ist oder besprochen wurde. Das wird dankbar aufgenommen, dann aber doch von niemandem in Anspruch genommen.

So sehr ich meine, daß es Sache der Eltern wäre, ihre Kinder allmählich entlang der Fragen, die sie stellen, aufzuklären, so sicher bin ich auch, daß das nicht alle Eltern können, weil sie selbst unaufgeklärt oder befangen sind. Mit dem, was sie vermitteln, geben sie auch ihre eigenen Ängste weiter. Wenn Lehrer und Kinder offen und vertrauensvoll miteinander reden können, dann kann die Sexualerziehung in der Schule nicht nur die Aufklärung nachholen, die gehemmte Eltern nicht selbst schaffen, sie kann auch ein Gegengewicht gegen eventuelle unbewußte Ängste der Eltern schaffen. Vor allem aber: In der Schule kann man lernen, wie es möglich ist, taktvoll und einfühlsam auch in einer größeren Gruppe über Dinge zu sprechen, die intim sind. Gerade die Kinder, in deren Familie Sexualität tabu ist, brauchen das als Gegenbild, als Erfahrung gegen die Zoterei der Straßenaufklärung.

Wir warten darauf, daß Julias Bruder oder Schwester geboren wird. Hausaufgabe: *Laß dir erzählen, wie es bei deiner Geburt gewesen ist, wo du geboren worden bist, wie lange es gedauert hat, ob deine Mutter Schmerzen hatte.* Am nächsten Tag sitzen wir im Kreis und fast alle erzählen sehr mitfühlend, wie das damals war. Einige Mütter mochten

Elternbrief für die Kinder der Klasse 1 B der Wilhelmschule

Leider habe ich am Donnerstag, als die Kinder diese Fragen gestellt haben, kein Tonbandgerät dagehabt. Ich hätte Ihnen das dann gerne beim Elternabend vorgespielt.
Die Fragen verraten, meine ich, daß die Kinder sehr viel wissen, dieses Wissen aber teilweise ungeordnet ist und manches darin sie beunruhigt. Den Fragen merkt man nicht an, mit welchem Ernst und wie unbefangen die Kinder ihre Fragen stellten.
Zwei Punkte tauchen immer wieder auf; direkt oder in anderen Fragen versteckt: Wie nimmt das Leben seinen Anfang, warum können Männer keine Kinder kriegen.
Die Vaterschaft, d.h. die Rolle des Mannes bei der Entstehung einer Schwangerschaft ist in unserem Lehrplan nicht vorgesehen. Ich meine aber, daß man den Jungen etwas nimmt, wenn man jetzt die Mutterschaft so verherrlicht, als hätten sie später gar nichts damit zu tun. Und im vierten Schuljahr, wenn das Verhältnis zwischen Jungen und Mädchen schon voller auch unguter Spannungen ist, sollen sie dann davon erfahren. Dann hat der Beischlaf durch die Straßenaufklärung aber bereits einen üblen Geruch.
Über diesen Punkt möchte ich beim Elternabend gerne mit Ihnen sprechen. Natürlich nicht nur darüber.
Bitte gehen Sie auf die Fragen der Kinder in diesen Tagen in Ruhe ein. Manche Kinder haben sehr warm und liebevoll von ihrer eigenen Geburt erzählt. Andere sagten: Meine Mama hat mir nichts sagen wollen. Vielleicht war ja nur grade ein unrechter Moment.

Mit freundlichen Grüßen

Ute Moeller-Andresen

1. Das Baby kann doch nicht plötzlich in der Gebärmutter drinnen sein?
2. Wie merkt man, dass das Baby rauskommt?
3. Wie auf einmal das Baby in der Mama ihrem Bauch erscheint.
4. ... ob das der Mutter weh tut, wenn das Baby rauskommt?
5. ... wie lange dass das nachher wehtut?
6. ... wieso die Babys nicht verwechselt werden, wenn doch zwei den gleichen Namen haben?
7. Wie die Nabelschnur abgeschnitten wird, ob das wehtut ...?
8. ... wie geht das, das Loch ist doch klein und der Kopf so dick?
9. Wie wachsen die Haare im Bauch?
10. Wie entsteht die Milch in der Brust und wie kommt sie da raus?
11. Können die Babys gleich nach der Geburt laufen?
12. Warum muss der Schrei kommen nach der Geburt?
13. Wie kann sich das Baby im Bauch entwickeln?
14. Warum wird das kleine Ei ein Baby?
15. Tut es dem Baby weh, wenn es aus dem Bauch kommt?
16. Warum geht das nur bei Grossen, kann doch auch ein Junge beim Mädchen reinstecken. Einwurf eines Jungen: Bei den Kleinen kann sich der Samen noch nicht entwickeln. Einwurf eines Mädchens: Solange der Mann keinen Samen hat, kann auch kein Kind entstehen.
17. Wie sieht die Nabelschnur genau aus?
18. Warum kommen manche Babys in den Brutkasten?
19. Warum kommen überhaupt Babys auf die Welt?
20. Warum muss der Mann von der Frau die Eier befruchten?
21. Wieso gibt es Babys, die tot auf die Welt kommen?
22. Warum kann man auch verkehrt rauskommen, nicht mit dem Kopf zuerst?
23. Warum können Männer keine Kinder kriegen?
24. Wieso kann es Zwillinge geben?
25. Warum gibt es siamesische Zwillinge?
26. Warum können Kinder keine Kinder kriegen?
27. Warum schreien die Babys?
28. Warum gibt es manchmal fünf Babys auf einmal?
29. Warum können Babys blind auf die Welt kommen?
30. Warum ist das Kind bei der Geburt so greisslich zerquetscht?
31. Wieso essen die Frauen, die schwanger sind, trotzdem Tabletten, wo sie doch wissen, dass sie dann ein krankes Kind bekommen? Einwurf: Vielleicht mögen sie kein Kind.
32. Alkohol ist doch für kleine Kinder nicht gesund. Wenn nun die Mutter trinkt, wenn sie schwanger ist, dann geht doch der Alkohol durch die Nabelschnur auch in das Kind. Kommt es dann nicht gesund auf die Welt?
33. Warum haben Babys noch keine Zähne?
34. Wenn eine Frau schwanger ist, wird sie doch untersucht, ob das Baby gesund ist und so. Warum macht man das und wie?
35. Warum müssen Babys getauft werden? Einwurf: Müssen sie ja gar nicht.

nicht Auskunft geben, erinnerten sich nicht recht. Der Held ist Ümit. Lachend erzählt er, wie er auf der Straße zur Welt kam. Immer wieder schüttelt es ihn, wenn er sich vorstellt, wie es war, als er es so eilig hatte, daß seine Mutter es nicht einmal mehr bis ins Taxi schaffte, das sie zum Krankenhaus bringen sollte.

Wußte der Taxifahrer denn, was er tun mußte? Wer hat deiner Mutter denn geholfen? Solche sehr handfesten Fragen bedeuten auch, daß es für uns alle gut ist, ein wenig Bescheid zu wissen über die Geburt, damit wir helfen können, wenn es mal neben uns ein Kindchen so eilig hat wie Ümit damals.

Eines Tages kommt Tobias uns besuchen. Man kann sich kaum noch vorstellen, daß er mal in die winzigen Hemdchen und Höschen gepaßt hat, die seine Mutter uns gezeigt hatte. Die Mutter erzählt, was er schon alles kann, was er alles hat lernen müssen und was wir schon so lange können, daß es uns ganz selbstverständlich ist. Wir zählen auf, was er noch alles wird lernen müssen, bis er zur Schule kommt.

Im Turnunterricht versuchen wir, am eigenen Leib zu erkunden, wie das ist, wenn man noch nicht sitzen kann und es immer wieder versucht; wenn man sich zur Seite rollt, um etwas zu erreichen, das weiter weg liegt; wenn man krabbelt und robbt und allmählich versucht, sich auf die Beine zu heben, vorsichtig mit den Händen abgestützt, das Hinterteil in die Luft gereckt und dann hoch! Und wie hält man das Gleichgewicht, wenn man Laufen lernt? Viele Babys können ja zunächst nur rennen, als wollten sie dem Hinfallen ständig zuvorkommen.

Julia erzählt auch davon, daß es ihr manchmal schwer wird, im Hintergrund zu bleiben, wenn alles sich um den kleinen Bruder dreht. Sie ist stolz auf ihn und hat ihn lieb, aber sie ist natürlich auch eifersüchtig. Alle Kinder wissen Geschichten zu erzählen, in denen sie selbst eifersüchtig waren. Das Schlimme ist, daß man sich dann sehr leicht so benimmt, daß man die Erwachsenen stört und zu allem Überfluß auch noch ausgeschimpft wird.

Für die größeren Kinder ist es ein Trost, zu erleben, wie die Kleinen zu ihnen aufblicken und sie nachzuahmen versuchen. Alles wollen sie selber machen, auch was sie ganz und gar noch nicht können. Und läßt man sie nicht, werden sie wütend. Ich erzähle solche Geschichten von meiner Tochter, und die Kinder versuchen, von ihren Eltern ähnliche Geschichten über sich selbst zu erfahren. Wenn man nun schreiben kann, ist es sehr schön, etwas über die eigene Vergangenheit aufzuzeichnen. Man kann es im Ich-Heft aufheben, damit es nicht verloren und vergessen wird, bis man selbst einmal Kinder hat, die nicht glauben können, daß die eigenen Eltern auch einmal so klein waren.

Inka spielt Fußball

Inka war immer sehr stolz, wenn ihr Bruder Thomas, der vier Jahre älter ist als sie, sie zum Spielen mitnahm. Eines Tages kam sie besonders dreckig und zerkratzt, aber freudestrahlend wieder heim.
Sie erzählte aufgeregt: „Heute habe ich Fußball mitspielen dürfen!" – „So, als was hast du denn gespielt?" fragte die Mutti.
„Als Torpfosten!" erklärte Inka strahlend.

Markus und das Hasenfell

Als Markus vier Jahre alt war, wohnte er mit seinen Eltern im Bayerischen Wald. Wenn sie dort einkaufen gingen, besuchten sie die Tante Lotte, die hatte viele Hasen.
Eines Tages besuchten sie wieder Tante Lotte. Sie hatte gerade einen Hasen geschlachtet und ihm das Fell abgezogen. An den Pfoten war das Fell aber drangeblieben.
Da ging Markus zu Tante Lotte ins Haus und sagte: „Aber Tante Lotte, du hast ja vergessen, dem Hasen die Hausschuhe auszuziehen!"

Mine ist eifersüchtig

Frauke ist zu Besuch und hat ihr Baby mitgebracht. Es ist sehr klein und sehr süß. Alle wollen das Baby auf den Arm nehmen und mit ihm spielen und schmusen.

Pauline ist nicht mehr das einzige kleine Kind in der Familie. Das gefällt ihr gar nicht. Sie ist eifersüchtig auf das Baby.

Wenn jemand sich um das Baby kümmert, fängt sie an zu jammern, als täte ihr etwas weh. Und sie hört lange nicht auf damit, weil sie gesehen hat, daß das Baby herumgetragen wird, bis es still ist.

Sie will auch ein Baby sein: „Ich bin so klein, Mami. Trag mich!" Sonst wollte sie immer alles selber tun. Jetzt heißt es: „Ich kann das nicht. Bin so klein."

Da hat Frauke eine Idee. Sie sagt: „Das blöde Baby kann noch nicht helfen. Aber die große Mine kann schon helfen." Das gefällt der Mine. Da will sie lieber groß sein.

Unschuldig

Wo willst 'n hin mit dem Koffer?
Abhaun tu ich.
Nanu.
Hab 'ne Schwester gekriegt.
Biste krank?
Quatsch. 'n Baby.
Ist doch niedlich, nee?
Niedlich? 'n Kotzproppen isse!
Deine Eltern mögen se trotzdem, weiten?
Mensch, das isses doch gerade!
Was?
Abgemeldet bin ich bei denen!
Wieso?
Na, Pitzelpitzelchen hier und Titzeltitzelchen da –: Da drehste doch durch!
Hör mal, warst doch auch mal'r Kind.
Aber ich hab keinen kleinen Jungen vertrieben!

aus: Schnurre
›Ich frag ja bloß‹

Mine will duschen

Mine schaut immer zu, wenn die Mami duscht.
Sie sagt: „Ich bin groß. Ich will auch duschen."
Sie zieht sich aus
und steigt in die Wanne.
Die Mami will ihr das Wasser anstellen.
Mine schreit: „Nein! Ich kann das selber!"
Aber es klappt nicht.
Das Wasser kommt entweder zu heiß
oder zu kalt aus der Leitung.
Mine weint vor lauter Wut.
Wieder will die Mami helfen.
Aber Mine schreit: „Nein! Ich kann selber!"
Doch sie kann es wirklich nicht.
Am Ende nimmt die Mami
eine ganz verzweifelte Mine aus der Wanne.
Sie ist noch ganz trocken.
Und sie muß lange getröstet werden.

Was wir brauchen und was wir wegwerfen

Unter unseren Fenstern werden am Freitag die Mülleimer der Schule geleert. Dann wird es drinnen bei uns so laut, daß man sich nicht mehr verständigen kann. Und die Kinder möchten zum Fenster laufen und hinausschauen.

Lange Monate ärgere ich mich darüber. Ich will mich wegen der Belästigung beschweren. Ich versuche vergeblich, die Kinder zu bewegen, sich trotz des Lärms auf ihre Arbeit zu konzentrieren.

Dann begreife ich endlich, daß sich da jeden Freitag vor dem Fenster ein wichtiges Thema meldet. Endlich gehen wir hinaus und sehen den Tonnenmännern bei der Arbeit zu: Eimer um Eimer heben sie hoch, sie werden erfaßt und ausgekippt. Größere Teile schieben die Männer in eine Öffnung an der Seite des Müllautos; Bleche werden zerknickt und Bretter splittern, wenn die Maschine sie erfaßt.

Wieder im Klassenzimmer dann gleich die Frage: *Und wenn das Müllauto voll ist?* Sie beantwortet sich im Gespräch. Einige Kinder wissen sehr gut Bescheid. Sie interessieren sich schon lange für diese lärmenden Ungetüme.

Eine Gruppenarbeit: *Was wird weggeworfen, wandert in den Müll?* Rasch und ohne Rücksicht auf die richtige Schreibweise schreibt einer aus jeder Gruppe auf, was den anderen einfällt. Dann sammle ich die Zettel ein. Eine Gruppe hat kaum Rechtschreibfehler, dafür aber auch nur sechs Wörter auf ihrem Zettel. *Was ist denn nun eigentlich wichtiger: viel zu finden oder Fehler zu vermeiden?* Eine Frage, die Kinder je nach Temperament und Erziehung verschieden beantworten.

Dann eine Rechtschreibübung, ein Blitzwörterdiktat: Mit einem dicken Filzstift schreibe ich groß Wörter, die ich auf den Zetteln gefunden habe, auf Kartonstreifen. Jedes Wort wird einmal kurz gezeigt und muß dann auswendig aufgeschrieben werden. Die Kinder müssen sehr gesammelt arbeiten, wenn sie Fehler vermeiden wollen.

Merkwürdig ist, daß sie diesmal nicht müde werden. Das hat sicher zwei Gründe: Sie sind gespannt, ob das nächste vom eigenen Zettel stammt, und auch wenn das nicht der Fall ist, ist doch jedes Wort *von uns,* wird nicht vom Lehrer oder einem Buch angeboten. Und daß auf dem linienlosen Schreibblatt eine Art Müllhaufen entsteht, weil alle Wörter kreuz und quer durcheinandergeschrieben werden dürfen, macht offenbar besonders viel Spaß.

Am nächsten Tag nehmen wir uns die Wörterstreifen noch einmal vor. Wir haben schon darüber gesprochen, daß in München Müll in eine Verbrennungsanlage gebracht wird. Jetzt sortieren wir: Was brennt? Was brennt nicht? Was ist aus Metall? Was kann man verrotten lassen, um neue Erde zu

gewinnen? – Fragen, die man besser nicht nur bespricht, sondern untersucht.

In einer Illustrierten finde ich ein Foto von einer fünfköpfigen Familie mit dem Abfallberg eines Jahres. Es ist unglaublich, was da zusammenkommt! Aus den Gesprächen vor diesem Bild entsteht der Plan, Abfallstatistiken in der Klasse und daheim zu führen. Wir möchten wissen, was wir alles wegwer-

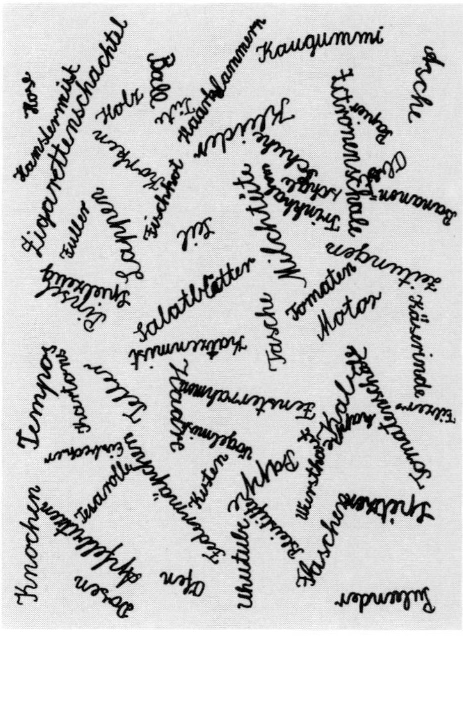

fen. Aber wir können ja schlecht alles wirklich sammeln und aufheben und auch einen solchen Berg auftürmen, obwohl es verlockend wäre.

Wir hängen eine Liste in der Klasse auf, mit Rubriken für die häufigsten Abfälle. Jedes Kind soll einen Strich in die entsprechende Zeile machen, wenn es Papier, Safttüten, Trinkhalme usw. wegwirft.

Wir entwerfen auch eine Liste für Abfälle im Haushalt: Zeitungen, leere Dosen, Obst- und Gemüseabfälle, Plastikbehälter, Glasflaschen, Werbedrucksachen, Einwickelpapier usw.

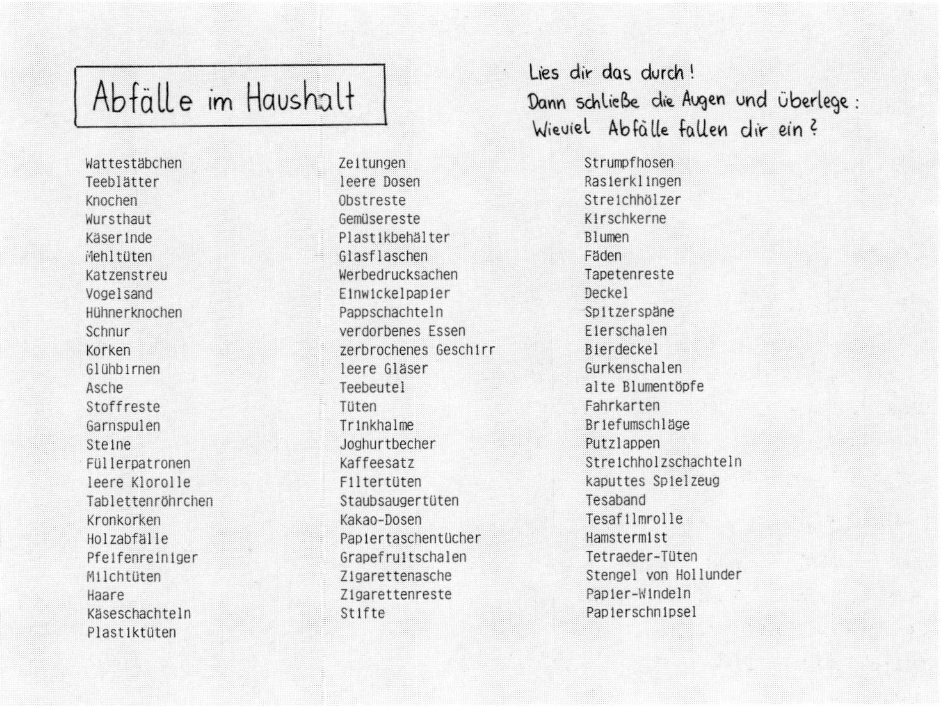

Abfälle im Haushalt

Lies dir das durch!
Dann schließe die Augen und überlege:
Wieviel Abfälle fallen dir ein?

Wattestäbchen	Zeitungen	Strumpfhosen
Teeblätter	leere Dosen	Rasierklingen
Knochen	Obstreste	Streichhölzer
Wursthaut	Gemüsereste	Kirschkerne
Käserinde	Plastikbehälter	Blumen
Mehltüten	Glasflaschen	Fäden
Katzenstreu	Werbedrucksachen	Tapetenreste
Vogelsand	Einwickelpapier	Deckel
Hühnerknochen	Pappschachteln	Spitzerspäne
Schnur	verdorbenes Essen	Eierschalen
Korken	zerbrochenes Geschirr	Bierdeckel
Glühbirnen	leere Gläser	Gurkenschalen
Asche	Teebeutel	alte Blumentöpfe
Stoffreste	Tüten	Fahrkarten
Garnspulen	Trinkhalme	Briefumschläge
Steine	Joghurtbecher	Putzlappen
Füllerpatronen	Kaffeesatz	Streichholzschachteln
leere Klorolle	Filtertüten	kaputtes Spielzeug
Tablettenröhrchen	Staubsaugertüten	Tesaband
Kronkorken	Kakao-Dosen	Tesafilmrolle
Holzabfälle	Papiertaschentücher	Hamstermist
Pfeifenreiniger	Grapefruitschalen	Tetraeder-Tüten
Milchtüten	Zigarettenasche	Stengel von Hollunder
Haare	Zigarettenreste	Papier-Windeln
Käseschachteln	Stifte	Papierschnipsel
Plastiktüten		

Einige Mütter helfen uns. Sie hängen die Liste in ihrer Küche auf und jedesmal, wenn sie etwas wegwerfen, vermerken sie es.

Nach einer Woche werden die Listen ausgewertet und die Ergebnisse vorgetragen, und da gibt es eine Überraschung. Ich hatte erwartet, daß überall etwa das gleiche abfiele und Unterschiede nur im Mehr oder Weniger bestünden, je nach Familiengröße. Nun sehen wir, daß die Abfallstatistiken sehr verschieden aussehen, und wir über eine Familie und ihre Gewohnheiten viel erfahren können, wenn wir ihre Abfälle untersuchen. Finden sich da zum Beispiel viele Papiertaschentücher, hat sicher jemand Schnupfen gehabt.

Uschis Mutter verwendet nur frisches Gemüse, Konserven lohnen sich für die große Familie nicht. Dosen gibt es dort kaum im Müll, aber ungewöhnlich viele Gemüseabfälle. Viele Dosen dagegen bei Michael. Seine Mutter ist berufstätig und hat wenig Zeit zum Kochen, und die Familie ist sehr klein.

Bei Nina gibt es viele Zeitungen, Drucksachen, Plastikbehälter und Flaschen im Müll. Ninas Vater ist Arzt und bekommt Werbebriefe ins Haus. Beide Eltern lesen viel Zeitung und trinken Wein. Alle in der Familie essen gerne Joghurt.

Steffen meldet sich: *Wir haben in der Woche nur eine Flasche weggeworfen. Meine Eltern trinken Bier, meine Schwester und ich Apfelsaft. Die Flaschen geben wir gegen Pfand zurück. Die Zeitung liest mein Vater im Dienst.*

Carmen hat nur wenige Striche auf ihrer Liste. Sie erklärt: *Wir gehen alle morgens fort und kommen erst abends heim. Die Yvonne und ich essen im Hort, die Mami ißt in der Kantine.*

Man könnte ein Bild kleben, einen Müllhaufen aus lauter Dingen, die unbrauchbar geworden sind. Einige Kinder greifen diese Anregung zu einer Collage auf. Sie plündern Kataloge und schicken haufenweise Konsumartikel auf den Müll. Es werden sogar Bilder aus wirklichen Abfällen geklebt und mühsam in die Schule getragen. Wir hängen sie auf.

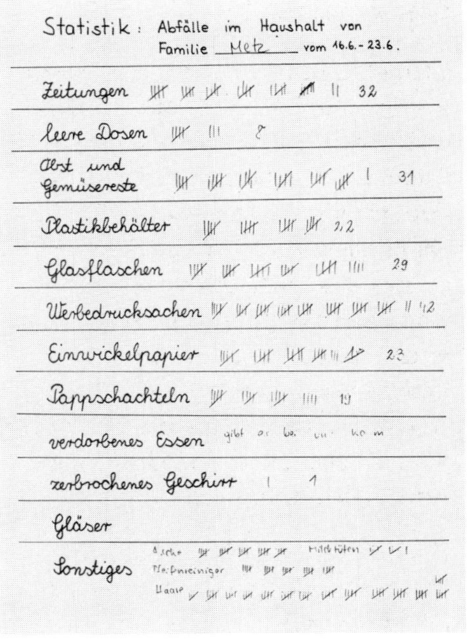

Statistik: Abfälle im Haushalt von Familie Metz vom 16.6.–23.6.

Zeitungen	32
leere Dosen	8
Obst und Gemüsereste	31
Plastikbehälter	22
Glasflaschen	29
Werbedrucksachen	42
Einwickelpapier	23
Pappschachteln	19
verdorbenes Essen	[illegible]
zerbrochenes Geschirr	1
Gläser	
Sonstiges	Asche, Milchtüten, Pfeifenreiniger, Haare

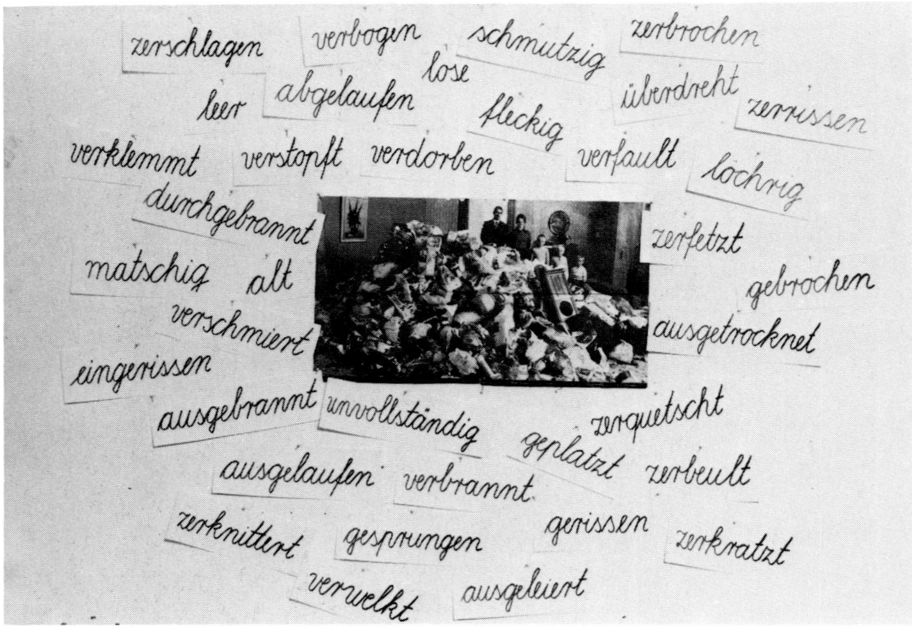

Alles geht einmal kaputt, wird unbrauchbar und weggeworfen. Wir sammeln Wiewörter, eine schier endlose Liste, die sagen, daß ein Ding nicht mehr in Ordnung ist und auf den Müll gehört. Uns fällt auf, daß viele dieser Wörter mit einer Vorsilbe beginnen: ver . . . , zer . . . , ge . . . , aus . . . Alle Wörter werden an der Tafel gesammelt und dann abgeschrieben. Hausaufgabe: *Schreibe zehn Sätze über Dinge, die nicht mehr heil sind, und benutze dabei diese Wörter.*

In dieser Klasse fand sich keine Zeit dafür, aber ein andermal, als ich wieder ein zweites Schuljahr unterrichtete, haben wir echte Abfälle, nicht nur Wörter sortiert. Ein kleiner Müllberg, zusammengetragen in meinem Haushalt und bei uns in der Klasse: Eisenteile fischen wir mit einem Magneten heraus.

Brennbares verbrennen wir auf dem Schulhof, es entsteht Wärme, und ein wenig Asche bleibt zurück. Pflanzenteile bedecken wir mit etwas Erde, um zu beobachten, wie sie mit der Zeit verrotten; das dauert lange. Plastik verrottet nicht und stinkt, wenn es verbrannt wird; was das bedeutet, begreift man erst, wenn man es riecht oder wenn Plastikfetzen unzerstört aus dem Komposthaufen auftauchen.

Später eimal kommen wir zufällig auf diese Fragen zurück, als ich eine große Tüte Komposterde mitbringe. Eigentlich wollte ich an dem Tag mit den Kindern etwas einpflanzen. Aber dann haben wir uns im Kreis hingesetzt, die Komposterde in der Mitte auf Zeitungspapier ausgeschüttet, und jedes Kind hat sich eine Handvoll genommen.

Die Aufgabe: *Schau so lange auf deine Erde, bis du etwas siehst, was einmal zu einer Pflanze gehört hat.* Tatsächlich finden sich überall Reste von Würzelchen, Zweigen, Blättern, die ohne Lupe zu erkennen sind. Und dann gibt es Geschrei: Tausendfüßler, Regenwürmer, Käferchen krabbeln heraus. Manche bekommen gleich Namen. Und am Ende nehmen fast alle Kinder ihre Handvoll Kompost mit heim wie einen Schatz, einen lebendigen.

Ich erzähle aus meiner Kindheit nach dem Krieg, als es Tauschzentralen gab. Dahin trugen wir Dinge, die wir selbst nicht mehr brauchten, die ein anderer aber vielleicht dringend suchte und doch nicht kaufen konnte, weil in den Geschäften einfach nichts angeboten wurde. Wir hatten daheim auch eine Kaffeekanne aus einer Geschoßhülse, Zopfgummis aus Fahrradschläuchen, ewig gestopfte Strümpfe und Pullover aus gerebbelter Wolle. Wenn wir ein neues Schulheft brauchten, mußten wir ein altes, vollgeschriebenes abgeben.

Ich weiß, daß es so war. Aber kann man von heute und hier aus sehen und begreifen, wie das war? Auf dem Papier richten wir eine Tauschzentrale

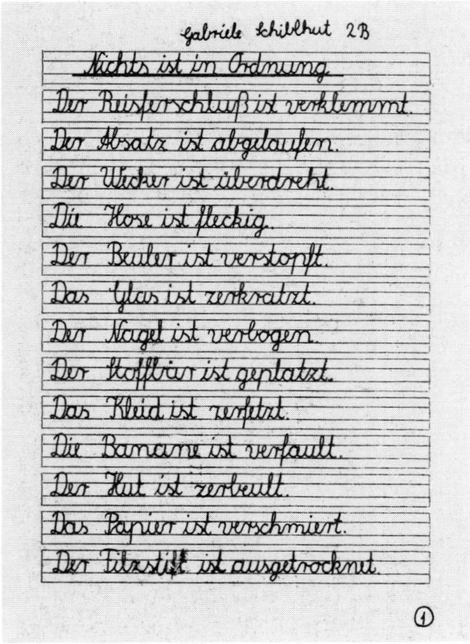

Gabriele Schiblhut 2B

Nichts ist in Ordnung

Der Reisferschluß ist verklemmt.
Der Absatz ist abgelaufen.
Der Wecker ist überdreht.
Die Hose ist fleckig.
Der Beuler ist verstopft.
Das Glas ist zerkratzt.
Der Nagel ist verbogen.
Der Stoffbär ist geplatzt.
Das Kleid ist zerfetzt.
Die Banane ist verfault.
Der Hut ist zerbeult.
Das Papier ist verschmiert.
Der Filzstift ist ausgetrocknet.

①

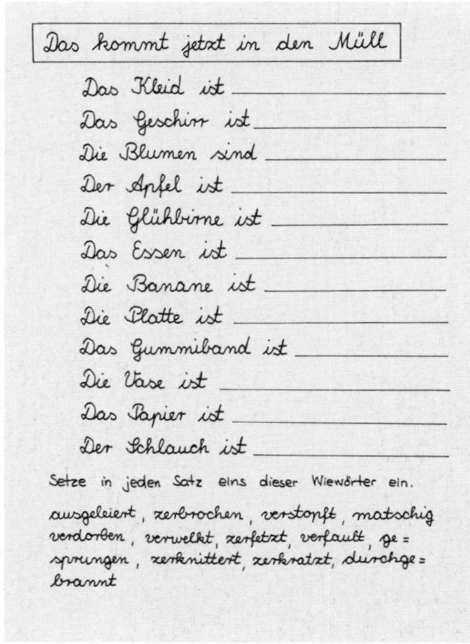

Das kommt jetzt in den Müll

Das Kleid ist ____________
Das Geschirr ist ____________
Die Blumen sind ____________
Der Apfel ist ____________
Die Glühbirne ist ____________
Das Essen ist ____________
Die Banane ist ____________
Die Platte ist ____________
Das Gummiband ist ____________
Die Vase ist ____________
Das Papier ist ____________
Der Schlauch ist ____________

Setze in jeden Satz eins dieser Wiewörter ein.

ausgeleiert, zerbrochen, verstopft, matschig, verdorben, verwelkt, zerfetzt, verfault, ge= sprungen, zerknittert, zerkratzt, durchge= brannt

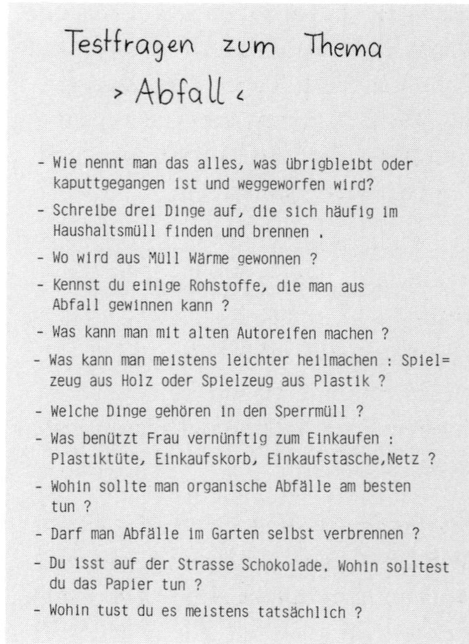

Testfragen zum Thema
> Abfall <

- Wie nennt man das alles, was übrigbleibt oder kaputtgegangen ist und weggeworfen wird?
- Schreibe drei Dinge auf, die sich häufig im Haushaltsmüll finden und brennen .
- Wo wird aus Müll Wärme gewonnen ?
- Kennst du einige Rohstoffe, die man aus Abfall gewinnen kann ?
- Was kann man mit alten Autoreifen machen ?
- Was kann man meistens leichter heilmachen : Spiel= zeug aus Holz oder Spielzeug aus Plastik ?
- Welche Dinge gehören in den Sperrmüll ?
- Was benützt Frau vernünftig zum Einkaufen : Plastiktüte, Einkaufskorb, Einkaufstasche,Netz ?
- Wohin sollte man organische Abfälle am besten tun ?
- Darf man Abfälle im Garten selbst verbrennen ?
- Du isst auf der Strasse Schokolade. Wohin solltest du das Papier tun ?
- Wohin tust du es meistens tatsächlich ?

ein, in die jeder aus der Klasse etwas bringt. Das sollte man einmal wirklich machen.

Jedes Kind bekommt eine Abfallfibel. Sie ist für Erwachsene gedacht, aber auch ein Kind kann sich darin zurechtfinden. Und wenn manches unklar bleibt, dann vor allem, weil *Abfall* ein sehr vielfältiges, umfangreiches Thema ist. Das spürt man deutlich bei so einer Leseaufgabe, die gar nicht zu schaffen ist, die Kinder eindeutig überfordert.

Aber muß man wirklich von Überforderung sprechen? Die Kinder lesen eine Broschüre. Manches darin betrifft sie, anderes ist ihnen gänzlich fremd und uninteressant und bleibt es auch.

Anschließend wissen sie über Abfälle, Abfallbeseitigung und -verwertung etwas mehr, haben noch Fragen oder auch genug von dem Thema.

Es geht nicht darum, sich den Broschürentext restlos einzuverleiben, sondern vielleicht nur ein paar Rosinen herauszuklauben und den Rest guten Gewissens beiseitezutun, für später oder auch für andere, die mehr damit anfangen können. So liest man im Leben. So sollte man auch manchmal in der Schule lesen.

Am nächsten Tag prüfe ich an ein paar Punkten, was die Kinder aus der Broschüre aufgenommen haben. Ich stelle mündlich zwölf Fragen, die Kinder notieren ihre Antworten auf einen Zettel. Wir tragen alle Antworten zusammen, bevor wir zur nächsten Frage gehen. So prüft jeder sich selbst. Wer zunächst wenig weiß, wird durch das, was er hört, angeregt. Die Antworten sprudeln immer zahlreicher und werden auch genauer.

Es gibt bei diesem Test keine Noten. Es gibt mehr, eine grundlegende Erfahrung für wirklich alle Kinder: *Ich weiß jetzt mehr über Müll als vor zehn Tagen. Ich habe etwas gelernt, weil ich nachgedacht, untersucht, gelesen, etwas herausgefunden habe, allein und mit den anderen zusammen. Ich weiß noch lange nicht alles über Müll. Aber was ich noch wissen möchte, kann ich erfahren, wenn ich frage und lese und mich umschaue.*

weil die Kollegin in der Parallelklasse sie auch benutzen und ich sie für spätere Jahre aufheben kann. Und erst mit diesen Zetteln wird die Gruppenarbeit sinnvoll. Wenn man die Wörter nur einmal mit dickem Filz auf Bögen schreibt, sie dann auf festes Papier kopieren läßt und zuletzt Wörterstreifen schneidet, macht das sehr viel weniger Arbeit, als wenn man alle Zettel einzeln schreibt.

Aufgabe für die Gruppen: *Sortiert die Zettel so, daß beieinander liegt, was es nach eurer Meinung in derselben Abteilung gibt.* Für die Klasse, der ich diese Aufgabe stelle, ist das die erste richtige Gruppenaufgabe. Es wird eine beispielhafte Erfahrung.

Eine Gruppe kann nicht arbeiten, weil zwei Kinder sich ständig um Zettel zanken und mit ihrem Geschrei alle behindern.

In einer anderen Gruppe haben zwei Kinder soviel Zettel wie möglich an sich gerafft, die anderen sind leer ausgegangen und stehen nur herum. Und die beiden Hamsterer schieben ihre Zettel hin und her, ohne eine Ordnung zu finden, weil sie nicht einmal miteinander reden und jeder nur für sich zurechtzukommen versucht.

Eine Vierergruppe hat schnell und sicher alles geordnet. Eine Sechsergruppe wird gleichzeitig fertig, da haben alle mitgeholfen. Eine andere Sechsergruppe, in der zwei Kinder an den Rand gedrängt wurden, hinkt nach.

Als ich diese Beobachtungen berichte, muß ich kaum noch hinzufügen, wie Arbeitsstil der Gruppe und ihr Erfolg zusammenhängen. Die Arbeitsergebnisse sprechen für sich.

Wenn eine Klasse wie eine wilde Horde in ein Kaufhaus einbricht, ist das für Verkäufer und Kunden entsetzlich. Wenn eine Lehrerin mit Zischen und strengen Blicken die Unruhe und Albernheit in Schach hält und mühsam auf Dinge hinweist, denen die Kinder sich aus Eigenem nicht zuwenden, ist das quälend für sie und alle anderen. Auf Unterrichtsgängen sollen die Kinder

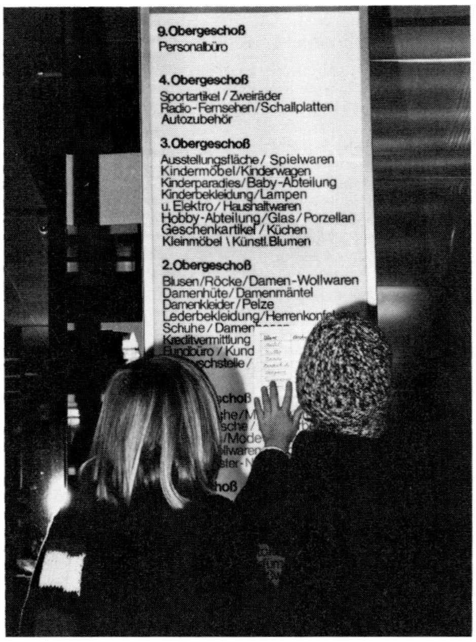

selbständig die Welt erkunden, ohne andere Menschen zu belästigen.

Wir besprechen das vor dem Ausflug und bedenken auch, wie Kinder im Kaufhaus in Versuchung geraten können, zu albern und zu toben. Wir stellen Regeln für den Lernausflug auf. Jeder bekommt sie auf einem Blatt und überlegt: *Welche Regel kann ich nur mühsam einhalten?* Nach dem Ausflug kann man dann ankreuzen, welche Regel man trotzdem eingehalten hat.

Ein Stück nach dem anderen wird in seiner Abteilung aufgestöbert. Manchmal helfen die Verkäuferinnen suchen oder geben Auskunft über Preise. Und immer wieder begegnet man unverhofft einer der anderen Gruppen.

Die erste Auswertung dann in der Schule: nur freie Berichte, was man erlebt hat, was aufgefallen ist, was überraschend war. Die Kinder sind erschöpft. Wir haben geübt, uns Wege durch den Dschungel des Kaufhauses zu bahnen. Aber die Fülle der Waren und Eindrücke war nicht weniger erdrückend als sonst, weil die Kinder sich diesmal mit ganz wachem Bewußtsein dort bewegt haben, wo sie sich sonst doch meistens von einem Erwachsenen leiten lassen und nur das deutlich wahrnehmen, was sie kaufen wollen.

Hausaufgabe: *Lies die lange Liste der Abteilungen des Kaufhauses durch, die*

Gruppe 1

Ware	Stockwerk	Abteilung
Rechenblock		
Märchenplatte		
Badeanzug		
Lokomotive		
Herrenhose		
Buch		
Seife		

Gruppe 2

Ware	Stockwerk	Abteilung
Armbanduhr		
Salat		
Buch		
Stoff		
Glasvase		
Dosenöffner		
Fernseher		

Gruppe 3

Ware	Stockwerk	Abteilung
Handtuch		
Schulranzen		
Küchenuhr		
Lederjacke		
Taschenlampe		
Radio		
Bonbons		

Gruppe 4

Ware	Stockwerk	Abteilung
Gummiband		
Damenrock		
Skihandschuhe		
Plakafarben		
Kartoffelschäler		
Kamm		
Stehlampe		

Gruppe 5

Ware	Stockwerk	Abteilung
Fotoapparat		
Turnanzug		
Stiefel		
Geldbeutel		
Kinderwagen		
Brot		
Kaffeekanne		

Regeln für den Lernausflug ins Kaufhaus	Fällt mir das schwer?	Ist mir das gelungen?
Auf der Straße und im Eingang in der Reihe bleiben!		
Nicht schubsen und drängeln!		
Nicht überholen!		
Niemandem auf die Hacken treten!		
Unterwegs nicht schreien!		
Im Kaufhaus leise reden!		
Nichts anfassen, was mir nicht gehört!		
Nicht zwischen den Regalen rennen!		
Zu allen Menschen möglichst höflich und freundlich sein!		
Niemandem den Weg versperren!		
Möglichst viel aufschreiben!		
Alles übersichtlich aufschreiben!		
Beim Zeichen schnell aufstellen!		

Bist du mit dir zufrieden? (ja) (mittel) (nein)

Preise im Kaufhaus

	DM geschätzt	DM tatsäch.		DM gesch.	DM tats.
Fotoapparat			Geldbeutel		
Armbanduhr			Märchenplatte		
Badeanzug			Dosenöffner		
Turnanzug			Rechenblock		
Gummiband			Skihandschuhe		
Salat			Kinderwagen		
Seife			Lokomotive		
Stoff			Buch		
Stiefel			Damenrock		
Herrenhose			Stehlampe		
Kartoffelschäler			Brot		
Ranzen			Glasvase		
Fernseher			Handtuch		
Küchenuhr			Kaffeekanne		
Kamm			Lederjacke		
Radio			Taschenlampe		

Zeichne in alle Stockwerke, was du kaufen möchtest.

ich von der Übersichtstafel abgeschrieben habe. An jedes Wort, dessen Bedeutung nicht ganz klar ist, mach einen kleinen Punkt. Das kannst du am nächsten Tag erfragen.

Diese Liste kleben wir in das Sachheft. Sie ist zu lang und muß eingefaltet werden. Das macht sie noch interessanter. Auf einem zweiten Blatt soll in jedes Stockwerk gezeichnet werden, was man dort kaufen könnte.

Am nächsten Tag dann noch ein Arbeitsblatt mit Waren, die wir gesucht haben: Jeder schätzt, was die Dinge kosten könnten und schreibt den Preis auf. Daneben schreiben wir dann, was das tatsächlich kostet.
Die Kinder staunen über ihre eigene Ahnungslosigkeit. Ein erster Schritt weg von der Leichtfertigkeit des *Kaufen wir eben ein Neues!*

Ein weiterer, wichtiger Schritt dahin sind Unterrichtsvorhaben, in denen untersucht wird, welche Dinge sich reparieren lassen, was das beim Fachmann kostet und was man selber schaffen kann.

Auch in Spielsachen und Gebrauchsgegenständen, die die Kinder benutzen, kann man Verschleißteile entdecken. Und wenn ein Ranzen für fast vierzig Mark bei einer kleinen Rangelei nach wenigen Schulmonaten entzweigeht und nicht mehr zu reparieren ist, sind die Kinder empört und fühlen sich betrogen.

Wir dürfen uns über den zunehmenden Vandalismus unter Kindern und Jugendlichen nicht wundern, wenn sie nicht früh erfahren haben, wie Dinge, die wir sorgfältig behandeln, uns zuverlässig dienen, und wenn ihnen so vieles unter den Händen zerbricht, weil der Hersteller das so will.

Wegweiser durch das Haus

4. OBERGESCHOSS

Sportartikel
Zweiräder
Radio/Fernsehen
Schallplatten
Autozubehör

3. OBERGESCHOSS

Ausstellungsfläche
Spielwaren
Kindermöbel
Kinderwagen
Kinderparadies
Babyabteilung
Kinderbekleidung
Lampen und Elektro
Haushaltswaren
Hobbyabteilung
Glas/Porzellan
Geschenkartikel
Kleinmöbel
Künstliche Blumen
Küchen

2. OBERGESCHOSS

Blusen
Röcke
Damen-Wollwaren
Damen-Hüte
Damen-Mäntel
Damen-Kleider
Pelze
Lederbekleidung
Herrenkonfektion
Schuhe
Damenhosen
Kreditvermittlung
und Versicherung
Fundbüro
Kundendienstbüro
Umtauschstelle
Hertie-Reisen

1. OBERGESCHOSS

Badewäsche
Miederwaren
Stoffe
Damenwäsche
Handarbeiten
Kurzwaren
Modewaren
Leinen- und
Baumwollwaren
Taschentücher
Schnittmuster
Nähmaschinen

ERDGESCHOSS

Alles für den Herrn
Herrenartikel
Herren-Wollwaren
Damen-Strümpfe
Herren-Socken
Büromaschinen
Bücher
Bijouterien
Foto
Optik und Fotokopie
Parfüm
Schreibwaren
Süsswaren
Echt-Schmuck
Uhren

UNTERGESCHOSS

Lebensmittel
Frischfleisch
Cafeteria
Schnell-Foto
Lotto-Toto
Hertie-Wohnstudio
Gardinen
Teppiche
Betten
Bilder
Plastik-Stoffe-Folien
Möbel
Tiernahrung

Pudding

Es gibt Pudding, der nicht gekocht, nur mit kalter Milch angerührt werden muß. Ihn zuzubereiten ist buchstäblich kinderleicht. Und die Anweisung dazu ist sehr klar. Sind die einzelnen Sätze durcheinander geraten, kann man sie ordnen, wenn man nur ein wenig nachdenkt. Alle miteinander probieren dann das Rezept aus: Stimmt die Reihenfolge der einzelnen Schritte?

Etwas herstellen, etwas zubereiten zu können, das ist wichtig für ein Schulkind heute. Unsere Kinder leiden darunter, wenn sie keinen Beitrag leisten dürfen. Sie genießen es, nützlich zu sein, auch die angeblich Faulen. Wenn Oliver und Inka daheim einen Pudding anrühren und Pauline es gar nicht erwarten kann, ihn endlich essen zu dürfen, dann stimmt alles: Die Großen machen etwas zu essen für sich und die Kleine. Sie sorgen für sich und andere. Sie dürfen geben, müssen nicht immer nur nehmen und dankbar sein.
Manche Mutter mag sich gestört fühlen, wenn man ihr die eigenen Kinder vermittels einer Hausaufgabe in die Küche schickt. Aber dies ist die einzige Werkstatt, die allen Kindern zugänglich sein könnte.

Kinder brauchen Werkstätten, wollen erleben, wie etwas entsteht, wollen mitmachen und helfen. Der Lehrer als Fachmann für Erziehung und vielleicht auch Kinderpsychologie hat wohl das Recht, vielleicht sogar die Pflicht, den Kindern einen Weg in die Küche zu zeigen und zu bahnen, wenn die Mütter sich dagegen sträuben. Jemand muß sie aufklären, was praktisches Lernen und sinnliche Erfahrungen für ein Schulkind bedeuten, das sich täglich so lange zwischen Papier und Stiften stillhalten muß.

Pudding machen, kinderleicht!

- ◯ Wir gießen die Milch dazu.
- ◯ Wir stellen Schüssel, Schneebesen, Teller bereit.
- ◯ Wir versuchen den Pudding gerecht zu teilen.
- ◯ Wir besorgen Milch und Puddingpulver.
- ◯ Wir zanken uns trotzdem ein bißchen.
- ◯ Wir rühren alles kräftig mit dem Schneebesen.
- ◯ Wir lesen die Anweisung auf der Packung.
- ◯ Wir schütten das Pulver in die Schüssel.
- ◯ Wir naschen mal eben. „Nicht so viel!"
- ◯ Wir essen den Pudding auf. „Hmm!"
- ◯ Wir messen die richtige Menge Milch ab.
- ◯ Wir schlecken die Teller aus.

Gell, da stimmt was nicht!
Nummeriere die Sätze in der richtigen Reihenfolge. Dann übe sie zu lesen.

Ausflug zum Obst- und Gemüsemarkt

Im März besuchen wir den Elisabethmarkt. Aufgabe für die Kinder: *Schreibe auf, was es dort zu kaufen gibt. Erkundige dich beim Händler höflich, woher das kommt, was er verkauft. Schreib das dann auf deinen Zettel.* Aus den Notizen stelle ich ein Leseblatt zusammen. Ein Blatt mit Fragen schließt sich an und die Hausaufgabe: *Frag deine Eltern, welche von den Früchten und Gemüsesorten, die wir gesehen haben, es im März zu kaufen gab, als sie so alt waren wie wir jetzt!*

Wir erfahren, daß es damals vor allem das zu kaufen gab, was im eigenen Lande oder gar in der eigenen Gegend wuchs. Und im Winter gab es mancherorts an Gemüse nur Kartoffeln, Kohl und Rüben, die man lagern konnte.

Heute bekommen wir Obst und Gemüse aus aller Welt und haben fast alles das ganze Jahr über frisch am Markt.

Weil die Kinder sehen möchten, wie weit der Weg von den Ursprungsländern bis zu uns ist, hänge ich für ein paar Tage eine Weltkarte auf. Die Realschule, die im selben Haus ist wie unsere Grundschule, leiht sie uns so lange. Daneben hängt das Leseblatt. Anlaß, immer wieder in kleinen Pausen Länder zu suchen.

Mit einer Klasse, die ich erst zum zweiten Schuljahr übernommen habe, fahre ich einmal mit der U-Bahn zum Viktualienmarkt mitten in der Stadt. Ich habe Sorge, ob die Kinder es schaffen werden, sich unterwegs rücksichtsvoll gegeneinander und gegenüber den anderen Menschen in der U-Bahn, auf der Straße und auf dem Markt zu benehmen und dann auf dem Markt wirklich etwas zu beobachten und aufzuschreiben.

In einer Gruppenstunde am Tage vorher spreche ich mit den Buben – die Mädchen sind im Handarbeitsunterricht – über meine Sorgen: *Woraus entstehen eigentlich Streit und Ärger, wenn man miteinander unterwegs ist? Was muß man bedenken, woran sich halten, damit alle sich wohlfühlen können, nicht nur wir, sondern auch die anderen Menschen?* Wir vereinbaren elf Regeln für den Unterrichtsgang und tragen sie später den Mädchen vor.

Wir haben geklärt, wie man sich richtig verhält und warum das manchmal schwierig ist. Richtiges Verhalten ist ein Teil der Aufgabe beim Lernausflug.

Man darf nicht erwarten, daß die Kinder das so nebenbei und ganz von allein leisten können.

Vor dem Ausflug gibt es für jeden ein Blatt mit den Regeln. Neben den Regeln stehen zwei Spalten: *Fällt dir das schwer? – Ist dir das gelungen?* In der ersten Spalte soll jeder ankreuzen, was ihm wohl schwerfällt. Einige Kinder sind unsicher, verwirrt. *Was bedeutet das: Fällt dir das schwer?* Ich erkläre: *Stell dir vor, du gehst mit den anderen so dicht zusammen. Möchtest du dann gerne mal schubsen? Fällt es dir schwer, doch nicht zu schubsen? Dann mach in der Reihe ein Kreuz. Wenn du aber meinst, du hast sowieso keine Lust zu schubsen, dann mußt du das nicht ankreuzen.*

Es gibt Kinder in der Klasse, die kaum je über sich selbst Auskunft geben können, die nicht einmal sagen können, was ihnen gefällt und was sie gerne möchten. Nun werden sie gefragt, ob ihnen etwas schwer- oder leichtfällt!

Das überfordert Kinder, die daheim herumgeschoben werden, ohne daß jemand nach ihren Gefühlen fragt. Umso wichtiger, daß sie hier erfahren: *Was ich empfinde, zählt. Es wird anerkannt, daß mir etwas schwerfallen kann und daß mir vielleicht nicht gelingt, was andere Kinder können. Das ist hier kein Grund, uns in böse und gute Kinder zu trennen.*

Auf dem Markt gibt es Begeisterung bei den einen, Mutlosigkeit bei den anderen angesichts der Fülle, der Farben, der Gerüche. In kleinen Grüppchen ziehen die Kinder los, schreiben Namen

Regeln für den Lernausflug zum Markt	Fällt dir das schwer?	Ist dir das gelungen?
Auf der Straße und auf dem Bahnhof in der Reihe bleiben!		
Nicht schubsen, nicht drängeln!		
Nicht versuchen, zu überholen!		
Niemandem auf die Hacken treten, auch nicht zum Spaß!		
Auf dem Bahnsteig dicht an der Wand aufstellen!		
In denselben Wagen einsteigen wie alle andern aus der Klasse!		
Im U-Bahn-Wagen nicht schreien und nicht toben!		
Mit allen zusammen aussteigen, ohne andere Leute zu behindern!		
Sich auf dem Markt gründlich umsehen!		
Höflich fragen und aufmerksam zuhören!		
Alles Wichtige aufschreiben!		
In Sichtweite der Lehrerin bleiben!		

Ich finde, ich habe das (sehr gut) (gut) (nicht gut) gemacht!

Auf dem Markt im März

Tomaten von den Canarischen Inseln, Äpfel aus Italien, Erdbeeren aus Israel, Eier aus Baiern, Geranien aus Deutschland, Erdbeeren aus Mexiko, Äpfel aus Ungarn, Emmentaler aus der Schweiz, Bananen aus Mexiko, Zitronen aus Italien, Ananas aus Ostafrika, Tulpen aus Deutschland, Goldregen aus Deutschland, Bananen aus Afrika, Birnen aus Südtirol, Orangen aus Spanien, Ananas aus Kalifornien, Bananen aus Kolumbien, Orangen aus Italien, Palmkätzchen aus Deutschland, Iris aus Italien, Tulpen aus Holland, Spinnen aus Holland, Kirschen aus Italien, Osterglocken aus Feldmoching, Käse aus Dänemark, Pantoffelblumen aus Deutschland, Orangen aus Israel, Zwergorangen aus Italien, Pampelmusen aus Israel, Mandarinen aus Spanien, Äpfel aus Argentinien, Nüsse aus Afrika, Kartoffeln aus Israel.

Die Händler auf dem Markt waren sehr freundlich. Sie haben uns gesagt, woher all die Dinge kommen, die sie verkaufen.
„Woher kommen die Eier?"
„Aus der Henne," hat einer geantwortet.

und Ursprungsländer auf. Meistens stehen sie auf den Preisschildern.

Die Ergebnisse nach einer Stunde sind sehr unterschiedlich: Manche Kinder haben ihren Zettel vollgeschrieben, andere nur zwei, drei Dinge vermerkt. Sie erklären mir: *Nee, das mach ich lieber nicht. Nachher hab ich so viele Schreibfehler und krieg 'ne Sechs.* Das wirkt nicht so, als sei es nur eine Ausrede. Offenbar hat sich das Rechtschreiben im ersten Schuljahr allzusehr in den Vordergrund gedrängt. Und die Kinder sind nun mutlos und übervorsichtig.

Lernausflug zum Markt

Petra:
Du hast Dich gut benommen und gut gearbeitet. Wenn Du Deine Beobachtungen untereinander schreibst, ist es für Dich übersichtlicher. (Und für mich!)

Florian B.:
Du hast Dich unterwegs gut benommen. Leider hast Du nur wenig aufeschrieben. Bitte versuch nächstesmal, mehr zu schaffen.

Barbara S.:
Du hast dich gut benommen und gut gearbeitet. Deine Schrift ist sogar auf diesen Notizzetteln sehr ordentlich und gut zu lesen.

Gökhan:
Du hast Dich sehr gut benommen. Ich freue mich, daß Du so viele Dinge aufgeschrieben hast. Sicher hat es Dir mehr Mühe gemacht als den deutschen Kindern. Es ist gut, wenn Du Dich anstrengst, trotzdem alles zu schaffen.

Anja:
Du hast Dich richtig verhalten. Sicher hättest Du etwas mehr beobachten und aufschreiben können. Das, was Du aufgeschrieben hast, ist in Ordnung.

Daniel:
Du hast versucht, alles gut zu machen. Leider kann ich kaum lesen, was Du aufgeschrieben hast, weil Du mit einem gelben Stift geschrieben hast.

Der Heimweg ist etwas mühsamer als der Hinweg. Die Kinder sind müde und erschöpft von den vielen Eindrükken auf dem Markt und unterwegs. In der Klasse sind sie plötzlich wieder munter, nehmen sich gleich ihr Regelblatt vor und kreuzen an, was ihnen gelungen ist. Wir sind uns einig: *Bei so einem Ausflug können gar nicht alle Kinder der Versuchung widerstehen, zu überholen oder dem Vordermann auf die Hacken zu treten.*

Die Zettel mit den Notizen vom Markt werden vorgelesen. Jetzt rächt sich die übergroße Vorsicht derjenigen, die ja kein falsches Wort aufschreiben wollten. Sie stehen etwas armselig da. Verstehen sie jetzt, daß Rechtschreibung nebensächlich war? Ich lobe die Fleißigen, tadle keinen und weiß noch nicht, was ich tun kann gegen diese Leistungsangst – Auswuchs der Erfahrung mit Noten im ersten Schuljahr.

Am nächsten Tag klebe ich jedem Kind einen Zettel in sein Merkheft: Lob für das, was es gut gemacht hat bei dem Ausflug. Ratschläge, wo es etwas dazulernen müßte. Sie zu tippen hat zwei Stunden gedauert, das sind für jedes Kind 4 Minuten schriftliche Zuwendung. Die Durchschläge klebe ich in die Mappe mit Schülerbeobachtungen. Das ist der Anfang eines längeren Weges, auf dem jedes Kind lernen soll, sich bei Lernausflügen so zu verhalten, daß es mit Gewinn dabei ist.

Ich nehme mir vor, nach dem nächsten Lernausflug einigen Kindern eine besondere Hilfestellung zu geben. Ich werde mit denen, die nur herumrennen und nichts beobachten können, noch einmal am Nachmittag losziehen und sie genau anleiten. Wenn ich mir diese Mühe mache, beweise ich ihnen: *Ich meine, so ein Lernausflug ist wichtig für dich. Und du bist mir so wichtig, daß ich dir helfen möchte, einen Gewinn davon zu haben.*

Wenn sie nur erst anfangen, zu schauen, zu fragen und zu begreifen! Ich denke an Michael, der in den dunklen Gängen der Krippensammlung mit ein paar anderen Kindern herumtobte und nichts sah von allen Schönheiten ringsum. Dann begriff er, daß er womöglich zur Strafe nicht in die Abteilung mit den Ritterrüstungen mitgehen dürfte. Er löste sich von den anderen, stand erst gelangweilt herum und begann dann, die Krippen zu entdecken. Kein Gedanke mehr an Toben.

Lies die Notizen genau!

Woher kommen die Gurken? ______

Woher kommen die Erdbeeren? ______

Woher kommen die Eier? ______

Woher kommen die Orangen? ______

Woher kommen die Bananen? ______

Woher kommen die Tulpen? ______

Woher kommen die Zitronen? ______

Woher kommen die Kartoffeln? ______

Das gibt es auf dem Markt

Kartoffeln	Kopfsalat	Himbeeren
Tomaten	Spinat	Datteln
Gurken	Broccoli	Äpfel
Zwiebeln	Preißelbeeren	Wirsing
Rettich	Ananas	Endivien
Sellerie	Pflaumen	Weißkohl
Trauben	Schnittlauch	Zitronen
Feigen	Dill	Maronen
Champignons	Bohnen	Quitten
Knoblauch	Kürbis	Melonen
Rosenkohl	Avocados	Bananen
Pepperoni	Radieschen	Basilikum
Petersilie	Auberginen	Fenchel
Birnen	Paprika	Eissalat
Blumenkohl	Steinpilze	Orangen
Chicorée	Rotkohl	Kopfsalat
Kresse	Walnüsse	Mandarinen

Das gibt es auf dem Markt, Blatt 2

Erdbeeren	Feldsalat	Zucchini
Kokosnüsse	Pfifferlinge	Kiwi
Steckrüben	Chinakohl	Granat-äpfel
Löwenzahn	Möhren	Ingwer
Pampelmusen	Rote Beete	Kaki
Mango	Artischocken	

Kennzeichne so:

roter Punkt o ⟶ Das kenne ich.

grüner Punkt o ⟶ Das kennt mein Vater oder meine Mutter.

blauer Punkt o ⟶ Das habe ich schon gegessen.

roter Stern * ⟶ Das möchte ich gerne einmal kosten.

Das Thema *Brot,* sonst schon im ersten Schuljahr behandelt, steht diesmal noch aus. Brot ist ein Teil des Kinderlebens, eines der Dinge, die man fraglos hinnimmt. Ich will das Fragen im Alltag anregen und ermutigen und im Unterricht das spontane Interesse der Kinder nutzen und entwickeln.

Wir sammeln zuerst einmal Fragen: *Was wir vom Brot wissen wollen.* Sie werden vervielfältigt und verteilt. Aufgabe: *Kreuze die Fragen an, die dich besonders interessieren!* So lassen sich Schwerpunkte bilden.

Wir schauen uns verschiedene Getreidekörner an, mahlen Weizenkörner in der Kaffeemühle, beginnen eine Ausstellung zum *Brot* mit Dingen und Bildern und singen: *Es klappert die Mühle am rauschenden Bach.* Eine kleine Lektion über die Geschichte des Getreidemahlens wird eingeflochten. Und dann verspreche ich, daß wir mit Hilfe eines Experimentes das Geheimnis über der Frage: *Wieso sind im Brot so kleine Löcher?* etwas lüften werden. Ich lese aus einem Backbuch das Rezept für Hefeteig vor. Die Zutaten schreibe ich an die Tafel: Hefe, Mehl, Zucker, Milch, Salz. Wir haben alle Zutaten da und schauen sie uns an. Nichts zeigt, daß es Löcher in den Teig macht.

Aber wenn man's mischt, dann . . . – Ja, wie bei der Brause mit diesem Dings. Keinem Kind fällt ein, daß das, womit wir Brause gemacht haben, Natron und Zitronensäure hieß. Aber alle erinnern sich an die Experimente.

Im Nu wird analog dazu eine Versuchsreihe entworfen: Zehn mögliche Mischungen von zwei bis fünf Zutaten stehen an der Tafel. In Babygläsern setzen wir die Mischungen an, stellen sie warm und füllen die Wartezeit mit einer Schreibübung: *Welche Mischung wirft Bläschen?* Da kommt jedes Wort

Was wir vom Brot wissen wollen

1. Wieso sind im Brot so kleine Löcher?
2. Warum ist das Brot mal weiß, mal schwarz oder grau ?
3. Warum sind manchmal oben auf dem Brotlaib Rillen ?
4. Warum hat das Brot eine Rinde ?
5. Wie entstehen die verschiedenen Brotformen ?
6. Warum schmeckt die Rinde so gut ?
7. Warum ist der Brotschimmel grünlich?
8. Warum wird das Brot hart ?
9. Warum ist das Brot innen weich und außen hart ?
10. Warum schimmelt das Brot ?
11. Warum ist der Schimmel schädlich für uns ?
12. Warum braucht man Getreide für's Brot ?
13. Wie wird das Brot gemacht ?
14. Warum ist manchmal außen am Brot noch Mehl ?
15. Wie lange muß ein Brot backen ?
16. Wieso geht der Hefeteig auf ?
17. Warum schmecken die Brotsorten verschieden ?
18. Warum sind im Brot manchmal Körner?
19. Warum schmeckt das Weißbrot ohne Eier nicht so gut ?
20. Warum schmeckt warmes Brot besser als kaltes ?
21. Warum gibt es verschiedene Brotformen ?
22. Warum ist das Weißbrot manchmal so lang ?
23. Warum ist die Kruste manchmal aufgebrochen ?
24. Warum haben die Brote verschiedene Namen, wie Korianderbrot und Sonnenblumenbrot ?
25. Wieviel Gewürze sind im Brot ?

mehrmals vor und wird gründlich geübt.

Die Kontrolle der Gläser ergibt nachher: In sieben Gläsern hat sich nichts gerührt. Die drei anderen sind jetzt bis zum Rand mit einem blasigen Brei gefüllt. Alle drei enthalten Hefe, Milch und Zucker. Die sind also gemeinsam für die Blasen verantwortlich. Jetzt sind die Kinder bereit, zuzuhören und zu verstehen, was ich ihnen über die Funktion von Triebmitteln beim Backen erkläre.

Am nächsten Tag bringt Tanja ein selbstgebackenes Brot mit in die Schule. Sie hat einfach ausprobieren müssen, ob sie ein Brot backen kann. Sie hat alle fünf Zutaten aus der Schreibübung genommen, Mengen nach Gutdünken, alles gemischt und geknetet und gebakken. Das Brot ist sehr hart geworden, sieht aber appetitlich aus. Und gleich bestürmen mich die Kinder: *Können wir nicht in der Schule Brot backen?*

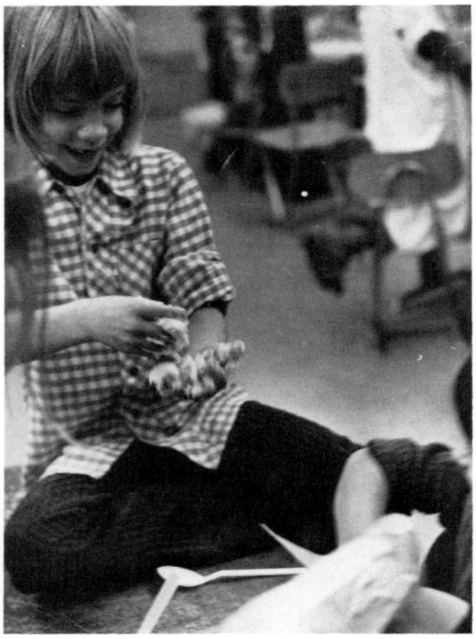

Ich habe etwas Angst vor dem Hefeteig, weil er so klebt. Aber am nächsten Tag, als jede Gruppe ihren Teig mischt und knetet, stellt sich heraus, daß Hefeteig die Tische eher sauber als schmutzig macht. Ist er erst einmal lange genug geknetet worden, nimmt er jedes Teigkrümelchen auf und leider auch Schmutz von den Tischen. Aber die Kinder stört es nicht, wenn ihr Teig grau wird, sie mögen gar nicht aufhören mit Kneten.

Als der Teig aufgeht, ist das ein Erlebnis wie im Märchen. Zuerst sind die Kinder enttäuscht darüber, wie wenig Teig aus ihren Zutaten in der großen Suppenschüssel entstanden ist. Dann wird die Schüssel mit einem Handtuch zugedeckt, und ich lese ein Kapitel aus *Hannes Strohkopp und der unsichtbare Indianer* vor, eine Geschichte, die uns sehr zu Herzen geht. Der Kapitelschluß ist spannend. Und nun soll das Tuch hochgehoben werden! Beim Zuhören haben sie ihren Teig ganz vergessen, jetzt konzentriert sich alle Spannung auf das, was das Tuch verbirgt. Und tatsächlich ist in allen Schüsseln auf einmal doppelt soviel Teig, ein schön gewölbter Klumpen. Manche Kinder schreien vor Staunen, manche seufzen nur.

Solche Erlebnisse in der Gruppe tun sicher mehr für die soziale Erziehung als eine ganze Unterrichtsstunde über Gruppentheorie. Der Teig wird in der Gruppe geteilt und jedes Kind formt seine Brote oder Brötchen und verziert sie mit Mohn, Salz, Nüssen – was so alles mitgebracht wurde. Das mühsame Ende für mich: Ich muß einen Teil der Backwerke mit nach Hause nehmen und dort backen, weil wir keine Schulküche haben, der Herd in unserem Hort nicht alles schafft und der Bäcker um die Ecke nicht mitspielen will.

Maria und Christa, zwei Studentinnen, die gerade bei uns hospitieren, übernehmen es, Musterbrote zu beschaffen. In einer großen Bäckerei treffen sie einen sehr netten Chef, der ihnen gleich einen ganzen Korb mit verschiedenen Brotsorten, Semmeln, Brezeln mitgibt und ein scharfes Messer dazu. Als sie in der Schule ankommen, sind

die Brote noch warm und duften herrlich. Es wird ein richtiges Fest, als wir uns, nach geziemender Erörterung der besonderen Merkmale der einzelnen Brote, über sie hermachen.

Vorher haben wir noch an der Tafel 37 Namen für Brotsorten gesammelt, von Vollkornbrot bis Schusterbuben. Kinder sind in diesem Alter oft sehr konservativ in ihren Eßgewohnheiten. Aber jetzt sind sie so fasziniert von all dem, was sich hinter dem Wort *Brot* verbergen kann, daß sie gerade auf das Unbekannte neugierig sind und mal ein Korianderbrot oder ein Vinschgerl versuchen möchten.

Ich habe die Probierwünsche als Statistik in Form eines Säulendiagramms an der Tafel notiert. Es ist immer sehr eigenartig, zu beobachten, wie die Kinder bei solchen Gelegenheiten zwischen der Neigung, sich zur stärkeren Gruppe zu schlagen oder sich durch etwas Ausgefallenes hervorzutun schwanken und darüber fast vergessen, ihre tatsächlichen Bedürfnisse zu nennen. Als ich ihnen das anschließend schildere, sind sie amüsiert und geschmeichelt, weil sie sich selbst erkennen in ihren unbewußten Regungen und weil ich die der Rede für wert halte.

Jch streiche auf's Brot ...

Marmelade	Hackepeter
Butter	Fleischsalat
Nutella	Erdnußbutter
Käse	Schinken
Streichkäse	Sardinen
Salami	Margarine
Rübensirup	Schmalz
Streichwurst	Kräuterbutter
Honig	Ketchup
Hartwurst	Camembert
Leberwurst	Teewurst
Rührei	Mettwurst
Hüttenkäse	Gelbwurst

Jch trinke ...	Jch esse dazu ...
Saft	Eier
Tee	Tomaten
Kaba	Trauben
Limo	Zwiebeln
Wasser	Radieschen
Cola	Fisch
Vitaminsprudel	Gelbe Rüben
Milch	Gurken
Kaffee	Salat Quark
Fanta	Bananen
Kakao	Äpfel Birnen
Erdbeermilch	Joghurt

Unser Brotgeschenk ist an einem Tag nicht zu schaffen. Also werden wir morgen mal wieder zusammen frühstücken. Da können wir auch gleich die selbstgemachten Brote probieren. Als Hausaufgabe gibt es eine Liste mit Dingen, die man zum Frühstück zu sich nehmen kann, je eine Abteilung Getränke, Brot, Brotaufstrich, Obst, Extras. Die soll zerschnitten werden, die zusammengehörenden Streifen jeweils auf ein Häufchen gelegt. Dann kann man sich – ein Streifen aus jeder Abteilung – ein Frühstück zusammenstellen. Jeder soll fünf verschiedene Möglichkeiten aufschreiben und dann entscheiden, was er selbst für das gemeinsame Frühstück mitbringen will. Die Idee zu diesem Kombinationsspiel habe ich aus dem dva-Buch *Brot,* das noch viele andere Informationen liefert.

Am Frühstückstag eine Hausaufgabe, die von scheuen Kindern etwas Mut abverlangt: Jedes bekommt eine Liste mit den 37 Brotsorten, die wir aufgeschrieben haben und die es alle in München gibt, wenn auch nicht bei jedem Bäcker. Mit dieser Liste soll man zu dem Bäcker gehen, bei dem das Brot für die eigene Familie gekauft wird und fragen, welche von den Sorten es bei ihm gibt. Ich bin am nächsten Tag erstaunt, wie vielfältig das Angebot unserer Bäckereien ist. Und die Kinder sind nicht nur davon begeistert, sondern auch von der Freundlichkeit, mit der man ihnen Auskunft gegeben hat.

Hat euer Bäcker diese Backwaren?

	ja	nein		ja	nein
Mischbrot			Brezeln		
Roggenbrot			Salzstangen		
Vollkornbrot			Mohnsemmeln		
Sonnenblumenbrot			Milchsemmeln		
Bauernbrot			Nußzopf		
Holzofenbrot			Breznstange		
Weißbrot			Mohnzopf		
Toastbrot			Rosinenbrot		
Pumpernickel			Vinschgerl		
Korianderbrot			Sesamsemmeln		
Schwarzbrot			Zwieback		
Knäckebrot			Grahambrot		
Zwiebelbrot			Kommißbrot		
Baguette			Schlüterbrot		
Kümmelknäcke			Simonsbrot		
Bierweckerl			Schusterbuben		
Semmeln					
Kaisersemmeln					
Römersemmeln					
Salzsemmeln					
Hefezopf					

Frage den Bäcker oder jemanden im Laden. Die leeren Zeilen sind für weitere Sorten.

Sagen dir diese Namen etwas?

1. Weißbrot Es ist ungefähr weiß
2. Toastbrot Weil man es getoastet ißt
3. Landbrot weil man es so macht wie die Leute am Land
4. Knäckebrot weil es so gut schmeckt und imer knagst
5. Brötchen ist ein kleines Brot
6. Zwieback zweimal gebacken
7. Viererzopf weil es viermal geflochten ist
8. Kaisersemmel Weil sie Gold gelb ist
9. Krustenbrot Weil es dicke Krusten hat
10. Diätbrot Davon wird man nicht dick
11. Zwiebelbrot ist aus Zweibeln gemacht und nicht so
12. Sonnenblumenbrot In dem Brot sind Kerne drin von Sonnenblumen
13. Schwäbisches Bauernbrot Weil es aus Schwaben kommt von Bauern

Wenn du fertig bist, hol dir das Blatt mit den Antworten und vergleiche!

Aus dem Namen der Brote hört man:

1. Weißbrot ist ziemlich weiß.
2. Toastbrot soll getoastet werden.
3. Landbrot wird so zubereitet und soll so schmecken wie Brot auf dem Land.
4. Knäckebrot knackt beim Kauen.
5. Brötchen sind wie kleine Brote.
6. Zwieback wird zweimal gebacken.
7. Viererzopf wird aus vier Strängen Hefeteig geflochten.
8. Kaisersemmeln sehen einer Kaiserkrone ähnlich.
9. Krustenbrot hat besonders dicke und wohlschmeckende Krusten.
10. Diätbrot ist für Menschen, die das normale Brot nicht essen dürfen.
11. Zwiebelbrot ist mit Zwiebeln gewürzt.
12. Sonnenblumenbrot enthält Sonnenblumenkerne, ganz oder gemahlen.
13. Schwäbisches Bauernbrot ist so, wie Brot bei den Bauern in Schwaben.

Natürlich sprechen wir auch davon, daß Brot nicht nur beim Bäcker, sondern auch in der Fabrik hergestellt wird. Aber die Kinder finden, daß das Fabrikbrot weniger gut schmeckt. Sie sehen ein, warum Fabrikbrot nötig ist, welche Vorteile es hat. Aber sie erkennen auch, was die Arbeit aus dem Handwerksbetrieb für sie bedeuten kann und daß es sich lohnt, dafür etwas mehr zu bezahlen.

Zwei Übungen zum Eigenschaftswort, das wir noch Wiewort nennen, schließen sich an: *Welches Wiewort paßt?* und *Das Wiewort verändert sich.*

Die Übung zur Veränderung des Verbs (Tunwort bei uns), die zum erstenmal die Leideform bewußt macht, bereite ich mit Handgreiflichkeiten vor. Einzelne Kinder kommen nach vorn, manchmal etwas zaghaft, weil sie nicht wissen, was ihnen da blüht, aber sie wollen sich auch nichts entgehen lassen. Ich hebe sie hoch, schubse sie, schüttle sie und sage: *Ich schubse dich.* Der Geschubste verkündet dann: *Ich werde geschubst.* Anne, die es gerade sehr nötig und auch verdient hat, bekommt einen Kuß und verkündet strahlend: *Ich werde geküßt.* Und Michi lege ich übers Knie und verprügle ihn sanft. Nachher müssen wir lachen, als wir überlegen, daß er sicher wirklich gelitten hätte, wenn ich ihn geküßt hätte.

Dieser Unterricht über Brot hat Spuren hinterlassen. Noch Wochen später kommen Kinder mit selbstgebackenem Pausebrot zur Schule, und eines Tages bringt Florian ein 30 cm hohes Weizenfeld mit, das er im Blumenkasten gezogen hat. Die Weizenkörner hatte er mir abgebettelt.

Welches Wiewort paßt?

Die Semmeln sind ...
Die Rinde ist ...
Der Nußzopf ist ...
Das Baguette ist ...
Das Vollkornbrot ist ...
Die Hefe ist ...
Das Toastbrot ist ...
Das Pumpernickel ist ...
Das Zwiebelbrot ist ...

Setze die Zahlen ein.
Dann schreibe alle Sätze ab.
① süß ② lang ③ dunkel ④ würzig
⑤ hell ⑥ schwarz ⑦ hart
⑧ knusprig ⑨ bröckelig

Das Wiewort verändert sich

Beispiel: Brot ist gesund.
Ich esse gesundes Brot.

Die Semmeln sind knusprig.
Das Weißbrot ist lang.
Die Rinde ist hart.
Das Roggenbrot ist frisch.
Die Hefe ist roh.
Der Nußzopf ist süß.
Das Toastbrot ist hell.
Das Vollkornbrot ist dunkel.
Das Zwiebelbrot ist würzig.
Das Pumpernickel ist schwarz.

knusprig → ________	süß → ________
lang → ________	hell → ________
hart → ________	dunkel → ________
frisch → ________	würzig → ________
roh → ________	schwarz → ________

Einer tut etwas und einer leidet

Ich schneide das Brot.
Das Brot wird ________.
Ich esse das Brot.
Das Brot wird ________.
Ich kaue das Brot.
Das Brot wird ________.
Ich schlucke das Brot.
Das Brot wird ________.
Ich verdaue das Brot.
Das Brot wird ________.
Ich zerkrümele das Brot.
Das Brot wird ________.

Telefon und Alphabet

Im zweiten Schuljahr soll man lernen, in einem einfachen Wörterbuch etwas nachzuschlagen. Dazu muß man das Alphabet, d. h. die Reihenfolge der Buchstaben im Alphabet, im Kopf haben.

Ich frage: *Wer kann das Alphabet?* Alle sind überzeugt davon, es auswendig hersagen zu können und wollen das auch gleich tun. Da nicht alle drankommen können, lasse ich es auf Zettel notieren. Und nun stellt sich heraus, daß es gar nicht so sicher sitzt. *So kann man sich täuschen! Wenn ich etwas kenne oder ungefähr weiß, heißt das noch nicht, daß ich es auch sicher beherrsche!* Die Kinder verstehen ohne Bedauern, was ich meine, und wollen jetzt das Alphabet pauken.

Michael fragt: *Wofür braucht man das eigentlich?* Und Roswitha erklärt ihm, daß man im Büro Rechnungen nach dem Alphabet einordnet, um sie schneller wiederzufinden. Ich zeige ihnen die Schülerliste und meinen Kinderduden, die am Rand ein Register haben. Auch unser Wörterverzeichnis in der Rechtschreibmappe ist alphabetisch geordnet, das ist nur noch niemandem aufgefallen. Schließlich meint ein Kind: *Und im Telefonbuch könnte ich keinen Namen finden, wenn alle durcheinander stünden. Da müßte ich ja das ganze Buch durchlesen.*

Hausaufgabe: Die eigene Nummer im Telefonbuch aufsuchen. Michael, der daheim kein Telefon hat, will nachschauen, ob es einen anderen Müller gibt, der denselben Vornamen hat wie sein Vater.

Die Register in Schülerliste und Kinderduden hat die Kinder offenbar fasziniert, darum werden wir ein Adressenbüchlein basteln. Am nächsten Tag zeige ich ihnen mein privates Adressenverzeichnis und schlage vor, daß jedes Kind sich so etwas anfertigt und dann alle wichtigen Adressen und Telefonnummern einträgt, z. B. die der Kinder der Klasse. Eine Adressenliste habe ich schon vorbereitet. Ein großer Vorrat an Zetteln, die etwa so groß wie eine Postkarte sind, liegt bereit.

Warum ist diese Arbeit so fesselnd? Wirklich jedes Kind ist ganz gesammelt bei der Sache, zieht Striche mit dem Lineal, sucht den Platz für den nächsten Buchstaben, schneidet den Reststreifen sorgfältig ab, prüft, ob der Buchstabe auch richtig unter dem vorhergehenden herausschaut, versichert sich immer wieder der richtigen Reihenfolge. Offenbar ist es auch ein ästhetisches Vergnügen, sich so ein Büchlein zu machen, wo jeder Buchstabe unter dem vorhergehenden herauszuschlüpfen scheint.

Aber ich höre auch, wie Julia sagt: *Ich bin noch nicht geboren.* Sie ist erst bei H. *Ich schon!* antwortet Daniela, die längst über ihren Anfangsbuchstaben hinaus ist. Den eigenen Namen in so einem Büchlein aufzuheben, hat für Kinder eine magische Bedeutung, die uns Erwachsenen nicht mehr auffällt.

Hausaufgabe: *Alle Adressen von der Klassenliste eintragen.* Am nächsten Tag stöhnen manche Kinder, es wäre sehr viel Arbeit gewesen. Aber es ist ein wohliges Stöhnen, denn es war eine richtige, ernsthafte Arbeit mit sichtbarem und brauchbarem Ergebnis.

Bei M ist etwas unklar: *Kommt zuerst Harald Müller oder erst Michael Müller?* Michael hat im Telefonbuch festgestellt, daß die vielen Müllers noch einmal geordnet sind, und zwar nach den Anfangsbuchstaben ihrer Vornamen. Er erklärt uns das. Hausaufgabe: Zweiundzwanzig Müllers alphabetisch ordnen.

Wir spielen *Stille Post* und entdecken etwas: Wenn jemand undeutlich oder leise spricht, versteht man nur ungefähr, was er sagt. Manchmal kann man sich dann das Richtige denken, manchmal aber auch nicht. Schwierig ist es bei Namen, es gibt da so viele Möglichkeiten. Am besten, man buchstabiert sie. Und weil manche Buchstaben ähnlich klingen, benutzt man am Telefon für jeden Buchstaben ein ganzes, eindeutiges Wort. Jedes Kind bekommt ein Blatt mit dem Buchstabieralphabet für Telefonate in Deutschland. Die folgende Schreibübung ist ein Spiel: Irgendwelche Namen, der eigene und die der Freunde, werden mit dem Telefon-Alphabet buchstabiert.

Auf dem Schreibblatt stehen die Buchstaben dann untereinander, z. B.

Ida
Nordpol
Anton

Und Ina behauptet, sie hieße jetzt Aln. Ich brauche eine ganze Weile, bis ich begreife, daß die Kinder versuchen, aus den Schlußbuchstaben auch wieder

einen Namen herauszulesen. Das ist oft gar nicht auszusprechen. Aber es lockt zu immer neuen Versuchen.
Mehrere Tage hintereinander machen wir denselben Test: *Kann ich ganz schnell das Alphabet richtig aufschreiben?* Da dies eine überschaubare Aufgabe ist, die ein eindeutiges Lernziel hat, macht das Pauken auch Spaß. Wer dreimal alles richtig hatte, scheidet aus. Wer es noch nicht geschafft hat, wird ermuntert, weiter zu üben. Niemand scheint gekränkt zu sein, weil er noch nicht ausgeschieden ist. Umgekehrt: Manche Kinder wollen bald wieder beim Test mitmachen, obwohl sie das Lernziel schon erreicht haben.

Immer wieder war am Rande vom Telefon die Rede. Bevor es selbst zum Thema wird, frage ich: *Was wollt ihr vom Telefon wissen?* Und mit 23 Kinderfragen werde ich wieder einmal vollkommen überfordert. Die Kernfrage: *Wie kommt ein Kontakt mit dem richtigen Partner über eine so große Entfernung zustande?*

Ich bringe am nächsten Tag einen Apparat mit, der mal bei uns stehenblieb, als das Telefon repariert wurde. Man bekommt solche ausrangierten Telefone manchmal auch bei der Post, wenn man sich hartnäckig durchfragt.

Der Apparat wird auseinandergenommen. Die Glocke wird entdeckt und wie sie funktioniert. Man kann sehen, wie die Gabel den Kontakt unterbricht, wenn man sie hinunterdrückt. Hör- und Sprechmuschel werden aufgeschraubt .... Das machen die Kinder alles alleine, besprechen auch ihre Beobachtungen, klären miteinander die auftauchenden Fragen. Ich stehe am Rande und beobachte, werde selten gefragt. Damit es keinen Streit gibt und allzuviel Drängelei, habe ich die Untersuchung des Apparates in die Gruppenstunde verlegt. Ein Teil der Klasse ist beim Handarbeitsunterricht. Mit allen besprechen wir später, wie der Kontakt zwischen zwei ganz bestimmten Partnern entsteht.

Ich stehe mit der Kreide in der Hand vor der Tafel, erkläre und zeichne. Wenn sich alle Kinder für die Sache

interessieren, die man ihnen verständlich machen möchte, kann man vor der Klasse dozieren. In diesem Fall möchten alle Kinder gern wissen, wie das funktioniert und hören gespannt zu.

Hier wohnt Herr A und da wohnt Frau B, beide haben ein Telefon, verbunden mit einer elektrischen Leitung. (Links steht A, rechts B, dazwischen ein Strich.) Was tun sie, wenn sie miteinander sprechen, aber jeder nicht aus dem Haus gehen will? – Sie heben den Hörer ab und können miteinander sprechen. – Dort wohnt Frau C. Sie hat auch Telefon und will mit A und B manchmal sprechen. Wir legen eine Leitung von C zu B und von C zu A. – Jetzt will Herr D auch Telefon haben und mit allen sprechen. Also wird je eine Leitung gelegt von D zu A, von D zu B, von D zu C ..... Allmählich füllt die Tafel sich mit Strichen. Der Einwurf: *Aber soviele Leitungen kann man doch nicht legen!* kommt bald.

Ich lasse die Kinder einige Minuten laut darüber nachdenken, alle reden

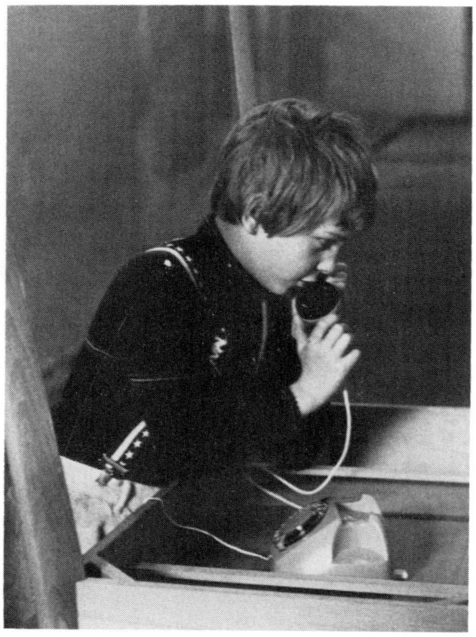

durcheinander. Es ist jetzt ihr Problem. Schließlich wische ich alle Leitungslinien weg, zeichne einen Kreis in die Mitte der Tafel: *Das ist die Zentrale, jedes Telefon ist mit der Zentrale verbunden.* Wieder werden Leitungen eingezeichnet, von A nach Z, von B nach Z ... Das machen die Kinder. Jeder möchte einmal an die Tafel. Das Vermittlungsproblem ist im Augenblick zurückgetreten.

Ich frage wieder: *Und wie kann jetzt Herr A mit Herrn D telefonieren? Die sind ja nicht miteinander verbunden.* – Ganz kurz angespannte Ruhe, dann *Ah!* und *Ich hab's* und *Ach so.* Manche schüchternen Kinder lächeln verlegen, wollen sich nicht glauben, daß sie das herausfinden konnten: *Man muß nur noch innerhalb der Zentrale eine Verbindung zwischen A und D herstellen. Wenn das Gespräch beendet ist, kann man sie wieder lösen.*

Jetzt erinnern sich auch einzelne Kinder daran, in alten Filmen so eine Telefonvermittlerin bei der Arbeit gesehen zu haben. Ich erkläre, so gut ich kann, wie vermittelt wird.

Weil es regnet, bleiben wir in der Pause im Klassenzimmer. Ich gehe kurz nach nebenan. Als ich zurückkomme, haben sich die Fernsprechteilnehmer an der Tafel vermehrt und Striche gehen kreuz und quer. Jeder scheint mit jedem verbunden zu sein. Das Problem hat die Kinder noch nicht losgelassen. Später erzähle ich von den Zeiten, in denen Gepräche handvermittelt wurden. In meiner Kindheit galt das ja auf jeden Fall noch für alle Ferngespräche. Jedes Kind weiß, daß man heute eine andere Stadt über eine Vorwahlnummer erreicht. Von da kommen wir auf die Bedeutung der Teilnehmernummer. Technische Fragen zur automatischen Vermittlung muß ich offenlassen. Ich kann nicht alles erklären. Es ist wichtig, daß die Kinder auch meine Grenzen immer wieder erkennen und daß es jenseits der Schule immer noch Neues zu lernen gibt.

Wir üben Wörter, die mit dem Telefonieren zu tun haben und Wörter mit ph wie Telephon. Die Kinder erzählen vom Telefonieren, wie sie es früher noch nicht recht konnten und wie sie jetzt, wenn niemand sonst daheim ist, Gespräche annehmen können. Sie vergessen allerdings leicht, was man ausrichten sollte. Wir üben darum, Nachrichten mit Stichworten zu notieren.

Jeder schreibt auf: *Wie man telefoniert.* Alle wissen es ungefähr, beschreiben es, aber jeder auf eine eigene Weise. Tobias schreibt klar und sachlich: *1. nimmt man den Hörer ab, 2. Amtszeichen abwarten, 3. Nummer wählen, 4. Meldung oder Besetztzeichen abwarten, 5. sich vorstellen, 6. sprechen, 7. nach dem Gespräch den Hörer auflegen.*

Tanja beginnt: *1. Das Telefon ist ein kleiner ungewöhnlicher Kasten.* Sie hat einen größeren Bruder, der Hausaufsätze schreiben muß. Harry, der Legastheniker ist, beschränkt sich klug auf: *„1. den Hörer abheben, 2. wählen, 3. sprechen, 4. auflegen."* Ich lobe ihn, weil er, ohne ängstlich nachzufragen, einen Weg gefunden hat, die Aufgabe zu bewältigen.

Ein andermal gebe ich ihnen auf, die Anweisung in einer Telefonzelle genau zu lesen und sich einzuprägen. Am anderen Tag stehen drei mögliche Anweisungen an der Tafel. Die richtige muß erkannt werden. Das ist unser nächster Diktattext.

Wir sprechen über Auskunft und Ansagedienste und suchen die Nummern aus dem Telefonbuch. Hausaufgabe: *Jeder ruft, nachdem er daheim um Erlaubnis gefragt hat, einen Ansagedienst an und hört eine Weile zu.* Am nächsten Tag wird berichtet, und dann verteile ich ein Arbeitsblatt, auf dem mögliche Ansagefetzen jeweils einem der Dienste zugeordnet werden müssen. Mich wundert, wie schnell die Kinder sich zurechtfinden. Später stellt sich heraus, daß die meisten nicht nur eine der Nummern angerufen haben. *Es hat soviel Spaß gemacht!*

Ein Kind bringt ein Spieltelefon mit. Es ist anders als ein echtes, aber man kann sich mit jemandem unterhalten, der nicht im Zimmer ist. Tino steht auf dem Flur und spricht mit Michi. Der ist am Apparat in der Klasse, und wir hören ihm zu. Es ist wie ein Rätsel: *Wer kann sagen, was die beiden besprochen haben, obwohl er nur den einen Teil belauschen konnte?*

Nachher schreiben immer zwei Kinder zusammen ein Telefongespräch, manche nehmen dabei eine fremde Rolle an. Harry und Michael einigen sich: Michael stellt Fragen, bei denen Harry immer nur *ja* oder *nein* als Antwort aufschreiben muß. Dann kann Harry, der Legastheniker, mitmachen. Am Ende möchten alle Kinder gerne mit verteilten Rollen ihr Gespräch vorlesen.

Wir lesen dann noch *Das verhexte Telefon* von Erich Kästner. Und wer mag, versucht, *Das Kindertelefon-Alphabet* von James Krüss auswendig zu lernen.

Was wir über das Telefon wissen möchten

1. Wie wurde das ganze Telefon erfunden?
2. Wie kommt der Strom ins Telefon?
3. Wieso ist da eine Glocke drin?
4. Wieso hört's auf, wenn man auf die Gabel drückt?
5. Warum hat man früher die Vermittlung anrufen müssen?
6. Wie funktioniert das mit den Wellen? Wieso kommen die dahin, wo sie hinsollen?
7. Sind im Telefon mehrere Glocken oder eine?
8. Wer hat das erste Telefon erfunden?
9. Wie entsteht das Klingeln beim andern?
10. Warum muß man die Nummer wählen?
11. Wie wurden Sprechmuschel und Hörmuschel erfunden?
12. Wie kam es, daß das Telefon erfunden wurde?
13. Wie wurde die Wählscheibe erfunden?
14. Warum hat man früher so kurbeln müssen?
15. Wie kann man jemand so weit hören?
16. Wie schaut das Telefon innen aus?
17. Es gibt durchsichtige Telefone. Warum?
18. Wie hat das erste Telefon ausgeschaut?
19. Wieso können immer nur zwei sprechen?
20. Warum hat ein Telefon keine Zahnräder?
21. Hat ein Deutscher das Telefon erfunden? (Der Name klingt so komisch.)
22. Wieso kann man den Hörer in die Hand nehmen?
23. Warum hat der Hörer so eine komische Form?

Wörter mit ph
(sprich wie f)
Telephon
telephonieren
Photograph
Photographie
photographieren
Philipp
Alphabet
Strophe
Prophet
prophezeihen
Sophie

das Telefon
der Hörer
die Wählscheibe
die Nummer
die Gabel
das Kabel
der Strom
die Klingel
die Hörmuschel
die Sprechmuschel
abheben
wählen
melden
sprechen auflegen

Fernsprechansagedienste
(eine Auswahl)

Fahrplanhinweise	11531
Fernsehprogramme	11603
Küchenrezepte	1167
Sportnachrichten	1163
Straßenzustand	1169
Wettervorhersage	1164
Zahlenlotto	1162
Zeitansage	119
Auskunft Inland	118

Ordne die Namen
wie im Telefonbuch!

○ Müller, Ina	○ Müller, Alfons
○ Müller, Dieter	○ Müller, Martin
○ Müller, Klaus	○ Müller, Ottilie
○ Müller, Ute	○ Müller, Harald
○ Müller, Josefa	○ Müller, Thomas
○ Müller, Cordula	○ Müller, Zenzi
○ Müller, Gisela	○ Müller, Yvonne
○ Müller, Fritz	○ Müller, Walter
○ Müller, Berti	○ Müller, Sybille
○ Müller, Pauline	○ Müller, Rita
○ Müller, Elisabeth	○ Müller, Ludwig

Buchstabiertafel
für Telefonate im Ausland

A - Amsterdam	N - New York
B - Baltimore	O - Oslo
C - Casablanca	P - Paris
D - Dänemark	Q - Quebec
E - Edison	R - Roma
F - Florida	S - Santiago
G - Gallipoli	T - Tripoli
H - Havana	U - Upsala
I - Italia	V - Valencia
J - Jerusalem	W - Washington
K - Kilogramm	X - Xanthippe
L - Liverpool	Y - Yokohama
M - Madagaskar	Z - Zürich

Welchen Ansagedienst habe ich angerufen?

○ ... Reis hineingeben, zudecken und bei geringer Hitze ausquellen lassen ...
○ ... Beim nächsten Ton ist es 8 Uhr, 23 Minuten und 10 Sekunden.
○ ... Nach Kopenhagen, Oslo und Stockholm umsteigen in Hamburg / Hauptbahnhof ...
○ ... 21.45 Uhr Blickpunkt Sport
22.45 Uhr Nachrichten
○ ... vor Titelverteidiger Nikkola aus Finland ...
○ ... Winterreifen werden benötigt für San Bernardino, Simplon ...
○ ... 40 000 Mark für die Losnummer 204 109 ...
○ ... Von Westen und Südwesten her fließt zunehmend mildere Meeresluft nach Süddeutschland ...

1. Zahlenlotto
2. Zeitansage
3. Küchenrezepte
4. Fahrplanhinweise
5. Fernsehprogramme
6. Sportnachrichten
7. Wettervorhersage
8. Straßenzustandsbericht

Wie man das Telefon benutzt

○ Man horcht, ob das Freizeichen ertönt.
○ Man hebt den Hörer ab.
○ Der Teilnehmer meldet sich: Er sagt seinen Namen und grüßt
○ Wenn jemand den Hörer des anderen Apparates abnimmt, hört das Tuten auf.
○ Wenn mit dem angewählten Apparat nicht telefoniert wird, hört man ein langgezogenes Tuten.
○ Man sucht die Telefonnummer des Teilnehmers heraus, den man anrufen will.
○ Der Anrufer grüßt und sagt auch seinen Namen.
○ Wenn die Leitung frei ist, wählt man mit der Wählscheibe die gewünschte Nummer.
○ Beide sprechen miteinander.
○ Wenn dann das Besetztzeichen ertönt, muß man den Hörer wieder auflegen und später die Nummer nochmals wählen.
○ Wenn beide den Hörer wieder auf die Gabel ihres Telefonapparates legen, ist die Verbindung zwischen ihnen unterbrochen.

Zerschneide, ordne, nummeriere, klebe richtig auf!

Buchstabiertafel
für Telefongespräche in Deutschland

A - Anton	O - Otto
Ä - Ärger	Ö - Ökonom
B - Berta	P - Paula
C - Cäsar	Q - Quelle
Ch - Charlotte	R - Richard
D - Dora	S - Samuel
E - Emil	Sch - Schule
F - Friedrich	T - Theodor
G - Gustav	U - Ulrich
H - Heinrich	Ü - Übermut
I - Ida	V - Viktor
J - Julius	W - Wilhelm
K - Kaufmann	X - Xanthippe
L - Ludwig	Y - Ypsilon
M - Martha	Z - Zacharias
N - Nordpol	

Wie wir wohnen

Die Frage, wie wir und andere Menschen wohnen, beschäftigte uns etwa vier Wochen. Thema und Aufgaben entwickelten sich wie von selbst, nachdem wir einmal begonnen hatten. Auf diesen Seiten habe ich sie etwas geordnet, um den Überblick zu erleichtern. Tatsächlich ergab sich eins aus dem andern ohne Rücksicht auf systematische Ordnung. Anschauungs- und Erprobungsmaterial, Beobachtungs- und Ordnungsaufgaben, Berichte von Kindern und von mir weckten immer neue Einfälle.

Auch so ein langwieriges, weitausgreifendes Projekt endet einmal, weil denn doch der Lehrplan drängt. Dann ist man traurig und enttäuscht. Man hätte gerade jetzt noch soviel dazu tun und erfahren wollen! Aber all die offengebliebenen Fragen sind auch ein Versprechen für die Zukunft: Es wird noch viel interessante Aufklärung und Erweiterung des Horizonts geben! Offene, womöglich drängende Fragen am Ende eines Unterrichtsprojekts bedeuten immer auch, daß die Kinder ihnen wahrscheinlich unabhängig vom Unterricht nachgehen werden, daß das Lernen in der Schule das Lernen außerhalb ihrer Mauern anregt und beide miteinander verknüpft werden.

Unsere Wohnung

Die Kinder diktieren mir alle die Dinge, die man in seiner Wohnung tun will. In derselben Reihenfolge schreibe ich diese *Bedürfnisse* auf ein Arbeitsblatt. Fernsehen wird erst spät erwähnt, das wundert mich. Thomas sagt dann noch, sterben wolle man auch in der Wohnung und geboren werden. Michael weiß, daß er zu Hause geboren wurde. Die anderen Kinder kamen im Krankenhaus auf die Welt. Bis auf Yahya, der lachend erzählt, er sei auf der Straße geboren worden, weil es so schnell damit ging.

Am nächsten Tag gebe ich den Kindern das Blatt mit den Bedürfnissen. Sie lesen es durch und überlegen, welche davon lebenswichtig sind. Zunächst sollen die vier wichtigsten Bedürfnisse angestrichen werden. Alle sind sich einig: *Essen, trinken, auf die Toilette gehen* und *schlafen,* das ist lebenswichtig. Und sie bestehen darauf, daß *mit jemandem reden* und *jemanden liebhaben* unbedingt zu den Dingen gehört, auf die man nicht verzichten kann.

Dann geht es darum, welche drei Dinge aus unserer Liste das Leben lustig und interessant und uns fröhlicher machen. Immer wieder tauchen auf: *faulenzen, basteln, Sport treiben. Fernsehen* erscheint fast gar nicht. Michael meldet sich: *Wenn ich mal nicht mehr auf meinen Papi steigen darf, dann werde ich krank.* Wir hatten vorher besprochen, daß wichtige Dinge diejenigen seien, die man tun müsse, weil man sonst grämlich oder gar krank würde.

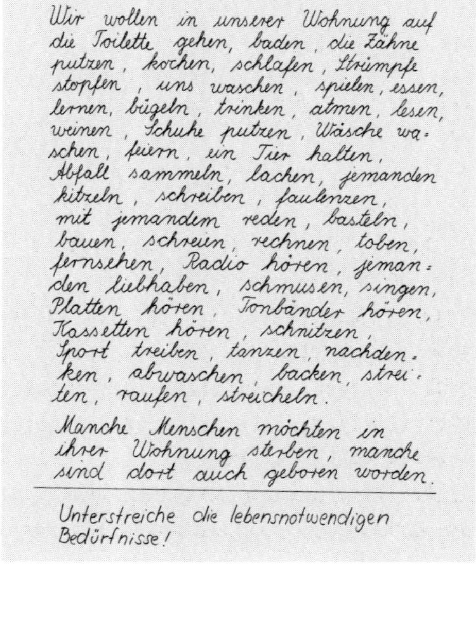

Wir haben mancherlei Bedürfnisse

Wir wollen in unserer Wohnung auf die Toilette gehen, baden, die Zähne putzen, kochen, schlafen, Strümpfe stopfen, uns waschen, spielen, essen, lernen, bügeln, trinken, atmen, lesen, weinen, Schuhe putzen, Wäsche waschen, feiern, ein Tier halten, Abfall sammeln, lachen, jemanden kitzeln, schreiben, faulenzen, mit jemandem reden, basteln, bauen, schreien, rechnen, toben, fernsehen, Radio hören, jemanden liebhaben, schmusen, singen, Platten hören, Tonbänder hören, Kassetten hören, schnitzen, Sport treiben, tanzen, nachdenken, abwaschen, backen, streiten, raufen, streicheln.

Manche Menschen möchten in ihrer Wohnung sterben, manche sind dort auch geboren worden.

Unterstreiche die lebensnotwendigen Bedürfnisse!

Wir hören eine Sendung des *Sprachtrainings für Schulanfänger* über die Begriffe *verschieden-ähnlich-gleich.* Wir sprechen darüber, das unsere Gastarbeiterkinder die gleichen Lebensbedürfnisse haben wie wir, daß sie aber mit ihren Familien unter ganz anderen Umständen wohnen müssen.

Mit dem Episkop werfe ich ein Bild der Wohnung an die Leinwand, in der *Familie Bergmann* wohnt: Vater, Mutter, zwei Söhne (s. Neue Studien). Das ist eine Altbauwohnung ohne Badezimmer, mit Öfen. Es dauert eine Weile, bis die Kinder sich in das Bild eingesehen haben. Sie erklären es sich gegenseitig.

Dann gebe ich ihnen hektografiert den Plan der neuen Wohnung, in die die Bergmanns umziehen wollen. Sie diskutieren in der Gruppe: Wie sollen sich die vier Personen auf die vier unterschiedlich großen Räume verteilen? Wo soll Wohnzimmer, Schlafzimmer, Kinderzimmer sein?

Nach einiger Zeit schreibe ich an die Tafel, wie die Familie selbst sich die Aufteilung denkt. Jeder hat da eine andere Vorstellung. Unsere Gruppen sollen sich nun auf einen der vier Vorschläge einigen.

Ich hatte vor, die Argumente für die verschiedenen Vorschläge im Klassengespräch vorstellen zu lassen. In den Gruppen wird aber so heftig diskutiert, daß eine Zusammenfassung der Gespräche nur einen Teil der Gedanken aufnehmen könnte und die Argumentation wesentlich ärmer wäre, als sie es im freien Gruppengespräch ist. Dort ist auch fast jedes Kind beteiligt, redet mit oder hört zu.

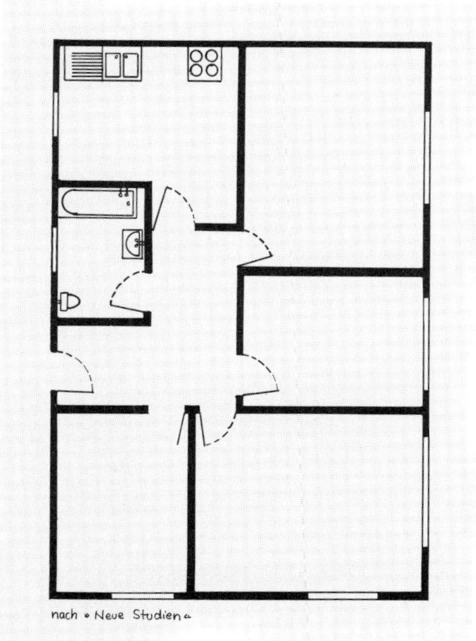

Wir sammeln nur die Ergebnisse: Vier Gruppen haben sich auf Jochens Vorschlag geeinigt. Drei konnten sich so schnell nicht einig werden. Vor allem darum, weil einzelnen Kindern keiner der Vorschläge gut erschien und sie einen eigenen erarbeiten wollten.

Ich gebe den Kindern das in den *Neuen Studien* vorgesehene Blatt mit den Möbeln, damit sie daheim die *Wohnung* für die Bergmanns einrichten können. So, wie sie es für gut halten.

Manche Kinder möchten gleich damit anfangen. Sie sind froh, daß jetzt der Schulvormittag zu Ende ist und sie daheim gleich die Wohnung einrichten können. – Man sieht am nächsten Tag den Blättern an, daß es Spaß gemacht hat. Tanja hat ihr Möbelblatt verbummelt und darum selber Möbel gezeichnet. Manche Kinder haben auch die Bergmanns eingezeichnet und zusätzliche Möbel und alles bunt gemacht.
In der Schule werden jetzt die Blätter miteinander verglichen, manche noch verbessert. Der Vergleich regt an. Nachher schneiden wir den Plan aus und kleben ihn auf ein sauberes Blatt. Darüber wird geschrieben: *So wohnt Familie Bergmann.* Das Blatt heben wir auf für das geplante Buch.

Die Kinder bekommen den selben Grundriß noch einmal mit nach Hause. Die Aufgabe ist, daheim zu besprechen: *Wie müßte die Wohnung für uns eingerichtet werden?* Eins der Kinder sagt

Familie Bergmann
Familienmitglieder: Vater,
Mutter, Bernd, Jochen.
Sie haben vier Zimmer,
Küche und Bad.
Sie haben 4 Betten, 1 Gast-
bett, 6 Stühle, 2 Tische,
1 Sofa, 2 Sessel, 3 große
Schränke, 1 Schränkchen,
1 Bücherregal, 1 Frisierkom-
mode, 1 Nähmaschine,
1 Kühlschrank, 1 Herd,
1 Geschirrschrank, 1 Wasch-
maschine.

am nächsten Tag: *Meine Mama hat gleich gesagt, sie kriegt das kleine Zimmer zum Nähen.* Und einige Kinder berichten, sie hätten versucht, die Eltern zu überzeugen, daß das größte Zimmer Kinderzimmer werden müsse. *Die Erwachsenen sitzen doch immer nur still. Da braucht man nicht soviel Platz.*

Man hat sich in manchen Familien offenbar nicht so leicht einigen können, teilweise wurden dabei bisher verborgene Wünsche und Gegensätze aufgedeckt. Da das aber sozusagen im Sandkasten geschah, hat es wohl kein allzu böses Blut gegeben.

Lese- und Schreibübungen: Wohnungen sind verschieden. Namen für Räume mit besonderem Zweck. – In welchem Raum der Wohnung tust du das? Die Nutzung der eigenen Wohnung. – Unsere Einrichtung. Namen für Möbel, Geräte, Dekorationsstücke.

Das erweitert den Wortschatz und fördert das Rechtschreiben. Und beiläufig gibt es Gelegenheiten zu erörtern, wie verschieden die Wohnverhältnisse der Kinder der Klasse sind und warum das wohl so ist. Yahya kommt immer wieder zu mir und sagt, er täte das in diesem Zimmer und dies in jenem. Ich weiß aber, daß er mit seinen Eltern in einem Raum wohnt und sie nicht einmal eine Küche haben.
Nachdem jeder auf dem Arbeitsblatt die Räume unterstrichen hat, die in der

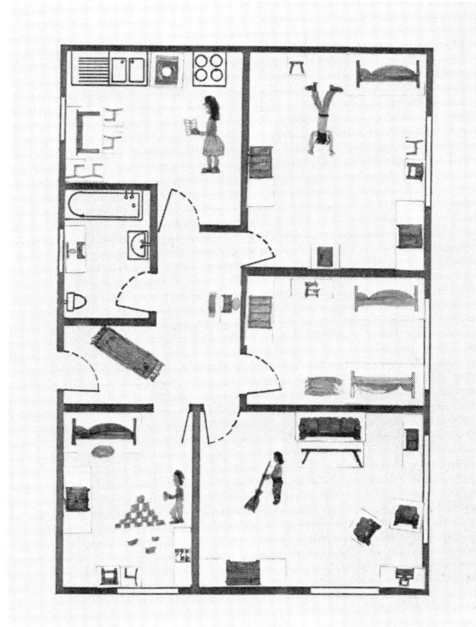

In welchem Raum der Wohnung tust du das?

1. Wenn ich eine Banane gegessen habe, werfe ich die Schale zum Abfall ______.
2. Wenn ich fernsehen will, setze ich mich ______.
3. Wenn ich müde bin, lege ich mich in mein Bett ______.
4. Ich wasche meine Hände, wenn sie schmutzig sind, ______.
5. Meine Hausaufgaben mache ich ______.
6. Wenn meine Freunde kommen, spielen wir ______.
7. Toben würden wir am liebsten ______.
8. Wenn ich ______ singe, hallt meine Stimme.
9. Wenn ich weinen muß, gehe ich meistens ______.
10. Weihnachten feiern wir ______.

Wohnungen sind verschieden

Manche Leute haben eine große Wohnung, manche eine kleine. In manchen Wohnungen gibt es viele verschiedene Räume, in anderen nur wenige.

Unterstreiche in der folgenden Liste die Räume, die es in eurer Wohnung gibt!

Kinderzimmer	Hobbyraum	Garderobe
Waschküche	Wohnzimmer	Partyraum
Badezimmer	Küche	Mansarde
Schlafzimmer	Flur	Gästezimmer
Arbeitszimmer	Eßzimmer	Ankleidezimmer
Abstellkammer	Nähzimmer	Speisekammer
Wäschekammer	Toilette	Weinkeller

Schreibe solche Sätze:
Wir haben ein Kinderzimmer.

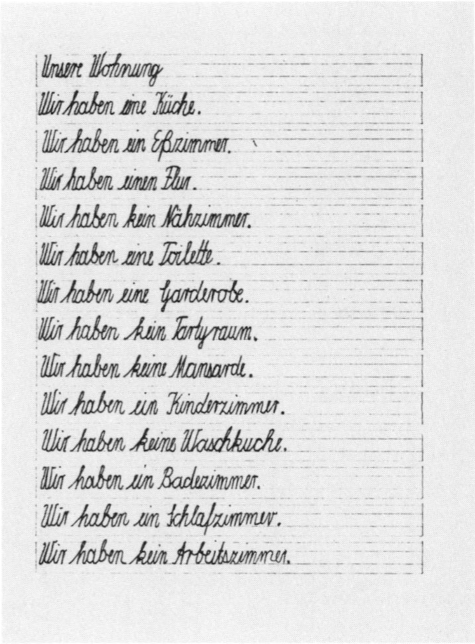

Unsere Wohnung
Wir haben eine Küche.
Wir haben ein Eßzimmer.
Wir haben einen Flur.
Wir haben kein Nähzimmer.
Wir haben eine Toilette.
Wir haben eine Garderobe.
Wir haben kein Partyraum.
Wir haben keine Mansarde.
Wir haben ein Kinderzimmer.
Wir haben keine Waschkuche.
Wir haben ein Badezimmer.
Wir haben ein Schlafzimmer.
Wir haben kein Arbeitszimmer.

eigenen Wohnung vorkommen, werden die Wörter analysiert. Dann schreibt jeder Sätze wie: *Wir haben ein Wohnzimmer. Wir haben keinen Weinkeller.*

Für unser Buch ein schöngeschriebenes Blatt:
Familie Bergmann
Familienmitglieder: Vater, Mutter, Jochen, Bernd.

Sie haben vier Zimmer, Küche und Bad.

Sie haben . . . und dann folgt die Aufzählung der Möbel vom Wohnungsplan.

Hausaufgabe: Mit einem Zettel daheim durch alle Räume gehen und die Möbel notieren. Daraus wird in der Schule ein Blatt über die eigene Familie und ihre Wohnung.

Ein Kind bringt eine Schallplatte mit, *Die Rübe.* Wir sollen uns das Umzugslied anhören. Ein Ratespiel entsteht: *Was schleppe ich?* Ein Kind tut so, als trüge es ein Möbelstück beim Umzug. Die anderen raten, was das sein könnte.

Das Spiel klappt nicht. Wenn Kinder in diesem Alter Rätsel aufgeben, wollen sie, daß niemand draufkommt, was gemeint ist. Darum geben sie viel zu wenig oder nur unklare Hinweise auf die Lösung. Beim *‚Umzugspiel‘* kommt hinzu, daß sie mit dem Darstellen angestrengten Lastentragens überfordert sind.

Ich lasse Niki unseren kleinen Tisch einmal tatsächlich tragen und lenke die Aufmerksamkeit der Kinder auf seine Körperhaltung. Gleich wollen einige den Tisch anders tragen. Es entwickelt sich ein fröhlicher Wettstreit: Immer neue, bald ganz ausgefallene Trageweisen werden vorgeführt.

Als ihnen zum Tisch nichts mehr einfällt, wollen sie Stühle tragen. Das ist ein altes Problem. Die Stühle haben scharfe Eisenfüße und werden oft allzu sorglos geschwenkt. Wir sehen jetzt, daß man den Stuhl besonders geschickt, gefährlich, platzsparend, rücksichtslos tragen kann. Michael zieht dann den Stuhl hinter sich her. *Das ist laut, aber ganz ungefährlich.*

Wir versuchen gleich noch, die Stühle im Kreis aufzustellen. Das dauert wie meistens sehr lange. Jeder scheint nur daran zu denken, selbst einen guten Platz zu ergattern. Wir müssen den *Stuhlkreis* mal zum Thema machen. Aus dem Plan, Bilder zu zeichnen, auf denen jeder etwas trägt, einen ganzen Umzug mit Möbeln aus dem Katalog, wird nichts, weil die Zeit nicht reicht. Die *Wünsche fürs Kinderzimmer* halten sich im Rahmen des Üblichen. Es fehlen Beispiele, die die Phantasie anregen könnten, sich aus den Fesseln des Herkömmlichen zu lösen. Ich lasse das Thema fallen, weil wir sehr viel Zeit brauchen würden, uns ihm erst einmal zu nähern.

Hausaufgabe: Durch alle Räume der Wohnung gehen, aus allen Fenstern blicken und eines auswählen. Bei diesem Fenster aufschreiben was man sieht, wenn man hinausschaut.

Die Fülle der zu beobachtenden Einzelheiten überrascht. Michael liest am nächsten Tag in der Schule vor, er sähe Zigaretten, wenn er aus dem Fenster schaue, nämlich bei den Leuten im Mund. Er muß selbst darüber lachen.

Unser Haus

Ich erzähle, was einer Freundin mal passierte: Sie kam spät abends heim,

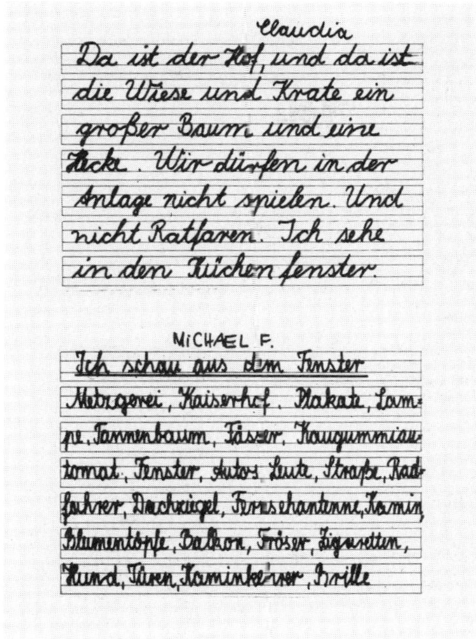

Claudia

Da ist der Hof, und da ist die Wiese und Krate ein großer Baum und eine Hecke. Wir dürfen in der Anlage nicht spielen. Und nicht Ratfaren. Ich sehe in den Küchen fenster.

MICHAEL F.

Ich schau aus dem Fenster

Metzgerei, Kaiserhof, Plakate, Lampe, Tannenbaum, Fäser, Kaugummiautomat, Fenster, Autos Leute, Straße, Radfahrer, Dachziegel, Fernsehantenne, Kamin, Blumentöpfe, Balkon, Fröser, Zigaretten, Hund, Türen, Kaminkehrer, Brille

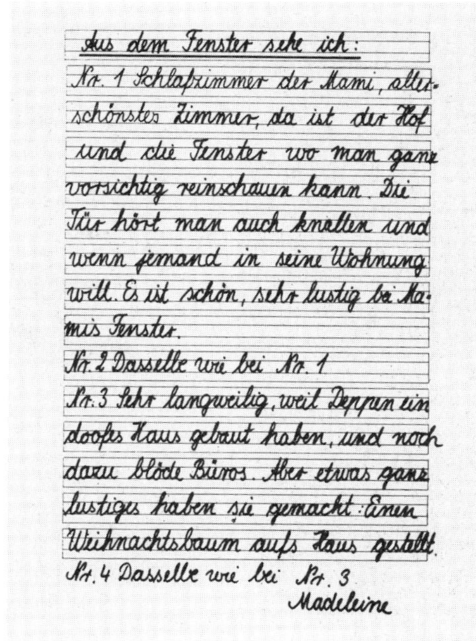

Aus dem Fenster sehe ich:

Nr. 1 Schlafzimmer der Mami, allerschönstes Zimmer, da ist der Hof und die Fenster wo man ganz vorsichtig reinschauen kann. Die Tür hört man auch knallen und wenn jemand in seine Wohnung will. Es ist schön, sehr lustig bei Mamis Fenster.

Nr. 2 Dasselbe wie bei Nr. 1

Nr. 3 Sehr langweilig, weil Deppen ein doofes Haus gebaut haben, und noch dazu blöde Büros. Aber etwas ganz lustiges haben sie gemacht: Einen Weihnachtsbaum aufs Haus gestellt.

Nr. 4 Dasselbe wie bei Nr. 3

Madeleine

ging ins Haus, in das zweite Stockwerk und schloß die Wohnung auf. Erst an den Mänteln, die dort hingen, merkte sie, daß es gar nicht ihre eigene Wohnung war. Sie war im falschen Haus, hatte die Eingänge verwechselt. Zufällig hatten die Schlüssel gepaßt. Für mich selbst ist das ein Alptraum, Häuser zum Verwechseln.

Die Kinder beginnen zu ahnen, was mich bei dieser Geschichte bewegt, als ich sie frage: *Wenn du im Dunkeln heimkommst und die Hausnummer nicht sehen kannst – erkennst du dann trotzdem den Eingang des Hauses, in dem du wohnst?* Sie erinnern sich an Verzierungen am Tor, Balkons, vorspringende Geschosse, ein besonderes Fenster, einen Laden im Nebenhaus. Nur Steffen stellt fest: *Bei uns sehen mehrere Häuser nebeneinander genau gleich aus.* Er wird bedauert.

Dann die Aufgabe: Zeichne dein Haus aus der Erinnerung, mit allen Stockwerken, Fenstern, Türen. Die Bilder werden aufgehängt. Hausaufgabe: Das Haus noch einmal zeichnen, nun mit der Möglichkeit, Einzelheiten nachzuprüfen. Am nächsten Tag zeigt der Vergleich, wie genau die Erinnerung war an etwas, das man jeden Tag sieht, seit Jahren.

Ingrid und Andrea wohnen im selben Haus, haben aber verschieden viele Fenster eingezeichnet. Sie diskutieren, wer denn nun recht habe, wie das Haus

denn nun wirklich aussehe. Eine Gruppe von Kindern steht um sie herum und hört zu, versucht auch mit Fragen einzugreifen. Nun gut, man wird das heute auf dem Heimweg klären können.

Hausaufgabe: *Unsere Nachbarn.* Wer im Haus wohnt, kann man an den Klingelschildern ablesen. Die Namen werden abgeschrieben. Dann überlegen: Wen von diesen Menschen kenne ich? Was weiß ich über ihn?

Als die Kinder am nächsten Tag berichten, fällt zweierlei auf: Es ist merkwürdig, wie wenig man von manchen Menschen weiß, die so lange schon im selben Haus wohnen. Es ist auch merkwürdig, welche Einzelheiten man von anderen kennt.

Wenn man über ein Wohnhaus reden will, sind viele Begriffe zu klären: Stockwerk, Treppenhaus, Flur ... Die Wörter werden einzeln aufgeschrieben und gleichzeitig besprochen. Dann diktiere ich sie. Jeder vergleicht anschließend selbst mit der Vorlage. Wer einen Fehler entdeckt, schreibt das Wort gleich noch einmal richtig.

Im Arbeitsblatt zur Hausaufgabe: *Das Haus, in dem ich wohne* kommen viele dieser Wörter wieder vor, werden angewendet.

Strenge Hausmeister, die Kindern zu wenig Spielraum gönnen, sind aus dem Fernsehen und von weniger glücklichen Freunden bekannt. Unter den Kindern dieser Klasse ist keines, das sich über seinen eigenen Hausmeister beklagen möchte. Uns genügt ein kurzes Gespräch über seine Aufgaben und die Bedürfnisse älterer Mieter nach Ruhe im Haus und im Hof.

Später einmal bringt ein Kind die Platte *Der Fuchs* mit. Wir hören das Lied *Bei uns im ersten Stock ...*

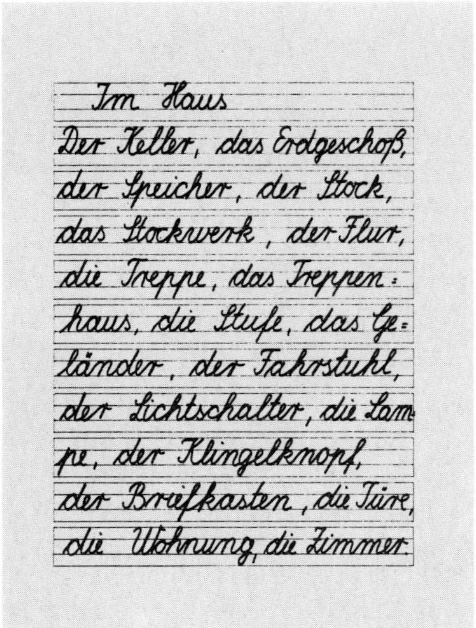

Im Haus

Der Keller, das Erdgeschoß, der Speicher, der Stock, das Stockwerk, der Flur, die Treppe, das Treppenhaus, die Stufe, das Geländer, der Fahrstuhl, der Lichtschalter, die Lampe, der Klingelknopf, der Briefkasten, die Türe, die Wohnung, die Zimmer.

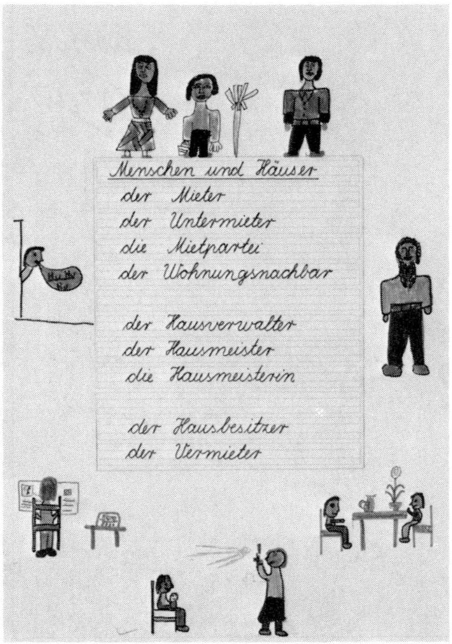

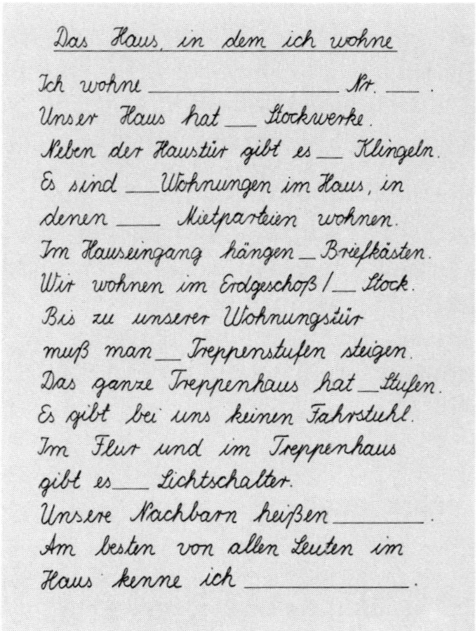

Das Haus, in dem ich wohne

Ich wohne ____________ Nr. ___ .
Unser Haus hat ___ Stockwerke.
Neben der Haustür gibt es ___ Klingeln.
Es sind ___ Wohnungen im Haus, in denen ___ Mietparteien wohnen.
Im Hauseingang hängen ___ Briefkästen.
Wir wohnen im Erdgeschoß / ___ Stock.
Bis zu unserer Wohnungstür muß man ___ Treppenstufen steigen.
Das ganze Treppenhaus hat ___ Stufen.
Es gibt bei uns keinen Fahrstuhl.
Im Flur und im Treppenhaus gibt es ___ Lichtschalter.
Unsere Nachbarn heißen ____________ .
Am besten von allen Leuten im Haus kenne ich ____________ .

Häuser in unserer Straße

In unserem Schulsprengel gibt es sehr schöne alte Häuser, aber auch phantasielose Betonsilos. Manchen Kindern ist der Wert der alten Häuser schon bewußt. Die Aufklärung durch Bürgerinitiativen zur Erhaltung alter Wohnhäuser hat auch sie beeinflußt. Wir sprechen nur kurz über Unterschiede zwischen Häusern.

Hausaufgabe: Mit einem Zettel in der Hand die eigene Straße auf- und abgehen und notieren, welche Häuser besonders schön, baufällig, ausgefallen, neu gestrichen sind, ob sich einige zum Verwechseln ähnlich sehen oder besonders häßlich sind. Eben alles, was in der Straße auffällt.

Auf einem Unterrichtsgang werden wir dann einzelne Häuser besichtigen, auch die Häuser ansehen, in denen die Kinder der Klasse wohnen. Vielleicht können wir dabei auch photographieren.

Es ergibt sich ein Gepräch über Hausnummern: Muß man Zickzack gehen, wenn man eine Nummer sucht? Jeder zeichnet eine Straße mit Häusern, numeriert sie. Jetzt wird allen klar, was das bedeutet: Die geraden Nummern sind auf der einen, die ungeraden auf der anderen Straßenseite. Wir schreiben ein Diktat über Hausnummern.

In einen großen Plan unseres Stadtteils klebt jedes Kind ein Bild auf einem selbstklebenden Etikett: *Mein Haus.* Wir können jetzt im Plan sehen, wo in jeder Straße die geraden, wo die ungeraden Hausnummern sind. Und man kann auf dem Plan die Wege zu den Freunden nachfahren.

Denselben Plan bekommt jedes Kind noch einmal in kleinerem Format und versucht dann, die Häuser seiner Freunde einzuzeichnen: *Zeig mir, wo du wohnst.* Das sind erste Versuche, eine Karte zu verstehen. Wenn die eingezeichneten Häuser zu groß sind, ist plötzlich der Platz für ein anderes Haus besetzt.

Man spricht in der zweiten Klasse noch nicht vom Maßstab. Aber man sagt: *Wenn in dieser Straße 31 Häuser sind auf einer Seite, mußt du dir den Platz entsprechend einteilen.*

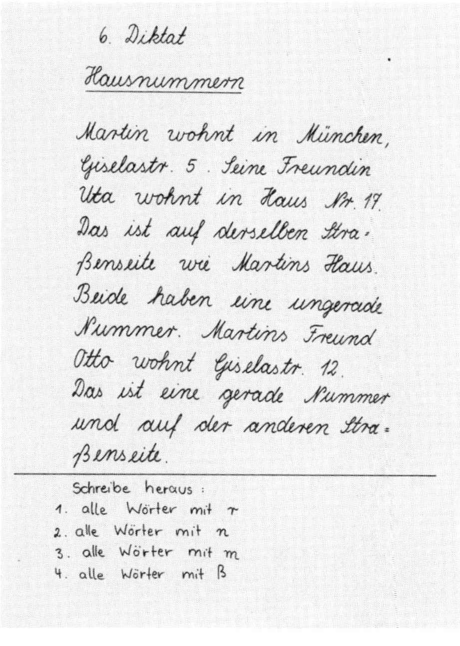
6. Diktat

Hausnummern

Martin wohnt in München, Giselastr. 5. Seine Freundin Uta wohnt in Haus Nr. 17. Das ist auf derselben Straßenseite wie Martins Haus. Beide haben eine ungerade Nummer. Martins Freund Otto wohnt Giselastr. 12. Das ist eine gerade Nummer und auf der anderen Straßenseite.

Schreibe heraus:
1. alle Wörter mit r
2. alle Wörter mit n
3. alle Wörter mit m
4. alle Wörter mit ß

Wie andere Menschen wohnen

Wir haben in unserer Klassenbibilothek ein Buch über *Häuser* und eines über *Wolkenkratzer.* Sie sind in diesen Wochen sehr begehrt, die Kinder beziehen sich oft auf sie. Einmal lese ich sie vor, zeige einzelne Bilder im Episkop.

Kleiner Läufer aus dem Langhaus gibt es als Buch für Erstleser. Ein Kind bringt es aus der Stadtbücherei mit, und ich lese es vor. Langsam verliert unsere Art zu wohnen an Selbstverständlichkeit. Der Film *Kinder in Japan* könnte die Identifizierung mit Menschen in anderen Lebensbereichen wecken oder verstärken.

Wir können ihn aber bei der Bildstelle nicht bekommen, er ist gerade ausgeliehen. Über Jahre habe ich Bildberichte aus Illustrierten gesammelt. Wir hängen Abbildungen von Häusern in fremden Ländern auf, versammeln uns vor der Bilderwand, reden über die Bilder.

Das Arbeitsblatt *Wie Menschen wohnen* wird still gelesen, dann dürfen die Bilder angemalt werden. Ich kann mich darauf verlassen, daß die Kinder beim Malen über das nachdenken, was sie eben gehört haben, und daß sie sich miteinander sehr ernsthaft darüber unterhalten. Eine Frage, die auch ich nicht beantworten kann, bewegt alle: *Wo gehen die Eskimos auf's Klo?* Wir sammeln die Namen für verschiedene Gebäudearten, schreiben sie auf ein Blatt. Wir klären, was Begriffe wie Miete, Mieter, Vermieter, Untermieter bedeuten.

In dem alten Kinderlied *Wer will fleißige Handwerker sehn . . .* heißt es, der Maurer setze Stein auf Stein. Die Kinder kennen vor allem Baustellen, auf denen nicht mit Ziegeln, sondern mit Beton gebaut wird. Der Vorgang ist undurchsichtiger als beim Ziegelbau.

Es wäre schön, jetzt eine Ziegelei, eine Baustoffhandlung oder ein Bauzentrum besuchen zu können. Aber nichts dergleichen ist in unserer Nähe.

Wir untersuchen, wie Ziegel geschichtet werden müssen, damit die Mauer stabil wird. Die Kinder arbeiten zu zweit. Sie bauen eine Mauer aus den Zweiern aus dem Cuisenaire-Kasten. Dann: *Wind bläst gegen die Mauer.* Sie pusten.

Manche Mauern stürzen gleich ein, andere bleiben lange stehen. Annes Mauer bleibt auch dann noch stehen, als sie unten ein Loch hineingeblasen hat. Allen Kindern ist jetzt klar, warum die Ziegel bei gemauerten Häusern auf Lücke gesetzt werden. Und sie erinnern sich, daß sie beim Bauen mit Klötzen und Legosteinen ähnlich zu arbeiten gelernt haben, weil sonst immer alles umfiel.

Keines der Kinder hat so viele Legosteine, daß man ein großes Haus damit bauen könnte. Wir legen zusammen.

Viele Kinder bringen ihre Legos mit, jeder kennzeichnet seine mit einem farbigen Punkt. Eine Gruppe baut ein großes Haus. Der Plan entsteht beim Bauen. Und dann stellt sich heraus, daß die Räume sehr durchdacht aufgeteilt und angeordnet sind, daß aber die Fenster fehlen. Wir besprechen, welche Aufgaben der Architekt und der Bauleiter haben.

Ich lese *Nils Karlsson Däumling* von Astrid Lindgren vor. Ein einsamer kleiner Junge richtet seinem daumengroßen Freund die Wohnung mit Puppenstubenmöbeln ein, die seiner toten Schwester gehörten. Einige Kinder greifen den Vorschlag auf, eine Wohnung für Nils in einer Schuhschachtel einzurichten.

Spiele

Wir unterhalten uns über Spiele mit Wohnungen und Familien: Wie man im Kinderzimmer eine Wohnung einrichten kann, welche Rolle die Puppen spielen, über Puppenstuben ... Ich erinnere mich an Kinderträume von Puppenstuben, in denen alles lebendig wurde und an *Wohnungen* im Herbst mit Mauern aus Blättern. Wenn ich aus der Vergangenheit berichte, hören die Kinder meistens gebannt zu. Da mischen sich die Verwunderung darüber, daß ich auch einmal klein war, das Staunen über die Merkmale einer anderen Zeit und die Neugier auf das Leben eines fremden Kindes. Manchmal werden daraus dann auch Lesetexte.

Eine Aufgabe für die Gruppen: *Legt mit den Cuisenaire-Stäben den Grundriß einer Wohnung für euch. Die Gruppe kann eine Familie sein oder eine Wohngemeinschaft.*

Steffens Gruppe fängt gleich an, nimmt das Loch, in dem früher einmal ein Tintenfaß stand, als Toilette.

Ein Haus ohne Fenster

Roswitha, Andi, Steffen, Michaela, Patrick und Tatjana haben Legosteine mit in die Schule gebracht. Jeder kennzeichnet seine Steine mit einem bunten Punkt, damit es später keinen Streit gibt. Dann fangen sie an, gemeinsam ein Haus zu bauen.
Mehrere Grundplatten werden zusammengelegt, damit der Grundriß groß genug werden kann. Alle zusammen planen und bauen. Sie reden und bauen und reden und ändern etwas und reden und bauen weiter.

Die Mauern sind schon ziemlich hoch, da ruft jemand: „Aber das Haus hat ja keine Fenster!" So viele Baumeister haben mitgeholfen, und trotzdem haben sie die Fenster vergessen. Soll denn auch bei Tag elektrisches Licht im Haus brennen?
Wenn ein richtiges Haus gebaut wird, muß vorher ein Architekt einen Plan entwerfen und zeichnen. Die Baubehörde muß ihn genehmigen. Und während der Bauarbeiten wacht der Bauleiter darüber, daß das Haus genau nach dem Plan gebaut wird.
Und wer denkt an die Fenster?

Familienspiele

Als ich so alt war, wie ihr jetzt seid, wohnte ich in einem Haus mit Bäumen ringsum. Im Herbst fielen die Blätter von den Bäumen und wir bauten uns Häuser daraus. Keine richtigen Häuser natürlich. Sie bestanden nur aus einem Grundriß. Die Linien waren zusammengeschobene Blätter. Die Mauern und das Dach haben wir uns dazugedacht.
Wenn das Haus fertig war, konnten wir einziehen. Alle Kinder spielten mit: Ein Kind war die Mutter, eines der Vater, alle anderen Kinder waren Kinder.

Die Mutter versorgte den Haushalt. Die Kinder gingen zur Schule. Die Kinder zankten sich. Die Mutter schimpfte. Der Vater ging immer zur Arbeit. Und wenn er heimkam, wollte er bedient werden.

Niemals war Sonntag.
Niemals blieb der Vater daheim.
Nie spielte er mit den Kindern.
Die meisten echten Väter sind anders.
Manchmal haben sie doch Zeit für die Kinder.

Auf den schrägen Tischen lassen sich keine längeren Mauern ziehen. Eine Gruppe nach der anderen zieht auf den Fußboden um. Christian und Michael wollen Junggesellen bleiben und bauen sich jeder eine eigene kleine Wohnung. Ingrid holt für ihre Gruppe die Legomöbel aus dem Ranzen. Florian überwindet sich und holt seine Legosteine, die er für das große Haus nicht hatte hergeben wollen. Jetzt läßt er es zu, daß seine Familie Möbel daraus baut. Tatjanas Gruppe ist eine Wohngemeinschaft mit vielen Schlafzimmern. Jemand schlägt vor: *Wir können doch alle in einem Zimmer schlafen.* Sofort werden alle Bett-Stäbchen umgeräumt. Die Kinder sind so fröhlich erregt, als könnte es am Abend wirklich eine große Kuschelei mit langem Reden und Quatschmachen im Dunkeln geben.

Roswitha und Claudia bauen sich eine Wohnung zu zweit. Sie arbeiten fast wortlos zusammen. Ringsum laute Beratungen. Manche Kinder beklagen sich über den Lärm. Man läuft herum, um zu sehen, was die anderen machen, und vielleicht etwas zu übernehmen. Die Türen sind zunächst überall Lücken im Grundriß, manchmal mit einem Stab verschlossen. Dann setzt ein Kind drei Stäbe so übereinander, daß ein Tor entsteht. Das wird sofort nachgeahmt.

Harald weint. Ihm war etwas eingestürzt. Da hat er aus Wut noch mehr zerstört, und Tino und Olli mögen nun nicht mehr. Sie packen ihre Stäbchen ein, bauen die Wohnung ab. Juliane tröstet Harald. Sie ist selbst unglücklich. Ich schlage ihr vor, bei der Nachbargruppe einzuziehen. Sie nimmt Harald mit, und beide werden sehr lieb aufgenommen. Diese Gruppe hat das schönste, einfallsreichste Haus gebaut. Der gemeinsame Erfolg macht die Kinder friedlich und großzügig.

Als die Religionslehrerin kommt, wird sie mit Protest empfangen. Für viele Kinder ist Religion das Lieblingsfach, aber jetzt wollen sie auch nach mehr als einer Stunde noch weiterbauen. Wir besprechen, daß man sich ja nachmittags mit den Stäbchen treffen und weiterbauen kann.

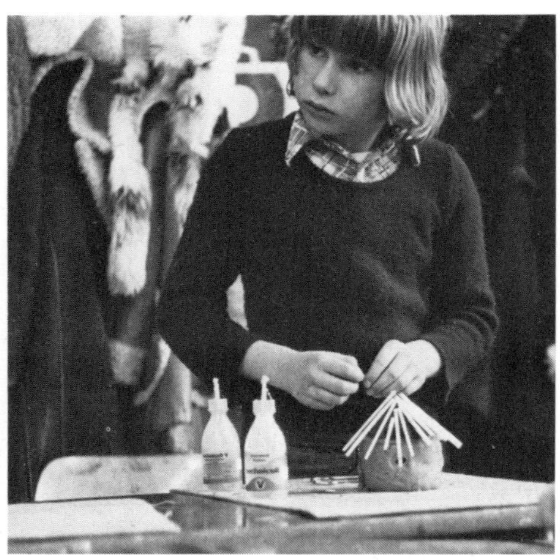

Noch einmal *spielen* wir: Wir haben ein Blockhaus, das man auf- und abbauen kann. Aus Plastilin und Stroh kann man eine Erdhöhle oder ein strohbedecktes Rundhaus bauen. Aus Styropor soll ein Iglu zusammengesetzt werden. Stöcke und Tücher liegen bereit für ein Zelt. Es gibt Baukästen für eine ganze Stadt und ein Dorf. Christian baut aus Plastilin ein Haus auf einem Floß, das hatte er sich lange schon vorgenommen. Michael und David stürzen sich auf das Blockhaus, bauen es abwechselnd immer wieder auf und lassen niemanden helfen. Carmen wölbt ein Haus aus Plastilin, und Florian baut ein Haus wie in Afrika. Beim Strohdach helfen dann andere Kinder. Anregungen von der Bilderwand sind zu erkennen.

Neue Fragen tauchen auf: Wie können die Teile eines Hauses so zusammengefügt werden, daß sie nicht einfallen? Wie kann man erreichen, daß ein Zelt stehenbleibt? Manches Problem läßt sich im Spiel lösen, manches wird mit Klebstoff oder falschem Material weggemogelt. Der Zauber des kleinen Blockhauses besteht sicher vor allem darin, daß die Konstruktion stimmt, daß hier nicht gemogelt werden muß.

Wir haben Streichholzschachteln gesammelt, um eine kleine Siedlung aus verschiedenartigen Häusern aufzubauen: Einfamilienhäuser, Zweifamilienhäuser, Hochhäuser, Reihenhäuser. Jede Schachtel eine Wohneinheit. Wir lassen den Plan fallen, weil die Zeit auch dafür nicht mehr reicht.

Am Ende macht jedes Kind ein Buch über das Wohnen, um es zu Weihnachten zu verschenken, meistens an den Vater. In dem Buch werden alle Blätter zusammengebunden, die bei dieser Unterrichtseinheit entstanden sind. Dazu kommen Bögen mit Bildern aus Zeitschriften: Häuser, Wohnungen, Zimmer, mit eigenen Bildunterschriften. Bevor diese Arbeit begann, haben wir viele der Bilder, die die Kinder als Hausaufgabe gesammelt und ausgeschnitten hatten, gemeinsam im Episkop betrachtet und Einzelheiten besprochen: Die Art und Größe der Fenster, ihre Anordnung usw.

Auf dem Deckblatt seiner Bücher hat jeder eine Tür gezeichnet, die sich aufklappen läßt. Dann sieht man den Titel des Buches: *Das Buch vom Wohnen – von ...* Diese Türen werden besonders einfallsreich und farbenprächtig. Ich hatte den Kindern Bilder von Haustüren in Dänemark gezeigt, die ich vor Jahren in einer Zeitschrift gefunden und aufgehoben habe.

Ein paar Wochen später hänge ich die sieben großen Bilder von Jörg Müller auf, die die *Veränderungen einer Landschaft* im Laufe von fast zehn Jahren zeigen. Da sind wir beim Thema *Zeit.* Die Kinder argumentieren so ausschließlich für das Alte, Idyllische, daß ich schließlich Partei für die Hochhäuser nehmen muß.

Augen

Wenn die Kinder sich malen, sind die Augen oft Punkte oder Flecken in dunklen Farben. Die meisten Kinder in der Klasse kennen die Farbe ihrer Augen nicht. Sie haben sie noch nicht entdeckt als Teil ihrer selbst.

Wir sitzen im Kreis. Jedes Kind hat einen Spiegel in der Hand und betrachtet seine Augen. Zunächst fällt gar nichts daran auf, bis jemand anfängt: *In der Mitte ist so ein schwarzer Punkt.* – und ergänzt wird: *Ja, aber so wie ein Loch.* Und dann entdecken sie eines nach dem anderen: die Iris mit ihren Farben und Strahlen, das Weiße, die Äderchen, den Tränenpunkt, die Wimpern. Das eigene Auge wird bestaunt wie ein exotisches Etwas.

Dann sammle ich Fragen der Kinder über das Auge. Sie sind morgen hektographiert Lesestoff und für mich der Rahmen für die Unterrichtsplanung der nächsten Tage.

So zu arbeiten kann ich mir nur selten leisten. Die Kinderfragen kann ich nie alle beantworten. Und sie sind zu anspruchsvoll und grundsätzlich, als daß sie mit dem Stoffangebot der Sachbücher für die zweite Klasse zu befriedigen wären. Also wälze ich Lexika und Bücher, lerne Neues und begreife längst Bekanntes, weil ich es nun durch die Brille einer nur scheinbar naiven Kinderfrage sehe. Der Fragenkatalog wird dann im Laufe der Tage immer wieder zu Rate gezogen: Was ist uns mittlerweile klar geworden?

Wir sammeln an der Tafel: Wer hat blaue, wer braune Augen? Es gibt auch grüne bei uns und graue. Genau besehen ist aber keine Augenfarbe ganz rein. Alle nehmen jetzt einen Zettel und schreiben die Augenfarbe möglichst vieler Kinder ganz genau auf. Sie benehmen sich wie Forscher, voller Ernst und Eifer.

Was wir über das Auge wissen möchten

1. Warum muß man zwinkern?
2. Warum ist im Augenwinkel so etwas Rotes?
3. Warum zuckt das Auge, wenn ich lange auf den Rechenblock schaue?
4. Warum kann ein Blinder besser fühlen als wir?
5. Warum ist das Auge nicht rund?
6. Warum sieht man Muster, wenn man die Augen schließt?
7. Warum haben Menschen nur zwei Augen?
8. Was bedeuten die roten Fäden im Auge?
9. Woher kommen die gelben Kugeln, die man manchmal morgens im Auge findet?
10. Wie sind die Augen entstanden?
11. Warum gehen die Augen beim Schneuzen und Niesen automatisch zu?
12. Warum ist die Pupille ein Loch?
13. Warum ist nicht der ganze Augapfel in einer Farbe?
14. Warum hat man Wimpern am Auge?
15. Warum haben nicht alle Menschen die gleiche Augenfarbe?
16. Warum plinkern die meisten Menschen, wenn man mit der Hand vor ihren Augen wedelt?
17. Warum macht man die Augen zu, wenn man Schmerzen hat?
18. Warum schließt man zum Schlafen die Augen?
19. Warum weint man?
20. Woher kommen die Tränen?
21. Warum schlüpft das Auge hoch, wenn man das untere Lid herunterzieht?
22. Warum tut das Auge weh, wenn eine Wimper hineinkommt?
23. Warum geht die Pupille immer mit?
24. Woher hat man die Kraft, das Auge dahin zu drehen, wo man hinschauen will?
25. Warum tränt das Auge, wenn man gähnt?
26. Wofür hat man Augenbrauen?
27. Warum wird es im Auge kalt, wenn man das Lid herabzieht?
28. Kommt das Glitschige aus der Drüse?
29. Wofür ist das kleine Loch im Augenwinkel?
30. Woher kommt die Feuchtigkeit auf dem Augapfel?
31. Warum ist der Augapfel rund?

Wir wenden an, was unlängst im Deutschunterricht schon einmal auftauchte: Persönliche Fürwörter. In einem Blatt mit 13 Sätzen ist einzutragen, wer jeweils die dort nur mit einem Fürwort bezeichneten Personen sein könnten in unsrer Klasse. Da steht etwa: *Er hat blaue Augen.* Wer könnte das sein? Thomas vielleicht? Oder Roswitha?

Alle gehen herum, sehen einander in die Augen, besprechen sich. Vielleicht ist dies wichtiger noch als das eigentliche Lernziel, dieses freundliche gegenseitige Interesse, die wechselnde Nähe, die Arbeit aller mit allen. Da wird Grammatik mit Wirklichkeit und Wärme gefüllt.

Noch einmal wird der Spiegel benutzt: Jeder zeichnet eines seiner Augen möglichst genau und beschriftet es. In leisen Gesprächen klären die Kinder nebenbei selbständig noch einmal die Begriffe: Bindehaut, Wimpern, Lid, Augapfel, Tränenpunkt, Sehloch, Pupille, Brauen, Hornhaut, Iris. Die Zeichnungen kommen in die Ausstellung und werden ergänzt durch große Bilder aus Illustrierten oder vom Optiker.

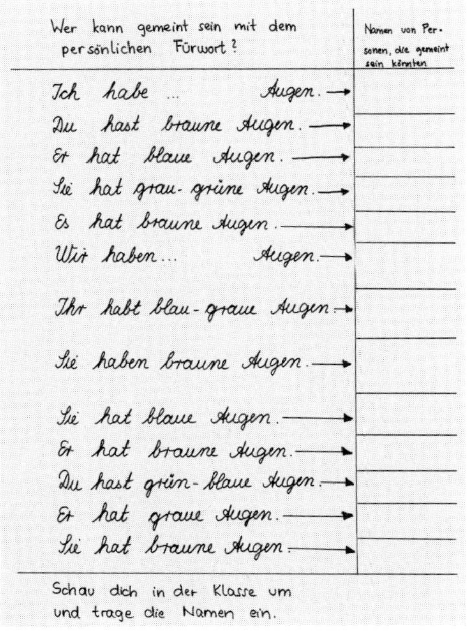

Wer kann gemeint sein mit dem persönlichen Fürwort?	Namen von Personen, die gemeint sein könnten
Ich habe ... Augen. →	
Du hast braune Augen. →	
Er hat blaue Augen. →	
Sie hat grau-grüne Augen. →	
Es hat braune Augen. →	
Wir haben ... Augen. →	
Ihr habt blau-graue Augen. →	
Sie haben braune Augen. →	
Sie hat blaue Augen. →	
Er hat braune Augen. →	
Du hast grün-blaue Augen. →	
Er hat graue Augen. →	
Sie hat braune Augen. →	

Schau dich in der Klasse um und trage die Namen ein.

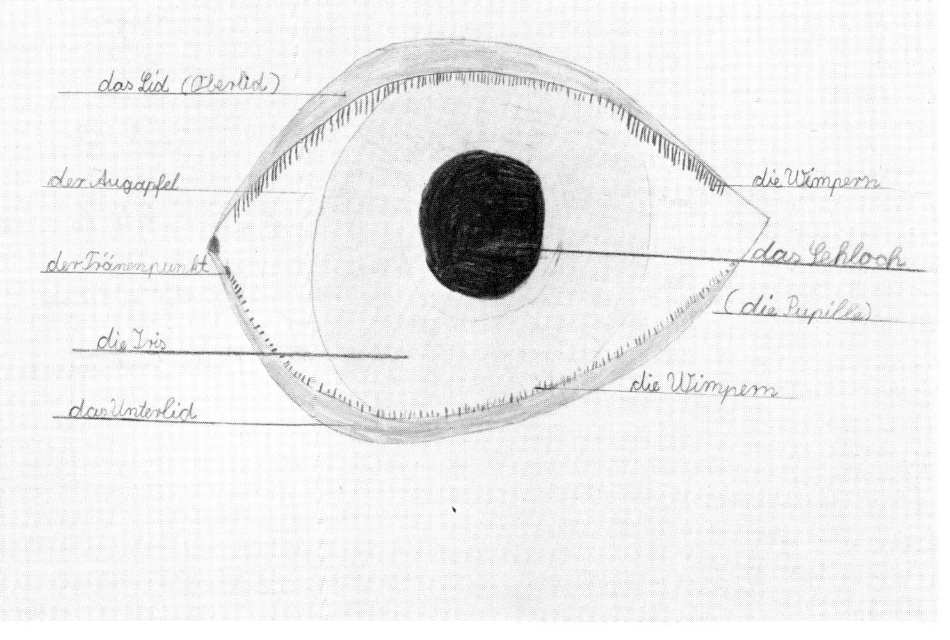

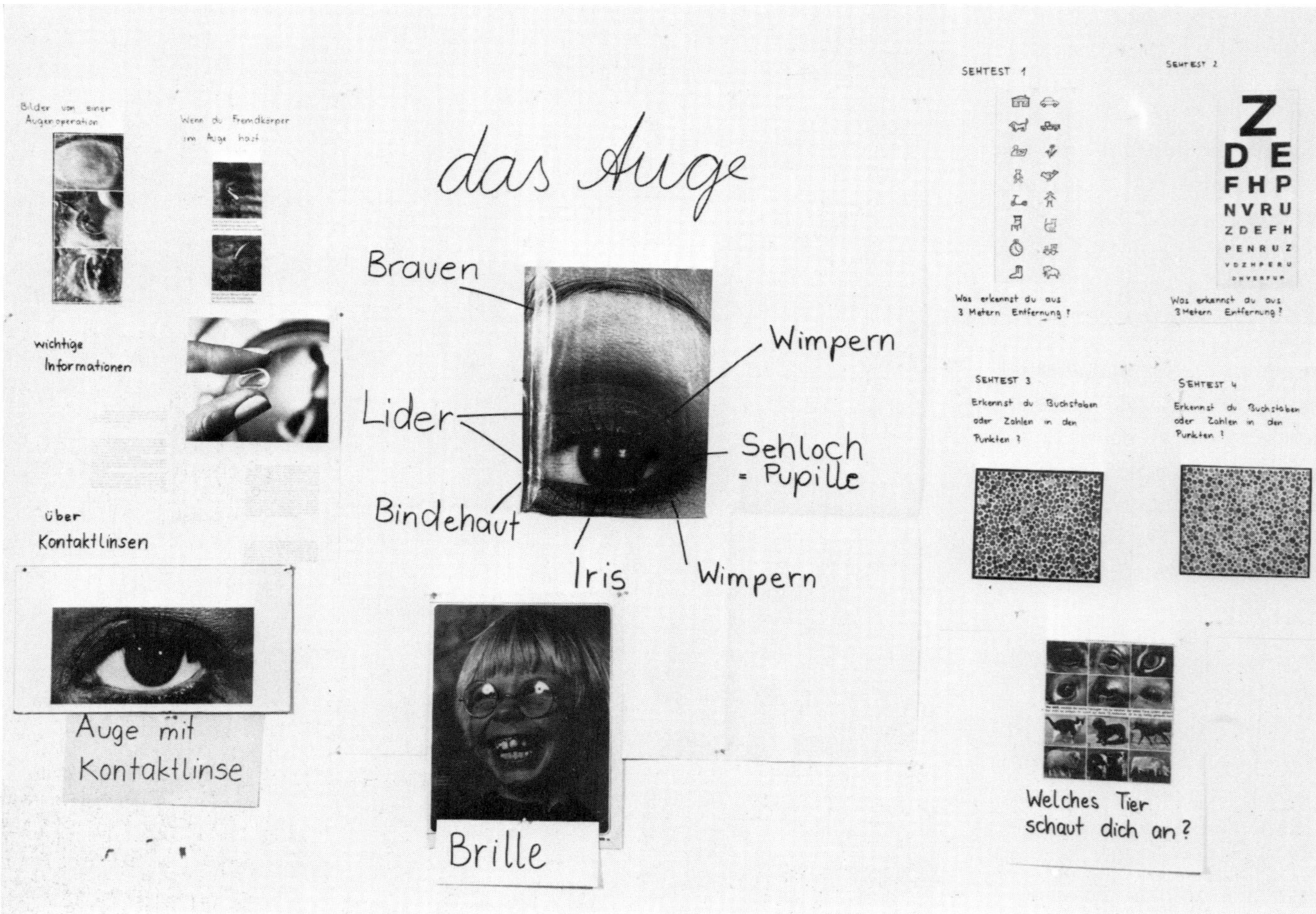

Besondere Attraktion: Tafeln zur Überprüfung der Sehschärfe und Farbtüchtigkeit mit Farbpunkten. Einer kann immer den Augenarzt, der andere den Patienten spielen. Braucht noch jemand in der Klasse eine Brille? Und wie gut sehen die Brillenträger ohne ihre gewohnte Hilfe? Alle wollen mal eine Brille ausprobieren. Auf einmal stehen die Brillenträger im Mittelpunkt, sind stolze Besitzer eines interessanten Apparates. Anne berichtet von ihren Erfahrungen mit den neuen Kontaktlinsen.

Hausaufgabe: *Halte abends im Bett die Augen offen, wenn das Licht schon gelöscht ist und merke dir, was du siehst!* Wie von einem Abenteuer berichten sie am nächsten Tag: *Erst war es dunkel, und ich hab nichts gesehen. Und dann war da ein heller Strich, das war unter der Tür. Und dann kam der Kleiderschrank aus dem Dunkeln raus* . . . Wir wiederholen diese Erfahrung der Adaption, die man Kindern kaum erklären kann, die sie aber deutlich an sich selbst beobachten können, im verdunkelten Klassenzimmer. Dabei üben wir, Bekanntes genau anzuschauen und zu beschreiben.

Warum sind die Augen abends manchmal so komisch, als ob Sand drin wäre? Meine Mami sagt dann, der Sandmann war da und schickt mich ins Bett. Natürlich gibt es den Sandmann nicht. Die Augen brennen, wenn man müde und erschöpft ist oder eine Bindehautentzündung hat. Bei Augenschmerzen sollte man gleich zum Arzt gehen. Und Fremdkörper muß man vorsichtig entfernen, um das Auge nicht zu verletzen. Auch grelle Sonne kann schaden.

Solche Mahnungen werden eher beherzigt, wenn man viel über das Auge weiß. Und die Geschichte von meinem Großvater, der ein Glasauge hatte, macht wohl allen Kindern klar, warum wir ihnen verbieten, jemanden der darauf nicht vorbereitet ist, mit harten Schneebällen oder gar Steinen zu werfen.

Wir versuchen, die Bedeutung von Sprichwörtern und Redensarten herauszufinden, in denen das Auge vorkommt. Da geht die Lust am Rätselraten unmerklich in das Vergnügen an unserer Sprache über.

Das Glasauge

Als ich klein war, lebte mein Großvater noch. Er war sehr lustig und lieb, wenn ich bei den Großeltern zu Besuch war.
Einmal wollte ich ihn morgens wecken. Er schlief noch fest. Auf seinem Nachttisch stand ein Glas mit einer Flüssigkeit. Ich erschrak furchtbar, als ich darin ein Auge entdeckte, ein Auge aus Glas.
Ich wußte gar nicht, daß der Opa nur noch ein Auge hatte. Als er aufwachte, zeigte er mir, wie das Glasauge in die Augenhöhle eingesetzt werden muß. Ich habe mich ein bißchen gegraust. Und dann hat er mir erzählt, wie er das eine Auge verloren hat.

Er war selbst noch ein Schüler, als er einmal einen Schneeball ins Gesicht bekam. Den hatte ein anderer Junge, den er gar nicht kannte, nach ihm geworfen. Der Schneeball traf den Opa so unglücklich, daß eines seiner Augen zerstört wurde. Es war nicht mehr zu retten.
Er bekam ein Glasauge, daß seinem echten Auge nachgebildet war. Man sah gar nicht sofort, daß etwas mit seinen Augen nicht in Ordnung war. Ich hatte es auch noch nicht gemerkt.
Als ich die ganze Geschichte gehört hatte, wußte ich, warum alle Erwachsenen der Familie nicht wollten, daß wir Kinder uns gegenseitig bewarfen.

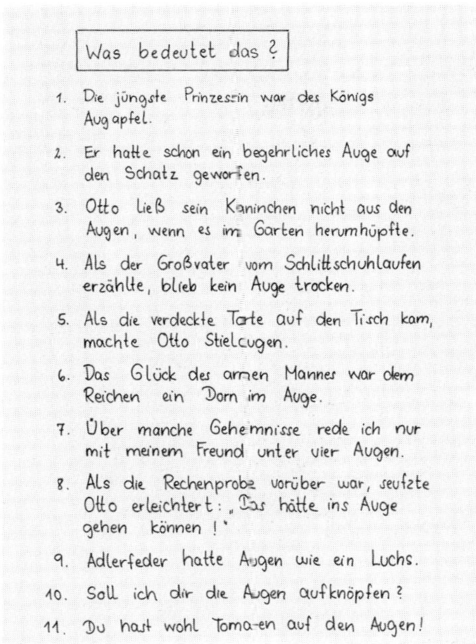
Was bedeutet das ?

1. Die jüngste Prinzessin war des Königs Augapfel.
2. Er hatte schon ein begehrliches Auge auf den Schatz geworfen.
3. Otto ließ sein Kaninchen nicht aus den Augen, wenn es im Garten herumhüpfte.
4. Als der Großvater vom Schlittschuhlaufen erzählte, blieb kein Auge trocken.
5. Als die verdeckte Torte auf den Tisch kam, machte Otto Stielaugen.
6. Das Glück des armen Mannes war dem Reichen ein Dorn im Auge.
7. Über manche Geheimnisse rede ich nur mit meinem Freund unter vier Augen.
8. Als die Rechenprobe vorüber war, seufzte Otto erleichtert: „Das hätte ins Auge gehen können!"
9. Adlerfeder hatte Augen wie ein Luchs.
10. Soll ich dir die Augen aufknöpfen?
11. Du hast wohl Tomaten auf den Augen!

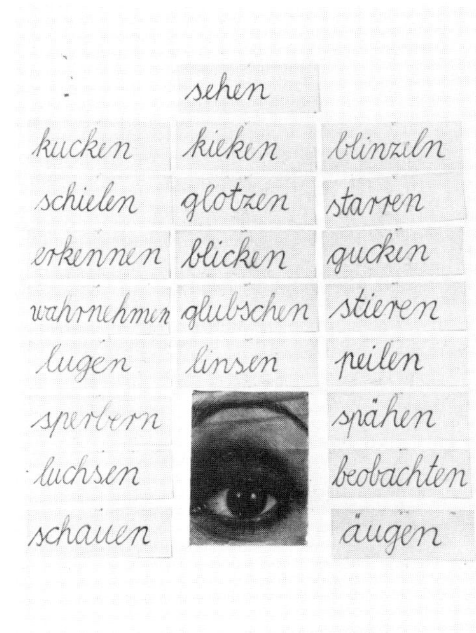

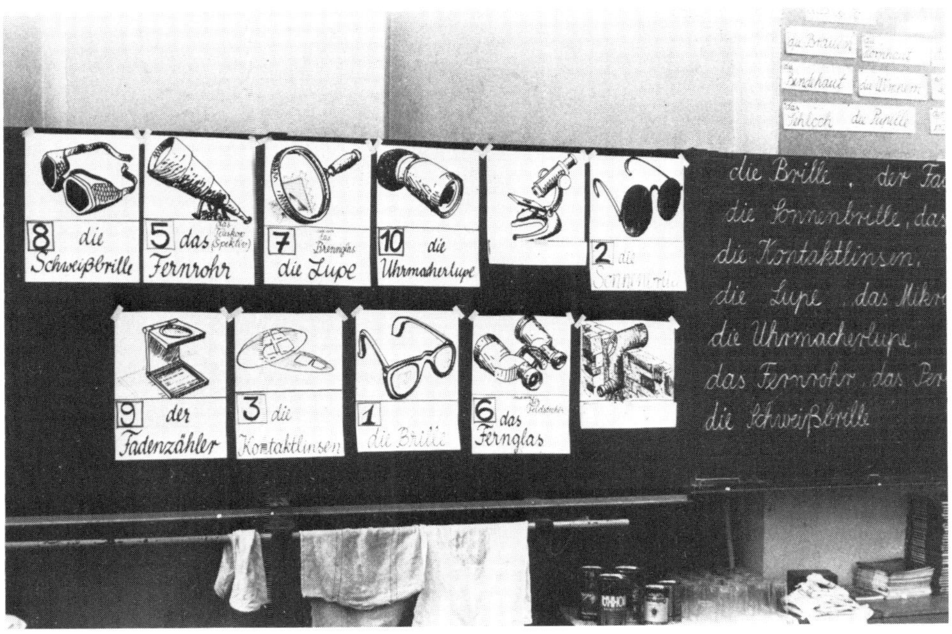

Einer, der viel liest, fragt, was denn das heiße: *mit bewaffnetem Auge?* Ein Anlaß, auch über Ferngläser, Lupen, Fernrohre, Mikroskope usw. und schließlich auch Schutzbrillen zu sprechen und die genau anzuschauen, die wir daheim auftreiben können. Das Arbeitsblatt dann kann nur ausfüllen, wer etwas gelernt hat und mit Verstand liest.

Tauschwörter für *sehen* werden gesammelt. Ich schreibe sie groß auf Papierstreifen, und wir üben sie dann als Blitzdiktat: *sehen, blicken, schauen, äugen, starren, blinzeln, schielen, glotzen, kucken, gucken, beobachten, luchsen, spähen, kieken, stieren, wahrnehmen, glubschen, lugen, linsen, peilen, sperbern, erkennen.* Ich zeige jedes Wort nur kurz. Man muß es sich rasch einprägen und dann aufschreiben, ohne mitten im Wort noch einmal nachschauen zu können. Solche Übungen gegen das Schreibstottern sind immer wieder nötig.

Kinder, bei denen daheim immer nur die Ergebnisse einer Arbeit, nicht die Anstrengung und die aktuelle Leistung gewürdigt werden, neigen dazu, Wörter völlig gedankenlos abzumalen, wenn sie sie von der Tafel abschreiben müssen. Eine ganz sinnlose Beschäftigung und schlechte Angewohnheit.

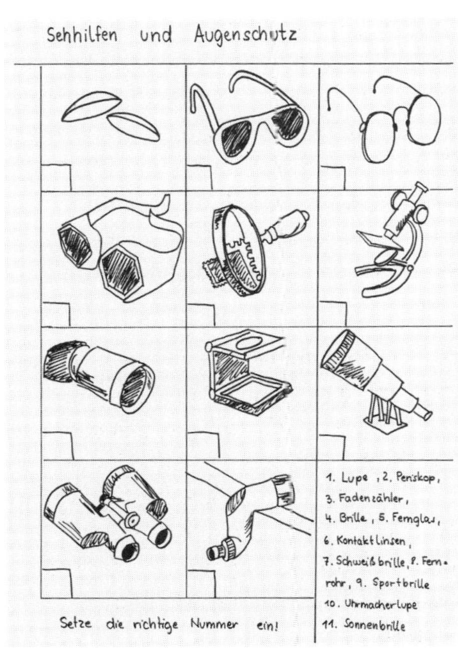
Sehhilfen und Augenschutz

1. Lupe, 2. Periskop, 3. Fadenzähler, 4. Brille, 5. Fernglas, 6. Kontaktlinsen, 7. Schweißbrille, 8. Fernrohr, 9. Sportbrille, 10. Uhrmacherlupe, 11. Sonnenbrille

Setze die richtige Nummer ein!

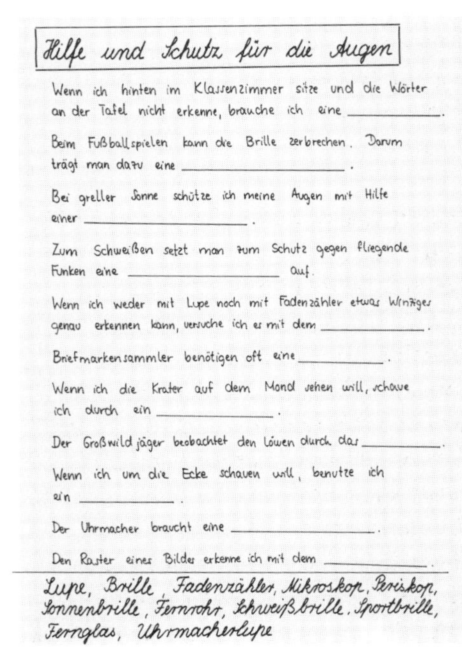
Hilfe und Schutz für die Augen

Wenn ich hinten im Klassenzimmer sitze und die Wörter an der Tafel nicht erkenne, brauche ich eine ________.

Beim Fußballspielen kann die Brille zerbrechen. Darum trägt man dazu eine ________.

Bei greller Sonne schütze ich meine Augen mit Hilfe einer ________.

Zum Schweißen setzt man zum Schutz gegen fliegende Funken eine ________ auf.

Wenn ich weder mit Lupe noch mit Fadenzähler etwas Winziges genau erkennen kann, versuche ich es mit dem ________.

Briefmarkensammler benötigen oft eine ________.

Wenn ich die Krater auf dem Mond sehen will, schaue ich durch ein ________.

Der Großwildjäger beobachtet den Löwen durch das ________.

Wenn ich um die Ecke schauen will, benutze ich ein ________.

Der Uhrmacher braucht eine ________.

Den Raster eines Bildes erkenne ich mit dem ________.

Lupe, Brille, Fadenzähler, Mikroskop, Periskop, Sonnenbrille, Fernrohr, Schweißbrille, Sportbrille, Fernglas, Uhrmacherlupe

Eine Sprachübung, die für die Kinder einen fast philosophischen Reiz zu haben scheint: Immer zwei sitzen nebeneinander, sehen sich in der Klasse um und formulieren abwechselnd: *Ich sehe einen Fleck auf der Tafel. – Ich sehe auch einen Fleck auf der Tafel. – Ich sehe, wie Steffen lacht. – Ich sehe auch, wie Steffen lacht.* usw.

Dann sitzen sie sich gegenüber und formulieren: *Ich sehe das Aquarium auf dem Schrank. – Du siehst das Aquarium auf dem Schrank, aber ich sehe es nicht.*

Und schließlich sogar: *Ich sehe mich in deiner Pupille! –Du siehst dich in meiner Pupille, und ich sehe dich richtig. Aber ich sehe mich in deiner Pupille.* Ich sehe etwas. Du siehst etwas. Wir sehen nicht immer dasselbe.

Fragen nach der Wahrnehmungswelt von Blinden waren schon aufgetaucht, als wir anfingen, von den Augen zu sprechen. Immer wieder fragten die Kinder danach. Es gibt einen alten polnischen Film über blinde Kinder, die im Unterricht lernen, was der Satz *Ich habe ein Ei* bedeutet. Der Film hat auch diesen Titel. Wir sehen uns den Film zweimal an. Beim erstenmal sind die Kinder unvorbereitet und werden verwirrt von der fremden Welt und Sprache, aber sie sind schon ganz gefangen.

Ich habe eine knappe Zusammenfassung des Filminhalts vorbereitet, vervielfältigt und in Absätze zerschnitten. Zu zweit ordnen die Kinder diese Streifen so, daß ihre Reihenfolge dem Filmablauf entspricht. Dabei werden Eindrücke geordnet und geklärt. Man übt auch zu lesen, sich zu beraten und sich zu einigen. Dann schauen wir uns den Film noch einmal an.

Am nächsten Tag versuchen wir, die Erfahrung der blinden Kinder zu wiederholen. Mit geschlossenen Augen wird ein Ei betastet, aufgeschlagen, berochen. Wir erkennen: *Ohne die Hilfe der Augen kann man manches nicht wahrnehmen. Aber wenn wir auf sie einmal verzichten, bemerken wir Dinge, auf die wir sonst nicht achten.*

Nebenbei wird klarer, wie wir im Sachunterricht durch Fühlen, Sehen, Riechen, Betrachten, Benennen unsere Erfahrungen erweitern und ordnen. Das ist ähnlich wie bei den blinden Kindern im Film.

Dann wollen die Kinder „blind" spielen: Wir versuchen, uns im Turnsaal mit geschlossenen Augen zu bewegen, zuerst im leeren Raum, dann zwischen Hindernissen. Wir üben zu zweit *blindes Vertrauen:* Ein Kind hat die Augen geschlossen, ein anderes führt es an der Hand herum. Ein Ratespiel: *Versuche, mit geschlossenen Augen zu erkennen, was du in die Hand bekommst, und sag uns dann, woran du es erkannt hast.*

Inzwischen gibt es ein Bilderbuch für Blinde: *Was ist das?* von Virginia Allan. Es erzählt die Geschichte einer Kinderfreundschaft in Bildern, die man sehen und ertasten kann. Auch damit kann man *blind* spielen: Ein Kind liest den Text vor, das andere ertastet die Bilder mit geschlossenen Augen und lernt so zugleich etwas über sich selbst, seine Wahrnehmungsfähigkeit und seine Gefühle und über die Welt, in der Blinde leben.

„Ich habe ein Ei"

Die Kinder in einer Blindenschule in Warschau wissen noch nicht, was ein Ei ist. Sie können das Ei nicht sehen. Sie hören nur das Wort „Ei".

Um zu begreifen, was das ist, ein Ei, müssen sie seine Eigenschaften mit ihren Fingern ertasten. Alle nehmen ein Ei in die Hände. Sie vergleichen es mit Dingen, die sie schon kennen.

Das Ei ist rund. Es hat keine Ecken wie der Holzwürfel. Es ist aber auch nicht rund wie ein Ball. Es hat eine längliche Form. Es ist eirund. Und die Oberfläche? Anders als beim Kohlkopf ist sie beim Ei geschlossen. Man kann sie aber auch nicht „glatt" nennen. Und „rauh" wäre auch nicht das richtige Wort.

Was verbirgt sich in der Schale? – Die Kinder schlagen ihr Ei auf. Sie fassen in das Eiweiß. Es ist glitschig. Sie fischen das Eigelb heraus und zerdrücken es. Es ist klebrig. Das Eigelb riecht anders als das Eiweiß.

Einige Eier werden gekocht. Die Kinder fühlen den heißen Dampf über dem Kochtopf. Sie schälen ihr Ei und ertasten wieder Eiweiß und Eigelb, die sich verändert haben.

Das Schönste kommt zum Schluß:
Blinde Kinder können nicht sehen, wie niedlich die kleinen Küken sind, die aus den Eiern schlüpfen; aber sie können fühlen, wie die Eischale zerbricht und das kleine Lebewesen herauskommt.

Sie halten die Küken ganz zart in den Händen und hören sie piepsen. Mit der Wange spüren sie, wie weich die Flaumfedern der Küken sind und fühlen, wie das weiche Wesen sich bewegt.

Kinderzimmer

Wünschen will gelernt sein. Vor Weihnachten werden die Kinder überschüttet mit Werbung für teure Spielsachen. Reklamefotos und Fernsehspots versprechen das schiere Glück für den Fall, daß man diese Puppe oder jene Rennbahn bekommt. Dann wünscht man sich etwas, weil man sich mit dem Reklamekind und dessen Freude identifiziert. Und nachher folgt die Ernüchterung, wenn das Geschenk den eigenen Spielbedürfnissen gar nicht entspricht. Als ich den Kindern diesen Vorgang beschreibe, wissen sie offenbar, was gemeint ist, erinnern sich an ähnliche eigene Erfahrungen.

Wir wollen feststellen, mit welchen Spielsachen tatsächlich gespielt wird. Vielleicht hilft das zu sinnvollen Weihnachtswünschen. Eine Woche lang schreiben wir auf, wer womit am Tag vorher gespielt hat. Das Ergebnis ist traurig: Manche Kinder kommen an vier Tagen der Woche gar nicht zum Spielen. Ihr Tag ist verplant mit Schule, Hausaufgaben, Musikstunden, Malkurs, Fernsehen usw. Wir versuchen, durch konzentrierte Arbeit am Vormittag den Nachmittag von Hausaufgaben freizuhalten und so wenigstens etwas zu helfen.

Dann schreibt jedes Kind daheim auf einen Zettel, welche Spielsachen es besitzt. Manche Liste wird sehr lang. In der Schule werden die drei liebsten Spielsachen numeriert und das, was man gar nicht mag, unterstrichen. Dann sprechen wir im Kreis darüber, wie sich die Vorlieben und Abneigungen erklären lassen. Nebenbei lernen die Kinder etwas über die Spielwelt anderer Kinder, stellen unerwartete Verwandtschaften fest, begegnen fremdartigen Vorlieben.

Am nächsten Tag bringt jedes Kind sein Lieblingsspielzeug mit und stellt es den anderen Kindern vor. Dann machen wir eine Statistik von Spielwünschen.

Jeweils 5 Kinder bringen ihr Spielzeug nach vorn und legen es vor die Tafel. Dann sind alle gefragt: *Wenn du die Wahl hättest unter diesen fünf Dingen, womit würdest du jetzt in diesem Augenblick spielen wollen?* Damit jeder unbeeinflußt wählen kann, wird zunächst nichts verraten; jeder schreibt seinen Wunsch auf einen Zettel. Dann erst sagen sie ihre Wünsche laut, und ich notiere jeden an der Tafel mit einem Strich. Für die Kinder ist das offenbar sehr spannend, sie wollen immer neue Kombinationen auszählen. *Esel 5, Fellhase 5, Schwert 15, Klavier 9, Teddi 2,* Oder: *Heulrohr 17, Barbiepuppen 1, Eisenbahn 8, Sprechpuppe 4, Taschenmesser 6.* Oder: *Puppenstube 7, Pfeil und Bogen 17, Luftballon 1, Plüschtiere 7, Ritterburg 4.*

Diese Ergebnisse regen heftige Diskussionen darüber an, warum, aus welchen Motiven, jemand mit bestimmten Spielsachen spielen möchte. Und weil die Lust darauf, neue Spielerfahrungen zu machen, gar so groß ist und die meisten Kinder gar nicht wissen, mit wem sie sich zuerst für einen Nachmittag verabreden sollen, setzen wir eine ausgedehnte Spielstunde für den nächsten Vormittag an. Da ist auch Gabi wieder froh, die gestern noch enttäuscht war über die eine Stimme für ihre Barbiepuppe. Triumphierend kommt sie zu mir gelaufen: *Alle stürzen sich auf meine Barbiepuppen.* Sie hat einen ganzen Koffer voll mitgebracht und wird sehr hofiert.

In solchen Stunden erreichen wir kein handfestes Ergebnis. Aber wenn Kinder über ihr Spielzeug nachdenken und miteinander darüber reden, dann denken sie auch immer über sich selbst nach, lernen ihre eigene, sich eben

ausformende Identität kennen, lernen *ich* zu sagen und *du* und *wir*. Sie lernen, daß ihre eigene Welt, die ihnen eben noch so selbstverständlich erschien, sich von der Welt anderer Kinder unterscheidet. Sie lernen schließlich, fremde Gewohnheiten und Vorlieben und auch die eigenen zu respektieren.

Aus meiner kleinen Sammlung bringe ich für einige Tage Spielsachen mit, die kostbar oder selten und den Kindern unbekannt sind. Wir untersuchen die Materialien, aus denen Spielsachen gemacht werden und früher gemacht wurden. Wir wägen die Vor- und Nachteile von Blech, Holz, Plastik und Stoff ab. Ich erzähle ihnen aus der Geschichte der Holzspielsachen aus dem Erzgebirge und von alten Puppen.

Wir schauen Bücher über historisches Spielzeug an und richten eine Ausstellung her. Eines Tages werden als Hausaufgabe die Eltern befragt: *Womit habt ihr früher gespielt? Was gab es noch nicht, was heute für Kinder dazugehört? Und was war damals schon so wie heute?*

Ich lese das Märchen *Der standhafte Zinnsoldat* von Andersen vor. Da wird eine geheimnisvoll-fremde Spielwelt lebendig. *Das Puppenhaus* von Katherine Mansfield läßt uns miterleben, wie es ist, wenn man schöne Spielsachen nur von Ferne bei anderen Kindern sehen darf und selber arm ist.

Die Fragen, die die Kinder zum Thema *Spielsachen* sammeln, erschrecken mich etwas: Sie sind umgeben von Automaten, die so kompliziert und undurchsichtig sind, daß nicht einmal ein Ansatz für eine Frage zu finden ist. Sonst fragen die Kinder nach Details, nach der Geschichte eines Gegenstands, nach dem Nutzen oder der Wirkung unter bestimmten Bedingungen. Hier reiht sich Frage an Frage mit immer dem gleichen Anfang: *Wie funktioniert eine Platte? Wie funktioniert eine Rennbahn mit Blinkautos? Wie funktioniert ein Hund, der bellt?*

Bei diesem Thema zeigen sich immer wieder deutliche Rollenunterschiede zwischen Mädchen und Jungen. Auf den Spielzeuglisten tauchen auch bei

Was wir vom Spielzeug wissen wollen

1. Wie funktioniert eine Sprechpuppe?
2. Welche Spielsachen sind giftig?
3. Wie funktioniert eine Carrera-Bahn?
4. Wie funktioniert ein ferngesteuertes Flugzeug?
5. Wie funktioniert eine Schallplatte?
6. Wie funktioniert eine Singpuppe?
7. Wie funktioniert eine Rennbahn mit Blinkautos?
8. Wie funktioniert ein ferngesteuerter Zug?
9. Wie funktioniert ein Fischertechnik-Motor?
10. Wie funktioniert eine elektrische Eisenbahn?
11. Wie kann die Lok die Züge ziehen, wenn da so ein Kabel ist?
12. Wie funktioniert ein Spielzeughund, der bellen kann?
13. Wie kommen die schönen Bilder in die Bücher?
14. Wie werden die Puzzles gemacht?
15. Wie kommen die ganz kleinen Bilder in die Bücher?
16. Wie kann man aus lauter Zahlen ein Bild machen?
17. Aus was wird Plastilin gemacht?
18. Wie funktionieren die Bilder zum Drübermalen?
19. Wie funktioniert ein Brummbär?
20. Wie funktioniert Pauspapier?
21. Wie macht man ein Kinderzelt?
22. Wie funktioniert ein ferngesteuerter Mensch?
23. Wie wird der Luftballon gemacht, der so aufgeht?
24. Wie kommen die Figuren auf den Luftballon?
25. Wie funktioniert ein Magic-Zeichner?

Diktat

Was spielen wir?

Hans hat viele Spielsachen. Er hat Autos, eine Rennbahn, eine elektrische Eisenbahn und viele andere Sachen. Susi, seine Schwester, hat viele Puppen und eine Puppenstube. Hans ist froh, daß er eine Schwester hat. Er spielt so gerne mit Puppen. Dann ist er der Vater und Susi die Mutter. Und sein alter Teddi ist eines der Kinder.

Übe diese Wörter:

spielen	Rennbahn	Puppe
viele	elektrisch	Puppenstube
Spielsachen	Eisenbahn	froh
		Teddi

Mädchen Autos auf, sind aber als unbeliebt gekennzeichnet. Und Patrick lehnt seine Puppen ab. Früher muß er sie doch gemocht haben, sonst hätte er keine. Nur Steffen spielt noch ausgesprochen gerne mit Puppen und wird von den Mädchen als *Vater* geschätzt. Das alles ist Anlaß für ein Gespräch, bei dem die Buben merkwürdig wortkarg oder großsprecherisch sind. Am nächsten Tag soll jedes Kind ein Spielzeug mitbringen, das es schon sehr lange hat. Und da haben dann auch die Buben ihre abgegriffenen Teddis dabei und erzählen liebevoll und zunehmend unbefangener aus deren Geschichte. Im Diktat wird dieses Thema dann noch einmal aufgegriffen.

In einer schier endlosen Liste sammeln wir alle Spielsachen, die es heutzutage gibt. Die Liste wird vervielfältigt, zerschnitten, und jeder ordnet die Wortstreifen und klebt sie ins Ich-Heft, links alles *Spielsachen, die ich habe,* rechts *Spielsachen, die ich nicht habe.* Das dauert natürlich seine Zeit. Wort für Wort wird gelesen, bedacht, beredet. Alle sind gesammelt bei der Arbeit.

Jedes Kind will sich auch einmal zurückziehen, will Ruhe haben, für sich allein sein. Kinder mit einem eigenen Zimmer und Eltern, die das wissen, haben es gut. Aber oft sind da Geschwister. Und manche Eltern denken auch mehr an das eigene Ruhebedürfnis, als an das ihrer Kinder, die selbst oft nicht wissen, was ihnen fehlt, wenn sie nie ungestört bleiben dürfen.

Hausaufgabe: *Schreibe auf, wann deine Eltern besonders dringend Ruhe haben möchten. Wenn dir nichts mehr einfällt, dann frage deinen Vater oder deine Mutter, ob sie noch etwas wissen.* Am nächsten Tag wird vorgelesen und berichtet. Dann sammeln wir, wann die Kinder ungestört sein möchten. Das sollen die Eltern dann mal lesen.
Beide Sammlungen werden vervielfältigt und nochmal gelesen: *Unterstreiche, was für dich und deine Eltern gilt.* Wieder wandert etwas ins Ich-Heft.

Ein Kinderzimmer ist nicht nur ein Segen für seine Bewohner. Oft werden sie dorthin abgeschoben, wenn sie lieber da sein und spielen möchten, wo die Erwachsenen sich aufhalten und arbeiten. *Frag mal daheim, ob du früher auch gerne in der Küche gespielt und die Schränke ausgeräumt hast!*

Viele Kinder berichten am nächsten Tag, daß das so war, als sie klein waren. Sie sind froh, ein Stück ihrer Vergangenheit wiedergefunden zu haben. Ein Stück, das sie mit anderen in der Klasse teilen. Eine Schreibübung schließt sich an: *Überall ist Kinderzimmer.* Da kann jeder in Gedanken über die ganze Wohnung verfügen und sich ausmalen, wie er im Badezimmer pritschelt oder am Schreibtisch des Vaters zeichnet.

Spielzeugladen

Da fahren Züge auf blankem Geleise
durch Tunnel und Dörfer, im Kreise, im Kreise,
und da stehen Autos zum Schieben und Lenken
und Bagger und Krane zum Kurbeln und Schwenken
und Flugzeuge, Schiffe mit Steuer und Segel
und Baukästen, Spiele und Bücher und Kegel
und Roller und Schlitten, ein Zoo mit Giraffen
und Löwen und Bären und lustigen Affen –
ach –
hinter der Scheibe, hinter dem Glas!

Da ist ein Puppenhaus, da ist ein Laden,
und da gibt es Puppen zum Wickeln und Baden
und Jäckchen und Mützchen mit Bändern und Spitzen
und Bettchen und Wagen mit Rüschen und Litzen
und Puppen, die sprechen, und Puppen mit Zöpfen
und Küchen mit Herden und Pfannen und Töpfen
und Springseile, Schaukeln und Netze mit Bällen
und Teddis und Tiere mit wolligen Fellen –
ach –
hinter der Scheibe, hinter dem Glas!

von Ursula Wölfel

Spielzeug aus dem Erzgebirge

Im Erzgebirge wird Spielzeug aus Holz hergestellt, heute wie vor 2oo Jahren. Heute bekommen die Spielzeugmacher allerdings einen besseren Lohn für ihre Arbeit. Früher wurden sie so schlecht bezahlt, dass Vater und Mutter allein die Familie nicht ernähren konnten, auch wenn sie sich keine Ruhe gönnten. Die Kinder mussten helfen, Spielzeug herzustellen für die Kinder reicherer Eltern. Sie selbst hatten kaum Zeit zum Spielen.

Viele der Spielsachen, die heute im Erzgebirge hergestellt werden, sehen noch genauso aus wie früher. Es ist Tradition, dass zum Beispiel die Nussknacker als Könige oder Soldaten daherkommen. Es gibt auch Tiere, Häuser, Kutschen, Engel, Räuchermännlein und Bergleute. Sie sind aus Holz gesägt oder geschnitzt und mit bunten Farben bemalt. Im Erzgebirge werden auch wunderschöne Spieldosen hergestellt, die Käufer in aller Welt finden.
Die Erzgebirgler selbst schmücken ihre Wohnungen mit Dingen, die sie selbst herstellen. Es ist Sitte, in der Adventszeit Engel und Bergleute ins Fenster zu stellen. Früher konnte man daran sehen, wieviele Kinder im Haus wohnten: Für jeden Buben stand ein Bergmann da, für jedes Mädchen ein Engel.

Spielsachen

Anziehpuppe Würfelspiel
Zinnsoldaten Puppenwagen
Badepuppe Ritterburg
Plüschhase Legosteine
Stoffhund Stabilbaukasten
Geschichtenbuch Reh Affe
Steinbaukasten Stoffkatze
Domino Babypuppe
Puppenküche Teddybär
Puzzle Märchenbuch Lotto
Fang den Hut Kettcar
Bilderbuch Fahrrad Roller
Dreirad Schaukelpferd
Tretroller Scrabble Big Jim
Malefiz Playmobil
Buchstabensuppe Angelspiel
Spitz paß auf Federball
Pferderennen Krocket
Traktor Holzbauklötze
Gießkanne Puppengeschirr
Reifen Gitarre Kran
Nußknacker Mundharmonika
Springseil Sandeimer
Sandschaufel Steckmosaik
Puppe Jo-Jo Kaufladen
Kasperlpuppen Rennbahn
Fuchs und Henne Schlümpfe
Skateboard Mühle
Flug um die Welt Glastiere
Luftballons Hupfgummi
Verkehrsspiel Hampelmann
Friseurkoffer Arztkoffer
Puppenwiege Bügeleisen
Mikado Schach Autos
Holzeisenbahn Mau-Mau Ball
Klebmodell Elch Monopoly
Billiard Golf Tennis
Puppenstube Flipper
Boccia Kinderpost
Sicher ist sicher Murmeln
Filzstifte Mensch ärgere dich nicht
Schwarzer Kater Plastilin
Spicker Kegel Ping pong
Magnetspiel Jaxonkreiden
Fußball Magnetpfeil
Tischtennis Bauklötze
Pferd Esel Schwein
Schere Papier Rollschuhe
Puppengeschirr Kutsche

Mir fällt auf, daß sich da viel Neid auf die Erwachsenen regt. Also gut, üben wir mal die Wörter *erwachsen* und *endlich*, die sind ja beide nicht so leicht zu schreiben. Jeder denkt sich eine Reihe Sätze aus, die alle anfangen: *Wenn ich erwachsen bin, kann ich endlich . . .* Jeder liest vor, und alle sind sich einig: *Eines Tages wird es so weit sein, und dann werden wir uns auch allerlei herausnehmen.*

Wir sammeln, *was Kinder tun müssen* und der eine oder andere ungern tut. Darum heißt es ja *müssen.* Das *ss* verwandelt sich in *ß*, wenn es heißt *ich muß.* Und das muß man üben. Jeder schreibt seine Beschwerlichkeiten auf ein Blatt, dabei kommt das schwierige *muß* oft genug vor. Aus allen Sätzen mache ich eine Sammlung. Als sie allen Kindern vorliegt, findet jeder sich wieder. *Unterstreiche, was du von diesen Dingen tun mußt.* Dann gehen wir die Liste gemeinsam durch: *Ich lese Satz für Satz vor. Wenn er für dich zutrifft, melde dich.* Da wird sichtbar, fühlbar, daß man Leidensgenossen hat, und bei jeder Frage ist es spannend, wer sich noch meldet. Wir werden immer fröhlicher. Manches müssen wir alle, so ist das Leben nun mal.

Eine sehr schlichte, sinnvolle Übung haben wir gemacht, als das Rechtschreiben noch arg schwierig war, viel geübt werden mußte und Tunwörter erst einmal in der Grundform eingeprägt werden sollten. Wir haben gesammelt, was Kinder tun: *lesen, hüpfen, flüstern, tanzen . . .* Es wurde an die Tafel geschrieben und abgeschrieben.

Hausaufgabe: *Schreibe alle Wörter in zwei Spalten. Links das, was man allein tun kann. Rechts das, was man nur miteinander tun kann.* Als wir am nächsten Tag vergleichen, gibt es Uneinigkeit. Sie löst sich auf, als es heißt: *Das kann man wohl allein machen, aber da macht es ja keinen Spaß. Darum hab ich das nach rechts geschrieben.*

Mit einer kleinen Geschichte, die bei mir daheim gerade passiert ist, erinnere ich an das, was wir über Kaugummi gelernt haben und wie man es wegwerfen soll. Dann erzählen die Kinder, welche Mühe und welchen Krach sie daheim wegen der geforderten Ordnung im Kinderzimmer haben. Manche Kinder müssen ja fast nie aufräumen. Die brüsten sich ein wenig, geben dann aber auch zu, daß sie es ganz gerne haben, wenn mal wieder aufgeräumt ist. Eine Hausaufgabe, vor allem um zu üben, wie *liegt* geschrieben wird: *Schreibe auf, was alles herumliegt, wenn es schlimm zugeht in deinem Kinderzimmer. Jeder schreibt mindestens acht Sätze.* Manche Kinder, gerade die ordentlichen, schreiben eine ganze Menge mehr. Ob sie sich da in der Phantasie etwas gönnen, was ihnen in der Wirklichkeit fehlt?

Ich selbst räume gar nicht gern im Kinderzimmer auf. Wenn da richtig gespielt worden ist, weiß ich nicht, wo ich anfangen soll und wo alles hingehört. Das schildere ich in der Klasse recht drastisch, und die Kinder belehren mich reihum: *Die Puppe gehört ins Puppenbett. Das Auto gehört in die Garage. Die Papierschnipsel gehören in den Papierkorb . . .* Wenn ich mit ein paar Bewegungen und Seufzern andeute, daß ich das nun alles aufräumen muß, spüre ich etwas Schadenfreude bei den Kindern. Am Ende sind wir etwas erschöpft, fast als hätten wir wirklich aufgeräumt. Wir schließen das Thema mit einem großen, gemeinsamen Seufzer: *Nächstesmal räum ich eher auf!*

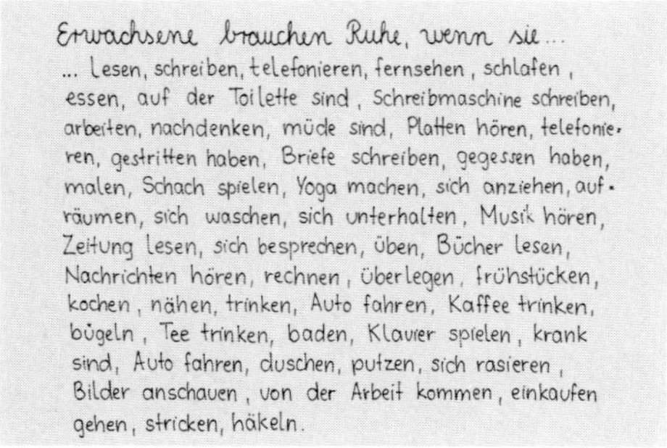
Erwachsene brauchen Ruhe, wenn sie …
… lesen, schreiben, telefonieren, fernsehen, schlafen, essen, auf der Toilette sind, Schreibmaschine schreiben, arbeiten, nachdenken, müde sind, Platten hören, telefonieren, gestritten haben, Briefe schreiben, gegessen haben, malen, Schach spielen, Yoga machen, sich anziehen, aufräumen, sich waschen, sich unterhalten, Musik hören, Zeitung lesen, sich besprechen, üben, Bücher lesen, Nachrichten hören, rechnen, überlegen, frühstücken, kochen, nähen, trinken, Auto fahren, Kaffee trinken, bügeln, Tee trinken, baden, Klavier spielen, krank sind, Auto fahren, duschen, putzen, sich rasieren, Bilder anschauen, von der Arbeit kommen, einkaufen gehen, stricken, häkeln.

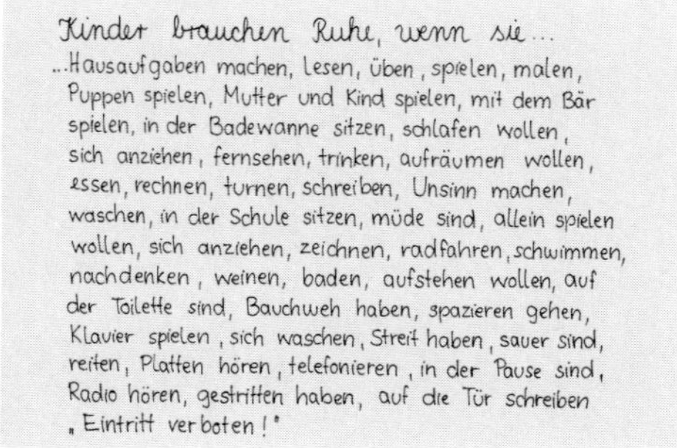
Kinder brauchen Ruhe, wenn sie …
…Hausaufgaben machen, lesen, üben, spielen, malen, Puppen spielen, Mutter und Kind spielen, mit dem Bär spielen, in der Badewanne sitzen, schlafen wollen, sich anziehen, fernsehen, trinken, aufräumen wollen, essen, rechnen, turnen, schreiben, Unsinn machen, waschen, in der Schule sitzen, müde sind, allein spielen wollen, sich anziehen, zeichnen, radfahren, schwimmen, nachdenken, weinen, baden, aufstehen wollen, auf der Toilette sind, Bauchweh haben, spazieren gehen, Klavier spielen, sich waschen, Streit haben, sauer sind, reiten, Platten hören, telefonieren, in der Pause sind, Radio hören, gestritten haben, auf die Tür schreiben „Eintritt verboten!"

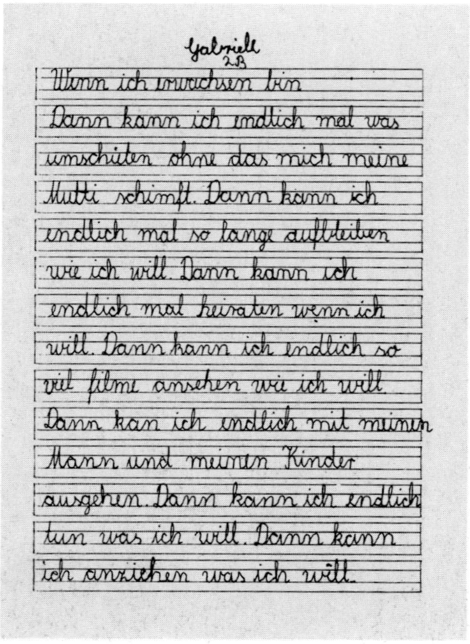
Gabriele
2B
Wenn ich erwachsen bin
Dann kann ich endlich mal was umschüten ohne das mich meine Mutti schimpft. Dann kann ich endlich mal so lange aufbleiben wie ich will. Dann kann ich endlich mal heiraten wenn ich will. Dann kann ich endlich so viel filme ansehen wie ich will Dann kan ich endlich mit meinen Mann und meinen Kinder ausgehen. Dann kann ich endlich tun was ich will. Dann kann ich anziehen was ich will.

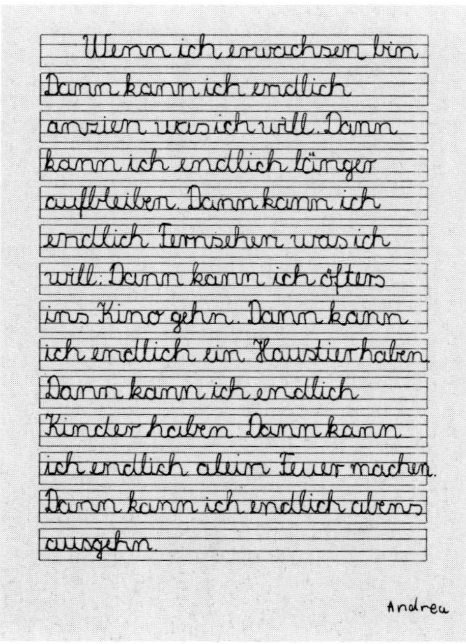
Wenn ich erwachsen bin
Dann kann ich endlich anzien was ich will. Dann kann ich endlich länger aufbleiben. Dann kann ich endlich Fernsehen was ich will. Dann kann ich öfters ins Kino gehn. Dann kann ich endlich ein Haustier haben. Dann kann ich endlich Kinder haben. Dann kann ich endlich alein Feuer machen. Dann kann ich endlich albens ausgehn.
Andrea

Was Kinder im Laufe eines Tages tun

Sie waschen sich, ziehen sich an, frühstücken, gehen in die Schule, lernen, gehen in die Pause, spielen Fußball, spielen mit Autos, essen, spielen Krieg, geistern als Gespenst herum, machen Quatsch, sehen fern, machen Hausaufgaben, gehen ins Bett, baden, gehen auf die Toilette, sitzen rum, schlafen, putzen sich die Zähne, lesen Bücher, raufen, malen, atmen, singen, trinken, basteln, schlafen, machen ihr Bett, weinen, lachen, sind glücklich, sind traurig, spielen mit Autos, spielen mit Lego, spielen Karten, spielen mit Soldaten, reden, spielen Flohhüpfer, streiten, gehen auf die Wiese, toben rum, besuchen einen Freund, streicheln, turnen, spielen Flöte, laufen Rollschuh, spielen mit Freunden, fahren Fahrrad, spielen mit Puppen, gehen spazieren, essen Abendbrot, gehen einkaufen, gehen ins Kino, helfen der Mutter, sind böse, sticken, blödeln, häkeln, gehen zum Spielplatz, ziehen ihre Puppen an, räumen auf, schmusen, spielen Klavier, meckern, schauen alte Schulhefte an, sehen sich etwas durch das Mikroskop an, machen Experimente, gehen in den Zirkus, klatschen Beifall, sind im Hort, rechnen, bürsten ihre Haare, cremen sich das Gesicht ein, füttern ihren Hamster, führen den Hund spazieren, spielen mit der Katze, schaukeln, suchen etwas, füttern die Fische, hören Kinderfunk, gehorchen, kratzen, sind lieb, sind frech, maulen, hopsen auf dem Bett herum, sagen „Gute Nacht!", gehen ins Bett, beten, horchen auf Geräusche, schlafen ein, träumen.

Was Kinder tun müssen

Streiche an, was für dich paßt!

Ich muß ins Bett gehen.
Ich muß einkaufen.
Ich muß schreiben.
Ich muß rechnen.
Ich muß lesen.
Ich muß nähen.
Ich muß essen.
Ich muß trinken.
Ich muß in die Schule gehen.
Ich muß häkeln.
Ich muß aufstellen.
Ich muß Leber essen.
Ich muß Zähne putzen.
Ich muß mich waschen.
Ich muß den Hund ausführen.
Ich muß den Vogelkäfig saubermachen.
Ich muß mein Bett machen.
Ich muß Hausaufgaben machen.
Ich muß aufräumen.
Ich muß rausgehen.
Ich muß Geschirr abwaschen.
Ich muß lernen.
Ich muß mich kämmen.
Ich muß mich anziehen.
Ich muß Eier holen.
Ich muß Bier holen.
Ich muß schnell frühstücken.
Ich muß Klavier spielen.

Streiche an, was für dich paßt!

Ich muß früh geweckt werden.
Ich muß schön schreiben.
Ich muß mich beeilen.
Ich muß spielen.
Ich muß helfen.
Ich muß dauernd etwas holen.
Ich muß zum Arzt gehen.
Ich muß den Abfall runtertragen.
Ich muß in die Singschule gehen.
Ich muß mich ausziehen.
Ich muß die Betten machen.
Ich muß die Küche aufräumen.
Ich muß die Schuhe putzen.
Ich muß brav sein.
Ich muß in den Pausehof gehen.
Ich muß meinen Bleistift spitzen.
Ich muß die Nachrichten anhören.
Ich muß manchmal still sein.
Ich muß zum TSV-Sportverein gehen.
Ich muß schlafen.
Ich muß aufs Klo gehen.
Ich muß groß werden.
Ich muß turnen.
Ich muß mir alles gefallen lassen.
Ich muß baden.
Ich muß laufen.
Ich muß mit in die Stadt gehen.
Ich muß die Post holen.
Ich muß im Haus bleiben.
Ich muß mich bürsten.
Ich muß in der Küche essen.
Ich muß das Kinderzimmer aufräumen.

Pauline und der Kaugummi

Pauline mag sehr gerne Kaugummi, aber sie ist noch sehr klein und macht vieles falsch damit.
Zuerst hat sie den Kaugummi hinuntergeschluckt. Dann hat sie begriffen, daß man das nicht machen sollte, und ihn einfach irgendwo hingespuckt. Das darf man aber auch nicht machen.
Als die Mami entdeckte, daß der Kater Morfoss einen alten Kaugummi im Fell hatte, nahm sie eine Schere und schnitt ihn heraus.
Dann hat sie der Pauline erklärt: „Du mußt den alten Kaugummi in die Alufolie wickeln und in den Papierkorb werfen."
Das macht Pauline so gerne, daß sie in zehn Minuten zehn Kaugummis verbraucht.

Mein Fahrrad

Als ich ankündige, daß wir uns in der nächsten Zeit mit dem Fahrrad befassen und einiges darüber lernen müßten, tönt es mir auf mancherlei Weise entgegen: *Das kennen wir schon!* Und die Kinder versuchen schreiend, ihr Wissen zu beweisen. Ein eigenes Fahrrad zu haben und mit ihm auch fahren zu können, womöglich gar sich in den Verkehr einordnen zu dürfen – das ist für Zweitkläßler eine wichtige Stufe zum Großwerden. Entsprechend heftig ist ihr Interesse an diesem Thema. Natürlich muß man davon ausgehen, daß sie schon sehr viel wissen und sich betrogen fühlen, wenn es im Unterricht gar zu banal wird.

Zunächst einmal möchte ich wissen, was schon geläufig ist. Aufgabe: *Jeder schreibt auf, was er vom Fahrrad weiß.* Gespräche in der Gruppe sind erlaubt, aber ich bitte darum, daß man sich gegenseitig nur anregt. Niemand sollte etwas ihm Fremdes aufschreiben, nur weil er es beim Nachbarn gesehen hat.

Diese Bitte erweist sich als überflüssig. Fast alle Kinder haben ein Rad, kennen die wichtigsten Einzelteile und wissen die Namen. Sie zählen sie in Reihensätzen auf, meistens nach dem Muster *Das Fahrrad hat ...* Andrea geht nach drei Sätzen darüber hinaus und schreibt: *Ein normales Fahrrad hat den zweiten Gang eingeschaltet. Mit einem Fahrrad mit Gangschaltung kann man sich aussuchen, welchen Gang man fahren will. Mit einem Fahrrad mit Gangschaltung kann man auch vor- und rückwärts treten.* Die Gangschaltung ist, so stellt sich später heraus, das Etwas am Fahrrad, was den meisten Kindern noch fehlt.

Tanja unterscheidet zwischen *Rad* und besonderen Rädern: *Ein Klapprad kann man auseinander nehmen, das Rad nicht. Das Rennrad hat 10 Gänge, das Rad nicht.* Wenn Kinder schon soviel wissen, hat es wenig Sinn, die Namen der Einzelteile in den Mittelpunkt des Unterrichts zu stellen. Wir holen ein Fahrrad in die Klasse, und die Kinder versuchen, die Funktion der Einzelteile zu erläutern.

Wenn am Fahrrad keine Klingel wäre, könnte man ja nicht ... und *Wenn das Rad keinen Lenker hätte, würde man ja ...* – In solche Sätze fassen sie ihre Gedanken über die Notwendigkeit und das Zusammenspiel der Einzelteile.

Harald erklärt sehr ausführlich und verständlich, wie die Gangschaltung funktioniert. Für jedes Teil, das genannt wurde, schreibe ich einen Wortstreifen. Als wir fertig sind, teile ich Bögen aus, in der Mitte den Abdruck des Fahrradstempels, den wir in der Schule haben. Jetzt gibt es eine doppelte Aufgabe: *Finde für jedes Teil den richtigen Namen. Und versuche, die Wörter auch richtig zu schreiben.* Ich halte jeweils einen Wortstreifen hoch, nur ganz kurz, und jeder versucht, sich das Wort einzuprägen. Dann schreibt er es an eine geeignete Stelle auf dem Blatt und zieht einen feinen Strich zu dem benannten Teil. Diese Arbeit soll jeder ganz allein machen, um zu erfahren, was er wirklich sicher und nicht nur so ungefähr weiß. Später kann man miteinander ausbessern und ergänzen.

Was gibt es noch zu lernen? Ich frage die Kinder, was sie wissen wollen und notiere dreißig Fragen, die zeigen, wie wißbegierig die Kinder sind. Die Interessen sind sehr weit gefächert.

Es drängt sich geradezu auf, daß bei diesem Thema informelles Lernen, bei dem jedes Kind seinen eigenen Fragen allein oder mit anderen zusammen nachgehen kann, das Richtige wäre.

Was hindert mich daran, es zuzulassen? Sicher auch die Angst, die Kinder ließen sich über Wochen zu immer neuen Fragen forttragen, und ich könnte das Thema dann nicht rechtzeitig eindämmen, abschließen.

Als ich an Hand der Kinderfragen den Unterricht für die nächste Zeit plane, gerate ich schon in Not, weil ich sehe, daß nur ein Teil dessen, was zu tun

schön und richtig wäre, tatsächlich getan werden kann. Manche Frage wird sich auch nebenbei klären. Die Kinder sprechen ja auch außerhalb der Unterrichtsbahnen über das, was sie beschäftigt, und lernen voneinander.

Eine Studentin unternimmt es, der Mädchengruppe die Funktion von Zahnrädern und Kette klarzumachen. Sie verfährt dabei wie die Kinder: *Wenn das nicht wäre . . .*

Sie bringt zwei glatte Rollen mit und eine Art Treibriemen, der über beide Rollen laufen kann. Ina und Michaela bekommen je eine Rolle in die Hand und sollen ein *Rätsel* lösen: *Wie kann Inas Rolle sich drehen dadurch, daß Michaelas Rolle sich dreht?* Die anderen greifen dazwischen, machen Vorschläge, diskutieren. Schließlich werden die Rollen Ina und Michaela über den Arm gestreift und mit dem Treibriemen verbunden. Jetzt geht es! Beide Rollen bewegen sich, auch wenn nur eine gedreht wird. Aber wenn der Riemen nicht ganz straff gespannt ist, kann er die Bewegung nicht übertragen. Die Mädchen erklären sich dann gegenseitig, warum Zahnrad und Kette besser sind als Rolle und Treibriemen. Sie bringen die Räder an dem im Klassenzimmer aufgestellten Fahrrad mit den Pedalen in Schwung, bremsen dann plötzlich –, und sofort erhebt sich die Frage, warum das Vorderrad weiter herumwirbelt, warum sich das Bremsen nicht ebenso überträgt wie der Antrieb durch das Hinterrad.

Noch tagelang probieren die Kinder mit den Rollen und dem Treibriemen herum. Die Jungen, die während der Zahnradstunde im Handarbeitsunterricht waren, werden so nebenbei über das unterrichtet, was die Mädchen bei Ellen gelernt haben. Wir brauchen das in ihrer Gruppenstunde nur noch kurz zusammenzufassen.

Dann lasse ich mich verleiten, die Buben abzufragen: *Wozu ist dieses, wozu jenes Teil da?* Kaum einer meldet sich. Ich hatte wohl erwartet, befriedigt feststellen zu können: Das sitzt! Nun werde ich kribbelig, als die Kinder nur zögernd antworten. Haben sie denn nichts behalten? Dann wird mir klar, daß sie einfach diese Art, abgefragt zu werden und nichts tun zu können, als mir zu apportieren, was ich hören will, nicht mögen. Das ist Zeitverschwendung. Das ist doch alles schon besprochen und hin- und hergewendet worden. Vor allem aber wissen sie nicht, was ich von ihnen will, weil ich so sonst nicht frage. Besonders unsichere Kinder müssen hinter den Banalitäten, die ich da breitzutreten versuche, geheimnisvolle Wichtigkeit vermuten. Daß sie die nicht erkennen können, bringt sie ins Schwimmen. Hausaufgabe: *Hier sind Lückensätze, die beschreiben, wie wichtige Teile des Rades funktionieren. Fülle ein, was fehlt!* Das machen sie ohne große Mühe.

Beim Test am nächsten Tag, als ich jeweils ein Fahrradteil mit seinen Funktionen beschreibe und die Kinder seinen Namen aufschreiben sollen, gibt es auch keine Schwierigkeiten. Es war also tatsächlich das leere Ritual des Abfragens, das die Kinder verwirrt und unglücklich gemacht hat.

Harald, der uns so gewandt die Gangschaltung erklären konnte, hat aber jetzt große Mühe: Er kann komplizierte Zusammenhänge in Worte fassen, aber er wird hilflos, wenn er ein ganz bestimmtes Wort nennen soll. Er kann jedes Teil, daß ich beschreibe, zeigen, aber er bringt das Wort dafür nicht über die Lippen und auch nicht auf's

Fragen zum Fahrrad

1. Warum heißt es so ?
2. Wie heißt die Rolle, an der die Speichen befestigt befestigt sind ?
3. Was für eine Stange ist das zwischen den Rädern ?
4. Wie heißt der Erfinder ?
5. Wieso hatten früher die Fahrräder so große Vorderräder und hinten so kleine Räder ?
6. Wieviel Gänge kann ein Rad haben ?
7. Warum hat das Fahrrad eine Kette ?
8. Wieso hat das Fahrrad Speichen ?
9. Wie funktioniert die Lampe, daß sie brennt ?
10. Wann und wo wurde das Fahrrad erfunden ?
11. Warum hat das Fahrrad eine Bremse und wie funktioniert sie ?
12. Wieso hat es einen Lenker und kein Steuerrad ?
13. Wieso braucht es Reifen ?
14. Warum sind an den Pedalen Lichter ?
15. Wie hat das erste Fahrrad ausgesehen ?
16. Wie funktionieren die Pedale ?
17. Wieso sind bei den Rädern Schlauch und Mantel ?
18. Warum hat es ein Schutzblech ?
19. Warum ist es aus Eisen ?
20. Warum haben die Großen Räder mit Werkzeugtaschen ?
21. Warum muß man das Fahrrad immer ölen ?
22. Wie funktioniert die Gangschaltung ?
23. Wieso haben Frauenräder keine Stange ?
24. Wann wurde das erste Bonanzarad erfunden ?
25. Warum platzt der Schlauch , wenn man über Glasscherben fährt ?

Papier, wenn man darauf lauert. Dann ist er wie vernagelt. Aber Begriffe definieren kann er wie kein Zweiter.

Ich erzähle von Armin, einem meiner früheren Schüler, der auf einem Einödhof wohnte und auf einem fast unbefahrenen Weg durch den Wald und die Felder ins Dorf zur Schule kam. Er hatte, so behaupte ich, ein Fahrrad, zusammengebaut aus alten Teilen. Damit war der lange Weg leicht zu schaffen. Für Armin war das ein gutes Rad, auch wenn die anderen Kinder meinten, es fehle da so allerhand, z. B. ein Gepäckträger und eine Lampe. Armin meinte: *Ich fahr nie im Dunkeln, und meinen Ranzen habe ich auf dem Rücken. Ich brauch das Zeug nicht.*

An der Tafel hängen all die Wortstreifen mit den Teilen des Rades, die wir nun schon mehrmals, vor allem für Blitzdiktate, benutzt haben. Armins Rad hatte alles, was es brauchte, um zu fahren.

Wir sortieren diese Teile aus, hängen die Wortstreifen an die Seitentafel, da steht: *nötig, damit es fährt.* Der Rest der Streifen wird noch einmal geteilt: Manche Dinge sind vorgeschrieben, die muß man am Rad haben, andere sind nur einfach praktisch, man kommt auch ohne sie aus. Bei uns in der Stadt achtet die Polizei streng darauf, daß Beleuchtung, Bremsen, Klingel in Ordnung sind. Die Kinder wissen das, sehen aber durchaus nicht ein, daß das notwendig sein soll. Sie denken wie Armin: *Hauptsache, das Rad fährt!*

Aber ich mahne: *Was bei ihm noch ungefährlich war, weil er allein war auf seinem Weg, kann bei uns in der Stadt verhängnisvoll werden für den Radfahrer selbst oder für die anderen Verkehrsteilnehmer.* Sensationslüstern und besserwisserisch malen die Kinder nun immer neue Gefahrensituationen aus. Das muß ich schnell abbrechen.

Die Arbeit an dem Blatt, das ich ihnen dann gebe, macht die Gespräche wieder sachlicher. Die Aufgabe: 32 Teile des Rades sollen sortiert werden. Machen sie das Rad fahrtüchtig? Sind sie nötig, damit es verkehrssicher ist? Oder sind sie nur praktisch? Gehört das Kabel zu den vorgeschriebenen Dingen, weil es zur Lampe führt, oder will die Polizei nur, daß die Lampe brennt, ob mit oder ohne Kabel – das zu entscheiden überlasse ich den Kindern. Zweifelsfälle müssen auch in der Schule offenbleiben dürfen.

Wir setzen uns im Kreis zusammen, und mit dem Hochmut der Großen erzählen die Kinder, wie sie das Radfahren gelernt haben. Noch einmal kosten sie den Augenblick aus, als sie auf Stützräder verzichten konnten. Als Hausaufgabe bekommen sie einen Text zu lesen, in dem ich erzähle, wie ich selbst radfahren gelernt habe, zusammen mit dem Auftrag, ihre Eltern zu fragen, ob sie sich an ihre eigenen frühen Erfahrungen mit dem Rad erinnern können.

Das Wort *Fahrrad* wird oft falsch geschrieben, man hört ja auch nur ein r. Anlaß für eine Sprachbetrachtung: In allen Wörtern der Wortfamilie *fahren* muß der Wortstamm *fahr* unversehrt enthalten sein. Die Untersuchung von Wortfamilien kommt dem etymologischen Interesse der Kinder sehr entgegen. Und diese Familie hier ist überraschend groß.

An einem Nachmittag treffen wir uns mit den Fahrrädern auf dem Schulhof, putzen sie und untersuchen jedes einzelne, ob es auch verkehrstauglich sei.

Bei kleinen Geschicklichkeitsübungen mit Rädertausch stellt sich heraus, daß die modischen Räder nicht so wendig sind wie die klassischen Tourenräder und daß man manchmal unerwartet Mühe hat, auf ihnen das Gleichgewicht zu halten.

Leider haben wir an diesem Tag nicht mehr Zeit genug für ein Rollenspiel mit *Verkehrspolizisten* und für eine Radfahrprüfung. Wir verschieben das auf einen der nächsten Nachmittage. Aber dann kommen Regentage, und der Plan wird begraben.

Die Beleuchtung mit Lampe, Birnchen, Kabeln und Dynamo untersuchen wir dann auch nicht mehr genau, wo wohl die Verknüpfung mit den entsprechenden Themen zu Stromquelle und Strom-

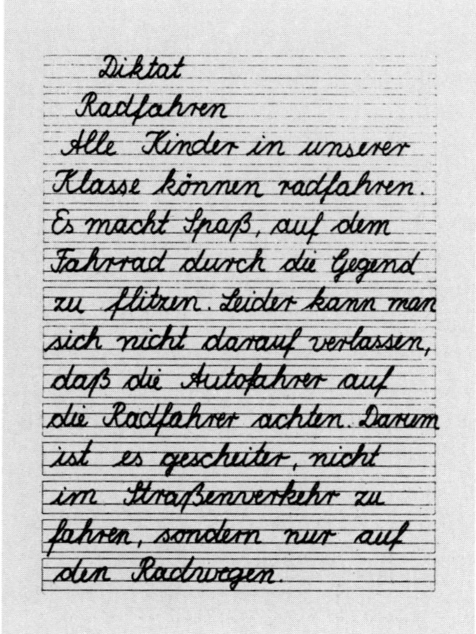
Diktat

Radfahren

Alle Kinder in unserer Klasse können radfahren. Es macht Spaß, auf dem Fahrrad durch die Gegend zu flitzen. Leider kann man sich nicht darauf verlassen, daß die Autofahrer auf die Radfahrer achten. Darum ist es gescheiter, nicht im Straßenverkehr zu fahren, sondern nur auf den Radwegen.

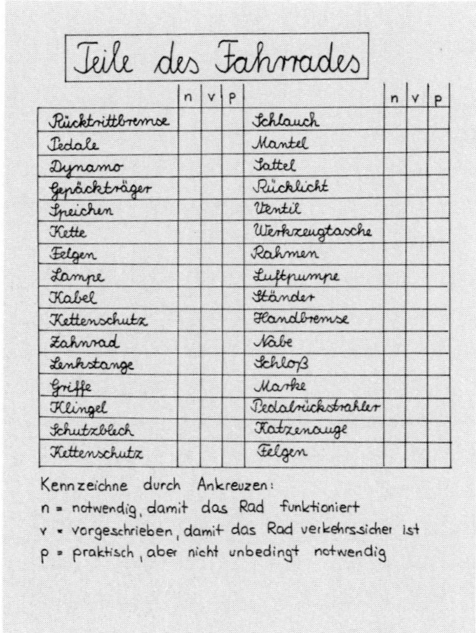
Teile des Fahrrades

	n	v	p		n	v	p
Rücktrittbremse				Schlauch			
Pedale				Mantel			
Dynamo				Sattel			
Gepäckträger				Rücklicht			
Speichen				Ventil			
Kette				Werkzeugtasche			
Felgen				Rahmen			
Lampe				Luftpumpe			
Kabel				Ständer			
Kettenschutz				Handbremse			
Zahnrad				Nabe			
Lenkstange				Schloß			
Griffe				Marke			
Klingel				Pedalrückstrahler			
Schutzblech				Katzenauge			
Kettenschutz				Felgen			

Kennzeichne durch Ankreuzen:
n = notwendig, damit das Rad funktioniert
v = vorgeschrieben, damit das Rad verkehrssicher ist
p = praktisch, aber nicht unbedingt notwendig

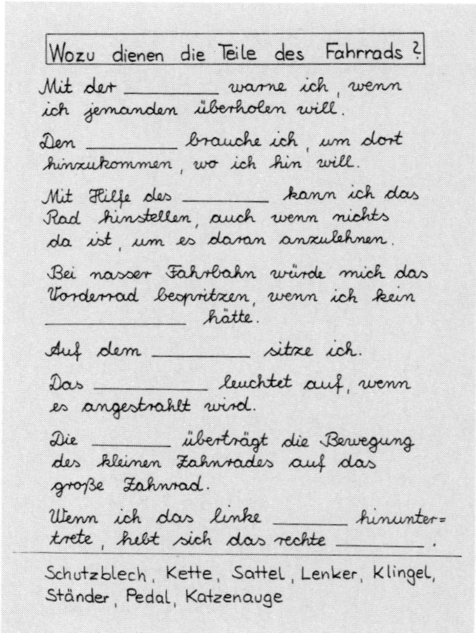
Wozu dienen die Teile des Fahrrads?

Mit der ________ warne ich, wenn ich jemanden überholen will.

Den ________ brauche ich, um dort hinzukommen, wo ich hin will.

Mit Hilfe des ________ kann ich das Rad hinstellen, auch wenn nichts da ist, um es daran anzulehnen.

Bei nasser Fahrbahn würde mich das Vorderrad bespritzen, wenn ich kein ________ hätte.

Auf dem ________ sitze ich.

Das ________ leuchtet auf, wenn es angestrahlt wird.

Die ________ überträgt die Bewegung des kleinen Zahnrades auf das große Zahnrad.

Wenn ich das linke ________ hinuntertrete, hebt sich das rechte ________.

Schutzblech, Kette, Sattel, Lenker, Klingel, Ständer, Pedal, Katzenauge

kreis nahelag. Zweitkläßler benutzen die Beleuchtung auch nur selten, weil sie vor allem am hellen Tag fahren. Für sie sind Gleichgewichtsprobleme wichtiger. Wir untersuchen sie im Turnen.

Die Beherrschung des Gleichgewichts ist für einen Radfahrer, der sich im dichten Verkehr wendiger und manchmal sogar schneller als ein Auto bewegen kann, eine Lust. Man muß wissen, wie labil dieses Gleichgewicht auf zwei Rädern ist, um sich nicht leichtsinnig in Gefahr zu begeben. Kinder nehmen sich Mahnungen eher zu Herzen, wenn man ihnen sachlich zeigt, warum etwas nötig ist. Dann riecht Vorsicht nach Klugheit, nicht nach Gehorchen und Abhängigkeit. Sie wittern allzu schnell, man wolle sie bevormunden und ihnen den Spaß verderben. Das wirkt dann schließlich wie eine Einladung, die eigene Stärke im Nichtgehorchen zu beweisen.

Warum ist ein Ziffernschloß so wirksam? *Finde mal heraus, bei welcher Zahlenfolge es sich öffnen läßt!* Man kann herumprobieren oder systematisch die ganze Reihe der möglichen Folgen einstellen. Eine Übung in Permutationen.

Mit dem Kilometerzähler, den man auch mit der Hand bewegen kann, lassen sich die Sprünge in den Zehner, den Hunderter, den Tausender im dekadischen System sinnlich erfahren. Besser noch geht das mit Zählapparaten, wie sie an Strickmaschinen und Umdruckern angebracht sind.

Wir schauen uns Bücher über das Rad an, kommen vom Fahrrad auf andere Räderfahrzeuge. Einige Kinder berichten von Besuchen im Deutschen Museum, wir hängen Bilder von Radfahrern auf: Plakate, Fotos, Drucke von gemalten Bildern. Allmählich klingt das Thema aus.

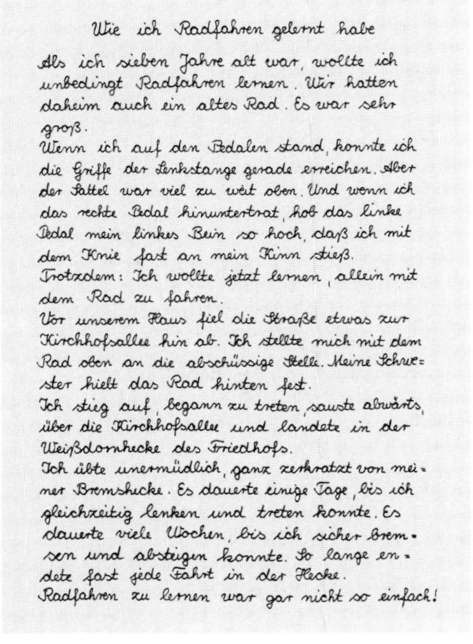

Wie ich Radfahren gelernt habe

Als ich sieben Jahre alt war, wollte ich unbedingt Radfahren lernen. Wir hatten daheim auch ein altes Rad. Es war sehr groß.
Wenn ich auf den Pedalen stand, konnte ich die Griffe der Lenkstange gerade erreichen. Aber der Sattel war viel zu weit oben. Und wenn ich das rechte Pedal hinuntertrat, hob das linke Pedal mein linkes Bein so hoch, daß ich mit dem Knie fast an mein Kinn stieß.
Trotzdem: Ich wollte jetzt lernen, allein mit dem Rad zu fahren.
Vor unserem Haus fiel die Straße etwas zur Kirchhofsallee hin ab. Ich stellte mich mit dem Rad oben an die abschüssige Stelle. Meine Schwester hielt das Rad hinten fest.
Ich stieg auf, begann zu treten, sauste abwärts, über die Kirchhofsallee und landete in der Weißdornhecke des Friedhofs.
Ich übte unermüdlich, ganz zerkratzt von meiner Bremshecke. Es dauerte einige Tage, bis ich gleichzeitig lenken und treten konnte. Es dauerte viele Wochen, bis ich sicher bremsen und absteigen konnte. So lange endete fast jede Fahrt in der Hecke.
Radfahren zu lernen war gar nicht so einfach!

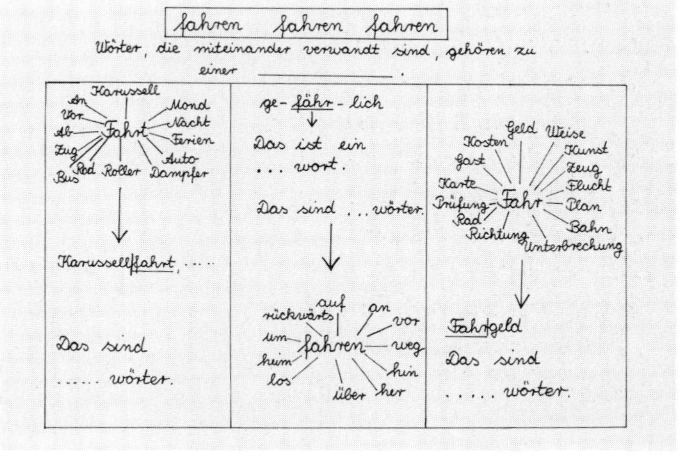

Kirschen

In einem Kochbuch mit Rätseln und Geschichten entdecke ich ein altes Rätselgedicht. Es gefällt mir so gut, daß ich es mit den Kindern teilen möchte. Die Kirschen sind auch gerade reif und in allerlei verschiedenen Sorten auf dem Markt.

Ich schreibe das Gedicht an die Tafel. Die Kinder sitzen davor am Boden, lesen es still, überlegen. Die Sprache, dieses *als es mir müde war,* macht alles doppelt geheimnisvoll. Keiner errät es auf Anhieb. Erst als wir uns anhören, was der eine und der andere dazu denkt, dämmert es: *Das könnte die Kirsche sein.*

Bevor ich die Tafel mit dem Rätsel aufgeschlagen habe, hatte ich gebeten, keine Lösungen hinauszurufen: *Wenn du meinst, du weißt, was es ist, behalt dein Geheimnis! Allen macht es ja mehr Spaß, wenn sie es selber herausfinden. Und nachher kannst du dich freuen, wenn du hörst, was es tatsächlich ist.* Solche Ermahnung ist wichtig, damit nicht die Schnellen den anderen den Spaß verderben. Und damit die Vorschnellen, die mit blindem Tippen die richtige Lösung zu erwischen versuchen, überhaupt anfangen, nachzudenken. Wenn ich sehe, daß einer es gar nicht mehr aushalten kann, schau ich ihn an: *Ich seh schon, du hast es wohl!* Dann wird er ruhiger, fühlt sich vielleicht mit mir verbündet und teilt gerne meine Geduld.

Das, was in dem Rätsel von der Kirsche gesagt wird, wissen wir alle, wie sie blüht, verblüht, grün ist, dann rot wird und schließlich fast schwarz. Ihr wißt aber sicher noch mehr über Kirschen. Überlegt in der Gruppe miteinander, was da noch wichtig wäre. Es ist wohl die Stimmung des Gedichtes, die die Gespräche in den Gruppen so ernst macht. Nach etwa fünf Minuten tragen wir zusammen, was sie ergeben haben.

Dann teile ich Kirschen aus, für jede Gruppe eine Handvoll, verschiedene Sorten gemischt. Sie sind auch nicht alle gleichreif. Jetzt ist die Aufgabe: *Beschreibe eine Kirsche möglichst genau mit allen Einzelheiten.* Da sind zunächst die Farben, das Rot in vielerlei Abstufungen, auch mit Gelb gemischt. Dann das Grübchen da, wo der Stengel sitzt. Manche Kirschen sind fast herzförmig. Und unten haben sie fast eine kleine Spitze und manchmal sitzt da noch so ein schwarzes Pünktchen, ein Rest der Blüte.

Auf einem weißen Blatt, Schreibmaschinenpapier, das ich halbiert habe, versucht jeder, eine Kirsche möglichst genau zu zeichnen. Die Form, den Stengel und wie er ansitzt, die Farbe. Das ist nur eine kleine Übung zum genauen Hinschauen. Als ich nach kurzer Zeit alle vorrufe und ihnen die handkolorierte Tafel mit allen Kirschensorten im alten Brockhaus zeige, werden sie vor Staunen ganz andächtig. *Daß es solche Bilder gibt! Und so viele Sorten! Gibt es die alle?* Die gibt es leider bei uns nicht mehr alle. Leider gibt es aber in neueren Sachbüchern und Lexika auch nicht mehr solche Abbildungen.

Der Kern der Kirsche wird von Anfang an als ein besonderer Teil erlebt. Daß aber Schale und Fruchtfleisch nicht einerlei sind, bemerkt man kaum. Der Begriff *Fruchtfleisch,* der in Objektbe-

Rätsel

Als ich von meiner Mutter kam,
da zog ich an ein weißes Kleid;
als mir das weiße müde war,
da zog ich an ein grünes Kleid;
als mir das grüne müde war,
da zog ich an ein rotes Kleid;
als mir das rote müde war,
da zog ich an ein schwarzes Kleid,
da war mein Herz wie Stein,
mein Fleisch und Blut wie Wein.

Was ist das?

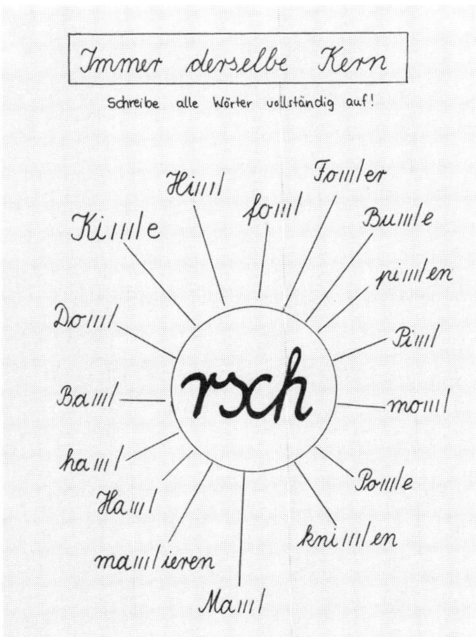

trachtungen schon im ersten Schuljahr vorkommt, bleibt wohl bei den meisten Kindern recht vage. Die Schale, das ist etwas, was man abschält, manchmal dick, manchmal dünn. Wo hört die eigentlich auf nach innen hin?

Bei der Kirsche kann man die Schale mit den Zähnen vorsichtig abziehen. Die Kirsche darunter tropft nur, wenn man sie drückt. Das Fruchtfleisch sieht ganz anders aus, als man es sich vorstellt, eine Art Netzwerk ist erkennbar, voller Saft. Man muß sehr sorgsam sein, wenn man so eine Kirsche schält. Die Ruhe und Sammlung, mit der die Kinder bei der Sache sind, wirkt ganz selbstverständlich, entsteht aus der Aufgabe und ihrem Gegenstand. Auch die Gespräche untereinander bleiben gedämpft, obwohl einige Kinder so fasziniert sind, daß sie zu mir kommen, um mir ihre Kirsche zu zeigen.

Schließlich verschwindet sie im Mund, wird gekostet, und dann lutscht jeder auf einem Stein. *Wie sitzt eigentlich der Stein in der Kirsche? An welcher Stelle? Zeichne das mal auf, im Längsschnitt.*

Was ein Längsschnitt ist, wissen die Kinder von anderen Aufgaben her. Wer unsicher ist, fragt rasch den Nachbarn. Aber wie genau der Kern in der Frucht sitzt, das weiß keiner ganz sicher. Wir sammeln alle Vorschläge an der Tafel. Ich gestehe, daß ich mir auch zum erstenmal Gedanken darüber mache. Wir werden die Antwort schon finden!

Jeder nimmt eine Kirsche mit Stengel und entfernt ganz, ganz vorsichtig Schale und Fruchtfleisch vom Kern. Und siehe da, er sitzt am Stengel fest. Wenn man ihn davon löst, kann man eine kleine Delle erkennen, wo der Stengel festsaß.

Jetzt können wir an die Tafel zeichnen, wie eine Kirsche im Längsschnitt tatsächlich aussieht. Ich weiß nicht, ob es den Kindern so geht wie mir: Wenn ich diese Längsschnittzeichnung so ansehe, kann ich mir nicht erklären, wieso man sich das überhaupt anders hat vorstellen können und warum man solche Zusammenhänge so oft im Alltag nicht wahrnimmt.

Hausaufgabe: *Frage daheim, was man mit Kirschen kochen oder backen kann und ob es da irgendein besonders gutes Rezept in deiner Familie gibt.* Am nächsten Tag wird davon berichtet.

In der Pause machen wir in einem Winkel des Schulhofes Kirschkernweitspucken und dann auch Zielspucken. Mir fällt ein, daß man mit den Ergebnissen des Wettspuckens noch Mathematikaufgaben basteln kann, aber das lasse ich lieber. Mir graut auf einmal davor, wie mir zu jedem Spaß auch noch eine Schulaufgabe einfällt.

Füße und Schuhe

Schuhe – das ist ein altes Thema im Sachunterricht des zweiten Schuljahres. Meistens hat man da wohl nur über die Schuhe, nicht aber auch über die Füße gesprochen; beides gehört aber zusammen.

Ich habe ein Gedicht von Neruda gelesen: *Vom Fuße seines Kindes aus.* Es berührte mich sehr und machte mir Lust auf die Beschäftigung mit Fuß und Schuh im Unterricht. Ich nehme mir vor, den Kindern auch dieses Gedicht vorzulesen und komme mir damit sehr waghalsig vor.

Das Gedicht hat mich berührt und ich will, daß es den Kindern, die mir lieb sind, gefällt. Ich wünsche, sie möchten etwas von der Liebe Nerudas spüren und begreifen, daß sie selbst und viele andere Menschen in dem Gedicht in diese Liebe eingeschlossen sind. Ich weiß nicht, ob das Gedicht sie überfordern, befremden, ihnen womöglich künftige Begegnungen mit Lyrik verstellen wird.

Am Montagmorgen sitzen wir im Kreis. *Was gibt es Neues?* Reihum erzählen die Kinder, vor allem vom Wochenende ist die Rede. Sie hören einander zu und finden wieder zusammen. Danach ein Einmaleins-Test. Alle arbeiten stumm, gesammelt. Wir sind wieder da, in der Schule bei der Arbeit.

Dann eine Aufgabe für die Gruppen: *Wir werden in den nächsten Tagen über unsere Füße sprechen. Überlegt fünf Minuten lang, was ihr über eure Füße wißt.* Anschließend rufen die Kinder mir Stichworte zu, und ich schreibe sie mit Filzstift auf Papierstreifen. Das wird eine Schreibübung. Ich halte jedes Wort ein Weilchen hoch, damit jeder es sich einprägen kann. *Schau dir das Wort an, achte darauf, wie es geschrieben wird! Und dann überlege, was dir zu*

Vom Fuß seines Kindes aus

Des Kindes Fuß weiß noch nicht, daß er Fuß ist
und möchte Schmetterling oder Apfel sein.

Dann aber, Scheiben und Steine,
die Straßen, die Treppen,
und die Wege der harten Erde
lehren den Fuß, daß er nicht fliegen kann,
daß er keine Frucht sein kann, rund an einem Zweig.
Der Fuß des Kindes wurde
somit besiegt, fiel
in der Schlacht,
wurde Gefangener,
verurteilt, in einem Schuh zu leben.

Nach und nach, ohne Licht,
lernte er die Welt auf seine Art kennen,
ohne den andern Fuß zu kennen, der eingesperrt war
das Leben erforschte wie ein Blinder.

Jene zarten Nägel
aus Quarz, aus Traube
wurden hart, verwandelten sich
in undurchsichtigen Stoff, in hartes Horn,
und die kleinen Blütenblätter des Kindes
platteten sich ab, verloren ihre Ausgeglichenheit,
nahmen Formen an eines augenlosen Reptils,
Dreieckskköpfe von Maden.
Und nachher bekamen sie Hühneraugen,
überzogen sich
mit winzigen Vulkanen des Todes,
unannehmbaren Verhärtungen.

Dieser Blinde jedoch ging
rastlos, ohne anzuhalten
Stunde um Stunde einher,
der eine Fuß und der andere Fuß,
bald dem Mann gehörend,
bald der Frau,
aufwärts,
abwärts,
durch Felder, Kohleminen,
Läden und Ministerien,
rückwärts,
hinaus, hinein,
vorwärts,
dieser Fuß arbeite in seinem Schuh,
kaum fand er Zeit,
nackt zu sein, in der Liebe oder im Traum,
er wanderte, sie wanderten,
bis der ganze Mensch aufhörte.

Und nun in die Erde
hinab, und er wußte nichts,
denn dort all und jedes war dunkel,
er wußte nicht, daß er aufgehört hatte Fuß zu sein,
ob sie ihn begruben, damit er flöge
oder damit er
Apfel sein könnte.

PABLO NERUDA
aus: »Viele sind wir«

diesem Wort einfällt, bis das nächste zu sehen ist!

Solche stark geregelten Übungen sind wichtig für Kinder, die allein langsam arbeiten, weil sie sich zu jedem neuen Wort erst entschließen müssen oder mit den Gedanken abschweifen. Dadurch geraten sie mit der Zeit dann immer mehr in Rückstand, und der Abstand zu den Schnellen macht sie sicher mutlos und noch langsamer. Wird der Arbeitsrhythmus wie in diesem Fall von mir gesteuert, arbeiten alle rasch und gesammelt und sind am Ende auch alle zufrieden.

Ich sehe mir das Geschriebene an und lobe, wo es nötig ist. Die meisten Kinder scheinen gut gelaunt zu sein; ich bitte um Aufmerksamkeit und hole meinen Neruda-Band heraus. *Wir werden in nächster Zeit viel über Füße und Schuhe reden und lernen. Ich habe ein Gedicht von Pablo Neruda über die Füße gefunden, das ich euch vorlesen möchte. Neruda lebt nicht mehr. Er war ein südamerikanischer Dichter, ein Chilene. Als ich das Gedicht zum ersten Mal gelesen habe, habe ich nachher meine Füße auf einmal richtig lieb gehabt.*

Ich lese das Gedicht sehr langsam vor. Nach wenigen Zeilen spüre ich, daß die Kinder sich öffnen. Einige versuchen, einen ihrer Füße zu umarmen. Als das Gedicht zu Ende ist, zieht Bettina Schuhe und Strümpfe aus und sagt zu jedem ihrer Füße: *So! Nun bist du mal frei!* Vivi zeigt mir ihre nackten Füße, weist auf die Zehen: *Guck mal, wie niedlich!*

Ich muß das Gedicht noch einmal vorlesen, und die Kinder bitten mich, ich möge es für sie abziehen. Ich zögere lange, weil ich annehme, es habe sie nur über meine Vermittlung erreicht und vielleicht nur für die Zeit des Vorlesens.

In den nächsten Wochen merke ich, daß die Kinder das Gedicht nicht vergessen haben. Es ist, als hielte es insgeheim liebevoll all die Splitter zusammen, in die uns das Thema Füße und Schuhe im Unterricht notwendig zerspringt. Jede Einzelheit, von der wir sprechen, weist immer auch auf anderes. Die Kinder scheinen einander und den Dingen freundlicher zu begegnen als sonst. Und immer wieder fragen sie mich, wann ich denn das Gedicht endlich hergebe.

Nach drei Wochen schließlich ziehe ich es ab, immer noch skeptisch. Damit die Kinder es noch einmal aufmerksam lesen, fordere ich sie auf: *Streiche bitte das an, was dir in dem Gedicht besonders gut gefällt!*

Fast alle Kinder unterstreichen die Zeile *Verurteilt in einem Schuh zu leben.* Viele unterstreichen *... ohne den anderen Fuß zu kennen, der eingesperrt das Leben erforschte wie ein Blinder* und *... mit winzigen Vulkanen des Todes* und *... dieser Fuß arbeitete in seinem Schuh* und *... bis der ganze Mensch aufhört.*

Während sie lesen, auswählen, unterstreichen, reden die Kinder miteinander, zeigen sich die unterstrichenen Teile, erklären einander die Gründe für ihre Wahl. Ich gehe herum und höre zu, sehr bewegt und auch beschämt. Ich habe die Kinder unterschätzt, ich habe wohl auch Neruda unterschätzt.

Als ich das Gedicht zum ersten Mal vorgelesen hatte, bringt Ina am nächsten Tag ein postkartengroßes Blatt Karton mit, auf dem ihre Füße abgedruckt sind. Babyfüße, wenige Tage nach der Geburt. Stumm und über sich selbst gerührt zeigt sie es jedem, der es sehen will.

Wir wollen uns die Füße genauer anschauen. Ich habe es am Tag vorher angekündigt, damit niemand durch Strumpfhosen behindert ist oder sich schämen muß, weil die Füße schmutzig sind. *Zieht Schuhe und Strümpfe aus und legt die Füße auf den Tisch, damit man sie sehen kann!*

Manche Kinder kichern. Zwei, die immer wieder durch ungezügeltes Verhalten auffallen, bringen es kaum fertig, die Füße tatsächlich auf den Tisch zu legen. Die strenge Erziehung daheim hat ihnen da offenbar ein sehr starkes Tabu vermittelt. Es scheint, als seien nackte Füße für diese Kinder etwas Unanständiges. Dabei haben gerade sie kaum Hemmungen, mit schmutzigen Schuhen auf die Tische zu steigen, wenn sie sich unbewacht fühlen.

Ich erinnere die Klasse: *Wir haben doch schon einmal unsere Hände genau angeschaut. Auf den ersten Blick schienen die beiden Hände eines Menschen einander gleich zu sein. Dann fielen uns immer mehr Unterschiede auf. Schließlich mochten wir sie nur noch 'ähnlich' nennen. Schaut euch eure Füße mal genau an! Was fällt euch auf?*

Tatjana bemerkt, einer ihrer Füße sei länger als der andere. Vivi fällt auf, daß es einen linken und einen rechten Fuß gibt und die große Zehe einmal hier und einmal da ist. Tanja sagt: *Die großen Zehen sind in der Mitte.* Michael beschreibt: *Die Zehen gehen rauf und runter wie beim Glockenspiel, und die Nägel werden immer kleiner.* Julia stellt fest: *Wenn ich die Fußsohlen aneinander lege, ist in der Mitte ein Loch.* Jeder probiert dies mit den eigenen Füßen aus. Bei Plattfüßen ist wenig Zwischenraum zwischen den Sohlen. Tanja schlägt vor, die Länge des Fußes innen und außen zu messen: *Außen sind meine Füße kürzer.*

Zwei Kinder verbergen sich hinter meinem Cape und lassen uns immer nur einen Fuß sehen. Wir erkennen trotzdem, ob es ein linker oder rechter Fuß ist. *Links ist da, wo die Zehe rechts ist.* Das klingt albern, ist aber hilfreich.

Inas Babyfüßchen hat uns so gut gefallen, daß alle sich einen Fußabdruck machen wollen. Auf Pergamentpapier wird ein Umriß gezeichnet, man hilft sich gegenseitig. Abdruck und Umriß werden verglichen: Ballen und Spann fallen auf und wecken Fragen. Man kann auch den eigenen Abdruck mit einem fremden Umriß vergleichen, ihn auf die Schuhsole legen oder den eigenen Fuß in einen fremden Umriß zu stellen versuchen. Auf einen langen Streifen von einer Makulaturrolle drücken alle Kinder ihren Fußabdruck.

Errätst du, welches meiner ist? Schau mal, unsre sind ganz ähnlich! Abdruck, Umriß – zwei Begriffe werden beispiel-

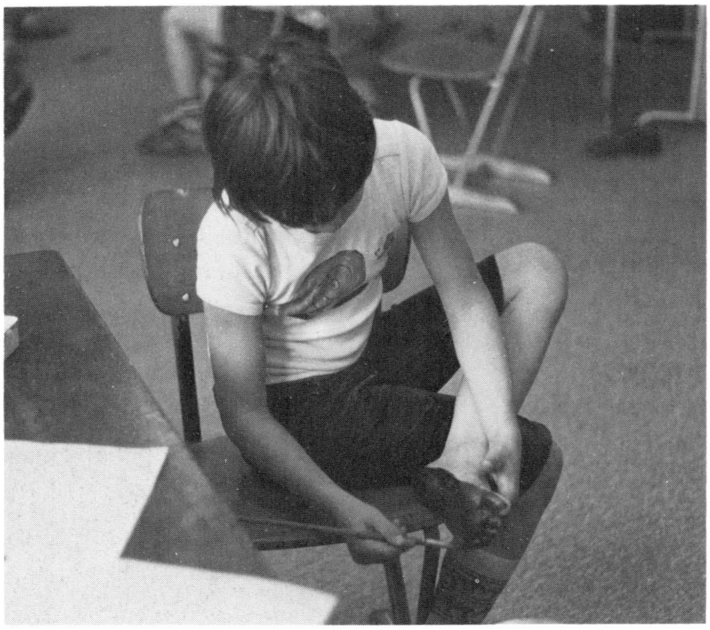

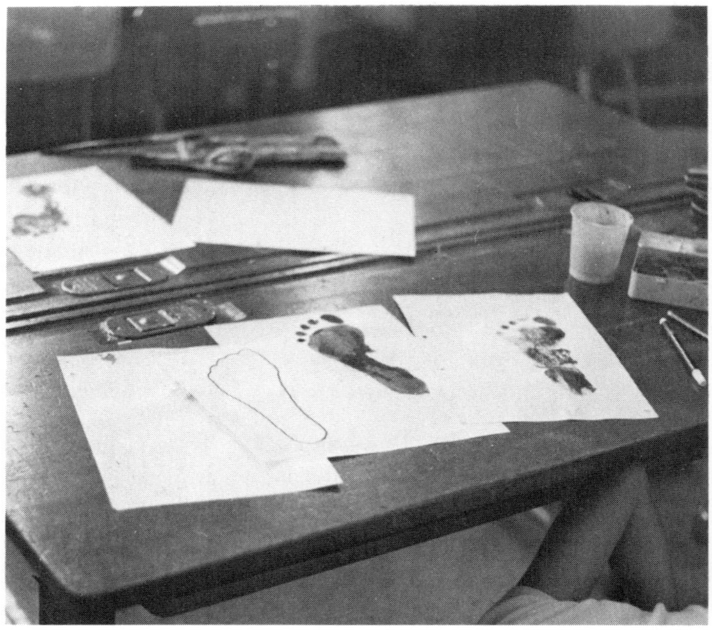

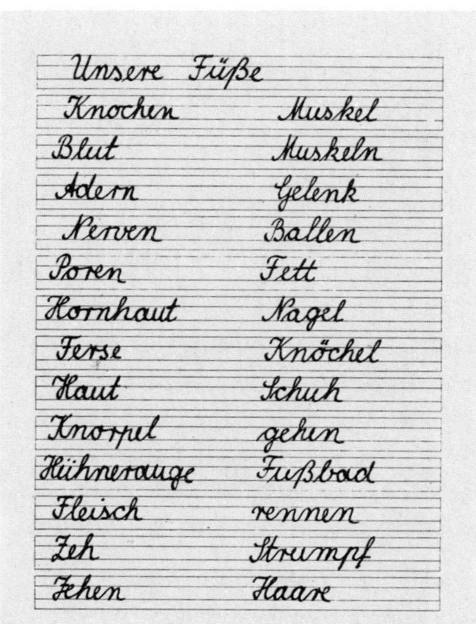

Unsere Füße

Knochen	Muskel
Blut	Muskeln
Adern	Gelenk
Nerven	Ballen
Poren	Fett
Hornhaut	Nagel
Ferse	Knöchel
Haut	Schuh
Knorpel	gehen
Hühnerauge	Fußbad
Fleisch	rennen
Zeh	Strumpf
Zehen	Haare

haft deutlich. Und ein Teil, eine Spiegelung, eine Spur der eigenen Identität wird sichtbar. *Meine Spur taucht in der großen Gruppe unter, zu der ich gehöre. Ich finde sie darin wieder. Ich finde auch andere Kinder wieder. Wenn ich in meiner Klasse bin, bin ich nicht allein, gehöre ich zur großen Gruppe.*
Das sind, wenn es um Füße geht, Erfahrungen und Erlebnisse nebenbei. Vielleicht aber doch die wichtigeren Lernziele.
Ballen, Hornhaut, Knöchel, Behaarung, Falten . . . Den Kindern fällt immer noch etwas an den Füßen auf, das bemerkenswert ist.

Stell' einmal einen Fuß von dir neben einen Fuß deines Nachbarn! Vergleicht die Füße! Jetzt wird es turbulent. Jeder Unterschied, jede Ähnlichkeit ist ein Ereignis und muß laut beredet werden. Irgend jemand versucht, mit seinem Nachbarn die Schuhe zu tauschen. Das wird von anderen Kindern nachgeahmt. Und wo es klappt, wo beiden die Schuhe des anderen passen, verkünden sie: *Wir sind Zwillinge.* Ich habe so oft gehört, wie Erst- und Zweitkläßler diesen Schluß ziehen, nur auf Grund einer kleinen Ähnlichkeit, daß ich annehme, einen Zwilling zu haben, muß die geheime Sehnsucht vieler Kinder sein.

Die Namen für die wichtigsten Teile des Fußes werden genannt, besprochen und an die Tafel geschrieben. Dann eine Schreibübung: In sieben Minuten soll jedes der sechs Wörter viermal geschrieben werden. Die Zeit ist knapp, alle beeilen sich.

Dann ein Arbeitsblatt ähnlich wie das große Bild an der Tafel. Da ist ein Fuß gezeichnet, sechs Nummernkreise darangehängt. Unten auf dem Bogen sind sechs Zeilen frei. Die Aufgabe: *Beschrifte die Zeichnung. Gib den Teilen Nummern. Schreibe auf, zu jeder Nummer, wie der Teil des Fußes heißt.* Die Kinder wählen die Numerierung selbst. Dieses Arbeitsblatt kann man nur richtig fertigmachen, wenn man sehr genau arbeitet.

Wir überlegen: *Wie geht man? Wie bewegt der Fuß sich dabei?* An der Tafel sechs Bögen Papier, auf jedem ist eine Phase eines Schrittes gezeichnet. Da hängen auch sechs Sätze auf großen Blättern. Zweifach soll geordnet werden: Die Phasenzeichnungen sollen in die richtige Reihenfolge gebracht werden, und jeder Phase soll einer der Sätze zugeordnet werden. Michael, der ein Blatt umhängen möchte, zeigt vor der Tafel, wie er geht. Vorsichtig setzt er die Füße. Er ist nicht gewöhnt, sich so langsam zu bewegen. Mit den Armen rudernd versucht er, das Gleichgewicht zu halten. Die Sätze, die schließlich unter den Bildern hängen, werden noch einmal abgeschrieben, als Text unter der Überschrift: *So gehen wir.*

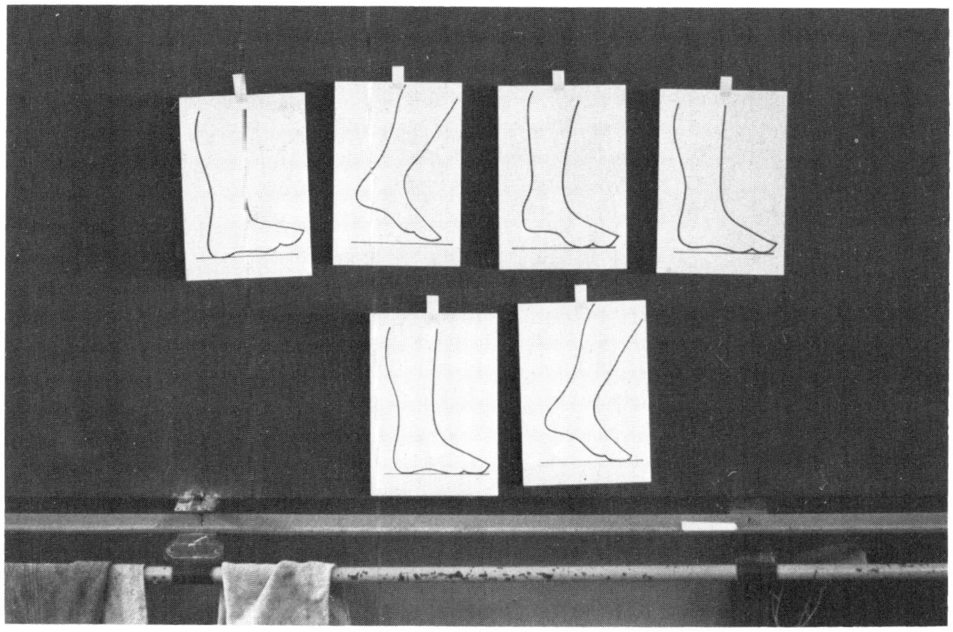

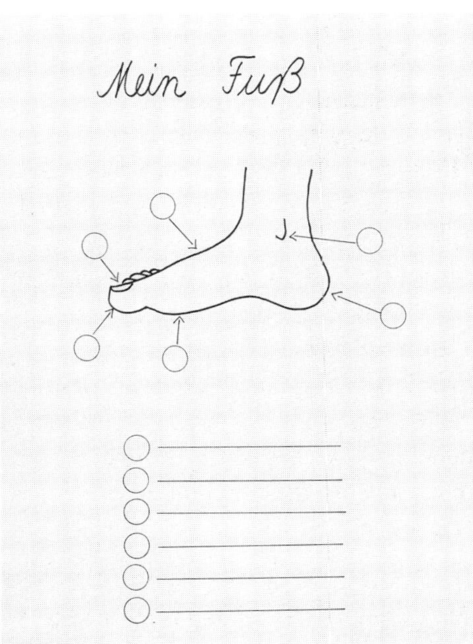

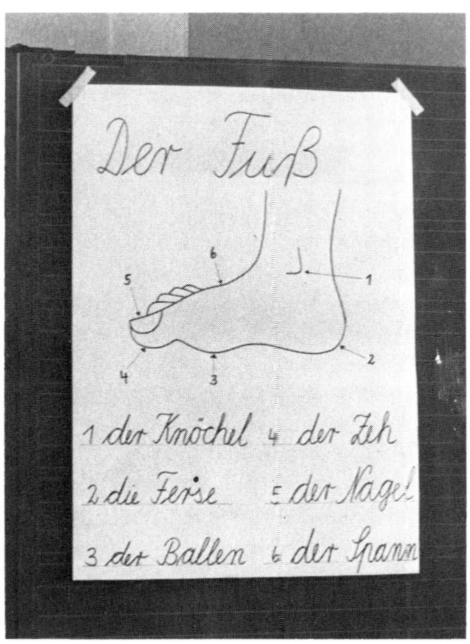

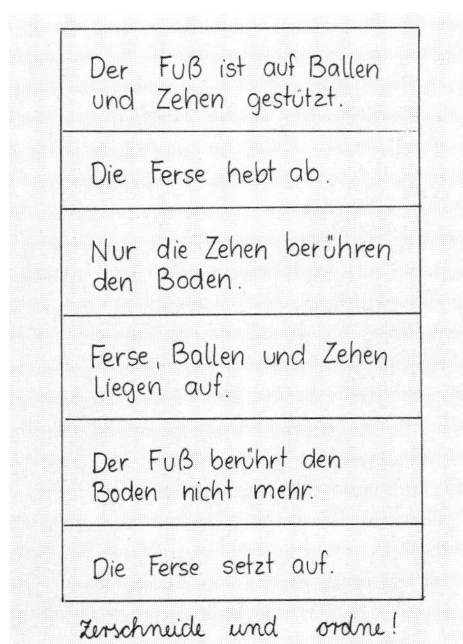

Andrea

gehen	tapsen	traben
laufen	rasen	trappen
rennen	pesen	trappeln
schleichen	taumeln	hatschen
hopsen	schesen	latschen
hüpfen	trippeln	rumpeln
humpeln	wanken	federn
hinken	wackeln	schlurfen
stolpern	stolzieren	schlurchen
tänzeln	schreiten	
torkeln	stiefeln	
schlenzen	schweben	
trampeln	tippeln	
schlidern	galoppieren	

Andrea

schnell:

laufen, rennen, pesen, schesen, ra-sen, galopieren, traben, hetzen,

langsam:

gehen, schleichen, humpeln, hinken, stolpern, taumeln, schlidern,

unsicher:

torkeln, stolpern, taumeln, humpeln, wanken, wackeln,

(2)

Gangarten – wir sammeln alle Wörter, die uns einfallen: gehen, laufen, hopsen, torkeln ... Jedes Wort wird geklärt. Wir sprechen darüber, probieren aus, wie man sich in dem oder jenem Fall fortbewegt.

Dann ein Spiel: Ein Kind macht etwas vor. Die anderen raten, wie man die vorgeführte Gangart nennt. Dann schreibt jedes Kind sich alle diese Wörter auf. Hausaufgabe: Die Begriffe in drei Gruppen ordnen, in *schnelle, langsame, unsichere* Fortbewegungsweisen.

Wir sprechen darüber, daß man über verschiedene Böden geht und daß man das unter Umständen spürt. Wir schreiben alle Böden auf, die uns einfallen. Ich notiere an der Tafel. Später schreiben die Kinder Sätze auf, einfache Sätze. *Ich gehe über Asphalt. Ich gehe über Kies.* ... Es ist gerade Sommer, viele Kinder laufen barfuß, wann immer sich das machen läßt. Und manche Kinder schreiben jetzt: *Ich gehe barfuß über den Kies. Ich gehe barfuß über den Teer* ... Es macht ihnen Spaß, sich das vorzustellen.

In der Gruppenstunde, als die Mädchen beim Handarbeitsunterricht sind, spreche ich noch einmal mit den Buben darüber. Sie wollen die verschiedenen Böden zeichnen. Wir haben lange Papierstreifen. Jedes Kind wählt sich einen Boden aus, ich schreibe ihm das Wort mit dickem Filzstift auf einen Streifen. Dann zeichnet es den Boden dazu, so gut es kann. Und tatsächlich sieht jeder anders aus. Steinchen um Steinchen, Sandkorn neben Sandkorn sind da gezeichnet. Nicki heftet alle Streifen an die Pin-Wand vorne neben der Tafel. Die Kinder sind fröhlich bei dieser Arbeit, als seien sie dabei, einen Schatz zu sammeln.

Eine Hausaufgabe, vom eigenen Platz in der Klasse bis zum eigenen Bett daheim: *Notiere alle Böden, über die du gehst!* Daß manche Kinder, die einen weiten Weg haben, dabei sehr viel mehr zu schreiben haben, als andere mit kurzem Schulweg, fällt den Kindern zunächst nicht auf. Fast möchte ich meinen, einen weiten Weg zu haben,

Unter meinen Füßen

Asphalt	Beton
Holzbrücke	Sand
Dielen	Fliesen
Parkett	Schnee
Treppenstufen	Pfützen
Marmor	Erde
Wiese	Laub
Kies	PVC-Boden
Steinplatten	Teppich
Pflaster	Eis
Teer	Fell
Rasen	Ziegel

Was ist draußen? Was ist drinnen?

Was ist weich? Was ist hart?

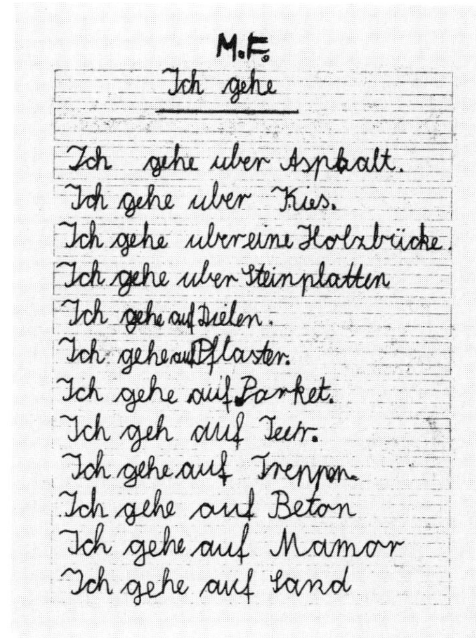

M.F.

Ich gehe

Ich gehe uber Asphalt.
Ich gehe uber Kies.
Ich gehe uber eine Holzbrücke.
Ich gehe uber Steinplatten
Ich gehe auf Dielen.
Ich gehe auf Pflaster.
Ich gehe auf Parket.
Ich geh auf Teer.
Ich gehe auf Trepen.
Ich gehe auf Beton
Ich gehe auf Mamor
Ich gehe auf Sand

über viele verschiedene Böden gehen zu dürfen, werde an diesem Tag als Vorzug aufgefaßt.

Wir kommen noch einmal auf die Wörter für's Gehen zurück. Ich hefte eins nach dem anderen an die Tafel und fordere die Kinder auf, sich zu melden: Immer ein Kind soll vormachen, wie man sich fortbewegt, wenn dieses Wort, das gerade aufgehängt worden ist, paßt. Die anderen Kinder, die nicht dran sind, können kaum stillsitzen. Sie wollen auch mitmachen, auch torkeln, humpeln, gehen, laufen ... Die Bewegungslust der Kinder ist schwer zu dämpfen. Ich beschließe, daß alle mitmachen dürfen. *Das geht aber nur, wenn ihr euch an eine Regel haltet: Sobald ich in die Hände klatsche, ist eine Gangart vorbei. Dann müßt ihr wie der Wind und mucksmäuschenstill auf euren Platz sausen, euch hinsetzen und wieder aufpassen.* Das klappt fast reibungslos.

Drei Kinder bleiben jedesmal sitzen, mit etwas bedrückten Gesichtern. Es wirkt, als klebten sie auf ihren Stühlen, während die anderen sich im Klassenzimmer tummeln. Als ich diese Beobachtung später bedenke, fällt mir ein, daß alle drei immer wieder Schwierigkeiten damit haben, mit einer Sache anzufangen, Initiative zu entwickeln. Die Regel, daß ein interessanter Unterricht alle Kinder aus Passivität erlösen könne, scheint bei diesen Kindern nicht zu gelten. Wo alle anderen begeistert aufspringen, bleiben sie apathisch sitzen.

Die Schuhe sind schadhaft.
Was muß der Schuster tun?

1. Die Sohle löst sich vom Schuh.
2. Ein Riemen an der Sandale ist gerissen.
3. Eine Schnalle ist abgerissen.
4. Die Absätze sind schiefgelaufen.
5. Die Absätze sind abgelaufen.
6. Ein Absatz ist abgerissen.
7. Eine Naht im Oberleder ist geplatzt.
8. Einige Ösen sind ausgerissen.
9. Die Schuhbänder sind gerissen.
10. In der Sohle ist ein Loch.
11. Die Sohle löst sich an der Spitze.
12. Die Spitze ist abgewetzt.
13. Im Schuh ist ein Nagel.
14. Ein Absatz ist abgebrochen.
15. Das Oberleder ist eingerissen.
16. Das Fersenleder ist runtergetreten.
17. Die Kappe ist durchgestoßen.
18. Die Zunge ist abgerissen.
19. Die Schuhbänder sind verlorengegangen.
20. Die ganze Sohle hat sich gelöst.
21. Der Schuh kneift an der Ferse.
22. Das Fersenfutter hat sich gelöst.
23. Der Schuh ist an der Ferse zu weit.

Weggelaufen ist das Schwein,
rennt der Schuster hinterdrein,
schreit das Schweinchen:
„Lieber Klaus,
reiß mir nicht
die Borsten aus!"

Bürsten mit braunen Borsten
bürsten besser als
Bürsten mit schwarzen Borsten.

Such dir aus, welches du lernen willst!

Warum sind Kinder in der Schule initiativ gehemmt? Ist die Schule dafür verantwortlich? Oder gibt es andere Ursachen? Die Mütter von zwei der drei Stuhlhocker hatten mir gesagt: *Wissen Sie, als es klein war, wohnten wir in einer Wohnung, wo die Nachbarn sehr empfindlich warn. Dauernd mußte ich dem Kind sagen ‚Hops nicht!', ‚Sitz still', ‚Rühr dich nicht, die Nachbarn werden gestört'.* Unter dieser frühen Einengung der Bewegungsimpulse scheint ihre Spontaneität verkümmert zu sein.

Bevor wir anfangen, über Schuhe zu sprechen, bitte ich die Kinder: *Bringt kaputte Schuhe mit in die Schule! Je älter, je schadhafter, umso besser.* Am nächsten Tag haben wir eine ganze Ausstellung verschiedenster Schuhe mit allen möglichen Mängeln beisammen.

Eine Partnerarbeit: *Schaut euch die Schuhe an! Schreibt auf, was jeweils kaputt ist, was der Schuhmacher richten würde, wenn man ihm den Schuh zur Reparatur brächte!* Das wird eine lange Liste.

Als wir den Schuhmacher besuchen, erkundigen die Kinder sich, welche Reparaturen am häufigsten verlangt werden. Sie haben in der Schule geschätzt, was das wohl sein könnte, und möchten jetzt vom Schuster erfahren, ob sie rechtgehabt haben.

Am nächsten Tag berichten die Kinder, was sie beim Schuster gesehen haben. Wir erörtern noch einmal jede mögliche Reparatur an einem Schuh. Später sagen mir die Studenten, die an diesem Tag bei uns zuschauen, daß währenddessen Yayah immer wieder aufgesprungen sei, mit raschem Griff vom Tisch neben sich einen Schuh gefaßt habe, bei dem die in Frage stehende Reparatur notwendig gewesen wäre, und diesen Schuh den anderen Kindern gezeigt habe. Mir selbst war das nicht aufgefallen. Ich nehme oft nur wahr, daß er herumhampelt, fühle mich gestört und sehe nicht, ob er dabei etwas für uns alle Sinnvolles tut.

Der Schuster hat uns Abschnitte von verschiedenen Sohlen, von Leder und Gummi mitgegeben. Auch eine Ahle hat er uns geliehen und sogar eine Schweineborste geschenkt. Sie ist erstaunlich lang! Kaum ein Kind wußte, daß der Schuster damit näht. Wir lernen den Vers über das Schwein, das vor dem Schuster ausreißt.

Ein Schnellsprech-Vers über Bürsten und Borsten ist Artikulationsübung und ein Anlaß, das B und das b einmal wieder in Schönschrift zu üben.

Wir wollen einen Ausflug in ein Schuhgeschäft machen. Vorher überlegen wir uns, wieviel verschiedene Arten von Schuhen wir eigentlich kennen, und schreiben sie auf. Diesen Zettel nimmt jeder mit in den Laden. Die Aufgabe: *Schau, welche der aufgeschriebenen Schuhsorten du im Laden wiederfindest. Suche dir drei verschiedene Schuhe aus und schreibe auf, was sie kosten!*
Ich hatte den Kindern schon erklärt, wie wichtig es für die Entwicklung ihrer Füße ist, daß die Schuhe den Fuß nicht beengen. Eine sehr geduldige Verkäuferin erklärt das im Schuhgeschäft noch einmal. Sie zeigt das Gerät, mit dem die richtige Schuhgröße ermittelt wird. Alle wollen gemessen werden.

Die Kinder staunen, wie teuer die Schuhe sind, und sie wundern sich über die Fülle verschiedener Schuharten. Den meisten ist noch nie aufgefallen, wieviele es davon gibt.

Hausaufgabe: *Schreibe auf, welche Schuhe jeder bei euch in der Familie*

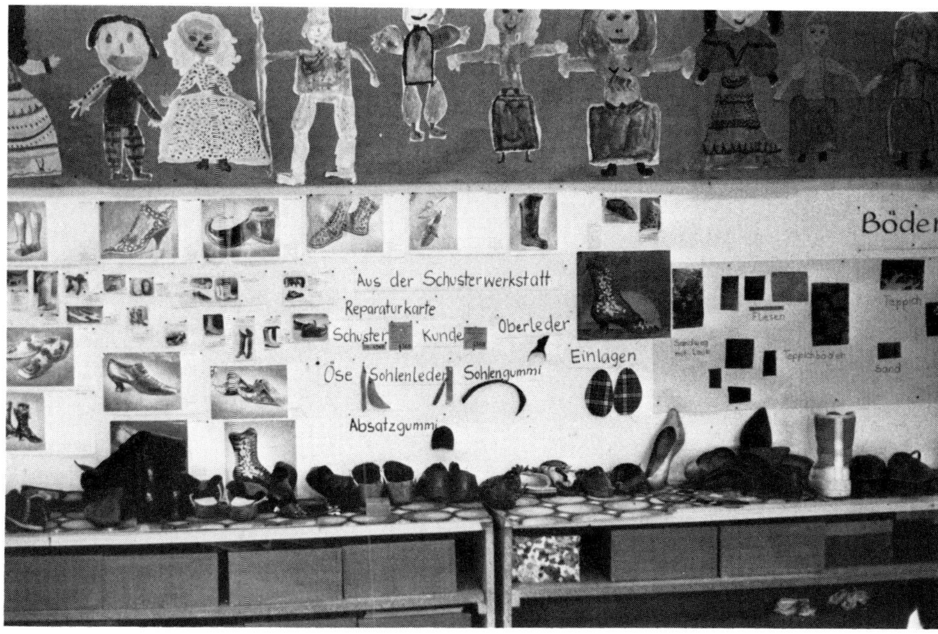

hat. Wieder ein Grund zur Verwunderung: So viele Schuhe! Selbst über die Zahl der eigenen haben sich manche Kinder getäuscht.

Wir überlegen, warum es so viele verschiedene Schuhe gibt, wofür man sie braucht. Ich bringe Bilder von Schuhen aus verschiedenen Zeiten mit. Wir hängen sie in der Klasse auf, stellen uns davor, sprechen darüber. Allmählich wird so etwas wie die Grundfunktion aller Schuhe sichtbar.

Seine wichtigste Aufgabe: Schutz der Fußsohle vor Verletzungen. Das leistet schon eine Sandale. Wenn der Schuh geschlossen ist, schützt er auch gegen Nässe und wärmt den Fuß.

Ich habe Leder, Pappe, Bänder, Fellstücke mitgebracht. Wir *erfinden* Schuhe. Die Bänder, mit denen eine Sohle oder eine Fußumhüllung am Fuß befestigt werden, dürfen nicht außen unter dem Fuß langlaufen, weil sie sonst bei jedem Schritt abgenützt und bald zerreißen würden. Dann fiele der ganze Schuh auseinander. Diese Überlegung ergibt sich für die Kinder nebenbei. Merkwürdigerweise erkennen die Mädchen das sehr viel schneller als die Buben, und sie setzen diese Erkenntnis sofort um. Mehrere Buben scheinen dies gar nicht begreifen zu können, sie bauen *Schuhe,* die irgendwie den Fuß umhüllen oder die Sohle bedecken, die aber keinerlei Beanspruchung aushalten würden.

Findest du das im Schuhgeschäft?

Sandalen	Spikes
Halbschuhe	Fußballstiefel
Stiefel	Rollschuhe
Holzsandalen	Schlittschuhstiefel
Toffler	Pumps
Pantoffeln	
Hausschuhe	Einlegesohlen
Gummistiefel	Socken
Turnschuhe	Strümpfe
Pelzstiefel	Strumpfhosen
Reitstiefel	Kniestrümpfe
Skistiefel	Schnürbänder
Goldsandalen	Schuhspray
Ballettschuhe	Schuhcreme

- Hake ab, was du entdeckt hast!
- Such dir 3 Paar Schuhe aus und schreibe auf, wie teuer sie sind!

Bei solchen Aufgaben verschiebt sich meistens sehr rasch das Bild, das man von der Begabungsverteilung in der Klasse hat. Kinder, die beim überwiegend verbalen Unterricht kaum auffallen, unbeteiligt und einfallslos wirken, sind bei praktischen Aufgaben plötzlich sehr tatkräftig und rasch bei der Sache und finden Lösungen, mit denen ich nicht gerechnet habe. Und wenn sie neben ihrer Arbeit oder nachher darüber reden, sind sie auch nicht wortkarg oder ausdrucksarm.

Aus der Geschichte der Schuhe

Die ältesten Schuhe waren ganz einfach: In warmen Gegenden band man sich Sohlen unter die Füsse. In kalten Gegenden umkleidete man sie mit Pelzwerk oder mit Fellen.

Auf alten Bildern aus Ägypten sehen wir, dass die Menschen dort damals Sandalen trugen. Durch Funde aus der Zeit, in der die Römer auch in Germanien waren, wissen wir, dass sie Sandalen oder Stiefel aus Leder trugen. Auf der Saalburg kann man im Museum römische Soldatenschuhe sehen, deren Sohlen reich mit Nägeln versehen sind. So nutzten sie sich beim Marschieren nicht so rasch ab.

Im 13. Jahrhundert wurden die Schuhe länger und spitzer. Im 14. und 15. Jahrhundert trug man Schnabelschuhe aus Leder und darunter Holzsandalen mit Stegen. Später, im 16. Jahrhundert, wurden breite, flache Schuhe mit kurzem Vorderblatt getragen. Man nannte sie Kuhmäuler.

Bald gab es auch Schuhe mit Absätzen, die mit der Zeit immer höher wurden. Um 18oo trug man wieder flache, absatzlose Schuhe. Aber einige Zeit später waren wieder Schuhe mit Absätzen beliebter.

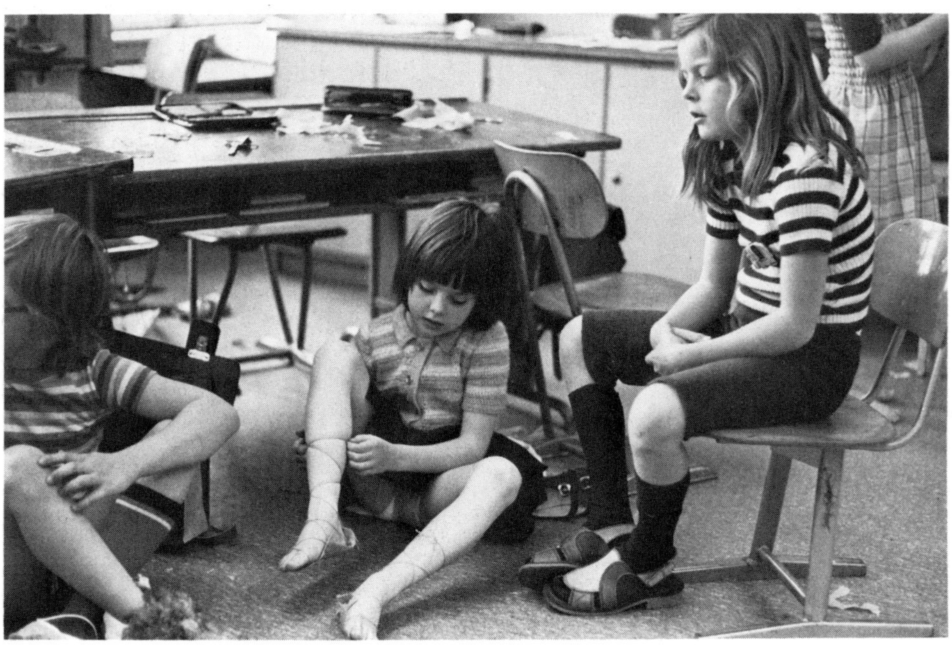

Heute werden die Einzelteile des Schuhs nicht mehr nur durch Nähte oder Nägel zusammengefügt, man klebt oder schweisst sie häufig zusammen.

Eine geplatzte Naht kann man wieder nähen. Nägel, die sich gelöst haben, kann man ersetzen. Schuhe, die geklebt oder geschweisst wurden, kann man oft nicht mehr reparieren, wenn sie entzweigegangen sind. Man muss sie wegwerfen.

Heute werden fast alle Schuhe in der Fabrik gemacht. Die meisten Schuster sind keine Schuhmacher mehr. Sie machen nur Reparaturen.

Im Brockhaus steht der Satz "Die Unterscheidung von rechtem und linkem Schuh setzte sich durch". Das bedeutet, dass früher beide Schuhe gleich waren und es einerlei war, auf welchen Fuss man sie zog. Gegen Ende des 19. Jahrhunderts wurden Gummischuhe erfunden. Man tauchte Stoff in flüssiges Gummi, liess es fest werden und hatte damit ein wasserdichtes Material. Die Schuhe daraus nannte man Galoschen, man zog sie über die anderen Schuhe.

Früher wurden alle Schuhe vom Schuhmacher mit der Hand genäht. Seit 179o versuchte man, Schuhe mit der Maschine zu nähen und bald auch, sie mit der Maschine zu nageln.

Alle Kinder wissen, daß man in Gummistiefeln schwitzige Füße bekommt und sich nicht in allen Socken und Strümpfen gleich wohlfühlt. Sie wissen nicht, warum das so ist. Wir machen einen Versuch: Alle ziehen morgens Schuhe und Strümpfe aus. Ein Fuß wird in einen Plastikbeutel gesteckt. Den binden wir oben zu. Der andere Fuß wird mit Fetzen von Bettlaken umwickelt. Wir gehen den üblichen Arbeiten nach.

Bald melden sich Kinder. Ihre beiden Füße fühlten sich verschieden an. Das Gefühl an dem von der Luft abgeschlossenen Fuß zu beschreiben, gelingt nicht recht. Aber alle sagen, der andere Fuß, der in Baumwollappen, fühle sich wohler.

Bevor wir in die Pause gehen, nehmen wir Lappen und Beutel ab. In den Plastiktüten hat sich Feuchtigkeit in vielen Tröpfchen gesammelt. Sie kann nur von den Füßen gekommen sein. Zwei Dinge sind sinnfällig geworden: Der Fuß sondert Flüssigkeit ab. Wenn der Fuß von der Luft abgeschlossen ist, kann sie nicht verdunsten, staut sich, der Fuß schwitzt.

Hausaufgabe: Die eigenen Strümpfe und Socken daheim durchmustern und aufschreiben, wieviel davon aus Kunstfasern, wieviele aus Baumwoll- oder Wollgarn hergestellt sind.

Redensarten mit Schuh und Strumpf

Jetzt muß ich mich auf die Strümpfe machen. ○

Wenn ich nur wüßte, wo ihn der Schuh drückt! ○

Umgekehrt wird ein Schuh daraus. ○

Er ist nicht wert, ihr die Schuhriemen zu lösen. ○

Ich glaube, er hat eine ganze Menge in den Strumpf gesteckt. ○

Bitte schieb das jetzt nicht mir in die Schuhe! ○

Das hat er sich an den Schuhen abgelaufen. ○

Nach so einem Mantel habe ich mir die Hacken schiefgelaufen. ○

① Umgekehrt ist es richtig. ② Er hat viel gespart. ③ ......, was ihn bedrückt. ④ Ich muß losgehen. ⑤ Gib nicht mir die Schuld. ⑥ ... habe ich überall gesucht. ⑦ Damit kennt er sich aus. ⑧ .... ihr zu dienen.

Jemand hatte erzählt, wie ihn die Schuhe bei einer längeren Wanderung zu drücken begannen. Dabei waren sie nicht zu klein, nur die Fußnägel waren zu lang geworden. Ähnliches hatten mehrere Kinder erlebt. Die Fußnägel muß man regelmäßig schneiden. Bei kleinen Kindern macht das ein Erwachsener. Sich die Fußnägel schneiden zu können bedeutet, selbständiger, etwas weniger abhängig zu sein. Wir üben es in der Schule. Unsere großen Plastikschüsseln werden mit lauwarmem Wasser gefüllt. Wir haben auch Frotteehandtücher, von Eltern gestiftet. Sie werden ständig benützt, zum Unterlegen, Abwischen, Aufputzen. Jetzt also zum Abtrocknen der frischgewaschenen Füße. Später nimmt irgendein Kind eine Tasche voll schmutziger Tücher mit heim und bringt sie gewaschen wieder mit. So sind wir nicht auf die wenigen Handtücher angewiesen, die uns von Amts wegen zur Verfügung stehen.

Sich miteinander die Füße zu waschen und dann mit verschiedenen Geräten an den Zehennägeln zu arbeiten, das macht auf jeden Fall Spaß und verbindet. Harry manikürt dann noch Patricks Fingernägel und fühlt sich dabei fast wie ein Vater.

Als ich ein Blatt mit Redensarten mitbringe, in denen Schuh und Strumpf vorkommen, erleben wir eine Überraschung. Die Kinder verstehen mehr davon, als wir gedacht haben. Jedenfalls haben sie keine große Mühe, die richtige Übersetzung zu erkennen.

In unserer *Schuhausstellung* sind auch sehr große Schuhe. Immer mal wieder zieht jemand sie an, latscht damit herum. Alle Kinder erinnen sich noch daran, wie vergnüglich es war, als ganz kleines Kind in den Schuhen der Erwachsenen spazieren zu gehen.

Ich lese *Däumerlings Wanderschaft* vor, und wir malen uns aus, wie es wäre, mit Siebenmeilenstiefeln übers Land zu gehen. Die Kinder möchten das zeichnen, mit Filzstiften. Damit sie keine Schwierigkeiten mit dem Himmel haben, gebe ich ihnen blaugraues Papier. Man sieht ja auf dem Bild sehr viel Himmel, und der ist so schon da.

Harry pinselt eine halbe Stunde lang an zwei Beinen, sehr genau, die er dann nicht mehr an einen Körper bringt. Hätte ich in bremsen sollen, damit er nicht mit soviel Arbeit in eine Sackgasse gerät? Er war so vertieft, ich mochte in nicht stören. Und er wirkt auch nicht besonders betroffen, als er kommt, um ein neues Blatt zu holen, weil er die Vergeblichkeit seiner Bemühungen selbst bemerkt hat. Es hat ihm ja Spaß gemacht, sich so in die Arbeit zu stürzen. Jetzt macht er sich etwas über sich selbst lustig, und der Schwung reicht noch für ein neues Bild.

Dietmars Bild verstehe ich zuerst nicht, bis ich erkenne: Der Stiefeldietmar macht gerade einen großen Schritt. Sein Gewandsaum zieht sich schräg über das Blatt, verbindet die weit auseinandergesetzten Beine.
Tino malt zuerst die Landschaft, sehr vertieft und genau. Dann setzt er den Däumerling klein mitten in den Himmel, ohne Beziehung zur Erde. Jetzt überlegt er: Soll er die Landschaft bis zum Däumerling hochziehen oder auf einem zweiten Blatt eine größere Figur zeichnen, sie ausschneiden und in dieses Bild kleben?

Natürlich lernen wir irgendwann zwischendurch auch mal, Schuhe zu putzen. Viele Kinder haben das noch nie vorher selbst gemacht und bezweifeln, daß ihre Mütter ihnen erlauben werden, Schuhputzzeug mit in den Unterricht zu bringen. Die Mütter erlauben es doch. Als wir dann am nächsten Tag die Tische mit Zeitung abdecken, die Schuhe aufstellen, den gröbsten Schmutz entfernen und sie dann nach allen Regeln der Kunst eincremen, beschmiert sich manch einer bis an die Ellenbogen. Aber dafür gibt es Wasser und Seife. Bei solchen Gelegenheiten muß ich mich immer sehr zusammennehmen, um nicht wütend zu werden, wenn ich sehe, daß manche Kinder sich die Ärmel nicht aufkrempeln, bevor sie mit der Schmutzarbeit beginnen, sie nur lässig hochschieben. Da bin ich schnell mit dem Urteil *faul* bei der Hand, dabei ist es wohl meistens nur Unbeholfenheit. Ich bewahre mich und die Kinder vor meiner Ungeduld, wenn ich als ersten Schritt noch vor dem Ausbreiten der Zeitungen, fordere: Jeder krempelt seinem Nachbarn die Ärmel hoch, so daß sie nicht herunterrutschen können! Das ist vernünftig und macht Spaß.

Wärme und wie man sie mißt

Immer wieder wollen die Kinder Geschichten von Pauline hören, die meine Tochter ist und gerade sprechen lernt. Für Pauline ist die ganze Welt neu, ihr Alltag ist voller Abenteuer und Irrtümer, voll guter und böser Überraschungen. Wenn ich von ihr erzähle, finden die Siebenjährigen auch sich selbst wieder, ihre eigenen Geschichten. Es freut sie, in diesen Berichten über ein kleineres Kind zu erkennen, was sie alles früher nicht wußten und konnten und heute so sicher beherrschen. Pauline lernt, daß manche Dinge heiß, manche kalt, manche warm sind. Sie pustet vorsichtig auf die Heizung wie auf ihren Brei. *Welches Wort ist jetzt wohl am wichtigsten für sie?* – Natürlich *heiß*! Das Badewasser, das Essen, die Heizung, der Herd – alles kann zu heiß sein und ihr wehtun. Bevor sie den Mund aufsperrt für den ersten Löffel Brei, fragt sie: *Heiß?*

Auch für größere Kinder sind Temperaturen wichtig, nur kennen sie schon mehr Wörter als Pauline und machen feinere Unterschiede. Wir sammeln an der Tafel: warm, kalt, lauwarm, eiskalt, eisig, kühl, glühend, frisch . . .

Mir fällt ein alter Vers ein, den ich als Kind sehr gern hatte:
Der wärmste Vogel ist das Mövchen:
hat vorne ein M und hinten ein Öfchen.
Der kälteste Vogel ist der Zeisig:
hat vorne ein Z und hinten ist er eisig.

Ein paarmal spreche ich ihn vor, und dann versuchen die Kinder, ihn schnell auswendig zu lernen. In den nächsten Tagen werden sie ihn sich immer wieder neu zusammenreimen.. Nach dieser Unterbrechung werden die Wörter von der Tafel geschrieben, damit jedes einzeln aufgenommen und eingeprägt wird. Die Aufgabe: *Ordne sie auf deinem Schreibblatt so an, daß das wärmste ganz oben steht und es nach unten hin immer kälter wird.*

Als alle fertig sind, klappe ich die Tafel zu und gebe dieselben Wörter als Blitzdiktat. Die Tafel wird wieder aufgeklappt, jeder kann selbst vergleichen und verbessern. Dann wird ein Arbeitsblatt ausgeteilt; Aufgabe: *Setze in die Lücke die ‚Temperaturwörter' ein!* Dabei darf leise geredet werden, denn es gibt wieder, wie bei der Stufenordnung auch, Zweifelsfälle. Die Gruppen können sich nicht immer einigen: *Finden die Mütter, daß es zu kalt, zu eisig, zu frisch oder zu kühl ist, wenn sie uns die Kniestrümpfe verbieten?* Ich mische mich nicht ein und achte nur darauf, daß es nicht zu laut wird.

Als wir am Schluß alle Sätze vorlesen und miteinander vergleichen, merken wir, daß es für keine der Lücken das allein passende Wort gibt. Das, was die Sätze erzählen, stellt sich jedes Kind ein wenig anders vor, und unsere Temperaturwörter sind nicht ganz eindeutig.

Auf dem Blatt, daß es als Hausaufgabe gibt, sollen dieselben Wörter noch einmal benutzt werden. Jetzt ist jeder Lückensatz ein Auftrag, die eigene Umwelt zu erkunden und sich selbst zu beobachten. (Die hier abgedruckte Fassung paßt natürlich nur für den Winter. Die Fotos stammen aus einer ähnlichen Unterrichtseinheit im Sommer.)

Als die Hausaufgabe vorgelesen wird, stellt sich heraus: Auch hier haben, trotz gewissenhafter Selbstbeobachtung, nicht alle Kinder immer dieselben Wörter in die Lücken geschrieben. Sie werden etwas unsicher. Es ist, als ließen die Wörter sie im Stich.

Als ich aus dem Stegreif ein paar Sätze diktiere, in denen die nun mehrfach geschriebenen Temperaturwörter vorkommen, macht kein Kind bei diesen einen Fehler. Ohne daß sie bewußt für ein Diktat geübt wurden, haben sie sich inzwischen eingeprägt.

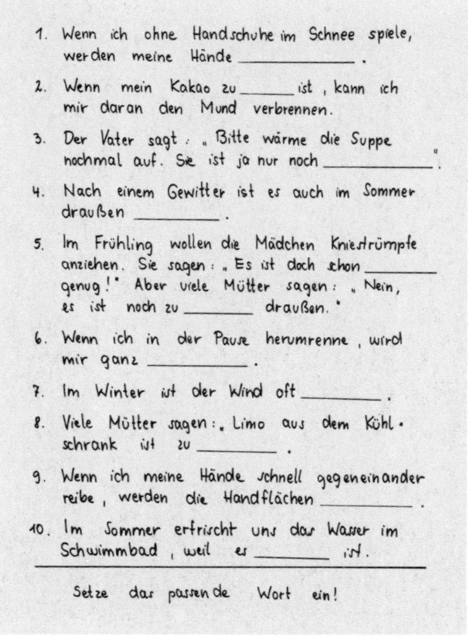

1. Wenn ich ohne Handschuhe im Schnee spiele, werden meine Hände ____ .
2. Wenn mein Kakao zu ____ ist, kann ich mir daran den Mund verbrennen.
3. Der Vater sagt: „Bitte wärme die Suppe nochmal auf. Sie ist ja nur noch ____".
4. Nach einem Gewitter ist es auch im Sommer draußen ____ .
5. Im Frühling wollen die Mädchen Kniestrümpfe anziehen. Sie sagen: „Es ist doch schon ____ genug!" Aber viele Mütter sagen: „Nein, es ist noch zu ____ draußen."
6. Wenn ich in der Pause herumrenne, wird mir ganz ____ .
7. Im Winter ist der Wind oft ____ .
8. Viele Mütter sagen: „Limo aus dem Kühlschrank ist zu ____ .
9. Wenn ich meine Hände schnell gegeneinander reibe, werden die Handflächen ____ .
10. Im Sommer erfrischt uns das Wasser im Schwimmbad, weil es ____ ist.

Setze das passende Wort ein!

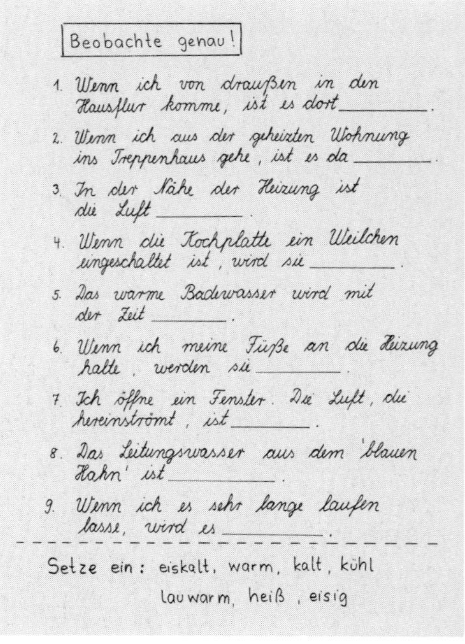

Beobachte genau!

1. Wenn ich von draußen in den Hausflur komme, ist es dort ____ .
2. Wenn ich aus der geheizten Wohnung ins Treppenhaus gehe, ist es da ____ .
3. In der Nähe der Heizung ist die Luft ____ .
4. Wenn die Kochplatte ein Weilchen eingeschaltet ist, wird sie ____ .
5. Das warme Badewasser wird mit der Zeit ____ .
6. Wenn ich meine Füße an die Heizung halte, werden sie ____ .
7. Ich öffne ein Fenster. Die Luft, die hereinströmt, ist ____ .
8. Das Leitungswasser aus dem 'blauen Hahn' ist ____ .
9. Wenn ich es sehr lange laufen lasse, wird es ____ .

Setze ein: eiskalt, warm, kalt, kühl
lauwarm, heiß, eisig

Wir machen einen Versuch, der die Unsicherheit darüber, was diese Wörter denn nun eigentlich genau bedeuten, noch verstärkt. Drei Schüsseln werden aufgestellt. Sie enthalten

A Leitungswasser + kochendes Wasser
B Leitungswasser + Eiswürfel
C Leitungswasser
Wir vermuten:
A wird heiß sein,
B wird kalt sein,
C wird lauwarm sein.

Jetzt mal sehen, ob es stimmt! – Thomas steckt eine Hand in A, eine in C: C erscheint ihm recht kalt. Michael vergleicht mit zwei Händen B und C: Er findet C eher warm. Renate fühlt mit einer Hand zuerst das Wasser in A und dann in B: Sie meint, B sei sehr kalt.

Dann machen wir ein Ratespiel: Einem Kind werden die Augen verbunden. Seine Hand wird erst in die eine und nach einem Weilchen in eine andere Schüssel gesteckt. *Nun sag, welche Schüsseln waren das?*

Wieder zeigt sich: Nur mit dem Gefühl kann man keine Temperatur genau bestimmen. Es gibt ja auch im Alltag immer wieder Meinungsverschiedenheiten, wenn z. B. einer wegen der Hitze das Fenster aufreißt und ein anderer klagt, nun erfröre er aber ganz bestimmt; wenn Kinder mit unbedecktem Kopf nach draußen wollen und die Mutter auf einer Mütze besteht; wenn Mutters Abwaschwasser hilfsbereiten Kindern die Finger verbrüht; wenn sich nur ganz Mutige ins Schwimmbecken trauen und die anderen am Ufer zittern . . . .

Im Nu haben wir eine ganze Reihe solcher Beispiele zusammengetragen.

Und natürlich heißt es bald: *Da braucht man ein Thermometer.* Gleich ist auch die Frage da: *Warum steigt das Thermometer, wenn es warm ist, hoch und wenn es kalt ist, runter?* Die Kinder bieten selbst Erklärungen an: *Die Hitze hebt das Wasser hoch Durch die Hitze entstehen Gase, und die heben das Wasser hoch. Heiße Luft ist leichter als kalte Luft, und wenn die da reingeht, dehnt sie sich aus. Heiße Luft steigt auch hoch.* – Nichts ist wirklich klar.

Am nächsten Tag machen wir einen Versuch mit Kochplatte, Glaskolben, Gummistopfen und Glasröhrchen und mit Wasser, das mit Tinte rotgefärbt wurde. Der Kolben wird bis zum Rand damit gefüllt und mit dem Gummistopfen verschlossen. Er hat ein Loch, durch das ich das Röhrchen zwänge, bis es ins Wasser reicht. Als ich den Kolben auf die Kochplatte stelle, lege ich ein Drahtnetz unter, damit sich die Hitze besser verteilt. Wir haben uns um den Tisch versammelt, und während wir darauf warten, daß die Hitze ihre Wirkung tut, überlegen die Kinder, was wohl geschehen wird und tauschen halblaut ihre Vermutungen aus. Nach ein paar Minuten geschieht, was die meisten erwartet haben und ich kann an die Tafel schreiben: *Das Wasser steigt im Röhrchen.* Aber warum? Wie beweist man, daß es nicht einfach so gewandert ist, sondern sich ausgedehnt hat und nun, wo es erhitzt wurde, mehr Platz braucht?

Kolben und Röhrchen sind lückenlos voll, da ist kein Platz freigeworden. Das sieht man. Dazugeschüttet haben wir auch nichts. Ganz offenbar braucht dieselbe Menge roten Wassers jetzt mehr Raum als vorher.

Aber wird die Beobachtung wirklich verstanden? Es müßte vor diesem Versuch, bei dem das Steigen der Flüssigkeit die Kinder fesselt wie eine Hexerei, noch andere Versuche geben, die nur die Wärmeausdehnung erfahrbar machen. Ohne einen solchen Versuch ist zwischen *das Wasser wird erhitzt* und *das Wasser steigt im Röhrchen hoch* ein logischer Schritt nötig, den manche Kinder so vielleicht nicht tun würden, den sie uns nur unverstanden nachmachen, weil es keinen erkennbaren Grund gibt, daran zu zweifeln, daß er richtig ist. Die Verbindung zwischen Kolben und Röhrchen ist ja in dem grauen Korken verborgen, und was man sieht, ist eigentlich, daß das Rote aus diesem nach oben quillt. Ich habe jedenfalls nicht den Eindruck, daß die Kinder sinnlich erfahren haben, was vorgeht, obwohl sie es genau gesehen haben. Eher haben sie ein Zauberstückchen erlebt.

Es scheint, als hemme die Verzauberung das sachliche Verstehen. Aber brauchen wir wirklich eindeutigere Experimente? Sollten wir nicht im naturwissenschaftlichen Unterricht vor allem geduldig sein und den Kindern Zeit lassen, zu staunen, bevor wir ihre Erfahrungen auf dürre, flache Lernziele verkürzen?

Ein Gummiring hält fest, wie hoch das Wasser gestiegen ist. Dann stellen wir den Kolben in eine Schüssel mit Eiswasser, damit er schneller abkühlt, und gehen in die Pause. Nach den fünfundzwanzig Minuten ist das Wasser noch nicht ganz kalt, aber die rote Säule ist schon etwas kleiner.

An der Tafel stehen jetzt sechs Sätze:
Es braucht mehr Platz.
Es fällt im Röhrchen.
Es dehnt sich aus.
Es steigt im Röhrchen.
Es braucht weniger Platz.
Es zieht sich zusammen.

Sie sollen in ein Arbeitsblatt eingetragen, und zwar unter *Das Wasser im Kolben wird heiß* oder *Das Wasser im Kolben wird kalt* und so der richtigen Phase des Versuchs zugeordnet werden.

Für die Kinder bedeuten die drei zusammengehörenden Sätze wohl alle dasselbe. Sie sagen mit jeweils anderen Worten, was wir beobachtet haben, ohne daß sich der logische Zusammenhang zwischen ihnen herstellt: *Wenn das Wasser erhitzt wird, dehnt es sich aus. Es braucht darum mehr Platz. Weil im Kolben kein Platz mehr ist, weicht es nach oben ins Röhrchen aus.* Daß das so zusammenhängt, wird eher gefühlt als verstanden. Wieder müssen wir geduldig sein. Fachgerechte Verbalisierung beweist nicht unbedingt, daß jemand etwas verstanden hat. Erzwingen wir Erkenntnisse und legen sie gar den Kindern in den Mund, so trennen wir das Reden von der Erfahrung. Die Erfahrung bleibt dann dumpf und unverstanden, das Reden oberflächlich und leer.

In den Gesprächen, die den Versuch begleiten, war auch immer wieder vom Thermometer die Rede, der Zusammenhang damit wohl ganz offensichtlich. Jetzt scheinen die Kinder zu meinen, sie wüßten schon ganz genau, wie ein Thermometer funktioniert. Mal sehen, ob das stimmt! Jede Gruppe soll für sich experimentieren.
Sechs Kinder bekommen zusammen einen Becher mit Eiswasser, einen mit heißem Wasser und einen Becher zum Mischen, drei Thermometer ohne Skala, und für jeden ein Blatt, auf dem die Versuchsergebnisse eingetragen werden sollen.

Die Aufgabe: *Tragt die Temperaturwörter, die auf dem Blatt stehen, in die Kästchen über den Thermometerröhrchen ein. Von links nach rechts soll es dabei immer wärmer werden. Dann mischt nacheinander für alle Wörter das passende Wasser. Ihr müßt euch in der Gruppe einig sein, daß ihr z. B. lauwarmes Wasser im Mischbecher habt. Dann meßt ihr die Temperatur mit dem kleinen Thermometer und tragt auf euren Blättern ein, wie hoch die blaue Flüssigkeit im Röhrchen gestiegen ist.*

Die Wörter sind schnell geordnet. Heiß und kalt – das Wasser steht ja schon da und kann gleich gemessen werden. Dabei platzen zwei Thermometer. *Das Blaue ist einfach raufgesaust und schon hat's geknackst.* Damit hatte ich nicht gerechnet, auch nicht mit dem Tumult, der losbricht, als die Kinder versuchen, sich in ihrer Gruppe auf die Zwischenwerte zu einigen. In manchen Gruppen gelingt das nach heftigem Streit, in anderen trägt jeder Dickkopf was Eigenes ein, und die Unsicheren machen's dem selbstbewußteren Nachbarn nach. Schließlich muß ich feststellen, daß eigentlich alle Kinder mehr oder weniger unsicher und verwirrt sind. Ich entdecke kaum ein Blatt mit dem richtigen Ergebnis.

Als die Aufregung allmählich verebbt, bitte ich alle vor die Tafel. Lauter ratlose Gesichter wenden sich mir zu. Mit dieser Ratlosigkeit am Ende eines heftigen Kampfes mit einem Problem beginnt der fruchtbare Augenblick, in dem Belehrung sinnvoll ist. Ich erkläre nun mit ein paar unterstützenden Strichen an der Tafel, daß solche Unklarheiten, wie wir sie eben erlebt haben, entstehen müssen, wenn man sich nicht auf ein geeichtes und für alle verbindliches Meßinstrument geeinigt hat. Knapp zehn Minuten lang erfüllt sich für mich der Traum des Lehrers vom Frontalunterricht: Die Kinder hören mir so gebannt zu, als ich von der Einführung der Celsiusskala, von Nullpunkt und Siedepunkt berichte, daß ich eine Gänsehaut bekomme und Mühe habe, weiterzusprechen. Ich erkläre die Celsiusskala als Konvention, mit deren Hilfe man sich verständigen kann. Nach all der eben erlebten Verwirrung wirkt das wie eine Erlösung. Anschließend üben wir noch, die in diesem Zusammenhang wichtigen Wörter zu schreiben: Thermometer, Röhrchen, Flüssigkeit, steigen, sinken, Temperatur, Siedepunkt, Eispunkt, Nullpunkt, Skala.

An diesem Tag war ein Beobachter bei uns im Unterricht, der später bemängelte, die Kinder seien nicht genau genug geführt worden, all die Fehler auf den Zetteln beim Gruppenexperiment hätte man besser vermeiden sollen, der Erfolg des Unterrichts sei zweifelhaft. Nun war es an mir, unsicher zu sein.

Ich hatte das Gefühl, daß die Kinder meine Erklärungen förmlich aufgesogen hatten und daß sie alle ganz und gar bei der Sache waren. Und dabei sollte nicht genug hängenbleiben? Das ließ sich feststellen.

Am nächsten Tag lege ich den Kindern drei verschiedene Testbogen vor. Nur drei Kinder machen je einen Fehler, sonst ist alles richtig. Ich bin zufrieden und bitte um die fehlerstrotzenden Zettel vom Vortag, aber als ich sie dann durchsehe, kann ich auch da kaum einen Fehler entdecken. Habe ich mich im Tumult gestern getäuscht, als ich soviele Fehler sah? Die Kinder erklären mir, so als sei das doch selbstverständlich, sie hätten nach meinem Vortrag gewußt, was sie falsch gemacht haben, und daraufhin ihre Fehler ausgebessert.

Der Erfolg meines Unterrichts hätte wohl kaum größer sein können. Hätte ich, wie empfohlen, die Kinder bei ihren Versuchen stärker gegängelt, um Tumult und Fehler zu vermeiden, wären sie dem Problem der subjektiven und objektiven Temperaturmessung nicht eigentlich begegnet, hätten nur von fernher davon hören können, und ihre Wißbegier und Tatkraft hätte sich nie so schön entfaltet.

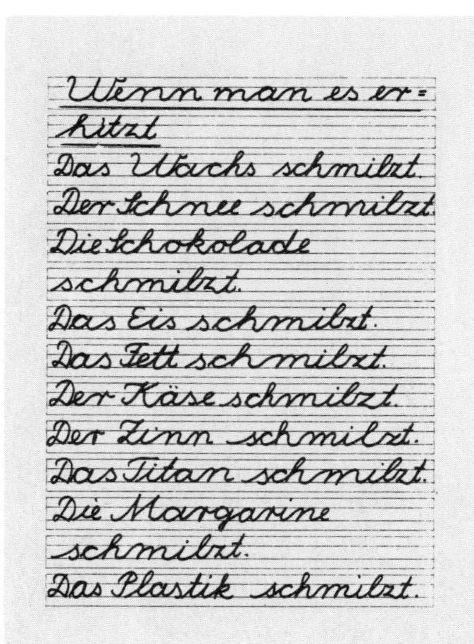

An einem der nächsten Tage schauen wir uns verschiedene Thermometer an und stellen fest, daß sie jeweils für einen bestimmten begrenzten Temperaturbereich geeignet sind. Das Fieberthermometer mißt Temperaturen zwischen 35 und 42 Grad Celsius, das Thermometer am Wecktopf beginnt bei 30 und reicht bis 120 Grad, und neben der Skala steht, wofür die hohen Temperaturen nötig sind.

Ich teile ein Arbeitsblatt aus, auf dem eine Meßsäule mit Teilstrichen abgebildet ist. Die Zahlen fehlen. Aufgabe: *Trage die Zahlen ein, die du auf unserem Zimmerthermometer findest.* Viele Kinder stolpern dabei über den Nullpunkt, weil ihnen vorher nie so recht klargeworden war, daß unterhalb dieses Punktes die Skala gewissermaßen gespiegelt ist, daß die Zahlen nach unten hin immer höher werden.

Zum Lesetext über zu heißes Badewasser gibt es eine weitere Hausaufgabe: *Schreibe den Meßbereich aller Thermometer auf, die du daheim findest!* Beim Vortrag am nächsten Tag wird deutlich, daß Thermometer für den gleichen Zweck auch etwa den gleichen Temperaturbereich zeigen.

Dann noch einmal ein Arbeitsblatt über vier verschiedene Thermometer. Wer beim Eintragen der Wörter etwas falsch macht, schneidet das Wort unten aus und überklebt den Fehler.

Wir üben das Ablesen von Temperaturen an einem großen Pappthermometer und später auf Arbeitsblättern. Es bleibt immer eine knifflige Aufgabe, man muß genau hinschauen. Immer wieder habe ich den Eindruck, das Thermometer schüchtere in seiner Nüchternheit manche Kinder ein.

Der Nullpunkt zeigt die Temperatur an, bei der Eis schmilzt. Ihr kennt andere Stoffe oder habt von ihnen gehört, die bei höheren Temperaturen schmelzen. Da sind alle dabei, und im Nu habe ich die Tafel vollgeschrieben. Jetzt sind die Kinder dran mit Schreiben. Ich erkläre: *Es kommt mir bei den Sätzen, die ihr jetzt aufschreibt, darauf an, daß ,erhitzt' und ,schmilzt' auf jeden Fall immer richtig geschrieben wird. Du kannst dir selbst aussuchen, was du erhitzen und schmelzen lassen willst.*

Die Kinder wählen und schreiben mit einem Eifer, als hätten sie mit ihren Reihensätzen Macht über die Dinge.

Ich lese *Ein Tag warten* vor, eine Erzählung von Hemingway, die mich als Kind sehr beeindruckt hat. Da glaubt ein kleiner Junge einen Tag lang, er müsse sterben, weil der Arzt von 120 Grad Fieber gesprochen hat. Der Junge lebte vorher in Frankreich und weiß nicht, daß man in Amerika, wo er jetzt ist, mit einem Fahrenheit-Thermometer mißt. Meine Sorge, die Geschichte könnte zu schwierig sein, die Kinder würden beim Vorlesen unruhig werden, war ganz unbegründet.

Ich schreibe und vervielfältige eine Geschichte über ein fieberkrankes Kind mit vielen Temperaturmessungen. Hausaufgabe: *Trage ein, wie hoch das Fieber bei den verschiedenen Messungen ist.* Das ergibt dann eine Fieberkurve und nimmt wohl manchem Kind auch etwas von der Angst vor dem Messen. Wir machen aus, daß wir die restlichen Arbeitsblätter aufheben, damit jeder, der krank wird, seine Fieberkurve eintragen und uns dann mitbringen kann.

Einige Wochen lang lesen wir die Zehn-Uhr-Temperatur am großen Schulhofthermometer ab, jeden Tag darf ein anderes Kind die Meßsäule im Protokollblatt ausmalen. Schließlich entsteht über viele Säulen eine lange Temperaturkurve. Allmählich aber tritt das Thema *Wärme und Wärmemessung* in den Hintergrund.

Es taucht noch einmal auf, als die Tage heißer werden und jeden Morgen die Frage laut wird: *Gibt es heute Hitzefrei?* Zwei Kinder aus einer anderen Klasse haben sich in der Pause am Schulhofthermometer zu schaffen gemacht, so wird mir berichtet. *Sie haben immer dran gerieben.* Durch Reibung entsteht Wärme, das können wir gleich am eigenen Leib erfahren. Alle sitzen da und reiben aus Leibeskräften ihre Hände aneinander. *Sind dann die Blasen, die man an den Händen bekommt, wenn man beim Kletterseil so schnell runterrutscht, Brandblasen?* Da bin ich überfragt.

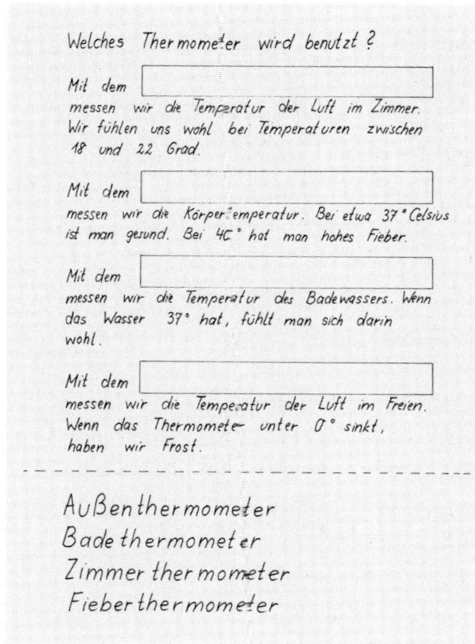

Welches Thermometer wird benutzt?

Mit dem [ ]
messen wir die Temperatur der Luft im Zimmer.
Wir fühlen uns wohl bei Temperaturen zwischen
18 und 22 Grad.

Mit dem [ ]
messen wir die Körpertemperatur. Bei etwa 37° Celsius
ist man gesund. Bei 40° hat man hohes Fieber.

Mit dem [ ]
messen wir die Temperatur des Badewassers. Wenn
das Wasser 37° hat, fühlt man sich darin
wohl.

Mit dem [ ]
messen wir die Temperatur der Luft im Freien.
Wenn das Thermometer unter 0° sinkt,
haben wir Frost.

Außenthermometer
Badethermometer
Zimmerthermometer
Fieberthermometer

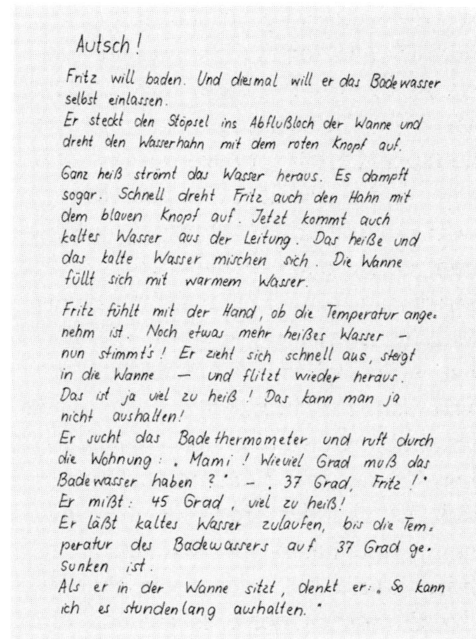

Autsch!

Fritz will baden. Und diesmal will er das Badewasser selbst einlassen.
Er steckt den Stöpsel ins Abflußloch der Wanne und dreht den Wasserhahn mit dem roten Knopf auf.

Ganz heiß strömt das Wasser heraus. Es dampft sogar. Schnell dreht Fritz auch den Hahn mit dem blauen Knopf auf. Jetzt kommt auch kaltes Wasser aus der Leitung. Das heiße und das kalte Wasser mischen sich. Die Wanne füllt sich mit warmem Wasser.

Fritz fühlt mit der Hand, ob die Temperatur angenehm ist. Noch etwas mehr heißes Wasser – nun stimmt's! Er zieht sich schnell aus, steigt in die Wanne – und flitzt wieder heraus.
Das ist ja viel zu heiß! Das kann man ja nicht aushalten!
Er sucht das Badethermometer und ruft durch die Wohnung: „Mami! Wieviel Grad muß das Badewasser haben?" – „37 Grad, Fritz!"
Er mißt: 45 Grad, viel zu heiß!
Er läßt kaltes Wasser zulaufen, bis die Temperatur des Badewassers auf 37 Grad gesunken ist.
Als er in der Wanne sitzt, denkt er: „So kann ich es stundenlang aushalten."

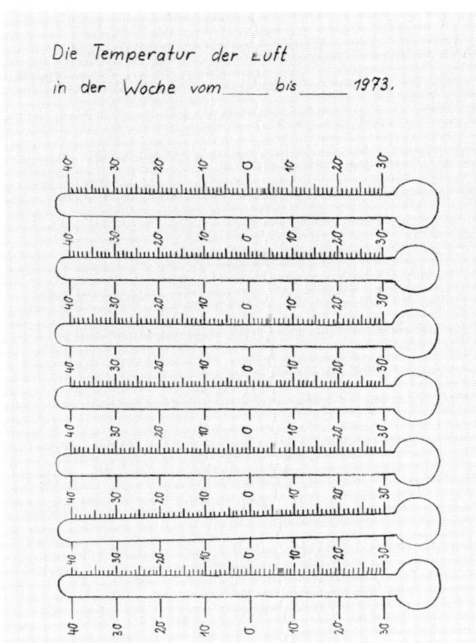

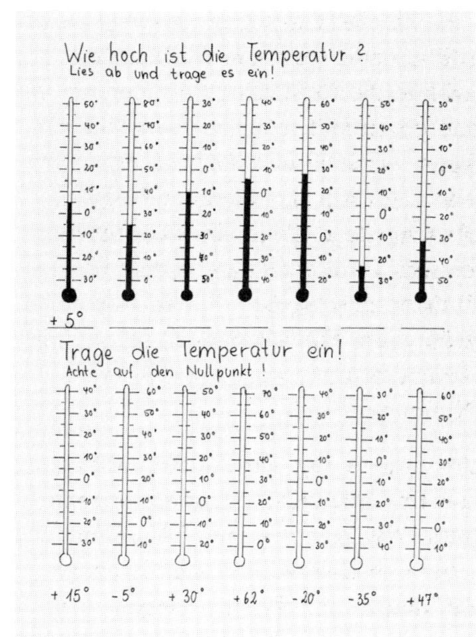

Fremde und Freunde

Ich habe einen Auftrag von FWU. Der Film *Katja und der fremde Mann,* ganze sechs Minuten lang, soll in meiner Klasse vorgeführt und der Unterricht rings um den Film in einem eigenen Film dokumentiert werden. Für beide Filme werde ich das Begleitmaterial schreiben. Ich lese sehr viel zu dem Thema, diskutiere immer wieder, wie man den Unterricht machen sollte, plane ihn endlich, wickle ihn ab, schreibe meine Manuskripte, es bleibt eine Quälerei. Das erleichternde Gefühl, eine schwierige Aufgabe gut gelöst zu haben, will sich nicht einstellen. Nach wie vor ist mir das Thema unheimlich, löst Angst aus, die sich in Kopfschmerzen und Denkstörungen äußert. Dabei meine ich immer noch, mein Ansatz sei nicht falsch, vielleicht sogar gut. Ich weiß noch keinen besseren.

Mitschnacker hießen sie bei uns daheim, die Männer, vor denen man uns warnte. *Geh nur nicht mit einem Fremden mit, auch nicht, wenn er nett ist. Der tut nur so!* Ich weiß noch, daß ich mich schon halb geschändet fühlte, wenn ein fremder Mann mich kleines Mädchen auch nur ansprach.

Als ich überlege, wie ich das Thema *Warnung vor falschen Kinderfreunden* behandeln kann, steigen solche Erinnerungen auf. Sie warnen mich, meine eigenen tiefen Kinderängste unüberlegt an die Kinder in meiner Klasse weiterzugeben. Mir ist ja nie etwas geschehen durch einen Fremden, aber die unverstandenen Warnungen der Erwachsenen sind so tief in mich eingedrungen, als wäre ich doch verletzt worden. Ich bin es wohl auch, nur anders, als man es damals für mich befürchtete.

Ich hocke mitten in einem Konflikt. Ich weiß, daß es nötig ist, Kindern einzuschärfen, daß sie ja nicht mit Fremden mitgehen dürfen. Ich weiß auch, daß entschiedene Warnungen sie zwar zurückhalten mögen, sie aber auch mit einer Angst infizieren können, die in jedem freundlichen Fremden gleich einen Unhold zu wittern meint. Dann wimmelt die Welt ringsum von bösen Menschen. Wie kann ein Kind in so einer Welt gedeihen?

Außerdem weiß ich, daß alle Kinder schon irgendwie gewarnt worden sind, von anderen Erwachsenen. Manche Kinder mögen bei dieser Gelegenheit das erstemal etwas über Sexualität gehört haben. Und dann sind die meisten Kinderverführer gar keine Fremden, sondern Bekannte der Familie, auch Freunde der Eltern. Und die Sexualpsychologen scheinen sich ziemlich einig zu sein, daß bei tatsächlicher Verführung von Kindern der größte Schaden nicht vom Verführer angerichtet werde, sondern hinterher von den wohlmeinenden Erwachsenen, die die Sache aufzuklären versuchen und alles nur schlimmer machen für das Kind.

Wenn ich lese, was ich für das Beiheft zu *Katja und der fremde Mann* geschrieben habe und was da jetzt gedruckt steht, staune ich, wie selbstsicher das wirkt. Ich will hier nichts davon wiederholen, man kann es nachlesen, wenn man den Film ausleihen und vorführen will; zuerst den Eltern, dann der Klasse. Ursprünglich endete der Film mit der Andeutung einer Vergewaltigung des kleinen Mädchens, zur Abschreckung sollte es möglich drastisch sein. Jetzt ist der Schluß offen, Katja kann sich dem Mann nicht entziehen, er nimmt sie mit auf ein menschenleeres Baugelände. Was da geschehen wird, erfährt man nicht. Man weiß nur, daß Katja nicht mehr selbst bestimmen kann, was mit ihr geschieht. Sicher löst der Film auch mit dem offenen Schluß noch sehr viel Angst aus.

Kinder vermuten meistens, der Mann werde Katja entführen, um Lösegeld zu erpressen oder sie umzubringen. So weit würden sie es nicht kommen lassen, meinen sie. Aber angeberische, abwehrende Besserwisserei nützt uns nichts. Mein Ziel ist, daß die Kinder begreifen, wenigstens hier und jetzt in der Schule: Fremde können mir nur gefährlich werden, wenn ich ihnen irgendwohin folge, wo ich mit ihnen allein bin. Wenn ich nicht so leichtsinnig bin, das zu tun, brauche ich auch keine Angst vor ihnen zu haben. Und ich brauche mir auch keine Gedanken darüber zu machen, ob böse Menschen zu erkennen sind oder nicht.

Ich möchte, daß die Kinder lernen, sich selbstsicher und überlegt zu verhalten, wenn ein Fremder sie verführen will.

Und daß sie sich auch dann noch entziehen können, wenn sie schon in eine Zwangslage hineingeschlittert sind. Die mögliche Verführung, einem Fremden in etwas Ungewisses zu folgen, als ein Problem unter anderen, dem man am besten mit Geistesgegenwart und Entschiedenheit begegnet. Nur nicht ängstlich und schüchtern sein und hilflos werden, weil man plötzlich merkt, daß man einen Fehler gemacht hat!

In einer Gruppenstunde lasse ich die Kinder ansagen, was ihnen verboten ist. Ich schreibe alles auf, auch wenn ich mich über manches wundere. Daraus mache ich einen Fragebogen an die Eltern: Was ist verboten, was ist erlaubt? Hausaufgabe: *Frage deinen Vater oder deine Mutter Punkt für Punkt, ob das für dich erlaubt ist oder verboten. Morgen schauen wir uns das miteinander an. Wenn dir etwas nicht klar ist, warum du das nicht darfst etwa, dann frag, warum es verboten ist.*

Ich habe den Kindern vorher etwas über Meinungsumfragen erzählt. Ein Mädchen berichtet am nächsten Tag: *Ich habe mir einen Hut von meiner Mama aufgesetzt, und dann bin ich vor die Tür gegangen und habe geklingelt. Als meine Mama aufmachte, hab ich gesagt, daß ich eine Meinungsumfrage mache und ob sie mir ein paar Fragen beantworten könnte. Sie hat ja gesagt und mich reingelassen.* Ich kann es mir vorstellen, wie sie dann miteinander am Tisch gesessen und die Kreuze ausgehandelt haben. Offenbar sind alle Kinder überrascht, daß sie viel mehr dürfen, als sie gemeint haben. Ich nehme an, daß die Eltern Verbote, die für kleine Kinder gelten müssen, nicht aufheben, wenn die Kinder größer werden und man ihnen mehr erlauben könnte. Die Kinder rutschen sozusagen in die Illegalität: Größer werden bedeutet dann, daß man sich an Verbote nicht mehr so recht halten muß. Besser wäre, sie wüßten, daß dann weniger verboten ist, weil es nicht mehr verboten sein muß.

Der Eifer, mit dem die Kinder morgens ihre Zettel auspacken und in der Gruppe miteinander vergleichen, wirkt so, als seien sie froh und sogar etwas stolz: *Meine Eltern sind gar nicht so streng. Die erlauben mir doch viel mehr, als ich dachte.*

Sie sind so begierig, ihre Kreuzchen miteinander zu vergleichen, daß ich eine Statistik anlege. Für jede Frage wird notiert, bei wieviel Kindern das verboten bzw. erlaubt ist. Bei Nr. 11 und Nr. 24 gibt es eine Überraschung: das ist niemandem verboten. Alle dürfen mit Sand spielen und Blumen gießen. Dabei hatte bei jedem der Punkte mindestens ein Kind gemeint, es dürfe das nicht. Ist da zu Hause alles verboten, was nicht erlaubt ist? Oder wurde ein einmal sinnvolles Verbot verschleppt? Wir müssen das nicht klären, nur darüber reden. Das hilft schon, Verbote als etwas zu erleben, nach dessen Sinn man fragen kann.

Nur zwei Dinge sind für alle Kinder in der Klasse verboten: *Keines darf den Finger in die Steckdose stecken. Keines darf mit Fremden mitgehen.*

Erlaubt oder verboten? Befrage deine Eltern!	verboten	erlaubt
1 mit dem Feuerzeug spielen		
2 mit der schönen Hose Fußball spielen		
3 in den Dreck setzen		
4 selber Haare abschneiden		
5 Finger in die Steckdose stecken		
6 die schlafende Mutter wecken		
7 vom Hund schlecken lassen		
8 Bücher zerreißen		
9 Schulsachen nach Hausaufgaben liegen lassen		
10 aus dem Fenster lehnen		
11 mit Sand spielen		
12 auf der Straße Fahrrad fahren		
13 mit guten Anziehsachen malen		
14 ohne zu fragen Schokolade kaufen		
15 mit Mamas Geldbeutel spielen		

	verboten	erlaubt
16 mit Fremden mitgehen		
17 von Fremden etwas annehmen		
18 jemandem die Zunge rausstrecken		
19 vom Wechselgeld etwas kaufen		
20 von den Süßigkeiten etwas nehmen		
21 Fenster zumachen		
22 am Fernseher schalten		
23 Fenster von allein aufmachen		
24 Blumen gießen		
25 Fingernägel lackieren		
26 Nachtlampe selber einschalten		
27 zu Hause rumschreien		
28 im Garten oder Hof Fußball spielen		
29 mit dem Messer kampflustig rumspielen		
30 mit Streichhölzern zündeln		
31 telefonieren ohne zu fragen		
32 Feuerchen machen, wenn Erwachsene dabei sind		

Was meint ihr dazu?

Die große Tafel ist tabu, weil sie für den Unterricht sauber sein muß. Trotzdem malt Anita vor der Schule immer die ganze Tafel voll.

Die Mutter ruft zum Essen. Franz soll sich vorher die Hände waschen. Er geht ins Badezimmer und läßt das Wasser laufen. Aber die Hände wäscht er sich nicht.

Sigrid sagt zu Udo: „Komm doch mit zu mir fernsehen, es gibt einen Krimi." Udo darf solche Filme nicht ansehen, aber er geht doch mit.

Fritz steht vor der Haustür. Er soll auf seine Mutter warten. Da rast ein Feuerwehrauto vorbei. Fritz läuft hinterher.

Elke und Volker sitzen am Tisch. Sie sollen Hausaufgaben machen. Volker kippelt mit dem Stuhl. Elke kaut auf ihrem Bleistift. Keiner schreibt etwas.

Annette ist allein zu Hause. Es klingelt. Sie darf nicht öffnen, wenn sie allein ist. Nach einer Weile öffnet sie vorsichtig die Tür und schaut hinaus.

Ralf hat ein neues Taschenmesser geschenkt bekommen, mit Schere, Nagelfeile und Schraubenzieher dran. Er nimmt es mit in die Schule, obwohl Messer dort verboten sind.

Die Tabelle mit den Umfrageergebnissen hänge ich in der Klasse auf, daneben die Befragungszettel. So kann, wer will, sich noch weiter vergleichen. Offenbar betrifft diese Erfahrung die Kinder noch stärker, als ich angenommen hatte. In den nächsten Tagen kommen immer wieder Eltern, aus eigenem Antrieb oder von ihrem Kind gezogen, und sehen sich die Statistik an. *Die anderen dürfen das auch!* Das kann hier bewiesen werden.

Wir haben gesehen, daß manche Eltern strenger sind als andere, etwa weil sie ängstlicher sind. Oder weil die Bedingungen verschieden sind. Im Erdgeschoß kann man erlauben, daß Kinder sich aus dem Fenster lehnen, im dritten Stock weniger. Bei Nr. 12 wundere ich mich über den Leichtsinn der Eltern: *Ich würde meinem Kind in Eurem Alter auf gar keinen Fall erlauben, mit dem Fahrrad auf der Straße zu fahren. Es gibt Länder, da ist das für euer Alter auch gesetzlich streng verboten. Ich finde, da sollten die Eltern vernünftiger sein und es nicht erlauben!* Das ändert zwar nichts für die Kinder, denen man erlaubt hat, mit dem Rad auf der Straße zu fahren. Aber den anderen fällt es so wohl etwas leichter, sich an das Verbot der Eltern zu halten, wenn ich es auch unterstütze.

Wenn wir uns auf dem Boden der Wirklichkeit bewegen wollen, muß ganz klar sein, nicht nur augenzwinkernd, daß man sich oft nicht an Verbote und Anweisungen hält. Ich beschreibe sieben solche Fälle, verteile sie an die Gruppen und sage: *Überlegt euch, warum die Kinder das tun und was weiter geschieht.* Was in den Gruppen besprochen wurde, wird dann vorgetragen und von allen weiter bedacht. Es ist immer wieder ähnlich: Man hält sich nicht an das, was man soll. Und wenn man das nicht tut, muß nicht unbedingt etwas passieren, es könnte nur sein. Kinder in diesem Alter fassen Verbote wohl oft noch so auf, als hätten sie ihren Grund in einem Übel, das unbedingt eintritt, wenn man das Verbot nicht einhält. Sie müssen erst lernen, daß eine Gefahr auch ein Risiko sein kann und nicht immer die Aussicht auf eine todsichere Folge. Übertreten sie ein Verbot und geschieht nichts von dem, was angedroht wurde, können sie meinen, man hätte sie nur so, ohne rechten Grund, eingeschränkt. Das umso mehr, als es ja oft genug tatsächlich geschieht. Das hilft mit, Verbote immer mehr auszuhöhlen, bis sie nur noch heißen, daß man sich nicht erwischen lassen dürfe.

Fünfzehnmal frage ich auf einem Blatt: *Warum tust du das nicht?* Jedesmal könnte man antworten: *Weil ich es nicht darf.* Wenn man aber weiß, daß Verbote einen Sinn haben, gibt es andere Antworten. Wir sammeln sie an der Tafel:

Weil ich keine Lust dazu habe.
Weil ich Angst habe.
Weil es gemein ist.
Weil es gefährlich ist.
Weil es unvernünftig ist.
Weil es rücksichtslos ist.

Das wird abgeschrieben. Hausaufgabe: *Schreibe für jeden Satz die Antwort, die du geben möchtest, immer mit der entsprechenden Nummer davor.* Ich glaube, diese Übung bewirkt eher, daß die Kinder die darin enthaltenen Regeln und Verbote sich zu eigen machen, als Sätze, die etwa mit *Ich darf nicht . . .* anfangen.

Zweimal gebe ich den Kindern ein Blatt mit Fragen, *Was tust du, wenn . . .* Da sind Mißhelligkeiten angedeutet, in die jedes Kind geraten kann. Wir

① Warum steckst du den Finger nicht in die Steckdose?
② Warum verhaust du kein kleines Kind?
③ Warum gehst du nicht in einen dir unbekannten dunklen Gang?
④ Warum springst du nicht aus einem hohen Fenster?
⑤ Warum trinkst du nicht aus einer Pfütze?
⑥ Warum verhaust du kein großes Kind?
⑦ Warum spielst du nicht auf der Straße Ball?
⑧ Warum nimmst du nicht einfach Geld aus einem fremden Geldbeutel?
⑨ Warum nimmst du keine Glasscherben in den Mund?
⑩ Warum streichelst du nicht einfach fremde Hunde?
⑪ Warum rennst du nicht blindlings über die Straße?
⑫ Warum ißt du keine Ahornblätter?
⑬ Warum gehst du nicht mit Fremden mit?
⑭ Warum schreist du nicht in der Nacht herum?
⑮ Warum spritzt du dein Essen nicht in der Gegend herum?

Was tust du, wenn...

... du einen zugeklebten Brief findest mit Adresse und Briefmarke?
... du heimkommst und niemand aufmacht?
... du allein daheim bist und es klingelt?
... du vom Einkaufen kommst und du den Geldbeutel nicht findest?
... du in der Stunde dringend mußt und die Lehrerin deinen Finger nicht sieht?
... im Laden die Erwachsenen alle vor dir drankommen, obwohl du eher da warst?
... dein Nachbar dich und deine Gruppe durch Singen stört?
... du deine Hausaufgabe vergessen hast?
... du keinen Bleistift in deinem Federmäppchen hast?
... dich jemand auf der Straße nach dem Weg fragst?
... wenn du dich in der Stadt verlaufen hast?
... wenn du in der Stadt bist und plötzlich dringend auf die Toilette mußt?
... wenn du mit der U-Bahn heimfahren willst und Geld und Fahrschein verloren hast?
... wenn du im Kaufhaus deine Mutter verloren hast?

werden sehen, daß niemand hilflos sein muß, wenn ihm so etwas geschieht. Die Gruppen beraten, was jeweils zu tun sei. Dann besprechen wir alles noch einmal miteinander. Alles ist nur halb so schlimm, wenn man gelassen und umsichtig bleibt und keine Angst hat, auch mal bei einem Fehler ertappt zu werden.

Auf einem Blatt stehen viele Dinge, die Menschen brauchen oder zu brauchen meinen. *Streiche alles aus, was du nicht unbedingt brauchst. Laß nur das stehen, was lebensnotwendig ist für dich!* Alle sind sich einig: *Ich brauche einen Freund, jemanden zum Reden, jemanden, der mich liebhat.* Und wenn man niemanden hat? Dann ist man wohl froh, wenn sich doch jemand findet, der freundlich ist und Zeit hat. So geht es manchen einsamen Menschen, die sich an fremde Kinder wenden und gar nichts Böses damit wollen. Darum sollte man sich nicht grundsätzlich schroff abwenden, wenn man angesprochen wird, nur eben klug sein und nicht mitgehen. *Menschen, die es gut mit dir meinen, werden dir nicht böse sein, wenn du sagst, du müßtest erst daheim fragen, ob du mitgehen darfst. Sie werden dich womöglich sogar dafür loben. Du mußt keine Angst haben, jemanden zu kränken, der lange freundlich mit dir gesprochen hat, wenn du dann nicht mit ihm gehen magst.*

Merkwürdig, keins der Kinder denkt daran, daß das ja auch ein Kinderschicksal sein kann, niemanden zu haben, allein und verlassen zu sein, nach Freundlichkeit zu verlangen. Ich gebe ihnen die Geschichte von Rainer zu lesen, für den niemand Zeit hat außer einem fremden Mann. *Was meint ihr, wie es weitergeht?* Wir spielen die Szene ein paarmal durch, mit immer anderem Ausgang. Das ist notwendig, weil die Kinder sich allzu schnell in Besserwisserei retten. *Der geht natürlich mit und dann . . . ! ! !* Daß man nicht so dumm sein würde, niemals, kann man nur meinen, wenn man sich nicht in Rainer eingefühlt hat. Das geht im Spiel leichter als im Drüberreden, wenn ich auch als Lehrerin dabei kein deutlich sichtbares Ergebnis absahnen kann. Rainer zu verstehen in dieser Geschichte heißt, sich selbst besser zu verstehen, wenn man einmal so allein ist, daß man Freundlichkeiten unbedacht nachgehen würde.

Meistens bestimmen die Erwachsenen, wie man miteinander verkehrt, Kinder sind das so gewöhnt. Das macht es fremden Erwachsenen leichter, sich bei unsicheren Kinder anzubiedern, ihnen vorzugaukeln, man kenne sich doch gut, sei miteinander vertraut. Kinder, die die Zärtlichkeiten ungeliebter Tanten erdulden müssen, weil die Eltern das verlangen, können sich wahrscheinlich auch einem Fremden schwerer entziehen als Kinder, die die Hände auf dem Rücken behalten dürfen, wenn sie nun mal das liebe Händchen nicht geben mögen. So betrachtet beginnt die Unterwerfung unter einen fremden Willen schon weit vor dem, was wir als schlimme Verführung ansehen. Und genau da, wo die Unsicherheit beginnt, möchte ich den Boden für die Kinder etwas sicherer machen.

Hausaufgabe: *Du kennst ja viele Menschen, manche gut, andere weniger gut, manche schon lange und manche erst seit kurzer Zeit, manche nur vom Sehen, mit anderen sprichst du oft, mit noch anderen wohnst du zusammen. Hier kannst du sie aufzeichnen, in eins der Kästchen auf diesem Blatt, als Verwandte, Freunde, Bekannte, Nachbarn. Mit Nachbarn meine ich Menschen, die in deiner Nähe wohnen, die du aber eigentlich nur vom Sehen kennst, die also keine Bekannten oder Freunde sind. Wenn dir etwas nicht klar ist, besprich es daheim mit deinem Vater oder deiner Mutter, die können dir sagen, wo du die Menschen, die du kennst, einordnen mußt.* Ich hoffe, daß möglichst alle Kinder wirklich mit jemandem daheim über die Aufgabe sprechen. Nur theoretisch kann man in dem Alter kaum klären, was der Unterschied zwischen Freunden und Bekannten ist.

Am nächsten Tag werden die Blätter ausgelegt, in der Gruppe besprochen, und ich schau mich auf allen Tischen um. Das sieht von Kind zu Kind anders aus. Wer etwas sagen möchte, so daß

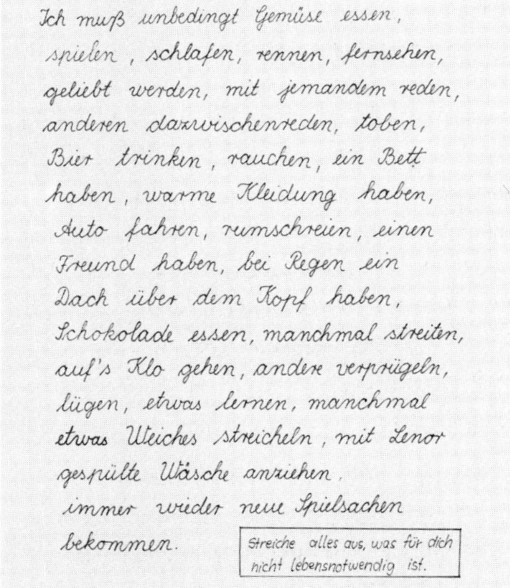
Bedürfnisse

Ich muß unbedingt Gemüse essen, spielen, schlafen, rennen, fernsehen, geliebt werden, mit jemandem reden, anderen dazwischenreden, toben, Bier trinken, rauchen, ein Bett haben, warme Kleidung haben, Auto fahren, rumschreien, einen Freund haben, bei Regen ein Dach über dem Kopf haben, Schokolade essen, manchmal streiten, auf's Klo gehen, andere verprügeln, lügen, etwas lernen, manchmal etwas Weiches streicheln, mit Lenor gespülte Wäsche anziehen, immer wieder neue Spielsachen bekommen.

Streiche alles aus, was für dich nicht lebensnotwendig ist.

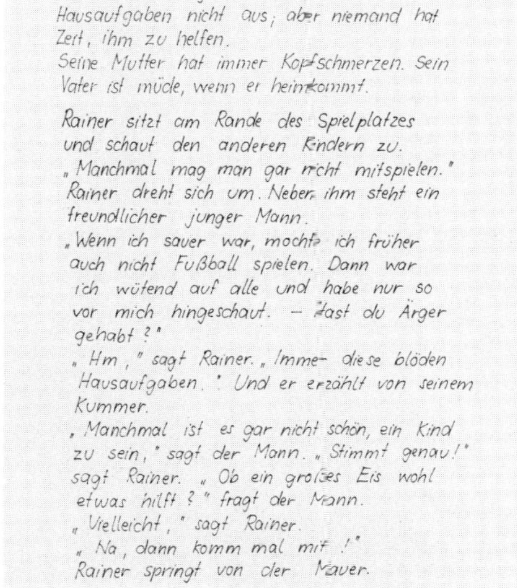
Was hättest du getan?

Rainer ist traurig. Er kennt sich mit den Hausaufgaben nicht aus; aber niemand hat Zeit, ihm zu helfen.
Seine Mutter hat immer Kopfschmerzen. Sein Vater ist müde, wenn er heimkommt.

Rainer sitzt am Rande des Spielplatzes und schaut den anderen Kindern zu.
„Manchmal mag man gar nicht mitspielen." Rainer dreht sich um. Neben ihm steht ein freundlicher junger Mann.
„Wenn ich sauer war, mochte ich früher auch nicht Fußball spielen. Dann war ich wütend auf alle und habe nur so vor mich hingeschaut. – Hast du Ärger gehabt?"
„Hm," sagt Rainer. „Immer diese blöden Hausaufgaben." Und er erzählt von seinem Kummer.
„Manchmal ist es gar nicht schön, ein Kind zu sein," sagt der Mann. „Stimmt genau!" sagt Rainer. „Ob ein großes Eis wohl etwas hilft?" fragt der Mann.
„Vielleicht," sagt Rainer.
„Na, dann komm mal mit!"
Rainer springt von der Mauer.

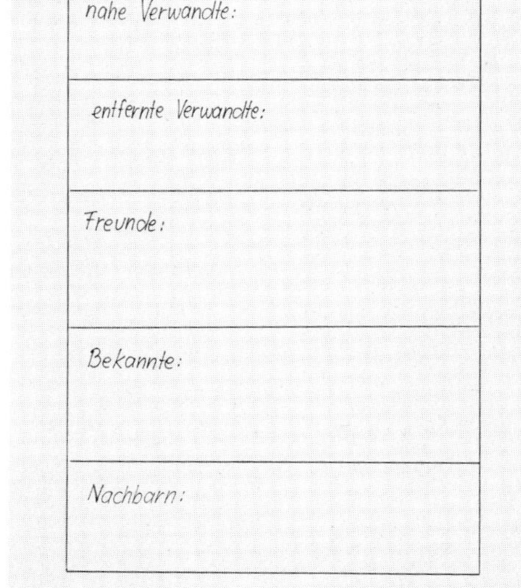
Menschen, denen ich begegne

nahe Verwandte:

entfernte Verwandte:

Freunde:

Bekannte:

Nachbarn:

Was sollte, was könnte Katja tun, als ...

... der Mann mit ihr über das Baugelände gehen will?

... sie ihm einen Kuß geben soll?

... sie vor dem Blumenstand stehen?

... er sie auf der Kreuzung festhält?

... er sie hinter sich herzieht und nach ihrem Bruder fragt?

... er von dem anderen Automaten spricht, der zwei Straßen weiter sein soll?

... der Mann ihr am Automaten helfen will?

Vertrauen

Menschen, die gut zu uns sind, vertrauen wir. Die meisten Kinder haben zu ihren Eltern tiefes Vertrauen, denn Vater und Mutter sorgen dafür, daß es dem Kind gutgeht. Außerdem spürt das Kind, daß die Eltern es lieben, auch wenn sie manchmal wütend oder ungeduldig sind und ihr Kind auch nicht immer verstehen.
Fremden Menschen vertraut man nicht so schnell. Wir glauben immer, wir könnten den Menschen ansehen, ob sie vertrauenswürdig sind. Aber das stimmt nicht.
Nicht jeder Mensch mit langen Haaren ist ein Gammler. Nicht jeder Brillenträger ist klug. Hinter einem freundlichen Gesicht können sich böse oder gute Absichten verbergen. Und oft passiert es, daß jemand, der abweisend oder merkwürdig aussieht, besonders nett ist, wenn man ihn richtig kennenlernt.
Um entscheiden zu können, ob jemand vertrauenswürdig ist, muß man sich Zeit lassen, ihn gründlich kennenzulernen.

Das darf nicht jeder!	Mutter			
mir etwas zu essen geben				
mir die Schuhe zubinden				
mir ein Pflaster aufkleben				
mir bei den Aufgaben helfen				
mich mit Worten trösten				
mich mit Streicheln trösten				
mich mit Küssen trösten				
mich verhauen				
mich knuddeln				
mich ausschimpfen				
von mir einen Kuß verlangen				
mich baden				
mich bei der Hand nehmen				
mir einen Weg zeigen				
mir etwas Hübsches schenken				
mir etwas Schönes zeigen				
mich im Auto mitnehmen				
mich vor einer Gefahr warnen				

alle es hören, kann es dann anschließend tun. Dann besprechen wir, wie man diese verschiedenen Menschen begrüßt, mit Kopfnicken, Händeschütteln, Umarmung, Kuß. Knicks und Verbeugung, das gibt es kaum noch bei diesen Kindern. Sie können es sich kaum vorstellen, daß ich als kleines Mädchen jeden Erwachsenen mit einem Knicks begrüßen mußte. *Wenn ich so zurückdenke, meine ich, daß ich das ganz gerne getan habe. Ich wußte immer, was ich zu tun hatte, wenn ich jemanden begrüßen wollte oder mußte.* Als Begrüßungen durchgespielt werden, gibt es soviel Gekicher und Ziererei, daß ich es bald abbreche. Eine Begrüßung ist immer eine Begegnung mit einem anderen Menschen, und auch wenn ich sie nur spiele, werden Gefühle wach, die manchmal schwer zu verstehen und auszuhalten sind. Mit Kopfnicken und Händeschütteln ist es natürlich leicht, mit Knicks und Verbeugung war es auch leicht, meine ich.

Wir spielen etwas anderes durch: *Wie bedankst du dich? Was tust du, wenn man dir Bonbons anbietet? Was sagst du, wenn man zu dir sagt, du solltest einsteigen? Und was, wenn dir jemand einen kleinen Hund zeigen will?* Zwei verabreden, ob sie bekannt, verwandt, befreundet oder einander fremd sind und spielen dann vor, wie sie sich die Begegnung vorstellen. Wir anderen raten, wie sie zueinander stehen. *Man darf niemals mit jemandem mitgehen, ohne daheim Bescheid zu sagen, auch nicht mit den besten Freunden!* Das wird dabei ganz klar.

Hausaufgabe: Dieselben Situationen und noch ein paar mehr, da soll jeder aufschreiben, wie er es machen würde. Und natürlich kann man sich bei den Eltern absichern. So werden sie auch wieder in das hineingezogen, was wir in der Schule machen, können es ergänzen, und ich muß nicht so sehr fürchten, die Kinder zu verunsichern, wenn ich ihnen etwas einschärfe, was sie zu Hause anders gelernt haben.

Immer wieder ist vom Vertrauen die Rede. Ich möchte sichergehen, daß die Kinder auch wissen, was damit gemeint ist. Ich gebe ihnen einen Text über *Vertrauen.* Wir lesen ihn und versuchen, ihn mit eigenen Erfahrungen zu verbinden. *Wann entsteht eigentlich Vertrauen? – Vor allem, wenn jemand freundlich zu uns ist. – Und wenn er nur so freundlich tut?* Das ist eben das Problem. Man spürt das wohl, wenn man in sich hineinhorcht und wenn man sicher genug ist, seinem Gefühl zu trauen. Nur sind viele Menschen nicht so sicher, auch Kinder nicht, und wir können sie durch einen Unterricht, wie ich ihn hier beschreibe, wohl auch noch unsicherer machen. Am Ende bleibt: *Vertrauen muß wachsen, braucht Zeit. Auch unter Kindern merkt man ja erst mit der Zeit, wer ein wirklich guter, zuverlässiger Freund ist.*

Kinder haben vor Fliegenpilzen Angst, vor Löwen und Gift, Schlangen und scharfen Messern. *Natürlich, vor Löwen muß man Angst haben. Du gehst in den Zoo, geradewegs zum Löwenkäfig, machst die Tür auf und spazierst hinein. Gleich frißt er dich! Hilfe! Hilfe!* Da muß man lachen, so dumm ist das. *Ich gehe doch nicht in den Käfig rein! – Ja, warum hast du denn dann Angst? Vor einem eingesperrten Löwen?* Eins nach dem anderen wird durchgespielt, immer ergibt sich dasselbe: Das ist alles nur gefährlich, wenn man sich unangemessen verhält. Aber wenn man nicht in den Löwenkäfig steigt, die Fliegenpilze nicht ißt, die Schlangen nicht reizt, vom Gift nicht kostet, dann können sie uns auch nicht gefährlich werden. So wenig wie Mitschnacker, mit denen wir nicht mitgehen.

Wie ich einmal Angst hatte. Daniela erzählt eine haarsträubende Geschichte von einem Mann im Park mit einer Pistole, dem sie gerade noch entkommen sei. Ich weiß nicht recht, wieviel davon phantasiert ist, will aber auch nicht zu genau nachfragen. Sie hat offenbar immer noch Angst, wenn sie daran denkt, und hier in der Klasse können wir die Sache nicht aufklären. Mehrere Kinder sagen, sie hätten Angst vor Menschen auf der Straße, die kenne man ja nicht, die könnten ja böse sein. Das hört sich an, als hielten sie jeden für böse, so lange er nicht bewiesen hat, daß er es nicht ist. So unrealistisch wie diese Angst ist dann womöglich auch ihre Bereitschaft, sich von Nettigkeit überrumpeln zu lassen. Mir ist flau. *Angst hält uns zurück, wenn jemand möchte, daß wir mit ihm gehen. Wenn Vertrauen zu ihm wächst, schwindet die Angst. Verbote halten uns auch zurück. Wenn wir nun aber auf etwas sehr große Lust haben?* Die Antwort kommt ganz selbstverständlich: *Dann tu ich es doch, obwohl es verboten ist!* Auf eine Handvoll Bonbons fällt heute bei uns kein Kind so leicht herein. *Was könnte dich verführen, doch mitzugehen? Was müßte jemand sagen, damit du vielleicht doch schwach würdest, weil du so große Lust darauf hast?* Das soll nun jeder für sich überlegen und auf einen Zettel schreiben, Überschrift: *Da würde ich schwach werden.*

Nach zehn Minuten wird vorgelesen. Wer von den Zuhörern meint, das könnte auch ihn schwach machen, steht auf und schaut sich um: *Wer noch?* Ich nehme an, daß die Kinder im Widerstreit zwischen dem Wunsch, sich als sehr klug und widerstandfähig darzustellen, und dem, sich mit anderen in Schwächen und Wünschen wiederzufinden, ziemlich ehrlich sind. Als ich all die Verführungstricks zusammenschreibe und jeder sich noch einmal prüfen soll, wird etwas mehr abgewogen. *Wenn mir einer ein Fahrrad verspricht, weiß ich doch gleich, daß da was nicht stimmt.* Hoffentlich!

Sie haben ja schon einmal gezeigt, wie schlau sie zu sein meinten, und dann haben sich doch die alten Vorurteile durchgesetzt: Wir hatten besprochen, wie so ein Mitschnacker wohl aussehen könnte, so ein Entführer. Erst war von wilden Bärten und häßlichem Grinsen die Rede, aber dann hieß es schnell: *So würde man den ja gleich erkennen, da geht doch kein Kind mit! Die tun ganz freundlich und sehen ganz normal aus.* Ich habe ein paar Bilder aus Illustrierten ausgeschnitten. Politiker, Handwerker, Sittlichkeitsverbrecher, Gammler, Werbeonkel usw., und habe sie mit dem Episkop gezeigt. *Was meint ihr, was das für ein Mensch ist?* Natürlich hat keiner den Sittlichkeitsverbrecher erkannt, er sah auf dem Foto eher bemitleidenswert gehetzt aus. Und der langhaarige, bärtige Gammler wurde im Klassengespräch zu einem doch in Wirklichkeit sicher sehr, sehr lieben Menschen. Zwei Tage später hat jeder gezeichnet, wie er sich so einen Entführer vorstellt. Und siehe da, wieder waren viele bärtige, offenbare Unholde dabei.

Immer wieder habe ich versucht, den Kindern klarzumachen, daß man sich kaum zu fürchten brauche, wenn man in schwierigen Situationen besonnen und selbstbewußt handelt. Als ich ihnen den Film von Katja zeige, glaube ich Panik zu spüren, hilflose Angst. Das Gespräch nach dem Film ist mühsam, die Kinder mögen nicht recht. Lähmt sie die Angst? Wehren sie sich gegen Abfragerei? Oder ist das Drüberreden unangebracht? Daß die Kinder jetzt nicht reden mögen, das kann heißen, daß sie die durch den Film ausgelösten Ängste abwehren. Es kann aber auch heißen, daß sie sie durchleben möchten wie etwas fast Wirkliches, um so zu begreifen, was da geschieht, und in Katja hineinschlüpfend, zu spüren: *Wer bin ich, wenn mir so etwas geschieht? Was geht dann in mir vor?*

Die Partner ordnen die Abschnitte des Textes, in dem der Filminhalt beschrieben ist. So wird der Ablauf der Entführung geklärt. Dann schauen wir uns die sieben Schlüsselstellen, in denen Katja sich hätte entziehen müssen, noch einmal im Dia an. *Was könnte sie tun an dieser Stelle, um nicht weiter mitgehen zu müssen? Und wie zerstreut der Mann ihre Bedenken, wie lenkt er sie ab?* Mit dem letzten Dia fangen wir an, als Katja sich schon ganz und gar verstrickt hat. Das wird auf jeden Fall deutlich: Je früher sie versucht hätte, sich energisch zu entziehen, desto leichter wäre es ihr gelungen.

Wasser verschwindet

Eine Frage taucht auf: *Wo sind die Pfützen von heute nacht geblieben?* Einer der Buben erklärt, Pfützen verschwänden im Sommer dadurch, daß die Sonne das Wasser aufsauge: *So wie mit einem Strohhalm, mit den Sonnenstrahlen eben.* Diese Erklärung mag durch ein Bild in einem Kinderbuch oder einer Anzeige angeregt worden sein. Sie scheint vielen Kinder einzuleuchten, jedenfalls regt sich kaum Widerspruch. Ein paar Fragen zeigen: Allen Kindern ist schon aufgefallen, daß Wasser verschwinden kann. Manchmal ist da etwas, und dann ist es auf einmal fort. Aber wieso es verschwindet und wohin, das wissen sie nicht. Lehrer und Lehrbücher für die Grundschule verwenden den Begriff *verdunsten* schon in der ersten Klasse, als sei selbstverständlich klar, was das bedeutet, obwohl es doch nicht zu sehen ist. Ich selbst habe das auch oft getan.

Verdunsten muß im Bewußtsein der Kinder so etwas sein wie *unsichtbar werden* oder allgemeiner noch *verschwinden,* vielleicht sogar *weggezaubert werden.* Erklärt man ihnen *Wasser, das verdunstet, steigt auf,* müssen sie das wohl mit der Vorstellung geheimnisvoller Kräfte oder Geister verbinden. Sie denken sich eben die Sonnenstrahlen als eine Art Strohhalm, wenn sie nicht schon resignieren und gar nicht mehr verstehen wollen, weil wieder mal etwas Unfaßbares daherkommt und so tut, als müsse man längst damit vertraut sein.

Wasser, das verschwindet, muß nicht verdunsten, es kann versickern, wegfließen oder aufgesaugt werden. Man kann ihm dabei zuschauen und herausfinden, wohin es verschwindet. Nur nicht, wenn es verdunstet, das macht das Wasser ganz heimlich. Das Bild vom Wasserkessel, aus dem der Dampf in Wolken deutlich sichtbar hervorquillt, um sich dann in Luft aufzulösen, erklärt nichts, verwirrt wahrscheinlich nur. Abwehr einer Frage, die wir uns nie gestellt haben.

Wir nehmen einen Eimer Wasser mit in den Hof und jedes Kind füllt sich draußen einen Joghurtbecher. Aufgabe: *Schütte an verschiedenen Stellen Wasser aus und beobachte, was geschieht.*

Auf lockere und festgetretene Erde, auf trockenen und feuchten Boden, auf festen und frischumgegrabenen Sand, auf das rissige Holz des Balkens an der Sprunggrube . . . , auf alles wird Wasser gegossen. Manchmal verschwindet es blitzschnell, dann wieder ganz allmählich, scheint stehenzubleiben oder bildet eine kleine Pfütze, wie auf Asphalt zum Beispiel oder auf Steinen. Von schrägen Flächen fließt es ab; je schräger sie sind, desto rascher. Und wo die Sonne hinscheint, trocknet ein feuchter Fleck im Handumdrehen.

Mehr als eine halbe Stunde lang experimentieren alle Kinder vertieft, die meisten in kleinen Gruppen. Sie reden kaum, man kann ja alles sehen. Die Worte ein Echo dessen, was man sieht.

Später in der Klasse ordnen wir die Beobachtungen unter die drei Begriffe *abfließen, versickern* und *verdunsten.* Man muß ihnen Zeit lassen, sich zu klären, sich bei jedem einzelnen Kind mit immer mehr Erfahrung und Bedeutung zu füllen, dann können die Worte eines Tages sinnvoll und nicht nur als leere Hülsen in naturwissenschaftlichen Überlegungen verwendet werden. Wir zwingen Kinder in der Schule nur zu oft, mit unverstandenen und darum leeren Begriffen zu hantieren und sie in Zusammenhänge einzufügen, die nicht ihrer Denk- und Erfahrungsweise entsprechen. So entfremden wir sie ihrer ursprünglichen Art zu lernen. Am Ende verzweifeln wir schließlich, weil sie so erworbenes Wissen nicht behalten und vor allem nicht *übertragen* können. Begriffe wie *versickern, abfließen* und *verdunsten* müssen im Unterricht mit selbständigem Tun verknüpft werden. Dann nur dürfen wir darauf vertrauen, daß das Kind sie im Alltag weiter erprobt, erweitert, sich endlich aneignet, so wie es das mit allen Worten getan hat, die es vor der Schule und aus eigenem Antrieb gelernt hat.

Clemens fährt eine Woche nach unseren Versuchen mit dem Wasser mit seinem Vater über eine Isarbrücke, in greller Sommerhitze, die seit Wochen alles austrocknet. Der Fluß führt nur noch wenig Wasser. Clemens fragt nachdenklich, halb zum Vater, halb vor sich hin: *Wo ist denn das Wasser? Ist es versickert? Oder ist es verdunstet?* Dann strahlend: *Nein, ich glaube, es ist verdampft.*

Als wir uns Wochen später ein Testblatt vornehmen, auf dem gefragt wird, wie Wasser in verschiedenen Fällen verschwunden sein könnte, zeigt sich: Die Kinder haben unsere Versuche im Schulhof nicht vergessen, und sie haben inzwischen auch eigene, nun ganz selbständige Beobachtungen gemacht. Die Bedeutung der verschiedenen Wörter für das Verschwinden von Wasser ist jetzt klar.

Auf drei Tage verteilt lese ich *Die Regentrude* von Theodor Storm vor. Mir selbst hat die Novelle als Kind den Sommer verzaubert, und dasselbe geschieht mit den Kindern, die mir jetzt zuhören. Wir sollten uns vom scheinbar aufgeklärten Gerede unserer Kinder nicht täuschen lassen: Sie wollen forschen und sachliche Erklärungen finden für das, was sie sehen. Aber damit verschwistert ist immer noch das Bedürfnis nach animistischer Erklärung der Naturerscheinungen. Wir lassen sie darben, wenn wir dem nicht genauso Nahrung geben wie ihrer aufgeklärten Sachlichkeit.

Als die Regentrude wieder aufgeweckt, der Feuermann besiegt und die Geschichte zu Ende ist, wollen viele Kinder wissen: *Woher hast du die Geschichte?* Es gibt sie in einer preiswerten Ausgabe und wir bestellen sie in der Buchhandlung für jedes Kind, das sie sich von seinem Taschengeld kaufen will. Eins nach dem anderen erscheint dort in der nächsten Woche und holt sich seine Regentrude ab.

Wir haben die Versuche mit dem Wasser, die hier fotografiert sind, am Ende des ersten Schuljahres im Juli gemacht. Wo das Schuljahr früher beginnt als in Bayern, sollte man sie am Anfang des zweiten Schuljahres einplanen, für die Zeit der letzten heißen Tage.

Als wir am Ende des zweiten Schuljahres ausführlicher über das Wetter sprechen, knüpfen wir an das an, was wir erfahren haben, als wir auf dem Schulhof mit Wasser gepritschelt haben. Ich lecke einmal über meinen Handrücken und fordere die Kinder auf: *Macht das auch mal! – Schau dir deinen Handrücken an, bis er trocken ist. Dann steh auf!* Es ist mäuschenstill, dann werden die ersten Stühle gerückt, sie fangen an zu reden und mehrfach höre ich das Wort, auf das es mir ankommt: *Verdunstet!* Natürlich bleibt es nicht aus, daß einer verkündet, es gehe schneller, wenn man auf den Handrücken bläst. Und natürlich muß das auch noch gemacht werden, bevor wir an den Test gehen, den ich mir vorgenommen habe.

Jeder richtet sich einen Zettel her, Überschrift: *Wasser verschwindet.* Darunter stehen mit einigem Abstand voneinander vier Sätze: *Es verdunstet. Es fließt ab. Es verdampft. Es versickert.*

Nacheinander erzähle ich kleine Geschichten, in denen immer wieder Wasser verschwindet. Sie sind von eins bis zwölf durchnumeriert, und die Kinder schreiben am Ende der Geschichte die Nummer zu dem Satz, zu dem die Geschichte nach ihrer Meinung gehört. Ich habe für mich ein Blatt wie sie und schreibe ebenfalls die Nummern auf, damit ich später die richtige Zuordnung angeben kann und die Kinder ihre Arbeit prüfen können. Die Geschichten erzähle ich aus dem Stegreif: von der Spucke auf der Hand, von angebrannten Kartoffeln, einem Burggraben im Sand, vertrockneten Äpfeln, nach dem Schwimmen trocknenden Haaren . . .

Dabei fließen manche gemeinsamen Erlebnisse mit ein oder die Eigenart eines Kindes, das alle in der Geschichte wiedererkennen. Für solche Geschichten ist mir jeder Anlaß recht, sie vertiefen das Gefühl bei uns allen, in der Klasse zusammenzugehören, weil wir einander

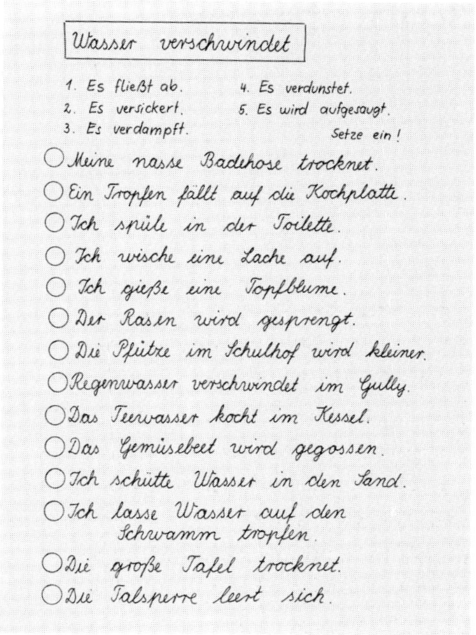

Wasser verschwindet

1. Es fließt ab.
2. Es versickert.
3. Es verdampft.
4. Es verdunstet.
5. Es wird aufgesaugt.

Setze ein!

- ○ Meine nasse Badehose trocknet.
- ○ Ein Tropfen fällt auf die Kochplatte.
- ○ Ich spüle in der Toilette.
- ○ Ich wische eine Lache auf.
- ○ Ich gieße eine Topfblume.
- ○ Der Rasen wird gesprengt.
- ○ Die Pfütze im Schulhof wird kleiner.
- ○ Regenwasser verschwindet im Gully.
- ○ Das Teewasser kocht im Kessel.
- ○ Das Gemüsebeet wird gegossen.
- ○ Ich schütte Wasser in den Sand.
- ○ Ich lasse Wasser auf den Schwamm tropfen.
- ○ Die große Tafel trocknet.
- ○ Die Talsperre leert sich.

kennen und ein Stück gemeinsame Geschichte haben. Für uns alle ist so ein *Test* sehr viel lustiger als irgendeine schriftliche Prüfform. Und es macht allen und nicht zuletzt mir viel weniger Arbeit.

Sieben

Die 7 ist meine Lieblingszahl, und der 7. 7. 1977 wird für mich, je näher er kommt, mehr und mehr zu einem magischen Datum, das in der Schule schullustig gefeiert werden muß. Im Lexikon finde ich ein längeres Kapitel über die Sieben: Sie ist seit alters her die heilige Zahl schlechthin, spielt eine Rolle in Mythen, Märchen und Volksweisheiten. Ein reiches Thema, ich fange an, mich auf den Tag zu freuen.

Im *Allerleirauh* von Hans Magnus Enzenberger suche ich mir eine ganze Sammlung von alten Kinderversen zusammen, in denen die Sieben eine Rolle spielt. Die werden vervielfältigt, und jedes Kind kann sich aussuchen, welchen Vers es auswendig lernen will. Die meisten sind Abzählreime, gut geeignet, mal wieder Silbentrennung zu üben. Zwei reden Mundart, da kann ich ein bißchen was über die verschiedenen deutschen Sprachen erzählen.

Ein Vers über die französischen Soldaten vor Moskau kommt zweimal vor; in der einen Fassung ist der historische Hintergrund nicht mehr eindeutig. Das ist ein Beispiel dafür, wie mündliche Überlieferung die Texte verändert, die man nicht mehr versteht.

Im alten Brockhaus finde ich einen schönen Stich vom Siebenschläfer, den wir uns als Nagetier ansehen können. Ich kopiere das Bild für alle Kinder. Es wird auf ein Lesezeichen geklebt.

Auf die Rückseite schreibt jeder in allerschönster Schrift das Einmaleins mit sieben, das wir noch nicht so richtig gelernt haben. Dazu: *7 ist eine Primzahl.* Dieses Lesezeichen bleibt im Lesebuch, so kann man immer mal schnell zwischendurch prüfen, ob das Siebeneinmaleins noch sitzt; auch den Nachbarn kann man abfragen. Dieses Einmaleins scheint für viele Kinder das Schwierigste zu sein, und es ist gut, daß es auf diese Weise beachtet wird. So prägt es sich leichter ein und wird wohl auch eher mit Freude als mit Angst besetzt. Im Lexikon finde ich auch, daß der Marienkäfer *Siebenpunkt* genannt wird. Ich schreibe einen kleinen Text über ihn, der besprochen und ins Biologieheft geklebt wird. In den nächsten Tagen erscheinen Gläser mit Marienkäfern in der Klasse und die Punkte werden gezählt. *Ist ein echter Siebenpunkt dabei?* Beiläufig zeigt sich die überraschende Vielfalt einer so unscheinbaren Tierart, die uns allen vertraut zu sein schien, weil wir sie von kleinauf kennen. Da muß ich nicht belehren, nur mein eigenes Erstaunen in Worte fassen.

Aus der Kreisgeschichte vom Vater mit den sieben Söhnen wird eine sehr komische Übung zur *Betonung.* Ich mache vor, wie man das bei jeder Runde anders sprechen kann, und am liebsten möchten alle drankommen mit Vorlesen und jeder endlos lang. Wieder einmal ein Anlaß, Redelust und Experimentierfreude freizulassen: *Die beiden, die nebeneinander sitzen, lesen sich die Geschichte gegenseitig vor, so lange sie neue Betonungen finden.* Das wird laut, sehr laut und ausgelassen, ebbt dann allmählich ab. Alle sind satt und zufrieden, auch ich. Ich habe kein Kind in seinem Eifer bremsen müssen.

Mindestens eins der Märchen, in denen die sieben eine Rolle spielt, muß vorgelesen werden: Ich wähle *Das tapfere Schneiderlein.*

Wir machen einen Rechtschreibtest: *Schreib mal schnell die sieben Wochentage auf!* Weil es wenig Fehler gibt und uns das froh macht, üben wir gleich anschließend, daß *Sonntag, Montag usw.* groß geschrieben werden, *sonntags, montags usw.* aber klein. Wieder einmal stelle ich ein Blatt mit Redensarten zusammen, denen der passende Ausdruck in unverblümter Sprache zugeordnet werden muß. Mir erscheint das immer als ein Rätselspiel mit besonderem Reiz, weil in den Redensarten Geschichte aufgehoben ist, die für jeden von uns *unsere Geschichte* ist. Das spürt man auch ohne die Erklärungen, die ich den Kindern dazu gebe, so gut ich das kann.

Als ich mit Freunden am 5. 7. über den bevorstehenden Siebenertag spreche, hat jemand die Idee, das Sprichwort *Pack deine Siebensachen* in die Tat umzusetzen. Hausaufgabe also am 6. 7.: *Pack daheim deine Siebensachen und bring sie morgen mit in die Schule.* Einige Kinder fragen nach, was das sei, die *Siebensachen.* Wir einigen uns: *Das, was man unbedingt mitnehmen möchte.*

Am nächsten Morgen stellt jeder auf seinem Platz aus, was er mitgebracht hat. Bei manchen Kindern sind es gar nicht sieben Dinge. Aber bei allen sagt die Weise, wie sie diese Aufgabe aufgefaßt haben, etwas über sie selbst, jedenfalls für uns, die wir uns alle kennen. Mir tut es leid, daß ich nicht

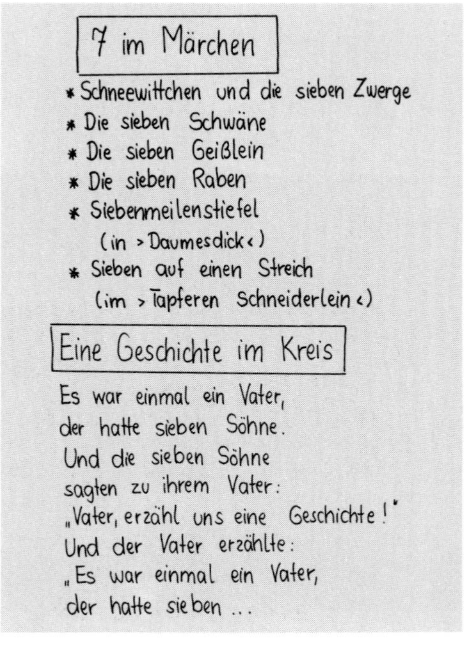
7 im Märchen

* Schneewittchen und die sieben Zwerge
* Die sieben Schwäne
* Die sieben Geißlein
* Die sieben Raben
* Siebenmeilenstiefel (in >Daumesdick<)
* Sieben auf einen Streich (im >Tapferen Schneiderlein<)

Eine Geschichte im Kreis

Es war einmal ein Vater,
der hatte sieben Söhne.
Und die sieben Söhne
sagten zu ihrem Vater:
„Vater, erzähl uns eine Geschichte!"
Und der Vater erzählte:
„Es war einmal ein Vater,
der hatte sieben ...

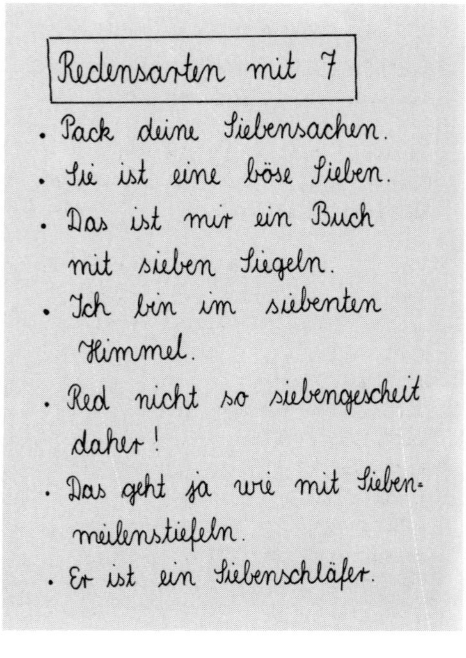
Redensarten mit 7

- Pack deine Siebensachen.
- Sie ist eine böse Sieben.
- Das ist mir ein Buch mit sieben Siegeln.
- Ich bin im siebenten Himmel.
- Red nicht so siebengescheit daher!
- Das geht ja wie mit Siebenmeilenstiefeln.
- Er ist ein Siebenschläfer.

mitgemacht habe. Dafür biete ich an, eine Liste all der *Siebensachen* zu tippen, damit wir sie zur Erinnerung an diesen Tag in das Ich-Heft kleben können. Jeder schreibt schnell auf, was er auf dem Tisch hat, und ich tippe daheim alles auf eine Matrize.

Der Siebenertag ist ein großer Erfolg. Mit Freude nehmen die Kinder die Hausaufgabe entgegen, aus Lesebuchtexten dreißig Wörter mit *ie* herauszuschreiben. Und als wenig später vom Fahrrad die Rede ist und den Dingen, die es braucht, um verkehrssicher zu sein, freuen wir uns nochmals, weil das auch gerade sieben sind.

Später fällt mir noch mancherlei ein, was man an den 7. 7. anschließen kann. Im Musikunterricht die Tonleiter mit ihren sieben Stufen, im Kunstunterricht die sieben Weltwunder, jeder sucht sich eines aus und zeichnet es so, wie es nach seiner Meinung ausschauen müßte, um ein Weltwunder zu sein. Im Deutschunterricht kann man Wörter mischen, in denen entweder die Sieben oder das Sieb und das Sieben steckt, und von den Kindern entmischen lassen; da muß man ins Wort horchen, nachdenken. Man kann Volksglauben und Aberglauben an einer Stelle prüfen: Stimmt es, daß es noch sieben Wochen regnet, wenn es am Siebenschläfertag, dem 27. Juni, geregnet hat? Hilft ein Blatt mit den Namen der Siebenschläfer, unter das Kopfkissen gelegt, wirklich gegen Schlaflosigkeit?

Der Marienkäfer

Er hat noch viele andere Namen: Siebenpunkt, Herrgottskäfer, Sonnenkälbchen, Gottesschäflein, Glückskäfer ...
Es gibt mehr als 4 ooo verschiedene Arten und sie sind fast alle echte kleine Räuber. Sie vertilgen nämlich Blattläuse, Schildläuse und andere kleine Insekten.
Die meisten Marienkäferarten sind auffällig gefärbt und gezeichnet: rosa, rot oder orange mit schwarzen Punkten und Flecken. Manche sind aber auch ungefleckt oder schwarz mit roten oder orangen Flecken.
Nur wenige werden größer als etwa 5 Millimeter.

Abzählreime

Eins zwei drei vier fünf
sechs sieben,
auf dem hohen Berge drüben
steht ein Schloß von blanken
Zinnen,
wohnt ein alter Riese drinnen.
Fällt der Ries' den Berg hinab,
bricht er sich die Beine ab,
doch geht er auch ohne Bein,
kann ja zaubern! - Du sollst
sein.

Eins zwei drei vier fünf
sechs sieben,
eine alte Frau kocht Rüben,
eine alte Frau kocht Speck,
und du bist weg!

Eins zwei drei vier fünf
sechs sieben,
wo sind die Soldaten blieben?
In Moskau stecken sie im Schnee
und schreien alle oweh, oweh!

Eins zwei drei vier fünf
sechs sieben,
wo ist denn mein Schatz geblieben?
Ist nicht hier, ist nicht da,
ist wohl in Amerika.

Eins zwei drei vier fünf
sechs sieben,
wo bist du so lang geblieben?
Bei dem Schuster dickt dickt dickt,
der hat mir meine Schuh geflickt.

Eins zwei drei vier fünf
sechs sieben,
wo sind denn die Franzosen
blieben?
Zu Moskau in dem tiefen Schnee
rufen alle: Mundiö, mundiö!

Een twee dree veer fief söß
söbn,
unse Katt hett Junge kregn,
eene witt, eene swatt,
eene ganz verdübelte Katt.

Unsere Siebensachen

Evi: Brot, Taschenlampe, Flasche, Stift, Block, Zündhölzer, Fischgrill

Tina: Taschenlampe, Decke, Stifte, Leo, Wasser, Brot, Puppe

Gabi W.: Struwelinchen, Gartenzwerg, Täschchen, Heft, Buch, Hanuta, Hamster

Florian B.: Pistole, Schnur, Kerze, Auto, Messer, Streichhölzer, Quartett

Anja: Buch, Decke, Block, Kugelschreiber, Handtuch, Kopfkissen, Snoopy

Andi K.: Zelt, Beil, Taschenmesser, Streichhölzer, Buch, Taschenlampe, Kochtopf

Carolyn: Lieblingsbuch, Rübezahl, Babysachen, Stubeli, Stifte, Hund, Bärli

Alexander: Affe, Hund, Auto, Ball, Hubschrauber, Federball, Buch

Barbara S.: Strickarbeit, Buch, Album, Hexe, Micky Maus, Kalender, Füller

Petra: Jacke, Pullover, Hose, Lieblingsbuch, Barbipferd, Barbifrau, Barbimann

Dieter: Jacke, Tangram-Spiel, Papier, Kugelschreiber, Mundharmonika, Globus, Büchlein

Stefanie: Brot, Micy-Maus-Hut, Buch, Wolle, Häkelnadel, Limo, Schwimmkissen

Gisela: Seife, Kamm, Tempo, Bademütze, Schwamm, Lockenwickler, Federball

Barbara Z.: Snoopy, Schokolade, Decke, Flasche, Buch, Bademantel, Kompaß

Gabi R.: Lieblingspuppe, Lieblingsbär, Salz, Brot, Wasser, Taschentücher, Bonbon

Gökhan: Kuh, Pferd, Baum, Traktor, Indianer, Cowboy, Messer

Beatrix: Essen, Trinken, Spielzeug, Badezeug, Töpfe, Tassen, Teller

Florian H.: Garage, zwei Autos, Taschenmesser, Filzstift, Schreibbuch, Lesebuch

Markus: Autos, Bär, Hund, Flieger, Stifte, Papier, Buch

Manuela P.: Buch, Schiff, Igel, Hund Adelheid, Überraschungsei, Katze

Spielplätze

An der *Münchener Freiheit,* in der Nähe unserer Schule, wird ein neuer Kinderspielplatz eröffnet. Die großen Ferien stehen bevor, und ich bekomme das *Sommerferienprogramm* des Stadtjugendamtes für Kinder, die in München bleiben, um es in der Klasse zu verteilen. Gründe genug, uns im Unterricht einmal mit Spielmöglichkeiten im Freien zu befassen.

Im Schulsprengel gibt es große Miethäuser, viele Geschäfte, aber auch Spielplätze und breite Bürgersteige. Ich meine, daß dies keine besonders schöne Spielumwelt sei, zuviel Steine, Mauern, Asphalt. Aber in der Nähe der Wohnungen läßt sich besser spielen, als man auf den ersten Blick glauben mag.

Auf der wandhohen Karte vom Schulsprengel, die uns ein Grafiker-Vater gezeichnet hat, setzen wir Fähnchen an alle Orte, wo man spielen kann. In manchen Straßen stehen die Fähnchen dicht an dicht: Dort sind überall Höfe, die die Kinder benützen dürfen.

Michael berichtet, wie er über die Mauern von einem Hof in den anderen klettert. Er kennt alle Höfe der Gegend und weiß, wo ergiebige Mülltonnen stehen. Es gibt auch viele Werkstätten in Hinterhäusern, deren Abfälle von Kindern wie Michael gesammelt werden.

Von irgendwoher taucht eine Broschüre des Jugendkulturwerks auf, in der alle Spiel-, Sport- und Bolzplätze Münchens aufgeführt sind. Wir suchen die Straßen im Viertel heraus und üben dabei, einen Stadtplan zu lesen.

Hausaufgabe: *Trage in deinen Sprengelplan die Stellen ein, wo du gerne spielst.* Am nächsten Tag wird verglichen.

Die *richtigen* Spielplätze sind einfallslos: Rutsche, Sandkasten, Klettergerüst, Bolzplatz. Ich erzähle von den Spielplätzen meiner Kindheit: Garten und Hecke, Feld und Wiese, Straße und Friedhof. Unsere Spiele wie Kibbel-Kabbel, Murmeln, Reifentreiben, Ballprobe könnte man hier in der Nähe der Häuser nicht spielen. Da ist zu wenig Platz und Gelegenheit, Löcher in den Boden zu graben, sich auszulaufen, Bälle gegen die Wände zu werfen.

Hausaufgabe: *Frag deine Eltern nach den Lieblingsspielen ihrer Kindheit.* Am nächsten Tag ist die Rede von Hinkepott, Siebentagehüpfen, Völkerball, Brennball, Himmel und Hölle, Kugelhüpfen, Ballprobe, Hümpeln.

Eine Studentin erklärt den Kindern, wie man *Siebentagehüpfen* spielt. In einer Turnstunde üben wir es auf dem Schulhof. Wir müssen den Spielplan mit Kreide auf den Asphalt zeichnen. Das ist mühsam. Früher hat man ihn mit einem Stöckchen in den Boden ritzen können. Das war einfacher. Vielleicht sind darum Kästchenhüpfspiele seltener geworden.

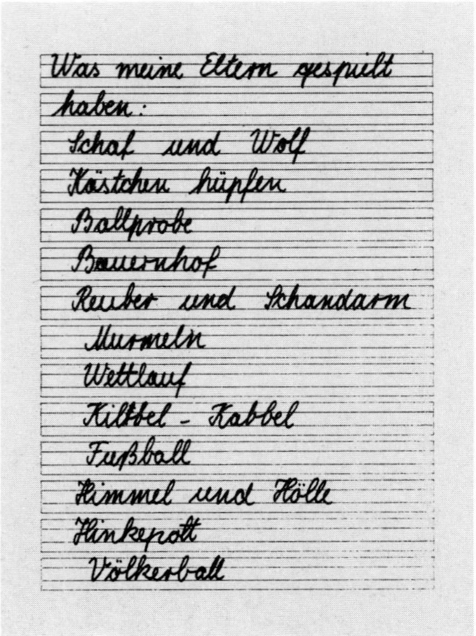

Was meine Eltern gespielt haben:
Schaf und Wolf
Kästchen hüpfen
Ballprobe
Bauernhof
Reuber und Schandarm
Murmeln
Wettlauf
Kibbel - Kabbel
Fußball
Himmel und Hölle
Hinkepott
Völkerball

Den Kindern fällt es schwer, über die bekannten Spielmöglichkeiten hinauszudenken. Ich möchte mit ihnen Ausflüge zu verschiedenartigen Spielplätzen in München machen. Überall könnte man an einem Tag ein paar Stunden spielen und vergleichen. Aber fünf Ausflüge müßten es mindestens werden. Ich wage nicht, soviel Zeit dafür zu opfern.

Ein Ausweg: Die Studenten, die alle zwei Wochen zu uns ins Praktikum kommen, helfen uns. Fünf Gruppen mit je drei Studentinnen ziehen nach dem Unterricht los, jede zu einem anderen Spielplatz. Da das keine Schulveranstaltung sein kann, gilt die Schülerunfallversicherung nicht, und nur wer will, geht mit. Ich schreibe den Eltern das in einem Brief, bitte sie darum, schriftlich mitzuteilen, ob sie mit dem Ausflug einverstanden sind.

Alle Kinder, die irgend Zeit haben, gehen mit: auf den neuen Spielplatz an der *Münchener Freiheit,* zum Abenteuerspielplatz, zu den Spielplätzen im Olympiadorf und im Zoo. Die Aufgabe für die Gruppen: *Spielt und schreibt*

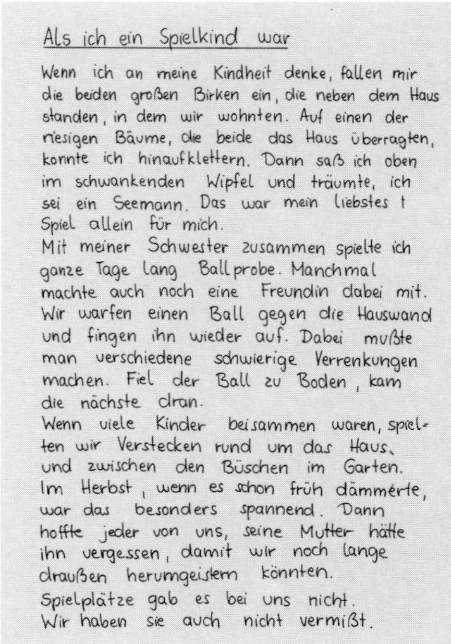

Als ich ein Spielkind war

Wenn ich an meine Kindheit denke, fallen mir die beiden großen Birken ein, die neben dem Haus standen, in dem wir wohnten. Auf einen der riesigen Bäume, die beide das Haus überragten, konnte ich hinaufklettern. Dann saß ich oben im schwankenden Wipfel und träumte, ich sei ein Seemann. Das war mein liebstes Spiel allein für mich.
Mit meiner Schwester zusammen spielte ich ganze Tage lang Ballprobe. Manchmal machte auch noch eine Freundin dabei mit. Wir warfen einen Ball gegen die Hauswand und fingen ihn wieder auf. Dabei mußte man verschiedene schwierige Verrenkungen machen. Fiel der Ball zu Boden, kam die nächste dran.
Wenn viele Kinder beisammen waren, spielten wir Verstecken rund um das Haus, und zwischen den Büschen im Garten. Im Herbst, wenn es schon früh dämmerte, war das besonders spannend. Dann hoffte jeder von uns, seine Mutter hätte ihn vergessen, damit wir noch lange draußen herumgeistern könnten.
Spielplätze gab es bei uns nicht.
Wir haben sie auch nicht vermißt.

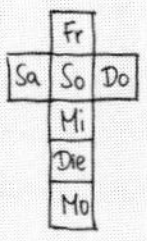

Spielregel für Siebentagehüpfen

A) Erster Durchgang

Kästchen mit weißer Kreide aufmalen.
Wochentage eintragen.
Einen kleinen Stein suchen.
Den Stein in Mo werfen.
Auf einem Bein über Mo in Die hüpfen.
In Mi hüpfen.
In Do hüpfen.
In Fr hüpfen.
In Sa hüpfen.
Mit beiden Beinen zum Ausruhen in So hüpfen.
Von So in Mi hüpfen.
Von Mi in Die hüpfen.
Den Stein aus Mo holen.
Von Die über Mo hinweg raushüpfen.

Jetzt ist der erste Durchgang zu Ende.

B) Zweiter Durchgang

Diesmal wird der Stein in Die geworfen. Auf einem Bein in Mo, über Die hinweg in Mi hüpfen und dann weiter wie im ersten Durchgang. Auf dem Rückweg den Stein aus Die mitnehmen.

C) Weitere Durchgänge

Der Stein wandert jeweils einen Wochentag weiter. und dies Kästchen wird übersprungen. Sieger ist, wer alle Felder Wochentage geschafft hat.

D) Fehler

1. Auf die Linie, statt ins Kästchen springen.
2. Mit beiden Füßen beim Hüpfen aufkommen.
3. In ein falsches Kästchen hüpfen.
4. Beim Aufheben des Steins mit dem zweiten Bein den Boden berühren.

Wer einen Fehler gemacht hat, muß eine Runde aussetzen.
In der nächsten Runde macht man bei der Fehlerstelle weiter.

Drei Wünsche frei

für deinen Lieblingsspielplatz

Käfig	Kreuzklettergerüst
Rohr zum Kriechen	Badesee
Irrgarten	Indianerzelt
Spieltisch	Pumpe
Verstecke	Wiese
Riesenrutschbahn	große Steine
Affenverstecke	Kanal
Hängebrücke	Seilgitter
Kisten und Tonnen	Reifenhaus
Balancierstange	Fußball-Loch-Wand
Häuser zum Bauen	Schiffschaukel
Holzschaukel	Haus mit Rohreingang
Kistenturm	Steiniglu
Tarzanseil	Holzgerüst
Klippen	Drehscheibe
Spielgarten	Berg- und Talrutsche

Wo haben unsere Eltern gespielt?

• auf dem Hof	• auf dem Friedhof
• auf der Straße	• in der Hecke
• im Park	• in der Laube
• im Garten	• im Sandkasten
• im Wald	• um das Haus herum
• am Flußufer	• im Stall
• in der Werkstatt	• in der Scheune
• auf der Wiese	• im Gebüsch
• auf dem Holzplatz	• auf dem Wall
• in der Ruine	• im Hausflur
• auf dem Bauplatz	• im Baumhaus
• im Spielhäuschen	• auf dem Dachboden
• im Hausdurchgang	• im Keller
• auf dem Bürgersteig	• auf dem Stoppelfeld
• auf dem Schuttplatz	• im Bach

Laß dir von deinen Eltern erzählen, wo sie gespielt haben und such dir selber fünf „Spielplätze" aus.

Armer Murkl

Murkl wohnt in einem Mietshaus mit fünf Stockwerken. Auf jedem Stock sind vier Wohnungen, aber im ganzen Haus wohnt außer ihm nur noch ein Kind.

Als Murkl mit seinen Eltern einzog, war das Haus ganz neu. Der Vermieter hatte gesagt, neben dem Haus würde ein Spielplatz angelegt. Das ist für so große Häuser Vorschrift. Aber wo der Spielplatz auf dem Bauplan eingezeichnet war, ist jetzt Rasen. Und den darf niemandbebetreten außer dem Hausmeister, der hin und wieder den Rasen mäht. Sonst betritt er ihn auch nicht.

Hinter dem Haus ist ein breiter Plattenweg, der zum nächsten, ganz ähnlichen Wohnhaus führt. Das hat auch keinen Spielplatz.

Einmal ist Murkl mit seinem neuen Traktor auf dem Plattenweg hin- und hergefahren. Er hat fest getreten und der Traktor ist bollernd losgesaust.
Aber gleich kam die Hausmeisterin und hat geschimpft: „Das ist kein Spielplatz! Da dürfen keine Kinder spielen!"

auf, was euch gefällt und nicht behagt, was man ändern sollte, was ihr fotografieren würdet, um es uns in der Klasse zu zeigen.

Gruppe 1 lobt den treppenartig angelegten Brunnen an der *Münchener Freiheit* und die Pumpe auf dem Hügel. Man kann pritscheln und matschen.

Gruppe 2 hat im Olympiadorf schnell alle Spielplätze abgeklappert – die waren so das Übliche – und dann stundenlang im flachen, betonierten Bett eines Baches geplanscht, der dort durchfließt.

Gruppe 3 war etwas enttäuscht, weil auf dem Aktivspielplatz die schönsten Geräte – wie z. B. die Tarzanbahn – nicht mehr heil waren und der ganze Platz ziemlich verwahrlost aussah. Die Papierkörbe waren zu klein und der Platz mit Abfall übersät. Die wellige Rutsche war in der Sonne zu heiß geworden, man konnte sie nicht benutzen.

Gruppe 4 hatte im Zoo zwar einmal mit der Oldtimerbahn oder dem Autoscooter fahren dürfen, aber auch das versöhnte nicht mit der Armseligkeit der Spielplätze dort. Den Kindern fallen aber auch nur Rutschbahn, Klettergerüst und Schaukel ein, als sie sagen sollen, was sie anders haben möchten.

Gruppe 5 war auf dem Abenteuerspielplatz und berichtet von Hämmern und Feuermachen. Ich frage: *Die Studenten haben mir gesagt, daß ihr zuerst gar nicht wußtet, was ihr dort tun solltet und ihr euch über die Unordnung beklagt habt. Stimmt das?* Ja, das stimmt. Aber dann haben die fremden Kinder dort sie ins Spiel gezogen und bald waren alle für Stunden in eine Arbeit vertieft und wollten nicht wieder weg.

So nebenbei wird klar: Man braucht Zeit und manchmal Überwindung, um fremde, neuartige Spielmöglichkeiten zu erproben. Lange Spiele, in die man sich hat vertiefen können, sind in der Erinnerung besonders glücklich. Schön ist, wenn man etwas miteinander tun kann, an einem Holzhaus herumhäm-

Ute Moeller-Andresen
8 München 4o, Dunantstr. 5
Tel. 361 26 62

Liebe Eltern,

in diesen Wochen ist eines unserer Themen im Unterricht der Spielplatz. Damit die Kinder sehen, was für Möglichkeiten es außer denen gibt, die hier in Schwabing verwirklicht sind, habe ich für Dienstag Ausflüge in andere Staddteile vorbereitet.

Die Kinder werden in kleinen Gruppen unter der Aufsicht von jeweils drei Studentinnen (ich kann ja nur bei einer Gruppe dabeisein) ins Olympiadorf, nach Perlach, Haidhausen, zum Hasenbergl und nach Hellabrunn fahren und dort Spielplätze besuchen.

Wir starten nach dem Unterricht und sind gegen 16.oo Uhr zurück. Die Begleitung von Eltern ist wie immer sehr erwünscht, aber in diesem Fall nicht notwendig.

Allerdings:

Diese Ausflüge sind außerschulische Veranstaltungen. Für sie gelten nicht die Versicherungen für die Schulveranstaltungen.

Darum brauche ich von Ihnen eine schriftliche Erklärung, daß Sie mit der Teilnahme Ihres Kindes einverstanden sind.
Bitte geben sie den unten anhängenden Abschnitt unterschrieben an mich zurück, wenn Ihr Kind mitgehen will und darf.

Sollten Die noch Fragen haben zu diesem Ausflug, können Sie mich heute abend zwischen 19.oo und 21.oo Uhr anrufen.(Tel. s.o.)

Mit freundlichen Grüßen

Ute Moeller-Andresen

- -

Ich bin damit einverstanden, daß mein Kind ______________________ (Name)
am Dienstag, dem ... an dem von Frau Moeller-Andresen geplanten Ausflug auf einen Spielplatz außerhalb Schwabings teilnimmt.
Ich weiß, daß die Schülerunfallversicherung hier nicht gilt.

Datum: Unterschrift:

mern oder im Bach einen Stau bauen. Darf-ich-mal-Spiele wie Bahnfahren sind eigentlich keine Spiele und gleich vorbei. Jeder Spielplatz sollte Wasser haben. Und schließlich: Man kann als Stadtkind auch Tagesausflüge zu Spielplätzen machen.

Ich habe Bengtsson's Buch *Ein Platz für Kinder* in mehreren Exemplaren besorgt. Auf mehr als 200 Seiten sind Spielplätze aus aller Welt abgebildet und beschrieben. Jede Gruppe bekommt ein Buch. Die Kinder schauen es miteinander an und schreiben auf, welche Dinge ihnen besonders gut gefallen, was sie sich aussuchen würden. Eine Regel: *Schreibe nur das auf, was mehrere Kinder möchten, nicht nur eines.* Genügend Anlaß, miteinander zu reden, Vor- und Nachteile abzuwägen.

Schließlich bekommt jede Gruppe ein großes, festes Blatt Papier und zeichnet einen Plan für einen Spielplatz nach den eigenen Wünschen. Das dauert natürlich ziemlich lange. Wir fangen im Kunstunterricht damit an. Dann zeichnen die Kinder selbständig weiter, zwei

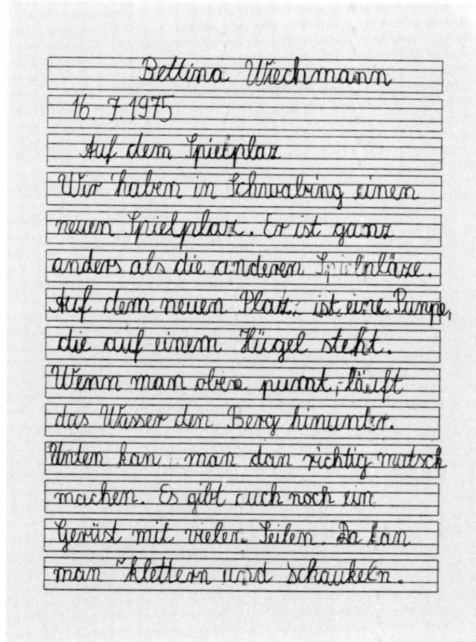
Bettina Wiechmann
16. 7. 1975
Auf dem Spielplaz
Wir haben in Schwabing einen
neuen Spielplaz. Er ist ganz
anders als die anderen Spielpläze.
Auf dem neuen Plaz ist eine Pumpe,
die auf einem Hügel steht.
Wenn man oben pumt, läuft
das Wasser den Berg hinunter.
Unten kan man dan richtig matsch
machen. Es gibt auch noch ein
Gerüst mit vielen Seilen. Da kan
man klettern und schaukeln.

Wochen lang in jeder freien Minute. Schon morgens vor dem Unterricht hocken sie über den Blättern.

Schließlich stellt jede Gruppe ihren Spielplatz mit all seinen besonderen Möglichkeiten vor. Alle Pläne hängen für ein paar Tage an der Wand, auf dem Gang oder im Zimmer und werden

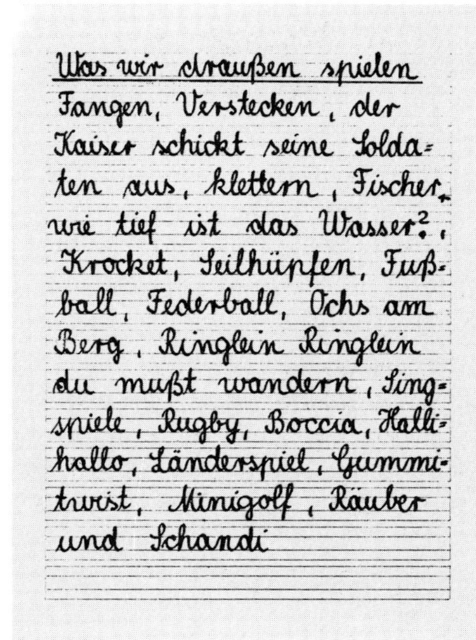
Was wir draußen spielen
Fangen, Verstecken, der
Kaiser schickt seine Solda=
ten aus, klettern, Fischer,
wie tief ist das Wasser?,
Krocket, Seilhüpfen, Fuß=
ball, Federball, Ochs am
Berg, Ringlein Ringlein
du mußt wandern, Sing=
spiele, Rugby, Boccia, Halli=
hallo, Länderspiel, Gummi=
twist, Minigolf, Räuber
und Schandi

dann verlost. Einige Kinder sind traurig, weil sie nicht mitmachen können. Ihre Mütter erlauben nicht, im Kinderzimmer so große Dinge aufzuhängen.

Ausflüge ins Museum

München hat viele Museen. Jedes Kind kennt das *Deutsche Museum.* Und in der Krippensammlung des Nationalmuseums waren wir schon im ersten Schuljahr. Im Lenbachhaus hat man für ein paar Wochen einen gerade leerstehenden Raum dem Museumspädagogischen Zentrum zur Verfügung gestellt. Wir gehen einen Vormittag und einen Nachmittag lang dorthin.

Am ersten Tag besuchen Wolfgang und Thomas jeder mit einer Gruppe Kinder die Lenbach-Ausstellung. Sie setzen sich vor eines der großen Bilder und reden darüber.

Die Kinder bekommen Suchrätsel: *Wo ist der kleine weiße Hund?* Das weckt Aufmerksamkeit und Anteilnahme. Später versuchen sie, in die Rollen von Personen oder Tieren aus den Bildern zu schlüpfen, ganz ruhig in einer Pose zu verharren.

Dann dürfen sie malen, ein Bild für *unser Museum.* In dem großen freien Raum im Lenbachhaus sind Wände aufgestellt, an denen unsere Bilder aufgehängt werden können. Andere Kinder, die vor uns da waren, haben ihre Werke schon hinterlassen.

Gemalt wird mit Jaxon-Kreiden auf die rauhe Seite von Packpapier oder auf Zeichenkarton. Wer mag, bekommt einen Bogen mit einem Detail aus den betrachteten Bildern und kann nun ergänzen.

Weil zu einem richtigen Museum auch Wächter gehören – die Kinder sind ihnen eben begegnet, schweigsamen Gestalten, mißtrauisch das ungewohnte Gewimmel in ihren stillen Räumen beäugend – werden auch lebensgroße Wächter in Uniformen gemalt und in unserem Museum angebracht.

Wolfgang hat erklärt, daß man im richtigen Museum keines der Bilder berühren darf. Hier aber kann man sogar in die schon *aufgehängten* Bilder hineinmalen und sich so von der Einschüchterung durch das Ritual des Museums befreien.

Die meisten Kinder sind sehr bei der Sache, malen und schneiden voller Lust, genießen es, daß soviel Platz und Material zur Verfügung steht. Einige Kinder aber ertragen die großen Räume nicht. Sie sind ständig versucht, zu rennen und zu toben, Verstecken zu spielen, auf Statuen zu klettern. Sie fühlen sich offenbar ungeborgen. Es sind dieselben Kinder, die in der Schule immer wieder auffallen, weil sie so ungebärdig sind, so leicht zu irritieren, so schnell aggressiv.

Ihre Not wurde besonders deutlich, als wir einmal in einer Spielzeugausstellung waren, bei der es auch ein Spielzimmer gab, in dem man alles benutzen durfte. Dort stand ein Blockhaus, das Dach erst halb gedeckt. Im Nu wurde es fertiggestellt und dann saßen die Wildlinge friedlich im Häuschen eng beieinander, packten ihr Pausenbrot aus, aßen und redeten und wollten nicht herauskommen, bis wir gehen mußten. Wie viele Kinder würden auf einmal gern zur Schule gehen, wenn es dort Höhlen gäbe, in die man sich verkriechen könnte?

Am zweiten Tag gehen die Praktikanten, Wolfgang und Thomas, mit den Kindern zu den Bildern von Münter, Macke, Kandinsky, Marc. Man schaut sich um, betrachtet dies und jenes gemeinsam. Dann sucht sich jedes Kind ein Lieblingsbild aus und skizziert es, davor auf dem Boden liegend, auf einen mitgebrachten Bogen. Nur mit Bleistift, ohne Farben. Die kann man sich merken oder dazuschreiben.

Dann bringt jeder sein Lieblingsbild in *unser Museum.* Das heißt: Dort wird das skizzierte Bild mit Farben auf einen großen Bogen gemalt und dann aufgehängt. Die Kinder tun das alles ohne Schüchternheit, ohne daß jemand klagt: *Ich kann das nicht!* Weder das Original noch das Bild eines zeichenge-

wandteren Freundes noch das unzulängliche Material können sie entmutigen.

Merkwürdig ist, wie leicht sich die meisten Kinder von ihren Werken trennen. Kaum eines signiert sein Bild bewußt. Das Malen selbst, das Nachdenken und Begreifen beim Malen ist das Wichtigste. Und am Sonntag werden sie mit ihren Eltern ins Lenbachhaus kommen und auch *unser Museum* besuchen.

Als in der Alten Pinakothek eine große Ausstellung mit Bildern von Horemans ist, dürfen wir noch einmal einen Nachmittag zu den Museumspädagogen.

Es ist ein heißer Sommertag. Drinnen im Museum ist es kühl. Die Kinder beruhigen sich, lassen sich zwei große Bilder von Festen erläutern, ein höfisches Fest und ein Bürgerfest. Man vergleicht die Architektur, die Kleidung, die Lustbarkeiten, das Benehmen.

Dann gehen wir in eine Abteilung, in der Bilder aus dem Leben am Hofe der Bayerischen Kurfürsten hängen. In Vitrinen sind alte Musikinstrumente aufgebaut. Drei Studenten der Musikakademie haben sich mit höfischen Kostümen in die Zeit Horemans zurückversetzt. Die Kinder sind wie verzaubert, sitzen im Halbkreis am Boden und lassen sich etwas von der Musik der damaligen Zeit erzählen, von Tafelmusik und Bauerntänzen. Immer wird ein passendes Musikstückchen gespielt. Die Kinder hören so vertieft zu, daß sie gar nicht merken, daß einige erwachsene Museumsbesucher ganz gerührt um sie herumstehen.

Als wir aus der Kühle des Museums wieder in die Sonne treten, rennen sie wild über die Wiese. Drüben gibt es eine Garderobe mit Kisten voller Kostüme, mit Spiegeln und Hüten und allem, was man zum Schminken braucht. Es gibt auch Malwände und Farben. Man kann jetzt Horemans sein oder eine Prinzessin oder ein König.

Als unsere Musikanten noch einmal kommen, gibt es einen feierlichen Umzug über die Wiese und dann ein höfisches Fest vor der Kulisse eines Schlosses. Anmutig und vollkommen selbstvergessen bewegen sich die Kinder in den fremdartigen Kostümen, schreiten langsam einher, verneigen sich, tanzen. Da ertönt ein Hornsignal. Der Kurfürst lädt alle Anwesenden ein, an einer großen Jagd teilzunehmen. Zwei der Studenten haben sich Tiermasken aufgesetzt und rennen davon. Die Kinder jagen hinterher, fangen sie schließlich und schleppen sie, atemlos, in einen Käfig neben dem Schloß.

Museum – das ist jetzt ein Zauberwort. Man kann sich vorstellen, daß diese Kinder später einmal Lust haben werden, auch allein ins Museum zu gehen, sich Bilder anzusehen. Sie werden wohl kaum die Schwellenangst entwickeln wie so viele Menschen, die glauben, das Museum sei nichts für sie.

Einen ersten Museumsbesuch habe ich einmal am Ende des ersten Schuljahres so vorbereitet: Die Gruppen bekamen den Auftrag, zu besprechen, was für Sammlungen man anlegen könne. Reihum sagte jeder, was er gerne in *seinem* Museum sammeln möchte. Das wurde aufgeschrieben. Und dazu, wieviele Kinder aus der Gruppe so eine Sammlung gerne anschauen würden. Der Eifer, mit dem die Kinder an die Arbeit gingen, hat mich selbst überrascht.

Mondraketen, Versteinerungen, alte Rüstungen, Saurierskelette, Atombom-

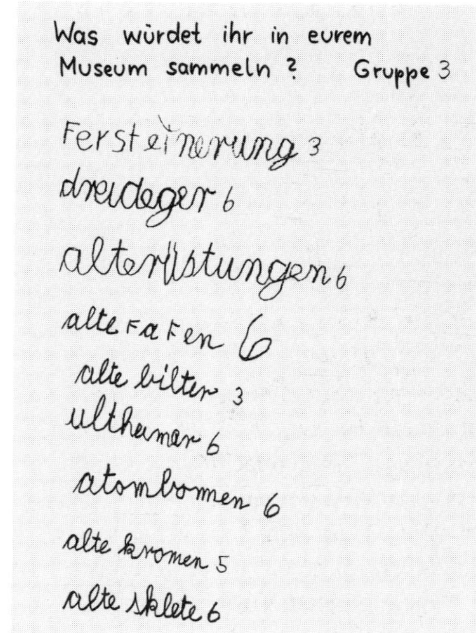

ben, alte Kronen, alte Waffen, Bilder, alte Teller, alte Münzen, alte Mühlenräder, Schiffsmodelle, Marionetten, alte Kutschen – einer in der Gruppe hatte eine Sammelidee und gleich schrien andere *O ja! – Da komm ich gucken!*

Die meisten Kinder sind in diesem Alter leidenschaftliche Sachensammler. Zu wissen, daß ein Museum auch ein Ort ist, wo Sammlerleidenschaft sich austoben darf – das macht das Museum fast schon gemütlich.

Aber nur zu schauen, das will gelernt sein. Die Verführung, von Kasten zu Kasten, von Schaustück zu Schaustück zu hetzen, ist gar zu stark. Die oft nur feinen Unterschiede zwischen den Gegenständen werden übersehen, eigentlich wird nichts recht wahrgenommen.

Wenn die Kinder in der Klasse manchmal Ausstellungen zu einem Thema, vor allem aber auch Sammlungen wie das *Museum für Knöpfe und andere Verschlüsse* einrichten dürfen, werden sie auch fremde Sammlungen aufmerksam und mit Achtung betrachten lernen. Als Gegenstände für eigene Sammlungen eignen sich vor allem die allergewöhnlichsten wie Haarlocken, Schuhbänder, Gabeln, Werkzeuge, Stoffmuster usw. Das, womit wir täglich umgehen, was uns in vielerlei Form umgibt, darf wichtig genommen werden, ist schön auf seine Art.

Nachwort

Wollte ich alles aufführen, was ich zum Thema dieses Buches gelesen und verarbeitet habe, gäbe es sicher eine so einschüchternde Sammlung wie am Schluß mancher wissenschaftlicher Werke. Allerlei, vor allem Sozialwissenschaftliches, fände sich neben Kinderbüchern und Romanen, Broschüren und Zeitungsartikeln. Die Schule ist ein Teil meines Lebens, und alles, was ich lese, wirkt, wenn es mich beeindruckt, bis in meinen Unterricht. Christa Wolfs *Kindheitsmuster* hat da sicher einen größeren Einfluß als eine ganze Reihe Bücher über Kinderpsychologie zusammen.

Wichtig sind alle Bücher, die mir helfen, zu verstehen: mich, die Kinder, unser Leben. Da hängt eins mit dem anderen zusammen. Ich habe mich an den Anfang gesetzt, weil ich ein Kind nur verstehen kann, wo ich mit mir selbst im reinen bin.

Mit Rezepten aus Büchern ist oft nur oberflächlich zu helfen. Krisen in der Schule werden damit nur übertüncht, wenn ich mir nicht die Zeit nehme, von mir aus zu begreifen, was da vorgeht und wie es zu ändern wäre. Das mag auch an der Sprache liegen, in der Wissenschaftler heute zu uns zu sprechen versuchen. Beim Schreiben über unsere Schulwirklichkeit versuche ich, möglichst klar und einfach zu sein und auf Fachwörter zu verzichten. Der Gedanke muß sich mitteilen, ohne Einschüchterung durch den Wörterprunk, der sich wie eine Wand zwischen uns und die Wirklichkeit schiebt. Manchmal falle ich beim Schreiben in den Jargon, in den Pädagogik-Psychologie-Didaktik-Jargon. Wenn ich das dann in schlichte Sprache zu übersetzen versuche, zeigt sich immer, daß ich noch gar nicht recht weiß, was ich eigentlich sagen will.

Wir haben uns alle viel zu sehr daran gewöhnt, uns an Erkenntnisse und Behauptungen der Wissenschaften zu lehnen, wo wir allein stehen sollten. Darum habe ich versucht, alles Angelesene in den Hintergrund treten zu lassen und nur das wiederzugeben, was ich mir in meiner Schulwirklichkeit anverwandeln konnte. In meiner Sprache. Ich möchte dem Leser zeigen: *So sieht es bei uns aus.*

Ich hoffe, daß das Lust und eigene Ideen weckt. Neugierig wäre ich, wie sich meine Erfahrungen dann in eine andere Wirklichkeit übersetzen.

Im folgenden führe ich einige Bücher auf, die mir geholfen haben zu verstehen: mich, die Kinder, unser Leben.

Bruno BETTELHEIM, Liebe allein genügt nicht, Klett, Stuttgart 1970

Bruno BETTELHEIM, So können sie nicht leben, Klett, Stuttgart 1973

Bruno BETTELHEIM, Der Weg aus dem Labyrinth, DVA, Stuttgart 1975

Bruno BETTELHEIM, Kinder brauchen Märchen, DVA, Stuttgart 1977

Geneviéve JURGENSEN, Die Schule der Ungeliebten, dtv, München 1979

James HERNDON, Die Schule überleben, Klett, Stuttgart 1972

John HOLT, Chancen für unsere Schulversager, Lambertus, Freiburg 1969

John HOLT, Wie Kinder lernen, Beltz, Weinheim 1971

Scuola di Barbiana, Die Schülerschule, Wagenbach, Berlin 1970

Martin E. P. SELIGMAN, Erlernte Hilflosigkeit, Urban und Schwarzenberg, München 1979

Martin WAGENSCHEIN, Ursprüngliches Verstehen und exaktes Denken, Klett, Stuttgart, 1970